本书由中国—上海合作组织国际司法交流合作培训基地资助出版

上海政法学院
Shanghai University of Political Science and Law

中国一上海合作组织国际司法交流合作培训基地
China National Institute for SCO International Exchange and Judicial Cooperation

ORIENTAL YOUTH FORUM

东方青年论坛

第1卷

王娜 / 主编

VOL.1

EDITED by WANG NA

上海社会科学院出版社
SHANGHAI ACADEMY OF SOCIAL SCIENCES PRESS

前　言

《东方青年论坛》的孕育和诞生是一个非常奇妙的经历！

人类世界由两大部分构成，一是人类可见的物质世界，二是人类可感知的精神世界，两者的相互沟通与强化，依赖于信息在人们之间的传播和流动。丰富的知识体系和无限的信息，将物质世界与精神世界凝为一体。

知识体系和信息是思想表达的基本途径，也是精神活动的载体和产物。物质生命在时间的流逝中逐渐消亡，不留痕迹，而思想结晶却可以随着时间长河的奔流，滚滚向前……

为年轻人提供合适的平台，使其有更多机会表达他们的思想，展示其研究成果，至关重要。年轻人精力充沛，思维活跃。长久以来，表达思想的平台被纳入社会资源配置体系中进行分配，年轻人展示其思想和研究成果的大量需求与相应平台短缺之间的矛盾比较突出。

上海政法学院是一个年轻的学校，虽无上百年的悠久历史，但不乏优秀的年轻人。目前，依托中国—上海合作组织国际司法交流合作培训基地，上海政法学院已经吸引世界各国年轻人来到这里，将自己的成长、人生与上海相连，与中国相连。

《东方青年论坛》应运而生。她和世界各国的年轻朋友一样，可能青涩，可能害羞，甚至可能有缺点，而又充满朝气和希望，在成长的道路上，成为丰富多彩世界不可分割的组成部分……

感谢年轻的上海政法学院！

感谢年轻的中国—上海合作组织国际司法交流合作培训基地!

感谢上海社会科学院出版社的编辑!

没有你们,就没有《东方青年论坛》!

是你们,让我们看到了年轻人的风采!

王　娜

于 AI348 航班上

(印度德里至中国上海)

2017 年 12 月 12 日

目录 | CONTENTS

法学问题

前沿问题

死刑问题

毒品问题

女性论坛

中英双语

法 学 问 题

法学方法论之“逻辑起点”理论研究[①]

刘旭光

内容摘要：对法学的研究，以及对法律现象规律的理论总结，乃是法学方法论研究的内容和核心。通过对法律方法与法学方法、方法与方法论等两组概念的分析，可以较好地界定法学方法论与法律方法论研究的分野。以西方三大法学流派方法论研究的逻辑起点为视角，探究法学方法论研究中的“逻辑起点”理论，进而丰富法学方法论的研究。

关键词：法学方法论；法律方法论；逻辑起点；三大法学流派

“工欲善其事，必先利其器”，研究法学自然也需要方法。对方法的哲学总结和概括，使得研究法学基础理论、法律运行规律等问题有据可依，有理可循，进而形成一套完整的哲学理论体系，并归结为法学方法论。然而，在我国法学界，法学方法论的研究并未形成统一的学术体系，甚至在对研究法学以及法律现象的方法命名上，尚且没有得到充分的共识。法律方法论者同法学方法论者各执其词，甚至各自划开了彼此的研究范围。因此，从法学方法与法律方法、方法与方法论等两组概念的辩证分析出发，理清法学方法论与法律方法论的根本分野是尤为必要的。本文主要针对法学研究方法论之“逻辑起点”理论进行研究与反

① 本文系笔者主持的上海政法学院校级基金项目《新时期大学生社会主义法治理念教育研究》(2017XJ06)的阶段性成果。

思，并以西方三大法学流派为视角进行分析阐述，进而对法学方法论的逻辑起点研究作一个清晰的解读。

一、法学方法论与法律方法论的辨析

法学方法论，顾名思义，即法学研究者在研究法学、法律过程中所持有的方法论。而法律方法论，则是法律实用部门，特别是执法者在进行法律推理论证、具体案件法律适用过程中所持有的方法论。法学方法论和法律方法论有着明确的研究视野区分。方法，一般是指为获得某种东西或达到某种目的而采取的手段与行为方式。好的方法可以快速而正确地实现所要达到的目的，事半功倍。古语有云：磨刀不误砍柴工。方法一般是简单直观的，在不同的研究领域内，会有相似或者相近的方法。比如社会科学研究领域的历史研究法、比较分析法、实证分析法等。但是，当具体到某一个研究领域内，则会有一系列相应的范畴、基本原则、理论旨趣、方法手段等。由以上几个要素综合起来，并以哲学的视角进行审视和总结，就会产生一个逻辑自足的体系为所要研究的对象服务。

(一)法律方法还是法学方法?

厘清法律方法和法学方法，对我们掌握法学方法论和法律方法论的分野有着重要的基础意义。在国内学界，有几组文章是专门以法律方法和法学方法的争论为主题的。①

王夏昊在其文章《法学方法论的概念及其地位》中指出，法学方法论是对法学方法的反思和理论化。文中还指出，法学方法是指法律人将现行有效的法律规范适用于个案纠纷获得一个正当法律决定的过程中所使用或遵循的方法。笔者以为，如此定义法学方法似有不妥，因为其阐述的大抵都是法律方法的范畴。

---

① 王夏昊：《缘何不是法律方法——原本法学的探源》，《政法论坛》2007年第2期；王夏昊：《法学方法论的概念及其地位》，《清华法学》2008年第1期；姜福东：《为什么不是“法学方法”——与王夏昊先生商榷》，《浙江社会科学》2008年第10期；戚渊：《法律方法与法学方法》，《政法论坛》2009年第2期等。

王夏昊从法学方法的主体、客体和内容等三个维度把握法学方法的概念，他一再强调，法学方法一方面要坚持价值判断，另一方面还要坚持理性逻辑自足。然而从其文中的分析，我们不能很好把握法学方法和法律方法之间清晰的分野，这也为其他学者的批驳埋下了种子。王夏昊认为要界定法学方法的内涵，首先需要理清法学方法中法学一词的使用。在汉语语境中，“法学”是一个词义宽泛的术语，包括了所有以法律为研究客体的学科，如法社会学、法史学、比较法学、法哲学等。其引用瑞典法学家 Peczenik 的观点，认为法律研究有不同的类型，这些学科首先运用的是历史学的方法、社会学的方法、经济学的方法、哲学的方法或另一种非法律的方法；另一种法律研究的类型所运用的方法是法的方法，这种方法就是对私法、刑法、公法等法律的实质进行体系分析评价的揭示。人们可以将这种法律研究称为“法的分析研究”“法的原理研究”等。在欧洲大陆，人们常常将这种法学研究称为“法教义学(legal dogmatics)”“Rechtsdogmatik”。[①]因此，该文得出结论，即在德国法学语境下，“法学方法论”中的“法学”一词主要指的是“法教义学”，它是与中国语境中的其他法学学科相并列的以法律为研究对象的一门独立的科学。

王夏昊通过对法教义学的历史考察，认为其早在法的法典化之前就已出现。它是罗马法以及法的诠释学的延续和发展，并认为，法的法典化建立在理性自然法的基础上，是对经过理性与经验检验过的法律原则的整理编纂工作。而在这个过程中，必须经过抽象概念思维来精炼这些原则，就需要发展法教义学来使整个法律体制运作理论贯通。此处引用颜厥安的观点，认为法教义学在实质上是理性自然法的实证法理论化。作者又根据实证法学的原理进行合理的扩展，认为任何法系都需要发展各种法律教义与法律推理(在作者看来实质上就是法教义学)来协助他们的法律合理化运作。王夏昊对法教义学进行了分析，认为其认识的起点是特定国家现行有效的法律，其旨趣是为具体的案件寻求法律上的正确答案，其方法是法律人或法律家所独有的体系的、分析的法学方法。随后，作者将法教义学扩展至从事实务的法律人，即法官。然而，作者并未将法学理论研究者意义上的法律人和从事法律实务意义上的法律人所从事的工作视为同样

① Peczenik. *On Law and Reason*, Kluwer Academic Publishers, 1989, p.17.

的。法教义学不仅解释有效的法律规范还将其体系化,而实务法律人则并不有意地将其体系化。但是两者通过诠释学的循环原理而联系起来,他们参考同样的方法论原则。针对王夏昊对法学方法的解读,学者姜福东在《为什么不是"法学方法"——与王夏昊先生商榷》一文中,进行了商讨性批判。文中指出,与其说我们对于"法学"一词存在着模糊的认识,不如说是对于"法学方法",或曰"法律方法"这个概念本身,产生了认知上的差异。①姜福东从学科、主体和职业技艺三个视角对这个概念本身进行探究,认为是"法律方法"而不是"法学方法",且其更贴切地反映了法学研究向具有实践理性品格的学问、向司法实践过程、向法律职业技艺的嬗变。

姜福东认为只有在规范法学的意义上,我们才可以说:法教义学方法论就是法学方法论。姜文表达了对王夏昊在该问题上的赞同,但言外之意,就是法学研究方法绝不仅仅是规范法学层面上的,因此,以法教义学即规范法学研究方法论等同于法学方法论是不周延的。关于主体方面,姜文提出了和王夏昊观点迥异的看法。据前文可知,王夏昊在文中将法学方法的适用主体局限于或者侧重于法官,而姜福东则认为不妥。姜文引用德国法学家伯恩·魏德士的问题:究竟是法学的方法论,还是法院的方法论?这个问题就从研究主体的视角直接触及了"法学方法",或曰"法律方法"概念中所蕴含的意义。王夏昊特别提到德国,在德国,法官因为法学家阶层的强大而被"法学家的法"所吞噬,实践意义的法律方法在一定程度上被遮蔽了。而在英美国家,由于"法官造法"的优良传统,实践意义上的法律方法更受青睐;对于系统化、理论化的法律方法的关注,则是分析法学兴起以后的事。姜福东认为在大陆法系国家,法律舞台上的主角是立法者。但是,来自书斋的法学家,才是这个法律舞台上真正的主角。大陆法系的法律故而被称为"法学家的法"。法官等法律人在法学家所预设的法之下,遵循法学家对于法律规范所做的研究和分析,并将这种知识论意义上的方法运用至司法过程之中,以此定分止争,这就成了大陆法系国家法律适用的常态。于是,"法学方法"的出现也就是不足为奇的事情了。很显然,作为法学家阶层所用的法学方法,实质上直接影响到法官在司法中所应用的方法。

---

① 姜福东:《为什么不是"法学方法"——与王夏昊先生商榷》,载《浙江社会科学》2008年第10期。

很显然，笔者认为姜福东坚持法律方法而不是法学方法，其核心观点就是一种实践意义上的意蕴。即"关于法律方法的问题并非只涉及到，甚至也不是主要涉及到'法学'。在权力分立的法治国家，方法问题的主要对象还是法院。首要的问题是怎样和应该怎样在实践中适用法律规范。"①伯恩·魏德士甚至认为，"法律科学的方法论"这个称谓，亦即拉伦茨的《法学方法论》书名所用的"Methodenlehre der Rechtswissenschaft"，"掩盖了这门学科的实践意义以及它与历史政治的关系，它常常导致恶法的诞生"。②德国的法学研究以及司法实践，表明了法律适用方法在法律实务界的弱势和不发达。正因为此，德国人才愈发意识到法院的方法论(司法方法论)的极端重要性。郑永流先生从词源上考证，认为"Juristische Methoden"和"Juristische Methodenlehre"这两个用语翻译成中文"法律方法"和"法律方法论"更为合适，并指出不论是用"法学方法"，还是用其他"××方法"的称谓，都改变不了法律方法这门学科偏向法院、法官、法律适用、法律实务的事实。③

综上所述，笔者认为法学方法更侧重于法学研究者研究法学理论的范畴；而法律方法乃是如何形成司法裁判的方法论、职业技能意义上的方法。具体来说，法律方法是应用法律的方法，表现为创制、执行、适用、衡量、解释、修改等，法学方法是研究法律和法律应用的方法，表现为分析、批判、综合、诠释、建构等；法律方法重知识与理性在实践中的运用，法学方法重价值与意志的实现；法律方法的运用是一种"技术"活动，它重视逻辑，讲究程序模式，寻求个案处理，解决本体(客观世界)问题，而法学方法的运用则是一种人文活动，它重视思辨，讲究对程序模式的证立，寻求整体的融合，解决对本体的认知问题。④贺卫方先生在《法学方法的困惑》一文中也强调了区分法律方法和法学方法的重要性，认为前者说明了司法过程中是如何进行法律推理，且逻辑是如何运用的；而后者则是把法律作为一种学术或者科学对象进行研究的途径，具有可描述性。⑤

---

① [德]伯恩·魏德士：《法理学》，丁晓春、吴越译，法律出版社2013年版，第291页。

② [德]伯恩·魏德士：《法理学》，丁晓春、吴越译，法律出版社2013年版，第281页。

③ 郑永流：《法学方法抑或法律方法？》，载戚渊等编：《法律论证与法学方法》，山东人民出版社2005年版，第26—27页。

④ 戚渊：《法律方法与法学方法》，载《政法论坛》2009年第2期。

⑤ 贺卫方：《法学方法的困惑》，载《未名法学》2007年第1期。

故而,无论是法学方法还是法律方法,都不能涵盖对方的所有含义,特别是在使用的过程中,为了不出现理解的偏差,以及内涵的细微差别,应区分两个概念的使用。建议在不同的场合中分别使用。法学方法论更多是用在思考、研究法这一现象的起源、认知起点、学术立场以及由之而来的结论上,甚至是形成一套逻辑学术体系——法学派别;而法律方法,则建议仅以法律方法的使用为限,使用范围在于具体的司法实践,其使用主体不局限于法官的判决,也在于律师、法律人乃至普通民众对法律条文的解释、期待和运用,尽管后者对法律方法的使用并不一定能主导司法的具体实践。虽然司法的最后判决者是法官,法官对法律方法的使用才最具权威和实效性,但是从使用主体的视角来区分法律方法和法学方法是没有太大意义的。另外,法律方法仅是一个解释、运用的工具体系,不能对其进行过分哲学化、理论化的建构、上升至所谓法律方法论的范畴。如果有对于此的理论要求,则由法学方法论指称即可,那么法学方法论的含义就应该是针对法这一现象的方法理论体系,且更多是从形而上的哲学思考层面上来予以把握。

(二)方法还是方法论?

学界有关法学方法、法律方法或法学方法论、法律方法论等相关问题的研究,不胜枚举。[①]值得注意的是,有不少学者在方法与方法论两个问题域中都曾深入研究并出版过专著。那么,究竟是方法还是方法论?

---

① 根据笔者所搜集、整理的专著(包括外文中译本)、文献,以专著为例,以方法(且不论法律方法还是法学方法)为研究内容的有:黄茂荣:《法学方法与现代民法》,中国政法大学出版社 2001 年版;陈金钊、谢晖主编:《法律方法》,山东人民出版社 2002 年 4 月版;葛洪义主编:《法律方法与法律思维》,中国政法大学出版社 2002 年 8 月版;戚渊等著:《法律论证与法学方法》,山东人民出版社 2005 年 5 月版;陈瑞华:《论法学研究方法》,北京大学出版社 2009 年版;葛洪义:《法律方法讲义》中国人民大学出版社 2009 年版;赵玉增:《法律方法:基础理论研究》,山东人民出版社 2010 年版;等等。以方法论为主要研究内容的有:杨仁寿:《法学方法论》,中国政法大学出版社 1999 年版;胡玉鸿:《法学方法论导论》,山东人民出版社 2002 年版;卡尔·拉伦茨:《法学方法论》,商务印书馆 2003 年版;李其瑞:《法学研究与方法论》,山东人民出版社 2005 年版;舒国滢主编:《法学方法论问题研究》,中国政法大学出版社 2006 年 9 月版;孔祥俊:《法律方法论》(全三卷),人民法院出版社 2006 年 12 月版;刘治斌:《法律方法论》,山东人民出版社 2007 年版;陈金钊等:《法律方法论研究》,山东人民出版社 2010 年版;沈志先主编:《法律方法论》,法律出版社 2012 年 2 月版;等等。

简单地说,方法即手段和工具。而方法论是方法的方法,是对方法体系化的抽象,是针对某个学科领域(如经济学、政治学、法学等)的方法问题的一般性研究。[①]具体在法学的领域内,舒国滢教授认为在西方传统法学研究的体系中,法学研究所运用的方法可归结为四种,即哲学方法、分析方法、历史方法和比较方法。20 世纪以来,其后的新自然法学、新康德主义法学、新黑格尔主义法学,以及分析实证主义法学、社会学法学、现实主义法学等,既吸收了传统的理论和方法,又有很多新的突破和视角,出现了诸流派之间相互渗透、兼收并蓄的融合现象。[②]分析认为,当今的法学所需要的就是把分析法学(关于法律的概念、渊源、形式、效力的解释)、社会学法学(关于社会和文化事实的现实主义解释)以及自然法理论中的价值(如自由、平等、安全、人类幸福等)分析统一起来,建立一门联合诸法学流派的"统一法学"。值得注意的是,舒教授所提出的法学研究方法基本涵括了当下全部研究法学的方法,那么,"方法论"一词就是指对给定领域中进行探索的一般途径的研究。一般来说,它要涉及研究主体思考问题的角度选择、研究对象范围的确定、研究途径的比较选择、研究手段的筛选和运用、研究目的的限定等。[③]

笔者以为,方法是中性的,是手段、技巧、工具。就如舒国滢教授所言,在法学领域内,方法可以是哲学方法、分析方法,也可以是历史方法、比较方法。如此这般的方法,对法学研究有着特定的切入角度以及研究结论。但是,能支撑着一个方法的使用的,并非是一个简单的中性工具,其背后皆有一整套方法论体系在发挥着作用,不过一套法学方法论也并非只表现为一个方法的使用。逻辑实证分析法,在实证主义分析法学派里有着重要的地位,实证主义分析法学方法论中,最重要的法学研究方法就是逻辑实证分析法,"有一个基础规范,它建立了最高的、创造法律的权威。这一基础规范的效力是未被证明的并必须这样保留在实在法本身的范围之内。"[④]在分析法学的基本立场中,我们不难发现,从一个基础规范作为法律权威的基础,然后逻辑推理演绎出一般法律规范,使用的就是逻

---

① 葛洪义:《法律方法与几个相关概念的比较》,载《法制与社会发展》2010 年第 3 期。

② 舒国滢:《法学研究方法的历史演进》,载《法律科学》1992 年第 4 期。

③ 刘水林:《法学方法论研究》,载《法学研究》2001 年第 3 期。

④ [奥]汉斯·凯尔森:《法与国家的一般理论》,沈宗灵译,中国大百科全书出版社 1996 年版,第 430 页。

辑实证分析的方法。详细来说,逻辑实证分析方法,是从逻辑分析的角度入手,在实然的层面上去认识、研究国家制定的法律规范本身。这种分析方法把法律视为一个独立的、自治的系统,致力于维护法律体系内部的逻辑一致性。逻辑实证分析方法往往以描述性的方法去认识国家制定颁布的法律规范,研究一个个写在白纸上的黑字,力图界定各种概念,对其进行归纳,解释概念的内涵,揭示概念之间的相互关系。同样,逻辑实证分析方法研究法律规范形式上的结构,注重法律规范在形式上的合法性、结构上的完整性、体系上的一致性,而并不考究法律规范的具体内容和内在的品格。反对形而上学的思辨方式和寻求终极原理的做法,将价值考虑排除在法律的研究范围之外,认为只有国家确立的法律规范才是法律。逻辑实证分析方法将法律视为一个独立自治的系统,在体系内分析法律、维护法律的体系完整性和逻辑一致性,充分体现了法学的科学性。逻辑实证分析方法从形式逻辑上对法律概念和法律规律进行分析,可以保证法律的精确性和确定性,通过对权利义务的界定,可为人们的法律行为与法律后果之间的因果关系提供规范化、制度化的指引,从而为人们的相互行为、社会交往、人际往来之间提供准确的后果预测及制度保障。这个方法的背后就是实证主义的法学方法论。

同样,我们也可以从价值分析法和自然法学之间的关系来说明方法与方法论之间的关系。价值分析方法,就是从价值入手,从应然层面上去认识、分析、评价法律的研究方法,其所探究的基本问题为"法律是什么,法律应当是怎样的,法的目的和价值如何?"这种分析方法超越了实然性的法律规则,用哲人的眼光和终极关怀的理念,从道德的维度、伦理的视角去探究法律本身的内在品格。价值分析法从"法律应该是怎样适用的"的视角对法学进行研究,其代表性的法学流派乃是自然法学。自然法学派坚持自由、正义、理性的绝对性,并且主张这些都是法的价值,是法所应当包含的实质性内容。强调法的价值内含于实在法之中,并且可以作为检验实在法是否具有正当性的标准;将法律与自由、正义、理性等相融合,认为正义或自然法一类的东西是法律的必要特征。源于自然法学派的价值分析方法预设了法律背后所具有的价值和终极意义,具有强烈的批判功能,可以对国家所制定的实在法进行审视和评价。

笔者认为方法论可以有不同层次,有哲学意义上的方法论和具体科学的方法论。哲学意义上的方法论是关于认识世界、改造世界、探索实现主客体世界统一的一般的方法理论。而具体科学方法论,主要是指在研究具体问题域中使用的方法体系。根据这一层次区分,我们可以把法律方法论划至具体科学的方法论,它主要研究的对象仅是执法者对法律实施和运行过程中使用的方法。而法学方法论则是法学研究者在一般意义上研究法学的方法理论体系。概言之,法学方法论主要表现为法学研究者在进行研究过程中所坚持的一种态度,它是对法学研究方法的总体性抽象,重点在于揭示法学研究过程中研究者所秉持的哲学观念和基础认知,反映了研究者在研究时预设的主观价值判断和基本的学术立场。学者黄镕认为,"法学研究方法论的内在结构可以划分为三个层次,即研究的逻辑起点、研究的认识论基础和研究的学术认知立场。"[①]其中逻辑起点就是法学方法论的核心、构成研究的最初起点,并作为不变的内容贯穿研究过程的始终。法学方法论不同于法学的研究方法,后者是研究者进行研究时所使用的具体"技能"。从两者关系来看,法学方法论是法学研究方法在哲学层面上的抽象,即所谓"方法的方法"。[②]

二、法学方法论研究中的逻辑起点理论

(一)逻辑起点的认识概述

主体如何认识客体或者说认识对象,进而形成概念、范畴乃至理论的体系,是属于认识论的范畴。那么如何认识,不单单是方法论的问题,还涉及世界观,或者说是研究和认识起点的问题。一个完整的认识过程,应该是一个严密的逻辑演绎过程,或总结、或分析所形成的一个逻辑链条。

周越、徐继红认为,研究起点和研究的发展过程、研究的任务意义、研究对象等均包含着知识之间的联系。简言之,知识的内在联系是在知识点之间由此及

---

① 黄镕:《法学研究方法论的缺失及其补正意义——从法律经济学的视角》,载《东方法学》2012年第2期。

② 欧阳康:《社会认识方法论》,武汉大学出版社1998年版,第19页。

彼的逻辑推论中显现出来的联系，知识点之间的逻辑关系可以形象地称为逻辑链条。[①]一套完整的理论体系，需要从一个基本的逻辑起点开始，不断寻求知识的前提，不断追寻基本问题，使逻辑链条不断从具体向抽象延伸，找到逻辑链条的前端，完成体系构建的隐性准备过程。而体系构建的显性过程，则是从回答基本问题的知识开始，沿着已经在准备过程中确立的逻辑链条，向具体层面的知识逐层演绎推论的过程。因此，逻辑起点是一套方法论最先需要明确的前提。

自 1994 年以来，就有四百余篇学术论文在题目中包含"逻辑起点"这一概念，涉及教育科学、环境科学、伦理学等多个领域。但这些文献对逻辑起点的确定方法颇不统一，显现出逻辑起点问题研究所面临的困境。研究者们在关于各自学科逻辑起点的讨论中，对"逻辑起点"的概念这一基本问题大体有三种态度：其一，对概念问题避而不谈，直接讨论具体问题；其二，援引黑格尔、马克思相关文献的论述或其他学者在此类问题中的推论，主要说明逻辑起点的"规定性"，不涉及逻辑起点的概念定义问题；[②]其三，根据有关论述或本人的理解对"逻辑起点"的概念做出概括，且多数从逻辑起点在学科理论体系构建中的地位出发提出概念描述，[③]但这些研究在逻辑起点和历史起点、研究起点、认识起点、研究对象等相关概念的关系认识上各有不同。[④]由于在具体的学科中，根据研究的需要，对逻辑起点概念的认识一般作为常识来对待，而不去深究其内涵的确定性，并直

---

① 周越、徐继红：《逻辑起点的概念定义及相关观点诠释》，载《内蒙古师范大学学报（哲学社会科学版）》，2006 年第 5 期。

② 瞿葆奎、喻立森：《教育学逻辑起点的历史考察》，载《教育研究》1986 年第 11 期；何克抗：《关于教育技术学逻辑起点的论证与思考》，载《电化教育研究》2001 年第 1 期。

③ 如韩建新认为逻辑起点是"按照从抽象上升到具体的方法构建科学理论体系的起始范畴，它是对象领域内最一般的抽象规定，但这种抽象又不超出它的对象领域并且包含了对象领域全部矛盾的萌芽"。见韩建新：《古典经济学的逻辑起点及其意义》，载《锦州医学院学报（社会科学版）》2004 年第 11 期。

④ 郭元祥指出"认识起点、研究起点与理论的逻辑起点是同一的"，见郭元祥：《教育学逻辑起点研究的若干问题思考—兼与有关同志商榷》，《教育研究》1995 年第 9 期；赵嵘则在对人类社会的历史起点和逻辑起点问题上得出了两者并不同一的结论，见赵嵘：《对人类社会的历史起点与逻辑起点的再认识——从新视角再读〈德意志意识形态〉》，《武汉大学学报》2000 年第 3 期；王海兵等也从方法上提出"研究起点和逻辑起点是两个不同的概念"，见王海兵、叶碧秋：《研究起点和逻辑起点辨析》，《财会月刊》2004 年第 19 期；此外，对逻辑起点作为"最一般的抽象规定"、"最基本、最简单的质的规定"等的描述，目前缺乏明确解释。

接以此来构建自己的学术观点、理论或者理论体系。[①]此外，学界有多篇文献围绕着逻辑起点问题，做了卓有成效的研究。[②]概言之，对逻辑起点的研究在当前学界中大致达成共识如下：

逻辑起点概念，不仅意味着一个概念术语，而且要求这个概念既不是关系，也不是矛盾，更不是问题，而是在这些关系、矛盾、问题中的一个“物”的概念，是一个以“关系”和“矛盾”为实质的“物”的概念。只有首先对理论体系的准备和构建过程的一般机制形成足够的认识，而后在这样的基础上去反思诸如逻辑起点的概念和作用问题，才能获得选定和确立逻辑起点的一般方法，我们才能对逻辑起点为何意味着“最简单抽象的发轫”、逻辑起点与相关概念的关系等问题形成实质性的认识，才能从有关研究者的不同角度对逻辑起点形成更加全面的认识，并力争达成一致。理论体系的逻辑链条一端是对基本问题的解答，另一端则是对实践工作的指导。前者处于理论体系构建的前端位置。但解答基本问题的知识仍然是一个或一组命题，包含着地位和作用不同的若干概念之间的逻辑关系，使得这个前端不是一个单纯的点，而是若干个点和点之间的联系所构成的结构体，仍然不适于作为逻辑起点。在对基本问题的回答中，只有找到并抓住有关概念中最具有关键意义的一个做出充分说明，而后再延伸出其他相关概念和概念联系，才能将问题回答清楚。而这个关键概念则可以看作基本问题回答的起点，

---

① 从黑格尔和马克思对逻辑起点的有关论述开始，结合马克思对《资本论》逻辑起点的确定和列宁的有关论述，对逻辑起点的基本特点做出归纳，认为逻辑起点的基本特点有五个方面，但该文主要是对经典文献的整理，并未对逻辑起点的特点做出更为确切的定义或说明，如谈到起点是最简单的东西时认为：“所谓‘最简单的东西’，是指不能对它再进行分割的东西。不过，简单和复杂是相对的，这里的简单，是指论述资本主义社会经济运动规律的《资本论》的逻辑起点的商品具有不可分割性，而不是说商品这个现象是世界上最简单的现象，已经不能对它再进行任何分割了。”那么，为什么“商品”在《资本论》中具有不可分割性呢？——究竟应当如何理解“不可分割性”的问题，作者恰恰没有对这个特别具有实践指导意义的问题做出回答。见冯振广、荣今兴：《逻辑起点问题琐谈》，《河南社会科学》1996 年第 4 期。

② 彭漪涟基于冯契关于以“原始的基本关系”为依据确定逻辑起点的思想，直接面向逻辑起点的确定方法，努力对列宁以“细胞”或“细胞形态”为依据的逻辑起点确定方法做出补充。应当承认，“细胞”或“细胞形态”之说代表了一代导师的深刻理解，存在其深远的指导意义，但作为一种比喻的说明，拿到实践、操作层面去应用就显得不够确切，需要进一步的剖析。见彭漪涟：《论“原始的基本关系”——冯契关于辩证分析逻辑起点的一个重要思想》，《华东师范大学学报（哲学社会科学版）》2002 年第 1 期；蒋关军就逻辑起点对于学科建设的重要性展开说明，对逻辑起点的基本概念的认识与韩建新大体相同，对逻辑起点特点的认识也基本上是对经典著作中相关论述的援引，限于篇幅不做详细介绍。详见蒋关军：《逻辑起点之于学科形成与发展的意义》，《广西大学梧州分校学报》2005 年第 1 期。

这个起点也就自然成了理论体系构建的起点,使逻辑链条的前端明确到一个具有起点意义的概念上。

笔者认为周越、徐继红对逻辑起点做的概括以及特征解析,是符合哲学中逻辑起点之要义的。文中说,逻辑起点是理论体系中回答基本问题的关键概念,或者说是对基本问题进行解答的起点。进而,作为逻辑起点的关键概念,其关键性体现为概念对体系本身区别性特征的规定,也就是说,逻辑起点应当能够将本理论体系和其他的相关研究区别开来,作为体现本理论体系个性特征的概念存在和发挥作用。故而,逻辑起点可有如下几点特征:首先,逻辑起点是“最简单”的;其次,逻辑起点是“最抽象”的;再次,起点和“终点”是辩证统一的,起点也正是终点等。

(二)法学方法论中的逻辑起点理论

任何一门科学,其理论形态都是一个概念系统。这个概念系统必然存在着最基本、最原始的概念,其他概念都可以从它逻辑推演出来。这种概念就是概念系统的起点概念,或者说,是理论体系的逻辑起点。逻辑起点问题,实质上就是按照什么顺序,或以什么方法来整理一门学科的诸多概念,使之组成一个紧密联系的概念体系,以便更系统、完整和准确地反映对象的问题。

结合对哲学领域内逻辑起点理论的考察,对法学领域内逻辑起点的把握,要分析具体学科逻辑起点与哲学领域内逻辑起点的区别。哲学领域内的起点就是没有展开的终点,终点就是展开了的起点。哲学的逻辑起点在逻辑运动中得到了自我说明。它没有中介,也不需要中介。黑格尔在《小逻辑》一书中认为,“这样一来,哲学就俨然是一个自己返回到自己的圆圈,因而哲学便没有与别的科学同样意义的起点”;逻辑起点只在本门学科中是最高程度的抽象,是无中介的;逻辑起点是对象的基本单位,等等。这些观点实质上是关于具体科学起点的理论,是运用辩证逻辑对具体科学概念体系进行抽象分析的理论总结。一方面,辩证逻辑面对的是具体科学概念的内涵方面和流动方面,概括了具体科学概念起点的本质特征。它作为一种哲学方法,帮助人们把握具体科学概念的普遍联系与内在发展。另一方面,面向哲学的辩证逻辑起点理论,例如黑格尔逻辑学的有关理论,则是从各种哲学概念体系及其与具体科学概念体系的分析比较中提炼出来的。与关于具体科学逻辑起点的辩证逻辑理论相比,它处于抽象程度较高的理论层次。

作为哲学起点的纯存在,是由作为具体科学起点的具体存在抽象而来的。它舍去了后者的杂多性和差异性,以概括的形式反映着后者,并指导着对后者的研究;后者则构成前者的具体内容,它的丰富性、多样性为前者提供了材料和基础。通过对哲学领域内的逻辑起点和具体学科内的逻辑起点的辨析,我们不难看出,回溯到哲学领域内的起点,总是一个既抽象又具体、既无法定义却又内涵丰富的范畴或者概念——纯存在,而具体学科内的逻辑起点则相对具体,在本学科内是可以无中介地得到说明和阐释的。那么,法学方法论领域内的逻辑起点,就是具体可知的,下文笔者将对西方三大法学流派的逻辑起点进行分析。

三、西方三大法学流派方法论研究的“逻辑起点”

(一)自然法学派——以“价值”为逻辑起点

自然法学派经历了古希腊罗马自然主义自然法、中世纪神学主义自然法、近代理性主义自然法及现代自由主义自然法几个发展阶段。尽管这些不同时代的自然法都有自身的前提预设与逻辑起点,但他们都讨论了在实在法之外存在一个基本的标尺——价值基础和价值目标,这一标尺才是衡量法律的基本标准,法律存在的合法性问题及法律的权威性来源问题都隐含其中。

自然法学说是西方一切法哲学流派的滥觞,对价值的不懈追求则构成了这一学说的核心所在。[①]古希腊、古罗马的自然法把法律引向基于人类理性引导的对人与物的正确“自然”秩序的认识。他们认为自然法是独立于传统的(人的)法律的、在任何地方都具有同一效力的存在,而且自然法会在时代和民族中不断发

① 张中秋、王静:《价值的追求:古典自然法学派评析》,载《江苏社会科学》2000年第3期。

展。[①]通过自然的正义、道德、事物的本质等价值来确立法律的有效性和适用标准,对他们来说真正的法律是与自然相吻合的正确的理性。[②]中世纪神学自然法是永恒的上帝律法在人的意识中的复现,永恒法存在于神的智慧的理智里,只要人的理智能把握这种永恒法,人就会意识到它是自然的法。人们服从法律,是因为这是上帝的法律,违背法律也是违背上帝的规则,这既是评判实在法的基础,也是评判人是否服从上帝的基础。但显然,神学自然法不是一种创新,相反仅仅是自然主义自然法的一种延续。近代理性自然法颠覆了神法,他们认为上帝的力量尽管大得无法衡量,但有些东西不是他的力量所能左右的。理性不仅是正确之法的认识工具,也是正确之法的源泉,人的理性赋予人以自然律法。自然法也因此是"真正理性"的要求,即使上帝不存在,这种理性法仍然有效,它是一切人类法的基础和标准,是不可改变的,是永恒的。[③]法律存在的目的就是使一切都与理性造物之性质相符,而既非道德,也非神权。

第二次世界大战后,自由主义自然法主要沿着两个方向进行:一个是神学的新自然法,另一个是世俗的新自然法。神学的新自然法秉承了阿奎那的上帝法、自然法与实在法的界分,认为实在法的效力来源于自然法,自然法支配实在法。一方面,自然法根源于人的本性,是从人性或人的本质中产生的有关人类的合适而正当的行为规则或理性秩序;另一方面,自然法是一种难以直观发现的不成文法,只有依靠道德良知和社会经验的逐步发展、最终依靠神的启示才能发现。[④]

综上所述,不管是自然主义,神权基础的、理性主义的还是自由主义的自然法思想,都能从人类乃至整个世界事物的本性的角度来思考法律现象,努力探索法律的客观基础或人性基础,并在实在法之外建构一个具有决定意义的参照法。其内含了一系列何谓正义或者说何谓正确之法的价值,而且坚信一种全涉且完善的法律体系可以由自然法得到建构。[⑤]自然法把合乎正义的、合乎道德的、合乎理性的,甚至合乎上帝的法才视为法,而一切与自然法相违背的法都是非法。

---

① [德]伯恩·魏德士:《法理学》,丁晓春、吴越译,法律出版社2003年版,第192页。
② [德]伯恩·魏德士:《法理学》,丁晓春、吴越译,法律出版社2003年版,第195页。
③ [德]伯恩·魏德士:《法理学》,丁晓春、吴越译,法律出版社2003年版,第205页。
④ 张文显:《二十世纪西方法哲学思潮研究》,法律出版社1996年版,第57页。
⑤ [美]罗斯科·庞德:《法理学》,邓正来译,中国政法大学出版社2004年版,第47页。

因此，在某种程度上，自然法是实在法的校正工具，表明了自然法致力于探寻“正确之法”的努力。

自然法学的逻辑起点可以抽象为一系列的价值，并通过这些价值建构了自然法学独特的思想体系，从而建构了不同时代中不同的法律秩序。自然法学的逻辑起点是价值理念，即应然层面上的“应当是”，以价值为核心的逻辑起点的自然法学容易和道德规范混同，难以理清两者之间的界限。不论自然法受到其他学派的非议和争论，其对美好价值理念的追求，作为其逻辑起点的开始，是值得肯定和认可的。①

（二）实证法学派——以“规范”为逻辑起点

分析法学是在对自然法学的批判与论战中形成的。通过试图建立与自然法学相区别的逻辑起点，以建构分析法学的基本理论。下文将根据历史研究的方法，对分析实证主义法学的渊源进行具体的考察，并结合分析法学发展过程中几个重要的法学家的思想，来探析其逻辑起点的共性。

作为分析法学鼻祖的边沁和奥斯丁，开始对实际的法与应当的法进行切割与分离，从而防止法律与道德的混淆。在他们看来，法律是一国之中权威者的意志表达，或者说是主权者的命令。除此之外，并无法律可言。②奥斯丁更是直接明了地道出了分析法学的研究对象：分析法学派的法理学应研究实在法或者严格称谓的法，而不考虑其好坏。③凯尔森则把分析实证主义法学发展到极致，并以奥斯丁的理论为基础建立了一个纯粹的分析法学。法律的逻辑起点应当是规范，规范就是某一共同体的实在法。规范之所以是有效力的法律只是因为它已经根据特定的规则而被创造出来。④凯尔森在其法律思想中对个人的预设乃是一种“制度人”。于此，凯尔森是以法律规范自身作为逻辑起点，而不是以抽象的或具体的个人作为逻辑起点来研究法律。

---

① 张善根：《西方法学流派的逻辑起点及其局限》，载《求是学刊》2011 年第 11 期。

② 张文显：《二十世纪西方法哲学思潮研究》，法律出版社 1996 年版，第 84 页。

③ ［英］约翰·奥斯丁：《法理学的范围》，刘星译，中国法制出版社 2002 年版，第 126 页。

④ ［奥］汉斯·凯尔森：《法与国家的一般理论》，沈宗灵译，中国大百科全书出版社 1996 年版，第 128 页。

那么,分析实证主义法学的逻辑起点就可以得出如下的解读:分析实证主义法学的基本前提预设是事实与价值的分离和法律作为一个封闭的逻辑自足体。简单来说就是:规范。前一个来自知识独立性的要求,后一个来自知识"普遍有效性"的要求。

(三)社会法学派——以"社会事实"为逻辑起点

社会法学派应当是进入20世纪以来,法学领域内的显学。奥地利法学家埃利希和美国法学家庞德等的社会法学思想,与早期社会学法学家的思想有许多的不同。他们不仅认为法是一种社会现象,而且特别强调法的社会作用和效果;他们不是强调个人权利和自由,而是强调社会利益和社会调和;他们不是仅从人种学、生物学或心理学某个角度,而是综合各门学科解释法律现象。

罗斯科·庞德曾将社会法学派和其他法学派的区别归纳为以下几点:社会法学派着重法的作用而不是它的抽象内容;它将法当作一种社会制度,认为可以通过人的才智和努力,予以改善,并以发现这种改善手段为己任;它强调法所要达到的社会目的,而不是法的制裁;它认为法律规则是实现社会公正的指针,而不是永恒不变的模型。根据社会法学对法律的定义,我们不难看出,他们认为法律是社会事实,是一种发生于时空中、并能被感观所感知的特定人之行为。在大的社会法学派中,我们必须考察作为社会法学起源的历史法学。历史法学派的代表人物萨维尼否认有一种不变的、适于所有民族的共同之法,因为每一个民族都有自己独特的个性、自己独特的"民族之魂",法律是一个"民族精神的流出",他认为,"受民族精神浸染力影响"之习惯法,是法特有的和本来的形式。①因此,萨维尼主张立法者不必去创制新法,而仅仅是对既有的法予以表达和整理。②那么,法律社会学一方面侧重解释法律的社会事实是如何发生的,在这一点上其思想主要源于迪尔凯姆的社会事实理论,他认为社会学的一切企图都是发现社会

---

① [德]阿图尔·考夫曼:《当代法哲学和法律理论导论》,郑永流译,法律出版社2002年版,第88页。

② [德]萨维尼:《论当代立法和法理学的使命》,许章润译,中国法制出版社2001年版,第7页。

事实本身。[①]以此为逻辑起点，他认为以社会分工为基础形成了不同社会类型，并决定了不同的法律类型。另一方面侧重解释法律行动的逻辑，虽然法社会学各个流派的观点不同，但是其逻辑起点都是以关注社会事实为标志。

（作者系上海政法学院马克思主义学院思想政治教育教研室主任、讲师）

① ［法］E.迪尔凯姆：《社会学方法的准则》，狄玉明译，商务印书馆2003年版，第4页。

中央地方分权逻辑与“先行先试”的制度功能

王卫明

摘要：国务院提出的“先行先试”不应属于国务院对于地方的授权，而仅仅是对于地方的一种政策激励。“先行先试”是地方立法权行使的逻辑结果。只要“先行先试”的内容与宪法和法律不相抵触，“先行先试”的地方立法将更有利于充分实现地方自主发展的现实需要。

关键词：“先行先试”；授权；地方立法

一、比较法视野下的中央地方分权逻辑

单一制国家与联邦制国家的主要区别在于中央（联邦）与地方（成员单位）的权力分配。在权力来源上，单一制国家的最终决定权在中央，联邦制国家中联邦的权力在于成员的让渡，联邦本身没有自己的固有权力，①当然，在地方自治单一制中，地方自治也得到一定程度上的宪法保障，地方也可以拥有对地方事务的决定权，比如典型的地方自治国家英国、日本。②此外，对地方自治的权力来源究竟属于固有权还是属于制度性保障权力，或来自中央的承认，本身是有讨论的余

① 童之伟：《国家结构形式论》，武汉大学出版社 1997 年版，第 197—217 页。

② 童之伟：《国家结构形式论》，武汉大学出版社 1997 年版，第 221 页。

地和空间的。[1]单一制与联邦制的本质差异之一在于理论和制度关于中央（联邦）和地方（成员单位）各自权力来源的不同，差异之二在于地方（成员）单位享有的决定权的范围不同。

我国宪法关于中央与地方分权的基本逻辑和制度基础是宪法第三条第四款规定的“遵循在中央的统一领导下，充分发挥地方的主动性、积极性的原则”。显然，此原则与普遍的单一制及联邦制的分权逻辑都不相同。因为我国宪法并没有规定权力的来源，包括中央权力，也没有对地方主动性和积极性的性质和地方权的范围（程度）作出规定。换言之，中央的统一领导和地方的主动性、积极性的原则，只是一个政治立场的表述，而不是一项比较清晰的宪法原则。其结果是，一方面，法律制度和实践中，似乎都把地方的立法和执行权视为中央的授权；另一方面，地方则以积极性和主动性的名义“能动性”地扩张权力，从而造成中央与地方的紧张关系。比如，有关“先行先试”究竟是属于地方权的行使还是属于中央的授权的争论，就是这一紧张关系的表现。笔者认为，必须基于现行的宪法和法律制度对“先行先试”的权力属性进行分析，这样有助于明确其权力的合法性（“先行先试”权限的法律基础），也可以理解该权力的正当性（“先行先试”的政策激励功能）。

二、“先行先试”的提出与问题

2009 年 4 月，《国务院关于推进上海加快发展现代服务业和先进制造业建设国际金融中心和国际航运中心的意见》（国发〔2009〕19 号）（以下简称《意见》）公布。《意见》指出：推进上海加快发展现代服务业和先进制造业，建设国际金融中心和国际航运中心的重要指导思想和原则就是要坚持“先行先试”，不断创新体制机制，提高体制运行效率。同样，国务院在批准天津滨海新区和深圳进行全面综合配套改革试点、批准“武汉城市圈”等地建设“两型”社会、决定加快建设福建省海峡西岸经济区等中央决策中，都把“先行先试”的原则和方法作为

① 李惠宗：《宪法要义》，元照出版有限公司 2004 年版，第 571—573 页。

实现改革和发展目标的重要内容。普遍认为,国务院在相关决策中分别授予了上述地方不同程度和范围的"先行先试"权,"先行先试"权属于国务院对地方的授权。①

如果仅仅停留于国务院在有关意见中的文字表述,我们可能会认同"先行先试"属于国务院授权的观点。但是,依照规范的授权理论,我们有理由认为"先行先试"不应当属于国务院对于地方的授权。更重要的是,在笔者看来,"先行先试"的授权观点不仅会制约地方性试验的动力,而且也存在逻辑上的问题,"先行先试"应当是地方立法权的逻辑结果。本文以规范主义的研究方法,从地方立法权的权力范围和权力属性的角度论证"先行先试"属于地方立法权当然范围的观点,指出地方立法中的"先行先试"有利于充分实现地方的自主发展。

三、"先行先试"不应属于国务院的授权

公法意义上的授权包括授权主体、授权内容和行使授权的主体等基本要素。②从法律规范的角度,授权理论特别强调授权内容的明确,即要求授权目的、授权领域和授权范围的明确。《中华人民共和国立法法》(以下简称《立法法》)第十条规定:"授权决定应当明确授权的目的、范围。被授权机关应当严格按照授权目的和范围行使该项权力。被授权机关不得将该项权力转授给其他机关。"虽然第十条规定的是全国人大及其常委会对于国务院的授权(《立法法》第九条),但是此条所包含的授权基本规范同样适用于其他形式的国家权力授权,自然也包括国务院对于地方的授权。而且,授权的基本要素是从法的确定性这一更基本的法治原则推导出来的,即,为实现法治的目的,对国家权力的行使必须加以明确规定。

依据授权理论,我们可以认为国务院在有关意见中所规定的"先行先试"不属于国务院对地方的授权:"先行先试"的授权观点与授权理论所要求的明确性

① 王诚:《试论综合配套改革中的"先行先试"》,载《天津社会科学》2008年第5期。
② [德]康拉德·黑塞:《联邦德国宪法纲要》,李辉译,商务印书馆2007年版,第404—409页。

不相符合，国务院的相关意见缺乏授权的基本要素。虽然我们可以认为授权主体是国务院，[①]但是“先行先试”权力行使的可能领域和范围在有关意见中并没有得到明确规定，同时，被授权的主体，即地方哪一层级的哪一个机关行使被授予的权力，也没有规定。授权内容的不明确和行使授权主体的缺失，表明国务院所提出的“先行先试”不应属于国务院的授权。

此外，如果认为“先行先试”属于国务院的授权，还可能产生与宪法和《地方各级人民代表大会和地方各级人民政府组织法》（以下简称《组织法》）相冲突的问题。我们注意到，在地方“先行先试”的实践中，地方首要的方式和途径是制定地方性法规，比如 2009 年 5 月 23 日福建省第十一届人民代表大会常务委员会第九次会议通过《福建省促进闽台农业合作条例》，该条例被认为是“先行先试”的地方性立法。倘若认为“先行先试”属于国务院的授权，那么会产生国务院授予地方人大“先行先试”权的逻辑。国务院的授权本身也是国家权力行使的一种方式。基于法治原则的要求，授权需要法律的规定。但是，无论是宪法、《组织法》还是《立法法》，都没有规定国务院对地方人大的授权。

比较有争议的是，国务院的有关意见中涉及一些非地方性事务的事项，就这些非地方性事项的规定是否应当属于“先行先试”的内容。以金融制度为例，国务院在关于推进上海建设国际金融中心和国际航运中心的意见和《国务院关于推进天津滨海新区开发开放有关问题的意见》（国发〔2006〕20 号）中规定相应区域可以进行金融制度的创新。金融制度属于《立法法》第八条第九项规定的国家立法权事项，不属于地方性事务的范围，当然也不是地方“先行先试”的权限范围。如果地方要对金融或《立法法》规定的国家立法权事项进行“先行先试”，必须获得法律的授权。类似的如 1981 年第五届全国人大常委会第二十一次会议对广东省和福建省人大及其常委会就制定所属经济特区的单行经济法规的授权。那么，国务院上述意见中涉及金融制度创新的规定可以认定为国务院对地方的授权吗？根据《立法法》第九条规定，有关国家立法权的事项在尚未制定法律时，全国人大及其常委会可以授权国务院根据实际需要先行制定行政法规，但

① 授权的前提必须是被授予的权力属于授权主体的权力范围。这里暂不讨论“先行先试”所授予的权力是否属于国务院的权力范围。

第九条并没有规定国务院可以就第八条的事项授权地方行使。因此,在笔者看来,国务院对非地方性事项的“先行先试”规定要视为国务院的授权也存在法律上的障碍。

四、“先行先试”与地方立法权

本文所指的地方立法权主要限于省级人大及其常委会制定地方性法规的权力。将省级人大及其常委会制定地方性法规的权力称为“地方立法权”虽然是为了表达的便利,但更主要的是,笔者希望建立一个和宪法文本中的“国家立法权”相对应的概念和地方国家权力机关行使权力的逻辑体系,以充分实现地方的自主发展功能。当然《组织法》和《立法法》关于地方性法规的规定有一点突破了宪法的规定(因而被认为存在合宪性问题),那就是这两部法律规定了较大的市的人大及其常委会制定地方性法规的权力。就“先行先试”的内容而言,较大的市制定地方性法规权力与省级人大及其常委会的立法权是一致的,只是较大的市在制定地方性法规时需要省级人大常委会的批准。而且,有学者认为,省级人大常委会对较大的市制定地方性法规的批准程序实际上应认定较大的市地方性法规制定权属于省级人大常委会。①故本文以突出省级人大及其常委会的立法权为立论重心。

省级人大及其常委会制定地方性法规权力的直接依据是宪法第一百条。该条规定:“省、直辖市的人民代表大会和它们的常务委员会,在不同宪法、法律、行政法规相抵触的前提下,可以制定地方性法规,报全国人民代表大会常务委员会备案。”不过,该条没有对地方性法规的立法事项范围作出规定。《组织法》在规定省级人大及其常委会制定地方性法规的权力时,对宪法的规定有所发展:《组织法》第七条第一款和第四十三条第一款规定省级人大及其常委会根据本行政区域的具体情况和实际需要制定地方性法规。虽然上述两款也没有明确地方性法规的事项范围,但条文中的“根据本行政区域的具体情况和实际需要”无疑成

① 莫纪宏:《实践中的宪法学原理》,中国人民大学出版社2007年版,第512—518页。

为省级人大及其常委会在制定地方性法规时进行自主判断和自主选择的法律依据。

与《组织法》相比,《立法法》的规定更加详细。《立法法》第七十三条第一款规定地方性法规可以就下列事项作出规定:(一)为执行法律、行政法规的规定,需要根据本行政区域的实际情况作具体规定的事项;(二)属于地方性事务需要制定地方性法规的事项。显然,根据本条款,“地方性事务”是地方性法规的立法事项范围,即,对地方性事务进行立法是地方立法权的当然权力。虽然《立法法》没有直接划定地方性事务的范围,但我们可以从《立法法》的其他条款中找到确定地方性事务范围的路径。一方面,《立法法》第八条明确规定了国家立法权的范围;另一方面,《立法法》第七十三条第二款规定:“除本法第八条规定的事项外,其他事项国家尚未制定法律或者行政法规的,省、自治区、直辖市和较大的市根据本地方的具体情况和实际需要,可以先制定地方性法规。”也就是说,凡不属于国家立法权的事项范围,同时法律或行政法规没有作出规定的,只要是根据本行政区域的具体情况和实际需要制定的地方性法规中的事项,都可以认为是属于地方性事务的范围。

结合省级人大及其常委会制定地方性法规的原则,我们可以进一步确定地方性法规可能包含的“先行先试”权力。宪法第一百条、《组织法》第七条第一款和第四十三条第一款,以及《立法法》第七十二条都明确规定制定地方性法规的“不抵触”原则,即省级人大及其常务委员会在不同宪法、法律、行政法规相抵触的前提下可以制定地方性法规。可以说,地方性法规规定的“先行先试”事项,只要与宪法、法律和行政法规不相抵触,就是合法的和有效的。因此,地方立法中的“先行先试”自然也不需要国务院的特别授权。

基于此,我们可以认为,地方性法规所规定的凡属法律没有规定的事项都属于“先行先试”的范围,这也是基于地方立法权权力属性的必然结论。宪法第九十九条规定:“地方各级人民代表大会在本行政区域内,保证宪法、法律、行政法规的遵守和执行;依照法律规定的权限,通过和发布决议,审查和决定地方的经济建设、文化建设和公共事业建设的计划。”结合宪法第一百条,以及《组织法》和《立法法》相关条款,特别是《立法法》第七十三条第一款,可以看出,省级人大及其常委会制定地方性法规的权力可以进一步分为执行性立法(执行法律和行政法规)和自主性立法(为地方性事务需要的立法)。根据宪法第九十九条和第一百条,执行性立法的原则是需要有明确法律依据,自主性立法的原则是不抵触宪法、法律和行政法规。"先行先试"是自主性立法的体现。

"先行先试"属于地方立法权的当然权力,这一点符合宪法规定的处理中央与地方关系基本原则中充分发挥地方的主动性和积极性的内容。从原则与规则的关系看,规则是原则的具体化。宪法原则通常会在具体的宪法规则中表现出来。宪法第三条第四款规定:"中央和地方的国家机构职权的划分,遵循在中央的统一领导下,充分发挥地方的主动性、积极性的原则。"该条款被认为是处理中央与地方关系的基本原则。如何充分发挥地方的主动性和积极性,宪法确立了一些基本规则,特别重要的就是宪法第一百条规定的省级人大及其常委会制定地方性法规的权力和宪法第三章第六节规定的民族自治地方自治权和自主权。如果地方性法规只能是对法律和行政法规的执行,是对法律和行政法规的具体化而缺乏任何地方性试验的可能,那么也就谈不上充分发挥地方的主动性和积极性了。

五、"先行先试"的激励功能与制度规范

强调"先行先试"属于地方立法权的当然权力范围,并不是否定国务院在有关意见中提出的"先行先试"的积极意义。长期以来,我国存在地方立法动力不足的问题,典型表现是存在普遍的地方立法抄袭现象、地方立法缺乏制度创新。[①]虽然宪法、《组织法》和《立法法》赋予省级人大及其常委会的地方立法权,但是在强调中央统一领导的背景下,地方的自主性立法被严重制约,因此,需要特别指出"先行先试"属于地方立法权的当然权力。否则,过分强调和依赖国务院的授权,会出现宪法及法律所规定的地方立法权被虚置的现象。在此意义上,国务院指出的"先行先试"应当是对地方立法创新的激励。

不过,地方自主性立法动力的不足和地方立法缺少创新并不意味着地方缺

① 孙波:《试论地方立法抄袭》,载《法商研究》,2007年第5期。

少利益驱动。事实上，地方往往通过制定地方性政策的方式一方面达到可能的规避合法性问题，另一方面以实现地方利益的最大化，典型如地方保护主义。因此，国家需要对诸如全国范围和一定地域范围内的规划、产业布局等重大事项进行调控，以保证中央的统一领导。在宪法和法律的层面上，中央的统一领导如何实现呢？就地方性法规的制定权而言，宪法第一百条规定了地方性法规须报全国人大常委会备案，《组织法》和《立法法》进一步规定地方性法规须报全国人大常委会和国务院备案。备案程序，以及宪法和《立法法》规定的全国人大常委会撤销同宪法、法律和行政法规相抵触的地方性法规的权力，保证国家法制的统一和中央的统一领导。但是，仅仅依靠宪法和法律并不能实现保证中央统一领导的目标。协调地方的“先行先试”立法与中央调控之间的关系就成为保障法制统一的关键环节。调控的具体方式是地方“先行先试”立法需要依循一定的路径。以《福建省促进闽台农业合作条例》和《深圳市综合配套改革总体方案》的经验看，地方“先行先试”的路径为：地方先行制定“先行先试”规划，然后报国务院认可，最后才是地方的“先行先试”立法。毫无疑问，尽管需要经过中央的认可程序，但地方仍然是“先行先试”地方性立法的主导。当然，如果涉及《立法法》规定的国家立法权事项，则需要依据法律有效解决好授权实施机制问题。

总之，国务院提出的“先行先试”不应属于国务院对地方的授权，而是对地方的政策激励。明确地方立法的“先行先试”权，目的在于鼓励地方的自主性立法试验，基本功能是在保证国家法制统一的前提下，发挥地方立法的创新机制。

（作者系上海政法学院法律学院副教授）

“一带一路”倡议下国际河流共同开发法律机制

贾　琳

摘要：世界范围内的水资源短缺导致国家之间的“水冲突”，尤其是因国际河流开发导致的冲突时有发生。如何实现与其他国家的国际河流合作，也是“一带一路”倡议推进过程中一个亟需解决的问题。本文在分析我国国际河流开发现存问题的基础上，借鉴海洋共同开发模式，构筑起国际河流流域共同开发法律机制，以期通过国际法的手段预防和解决国际冲突，实现“一带一路”倡议下的国际河流合作。

关键词：国际河流；流域；共同开发

淡水资源是人类生活和社会经济发展不可或缺的自然资源，国际河流是其重要组成部分。世界范围内的淡水资源短缺导致国家之间的“水冲突”，尤其是国际河流冲突时有发生。世界上 263 条国际型河流中至少有 158 条存在着不同程度管理问题，争端河流遍布全球五大洲。①

我国是世界上国际河流最多的国家之一，同时又是人均水资源贫乏的国家。开发国际河流成为缓解我国水资源短缺的必然选择。但国际河流开发不仅涉及

---

① 《联合国环境规划署在第三届世界水论坛上发表的报告》http://news.xinhuanet.com/world/2006-09/21/content_5117571.htm 2017 年 4 月 18 日访问。

我国边疆的发展和环境保护问题，更是地缘政治经济问题。我国与“一带一路”国家间长期以来有着密切的交往。随着“一带一路”倡议的实施，区域合作全面升级。在此背景下，面对国外媒体热炒的“中国水威胁”论，如何从国家水资源安全战略出发，构建符合我国国情的国际河流开发机制以维护我国水资源利用权益、促进“一带一路”建设中的国际河流合作与开发，是我们迫切需要解决的现实问题。

流域是河流流经的整个区域，具有天然的统一性。世界上国际河流开发的成功经验表明流域整体开发是最佳选择，而流域开发的关键是流域合作法律框架的完善。本文在分析我国国际河流开发的现状和存在的问题基础上，借鉴国际海洋法上的共同开发制度以及争端解决机制，力图在现有国际河流开发框架基础上，构筑国际河流流域生态安全共同开发机制，以期在保证我国国际河流开发权益的基础上，实现“一带一路”倡议下的水资源区域合作和共同发展。

一、国际流域共同开发的界定

流域是一条河流的干流和支流所流过的整个区域，由分水线所包围的河流集水区。分地面集水区和地下集水区两类。流域作为一个统一有序的系统，不仅体现在河道的相互连接，生物区系上的联系，还有历史形成的经济往来。

1966年《国际河流利用规则》(《赫尔辛基规则》)第2条规定:“国际流域是一个延伸到两国或多国的地理区域，其分界由水系统(包括该区域内流向同一终点的地表水和地下水)的流域分界决定。”此后1986年《关于国际地下水的汉城规则》(《汉城规则》)明确承认赫尔辛基规则对国际地下水，包括不与任何地表水相联的封闭地下水的适用性。可见，国际流域还包括不与任何国际地表水相联的跨国界地下水，即封闭地下水。此外，2004年国际法协会通过的《关于水资源的柏林规则》(《柏林规则》)第13款也规定，国际流域是指延伸到两个或更多国家的流域。

国际社会对“共同开发”概念的理解尚未取得一致①，但这不影响共同开发

① 萧建国:《国际海洋边界石油的共同开发》，海洋出版社2006年版。

已经成为国际法所承认的概念,是涉及各相关国家的权利义务的法律行为,并有发展成国际习惯法规则的趋势。[①]诸多国际文件提及跨界自然资源的共同开发问题,诸如1974年联合国大会《各国经济权利和义务宪章》第3条:"对于两国或两国以上所共有的自然资源的开发,各国应合作采用一种报道和事前协商的制度,以谋求对此种资源作最适当的利用,而不损及其他国家的合法利益。"此外,《联合国海洋法公约》第74条和第83条明确规定,在达成划界协议前,"有关各国应基于谅解和合作的精神,尽一切努力做出实际性的临时安排,并在此过渡期间内,不危害或阻碍最后协议的达成。这种安排应不妨碍最后界限的划定"。虽然这一条款可能不是为划界前的共同开发这种临时安排而专门订立的,但却为国家间达成共同开发协议提供了直接的法律依据。[②]此外,联合国环境规划署、欧盟等国际组织也相继通过有关决议,倡导对跨界自然资源进行共同开发。

据此,本文认为国际流域共同开发是以一种以国际河流的自然流域为单元进行的,以生态系统为本位,兼顾可持续发展理念的国际水资源综合开发机制。

二、国际流域共同开发的必要性

(一)地理学视角:国际流域自然—社会—经济复合生态系统的特征决定了国际流域必然实现共同开发

流域作为一个集水区域,意味着除了水,水流经的土地、土地上的植被和生物、森林、矿藏等都在一个生态系统内相互影响。人类开发流域过程中形成的社会风俗习惯、文化背景、人口状况、经济发展状况等社会情况也不同程度上影响着流域生态环境。流域在其边界范围内由于水的自然流动性形成了一个十分重要的自然—经济—社会复合生态系统。

---

① 杨泽伟:《论海上共同开发的发展趋势》,载《东方法学》2014年第3期。

② Ellen Hey: *The Regime for the Exploitation of Transboundary Marine Fisheries Resources*, Martinus Nijhoff, 1989, p.25.

国际流域也是如此。虽然由于国界的分割，使得国际河流被划分为不同国家的领土，但在整个流域范围内，自然要素、经济要素和社会要素相互联系、相互作用、相互制约形成的仍然是一个完整的生态系统。国际流域内面临的洪涝灾害、污染、生态和生物多样性保护、贫困等问题，是跨越国界的，仅由单一国家来解决是困难的。只有构筑涵盖整个流域的合作体制，以生态系统为本位，兼顾可持续发展理念，做到国际河流开发与水生生态保护并重，才能有效地解决国际河流冲突，合理地开发利用国际河流。

（二）经济学视角：避免“公地悲剧”的必然要求

由于存在外部性问题，共有资源的开发很容易产生“公地悲剧”和搭便车的行为。就国际河流开发而言，单个国家无节制地开发必然导致冲突频发、环境污染，破坏地区安全。避免公地悲剧的方法必然是流域国协商基础上的健全的“共同开发”机制。

（三）法学视角：流域资源的“共享”性是国际流域共同开发的法理基础

国际河流通过自然越境而打破了流域各国领土的完整性与封闭性，使其成为多国共享资源。“共享资源（shared resources）”是指至少被两个国家使用的任何自然资源，是有限数目主体之间对某种资源的一种关系。如边界石油或者跨界河流①。

出于对共有财产的保护和主权上的考虑，在处理共享资源问题上，国际法确立了一系列的原则，如国家主权原则、适当顾及原则和合作原则，都已非常明确地成为一般习惯国际法。后两项原则都是对一国主权的限定，但两者不是绝对的。其中，合作原则是对国家主权或者主权权利行使的自我限制，合作原则不能

---

① Ellen Hey：*The Regime for the Exploitation of Transboundary Marine Fisheries Resources*，Martinus Nijhoff，1989，pp.25—41.

单独适用,需与适当顾及原则一并适用①。适当顾及原则是指鉴于有关国家对于"共享资源"均存在"既得利益",对这一资源均拥有"一定"的处置权,任何一方有义务不采取未经对方同意的单方面开发行动。开发只能是有关国家通过善意谈判,采取合作态度,达成一致后进行。当然,这并不意味着"缺乏共同开发程序的协议将有效阻止任何有效的实质开发"。那些不影响对方国家权利的单方面行动并非不符合国际法。

对于共享资源,国家负有两方面的义务:一是程序上的义务即通过谈判谋求达成一致,如通知、交换信息或直接谈判寻求解决等方式。1957年法国与西班牙雷诺克斯湖仲裁案中,仲裁庭认为,对于法国行使权利利用其河水是否会侵害下游西班牙的问题,双方有义务通过事先的谈判寻求达成协议。二是实体上的义务。1.1941年美国与加拿大的特莱尔冶炼厂仲裁案,确立了一项国际法原则:任何国家均没有权利利用或允许利用它的领土,使他国领土或者该领土上的财产和生命造成损害。这种损害应是严重的,而且可清楚地归咎于该国家。不克制的后果是有关国家应对造成的损失进行赔偿。2.禁止单方面开采石油资源就是这方面较为明确的一项实体规则②。1965年在英国和挪威签订的大陆架划界协定中,加入了共同开发跨界资源的条款,从此,共同开发跨界资源的条款被以后很多国家的划界协定采用,成为一种解决跨界资源问题的标准款式。国际法院在1969年北海大陆架案的判决提出不论海域边界是否存在,在维护矿藏统一性的问题上,共同开发尤为适宜。共同开发的主张也得到国际法院1982年"突尼斯和利比亚大陆架案"司法判例的支持。

三、国际流域共同开发的可行性

共同利益的存在使得共同开发成为可能。流域国家因所处地位不同,利益冲

① Ellen Hey: *The Regime for the Exploitation of Transboundary Marine Fisheries Resources*, Martinus Nijhoff, 1989, pp.25—41.

② William T Onorato: "Apportionment of an international common petroleum deposit". *ICLQ*, Vol.26, 1977.

突不可避免。但是,各流域国之间的目标也有共同点。一是各国都有对于区域持续发展的愿望;二是不同目标之间可以相互协调,寻找同时满足需求的方法①。

国际河流开发的障碍很多,其中最重要的是领土主权和划界问题。在国际法尚无明确的、可适用的普遍划界原则的情况下,各国在国际河流划界问题上往往各执己见,划界谈判过程复杂而漫长。在不涉及划界本身或领土问题,保留自己权利主张的基础上,各方如果能够搁置争议,进行实际的开发,就可以在各国合作开发共享资源的实用考虑与维持各自对共享资源的权利主张之间实现平衡,甚至可以起到促进划界协议达成的作用。这种临时安排,是符合各方利益的,因而也是可行的。

国际河流开发过程中遇到的跨界水资源分配、跨界污染、跨界生态影响等一系列问题,都是单一国家无法解决的问题。国际河流的流域整体性特征,使得以流域为单元共同开发国际河流,成为国际河流开发的优选模式。

四、"一带一路"沿线国际河流开发的现状和存在的问题

我国"一带一路"沿线国际河流主要集中在西北地区、西南地区和东北地区。本文以我国西北地区为例,论述开发的现状及其问题。我国西北地区国际河流主要指新疆的三大国际河流。全疆由国外入境的水量为88亿立方米,出境水量为240亿立方米,出入境水量占新疆河川径流总量的36.7%。出境河流中伊犁河和额尔齐斯河为新疆最大的两条河流。两河多年平均地表径流量占全疆地表径流总量的1/3,出、入境河川径流量分别占全疆国际河流总出、入境量的91.3%和27.2%。额尔齐斯河主流发源于阿尔泰山中国境内,为中、哈界河,境内河长633千米、集水面积5.7万平方千米。水资源量大约94亿立方米。伊犁河发源于中国与哈萨克斯坦边境地区天山,为两国跨界河流,水资源量大约160亿立方米。额、伊两河情况复杂且相似:主流由中国出境,部分源头又在境外,并且还

① 如对上下游都有水量控制的要求,修建水电站对于上游国家可以进行发电,下游国家则可以消耗性利用(如灌溉)。

有部分支流为界河。还有额敏河,发源于中国,流入哈萨克斯坦,注入阿拉湖,境内产水量约23亿立方米。阿克苏河发源于吉尔吉斯斯坦,是天山南坡最大的河流,流入水量占全疆入境水量的56%。阿克苏河是塔里木河的主要源流,据阿拉尔水文站(1958—1995)实测资料统计,阿克苏河流入塔里木河平均年径流量为34.9亿立方米,占塔里木河干流总径流量的74.6%以上。

西北地区国际河流开发存在的主要问题:由于地处偏僻、交通极不发达、经济水平落后等原因,西北地区国际河流的开发几乎还处于天然状态,主要用途是农业灌溉。以伊犁河流域为例,1985年全流域灌溉面积76.31公顷,中国40.31公顷,占52.8%,哈萨克斯坦36.0公顷,占47.2%,全年引水量93.44亿立方米,其中中国引水50.24亿立方米,占53.8%,哈萨克斯坦引水43.2亿立方米,占46.2%。①西北地区由于气候干燥,地处内陆,因此水量分配问题成为流域国家争夺的重点。目前主要问题是开发不合理与水量分配问题。在开发与利用过程中,各方一般都以当地的局部利益需求为基础,而没有以流域整体利益为基础,没有制定一套完整的规划方案,致使流域内国际河流开发利用不合理,环境影响极差。

1994年9月《中华人民共和国政府和哈萨克斯坦共和国政府关于共同利用和保护跨界河流的合作协定》,是我国第一个由国家政府首脑签署的有关国际河流利用和保护的专项政府间协定。此后,2008年1月29日签署了《中华人民共和国政府和俄罗斯联邦政府关于合理利用和保护跨界水的协定》。但这些协定仅仅涉及国际水道利用和保护的概括性或原则性规定,而对于国际水道的污染的具体处理、水资源的合理分配、国际合作共同开发国际水道等内容没有体现。②这些协定的签署初步构建了我国西北地区国际河流开发的法律框架。然而该框架仍具有如下缺陷:1.现有的条约大多属于框架性条约,操作性不强。对于具体问题(如环境保护)规定较为简单,操作性不强。2.现有条约的救济措施单一。目前,国际河流争端解决方式上是政治方法和法律方法并用。而我国已签署的水条约中争端解决的条款大多只有协商这样一种形式,不符合争端解决增强可预见性,以及法律化、制度化的发展趋势。3.现有条约局限于双边层次,

---

① 何大明等:《中国国际河流》,科学出版社2000年版,第101页。

② 齐海英:《国际水道利用与保护的法律实践及对我国的启示》,硕士学位论文,外交学院2007年。

缺少流域国家共同参与的流域条约。4.现有的条约往往针对国际河流开发的单一问题，缺少对国际河流进行综合管理的条约。

五、西北国际流域共同开发机制的建构

我国西北地区是“丝绸之路经济带”的重要组成部分，紧邻中亚。该区域水资源蕴藏丰富，但开发程度较低。在世界性能源紧缺的今天，如何保护和共同开发国际河流，成为中亚各国关注的焦点。

流域是区域经济的主要增长点。国际流域共同开发机制，应该是建立在保证各沿岸国有公平合理地享有国际河流的使用、开发和保护的权利基础上，成为中亚区域经济合作框架的有机组成部分，从国家主权、可持续发展以及建立经济—社会—环境综合决策机制三个方面进行整体把握。

国际河流的流动性与石油的流动性非常相似，两者具有相同的自然流动性、地理统一性以及政治上的国家分隔性。海洋石油共同开发实践作为一种解决在跨界或权利要求重叠区域资源开发可能引发争端的方式，从世界上第一个海洋共同开发协定——1958年巴林和沙特阿拉伯划分波斯湾大陆架协定肇始，到《联合国海洋法公约》颁布为止，经历了产生、发展、平稳三个阶段，为国际河流共同开发提供宝贵的经验。作者认为可以借鉴国际海洋石油共同开发的经验，构筑国际流域共同开发机制。该机制的核心是开发模式的选择和开发协议的签署。

（一）开发模式的选择

国际上现有的在争议海域进行共同开发的模式主要有四类：超国家管理模式；双方政府共同管理模式；代理制模式；合资机构共同经营模式[①]。这四类不同的管理模式，运用于解决争议海域共同开发问题时，既有其共性，即理论和操作上面临着共同问题和解决办法，也有其个性，即各案例在其特殊的历史背景、

① 萧建国：《国际海洋边界石油的共同开发》，海洋出版社2006年版。

政治和经济条件下所解决的特殊问题,它们对于现在正在进行谈判中的,或者酝酿未来建立共同开发区的有关争议方,均具有相当重要的参考价值。共同开发的管理模式统领共同开发的整体,决定着共同开发区的管理机构的权力、合同类型、管辖权及适用的法律、争端解决等各个方面。

1989年12月《关于印度尼西亚东帝汶省和北澳大利亚之间区域的合作区域条约》(简称《帝汶缺口条约》),是迄今为止最全面、最完善的共同开发文件。它实行双层次的管理机制:部长理事会和联合管理局,共同开发的最高权力集中在两国政府间的部长理事会,资源管理和开发功能交给联合管理局,决策层和经营层分开。这一体制体现出双方政府共同管理模式。作者认为其可以作为国际河流流域共同开发的理想管理模式。

(二)国际流域共同开发协议的性质和条款设计

共同开发并非基于习惯法上要求必须采取的强制行动,而是有关国家出于经济和政治的考虑所采取的自愿行动,因此,国际流域共同开发协议应为主权国家之间缔结的任择性协议。在国际流域共同开发协议中,任何一沿岸国对国际河流均享有主权权利,但任何一方均没有排他的、完全的,或者唯一的权利。这是必须明确的基本原则。

我国对外签订的国际流域共同开发协议的具体条款设计如下:

1. 主权或者主权权利条款

主权是任何共同开发谈判过程中必须面对的重要而敏感的问题。一般而言,共同开发需要在彼此承认主权或者划界争议的基础上,各方搁置争议,冻结各自主张。对于第三方可能提出证据对该争议区域享有主权或者主权权利,也不能武断地排除第三方。流域共同开发协定应力求流域国共同参与,或者至少保留流域国参与的权利。

2. 法律管辖和适用条款

共同开发区的管辖权问题主要涉及当事国的司法、行政、防务等方面的管辖权,可以有三种分配类型:(1)用本国法律管辖本国分管的区域;(2)协商共管;(3)管辖权完全归代表两国政府的联合机构①。争议解决所适用的法律最好是适用国际法或与当地法律并存的一般法律原则。作者认为共同开发管辖权宜采用协商共管的模式。管辖权的行使要受制于国际法的允许沿岸国行使的权利,以不能妨碍第三方国家依据国际法对该区域享有的管辖权为限。

3. 争端解决条款

国际河流争端的复杂性、所涉及利益的多重性以及高度的科学技术性决定了任何国际流域共同开发机制必然包含有效的国际河流争端避免与解决机制。海洋共同开发制度是解决跨界或争议海域资源开发、缓解国家间边境争端的一种切实可行的、具有健全的国际法理基础的功能性合作制度。作者认为应该借鉴海洋共同开发制度中的争端解决机制,构建符合国际河流特点的国际河流避免与解决争端机制。该机制是强调事先预防为主,政治与法律方法并用,政治方法规则化,法律方法突出专业仲裁的方式。

(1) 借鉴国际环境争端解决机制中的“不遵守情事程序”,加强国际河流争端“避免程序”的建设。预防原则是环境保护的“黄金原则”。环境污染一旦发生,往往难以消除或恢复,甚至具有不可逆性。据计算,预防污染损害的费用与事后治理的费用比例是 1∶20②,因此国际环境领域预先采取预防措施要比事后治理更加经济。而在已出现的与环境有关的国际争端中,因国际河流的利用和保护而产生的争端占其中的绝大多数,因此,应该借鉴该机制构建国际河流的避免争端机制成为必然的选择。自 1987 年《关于消耗臭氧层物质的蒙特利尔议定》创立了“不遵守程序”以后,1989 年《控制危险废物越境转移及其处置巴塞尔公约》又对其做了进一步的完善,丰富了一般国际法处理争端解决的机制。现行的“不遵守情事程序”作为一种防范程序,着眼于义务的履行,而不是争端发生之后的救济。它主要通过建立一整套程序来评估缔约方遵守公约义务的情况,并由专门机构(如缔约方大会)来履行监督和调解的职能,并在缔约方不遵守公约

① 周忠海:《论南中国海共同开发的法律问题》,载《厦门大学法律评论》第 5 辑 2003 年第 208 期。

② 贾生元:《中国国际界河水环境监测站网建设思考》,载《水资源保护》2003 年第 19 期。

义务的情况下向有关缔约方建议采取适当的行动和措施。这一机制在运用到国际流域开发协议中,需要注意以下两点:要有相应的专门机构负责监督和调解;要注重协商程序的前置性,以克服其缺少灵活性的不足①。

(2) 政治性方法的规范化,对协商制度"机制化"处理。协商或者磋商作为一种外交手段解决国际争端由来已久,对于争端的解决具有积极的意义。然而单纯的磋商往往依赖各国的实力,极易造成弱肉强食的结果。作者认为国际流域争端解决机制中应将其规范化,借鉴 WTO《解决争端谅解》中将"诚信协商"纳入 WTO 整体法律框架内的做法,在协议中规定协商作为强制性首选解决机制的方法,并附之以相应的程序。

(3) 吸收巴伦西亚水法庭的经验和作法,采用专业仲裁的形式。源于阿拉伯统治时期的巴伦西亚水法庭是欧洲最古老的机构之一。巴伦西亚水法庭由在巴伦西亚果菜园中的8个水渠的管理灌溉和水分配的8名代表组成,代表由他们所在公社的社员民主产生,从而把8个水渠的权威集中于一身②。这8位代表就是水法庭的法官。法庭判案公正、快捷、准确,在当地有很高的威望,判决能很好地得以执行。该法庭虽然开始是民间的组织,但逐渐被官方认可,很多国家在国内水法中吸收了它的经验,甚至联合国在1977年通过了以巴伦西亚水法庭的原则和实践经验为基础的世界《水宪章》。国际河流争端往往具有复杂的水文和技术因素,建立由专家组成的仲裁水法庭去解决争端具有实践上的可操作性。

此外,在我国签署的国际河流协定中应注重以下几方面的因素:一是注重区域之间的联系、国际河流的整体性以及各流域国之间的合作;二是注重流域内各要素之间的关联性和生物资源与水利资源的综合利用;三是注重流域水供需系统的层次性及流域内外的相互关系;四是注重协调人与自然之间的关系,实现资源开发与经济发展、环境保护协调发展。

(作者系上海政法学院国际法学院副教授)

---

① 董玲、丁国庆:《试论国际环境争端解决机制的不遵守程序之完善》,载《山东纺织经济》2008年第3期。

② 蔡守秋:《论处理水纠纷的方法》,载《2003年中国法学会环境资源法学研究会年会论文集》。

试论传统法上的“业权”观念

毕巍明

摘要：以“业权”为代表的权利群是中国传统法律中土地权利的体现，它与近代民法中的物权概念有显著差异。就形成过程而言，业权不是直接以私权形态产生的，是在国家对土地的经营管理放松之后逐步形成的，其直接成因为“均田制”下对永业田的规范。就权利主体而言，业权不是建立在个人本位基础上的主体意志，而是家族所有的，家作为一个整体成为权利主体，即便之后分化成不同的家庭，分别立户，但他们对共同祖先遗留下来的田产依然能够提出权利主张。就权利的利用而言，在公权力的干预之下，业权更注重保护土地的实际利用，而不仅仅是保护归属。宋代号称“不立田制”“不抑兼并”成为业权完善的理想法制环境，同时，在业权基础上也形成了典权、佃权等限定权属，使土地的利用愈加充分。

关键词：业权；永业田；家族；典权；佃权

伴随《中华人民共和国民法总则》的颁行，中华人民共和国几代法律人制定民法典的愿望亦将达成。作为移植而来的法律，法典不仅是本土民法生长的果实，更当是新的萌芽，在传统与现实的沃壤中不断壮大。本文拟就传统法上的“业权”观念略作分析，并与近代民法中相似的物权概念作出比较。不揣浅陋，贻笑处仍请方家指正。

一、"业权"释义及其形成

(一)"业"与"业权"

本文所谓"业权"约略相当于中国传统法上的物权,与物权相比,其绝对性稍有不足,而重在财产的利用,尤其是田产、房屋等不动产的利用。

业,繁体写作"業",本义是钟鼓架子的装饰物,东汉许慎的《说文解字·丵部》曰:"业,大版也。所以饰县(悬)钟鼓。捷业如锯齿,以白画之。"清段玉裁注曰:"所以设栒为悬也……植者为虡,横者为栒……按栒以悬钟鼓,业以覆栒为饰,其形刻之捷业然如锯齿,又以白画之分明可观,故此大版名曰业……凡程功积事言业者如版上之刻往往可计数也。"业是装饰编钟横梁的大板,上面刻做锯齿形,也会画有装饰图案,由此引申建立功业如板上刻画一般显赫。

作为表意文字,字形与字义有着密切关联,《说文》对业的解释似乎未尽其义。同时,《说文》将业归入"丵部","丵"其解释为:"丛生草也,象丵岳相并出也。凡丵之属皆从丵。""業"亦可分解为上丵下木,似乎与草木丛生有关,所以有学者认为:"业,可以看出原从木从丵会意,表示种植茂盛,《荀子·性恶篇》:'夫工匠农贾未尝不可以相为事也。'注:'事,业也。'事,就是业,业,就是事。事业,最古老,最重要的,在古代社会就是解决民食的农业。"①取形树木茂盛之象,表明种植得力。所以单就字义而言,"业"本身包含了从事、经营的意思,引申为能够经营、增殖的财产,如产业、田业。而"业权"就是在这些产业之上的权利,它所强调的是主体的积极作为,是主体对客体的动态利用,不单单是静态占有。

业权主要集中在产业之上,其本身并非古已有之,这主要是缘于传统法中没有形成权利的概念,在此也需要利用近代法学中权利分析的方法来解读传统法。业权属于私权的范畴,相比于其他财产私有权,其形成与确立的时间较晚。从原

① 夏渌、于进海:《释"对"及一组与农业有关的字》,载《河南大学学报(社会科学版)》1986年第2期。文中认为"事"字起源于农业,字形组合表示农人以手将植物栽植于地穴中,为"莳"的本字。

始社会过渡到阶级社会财产私有权即已形成，而业权直到唐宋之际方才确立。这主要是因为在农耕时代最主要的产业就是土地，具体说，就是用于耕种的农田。农田的私有从中唐开始，至宋方确立。唐德宗建中元年（公元 780 年）以“两税法”取代“租庸调制”，标志自北魏以来实行的“均田制”彻底瓦解，有宋一代，号称“田制不立”“不抑兼并”，意味着土地私有化，即业权得以确立。

《韩非子·五蠹》，“古者，丈夫不耕，草木之实足食也；妇人不织，禽兽之皮足衣也。不事力而养足，人民少而财有余，故民不争。”而伴随人口的繁衍，物质资料变得稀缺，同时，人们也开始增加劳动，种植作物、豢养动物，于是便希望能够设立一些基本原则来保障人们对特定物享有的专属或优先权，权利意识、私有权的观念由此而生。即便如此，在草莱丛生、地广人稀的时代，作为农田的土地仍然是可以不断垦辟拓展的。在种植业发展开始定居之后，人们也会因为土地肥力下降或异族入侵而不断迁土易居，《诗经·緜》中所记古公亶父避狄人而迁于岐山的事件大略可以反映这种状况。因此，在人类社会早期，土地产出物远比土地本身更为重要，而获得产出物的关键在人力，所以对一个部族而言，人丁兴旺就意味着富足强大。

部落之间争战不断，古代国家由此形成。土地和人民是国家的重要财富，“谷者，人之司命也；地者，谷之所生也；人者，君之所治也。有其谷则国用备，辨其地则人食足，察其人则徭役均。知此三者，谓之治政。”①所以历朝历代均着力于完善土地制度，其核心无外乎管理人民使之勤劳耕作，由此获得赋税以维持国家政权。在土地荒闲严重的时候，国家倾向于组织有限的劳动力尽量多地投入农业生产，因而会制定详备的土地经营制度，即所谓“田制”。而当人口增长、土地资源有限时，国家倾向于以间接方式管理土地，不再干预土地的占有与耕种，只负责征收赋税。后一种情况下，土地的私有权会更加充分。总体上，中国人口在不断增加，土地也在不断地开发，这种发展趋势在唐宋时期达到高峰，业权也在这一时期形成。

（二）早期的土地权属

夏、商、周三代逐渐发展完善了一系列土地制度，其核心是“井田制”。整体

① 《通典》，卷 1。

上确立了土地的王有,《诗经·北山》"溥天之下,莫非王土。率土之滨,莫非王臣"即是其意。然而诗句本身更像是表达王对于土地和人民的无上权力,是一种主权宣示,不一定意味着王对土地具有所有权。实质上,王直接占有的仅是王畿周围,而大部分国土分封给诸侯,《周礼·大司徒》:"凡建邦国,以土圭土其地而制其域。诸公之地封疆方五百里,其食者半;诸侯之地封疆方四百里,其食者三之一;诸伯之地封疆方三百里,其食者三之一;诸子之地封疆方二百里,其食者四之一;诸男之地封疆方百里,其食者四之一。"王分封诸侯,并收取象征臣服的贡品。诸侯占有土地,同时还肩负治理守卫地方的责任。土地是和爵位密切联系的,故而诸侯无权擅自处分土地。同样的,诸侯也要把邦国土地分封给卿大夫,形成一个个采邑,大夫再把采邑分封给士,最终土地形成了阡陌纵横的"井田"。《孟子·滕文公上》:"方里而井,井九百亩,其中为公田。八家皆私百亩,同养公田。公事毕,然后敢治私事,所以别野人也。"

井田形制整齐大小均一,分为公田与私田,由平民耕种。《诗经·大田》,"有渰萋萋,兴雨祁祁。雨我公田,遂及我私。"私田的收益归人民,公田的收益则归诸侯及卿大夫等各层贵族。井田尚保有氏族公社的遗蜕:公田往往是采取集体耕作的方式,所以八家共井,八未必是实数,表明了集体耕作的事实①;土地有肥瘦沃瘠之分,所以井田之外又有易田,田地三年一易,以确保人民之间的公平。井田制是以国家制度的形式把原先贵族与人民之间享有的原始权利确定为各自的法律权利。

到春秋战国时代,王室的权威扫地,诸侯间征伐不断,战争成为获得土地和财富的有效手段。"郡县制"的推行,使"封建制"下合一的政治管辖权与土地收益权相分离,各级贵族的治理逐渐变为国家官僚的管理,公田收益也逐步集中成为国家的征税权,这时候土地已然具有"领土"的性质。诸侯通过"履亩而税"的方式对土地全面征收赋税,学者由此认为国君掌控了土地的所有权,"盖公田共耕制废弃之后,公田则以农户分耕的方式保留下来。这种分散化的公田,是不能阻止统治者在事实上实行履亩而税的。而'初税亩'的实行,则在法理上肯定了

---

① 陈守实:《中国土地关系史稿》,上海人民出版社1984年版,第9页。

国君对全部土地的所有权。”①

国君的征税权也象征了其在国境之内的“主权”，一如诸侯向周王朝贡以示臣服，向国君缴税也表示人民的臣服与效忠。“马克思论述的亚洲的共同体解体后，虽然产生了大体上独立的小农经济，但更强大的国家势力却控制了农民的再生产所需要的共同体机能，因此，土地所有的问题也不是一种国有或私有非此即彼的问题。可以推测，它是具有私人对于土地的权利和国家权利的关系这种结构的问题。”②也就是说，中国古代的土地权利从其产生之初即是不能够由单一所有权概念解释的。

一般认为，战国时代商鞅变法是土地私有权变化的标志性事件，《史记·商君列传》商鞅变法规定：“明尊卑、爵秩、等级各以差次，名田宅、臣妾、衣服以家次。”实则是以爵位、等级为标准分授田宅，并根据户口登记来征收赋税。“井田制”下国家是通过土地来征收赋税，因而需要限定土地的规格，限制人们对土地的占有。废井田，农民占田不受限制，占有土地的多寡不易统计，以土地为基础的税收政策便不再适宜，国家开始实行“舍地而税人”的政策，“自秦孝公用商鞅计，乃隳经界，立阡陌。虽获一时之利，而兼并逾僭兴矣。降秦以后，阡陌既弊，又为隐核，隐核在乎权宜，权宜凭乎簿书。”③统计户口与检核土地成为大一统国家管理经济与农业的重要内容。

汉比照秦制，将编户齐民分作22个等级，依照不同的等级、爵位授予不同面积的田产房屋。此项制度的实行需要官府掌握一定的荒闲土地，在乱后更生的时候比较容易实行，而当人口繁衍，土地紧张时便难以为继，同时再加上豪强势力的隐占田产，更使之名存实亡。马端临谓，“自汉以来，民得以自买卖田土矣。盖自秦开阡陌之后，田即为庶人所擅，然亦惟富者贵者可得之。富者有赀可以买田，贵者有力可以占田，而耕田之夫率属役于富贵者也。”④豪强对土地的兼并，强化土地私有权的同时，也造成了小农的破产与社会分配的不公，最终导致东汉末的社会大动乱。

---

① 程念祺：《国家力量与中国经济的历史变迁》，新星出版社2006年版，第13页。

② [日]堀敏一：《均田制的研究》，韩国磐等译，福建人民出版社1984年版，第361页。

③ 《通典》，卷1。

④ 《文献通考》，卷2。

(三) 业权的形成

业权源自北魏时期的“均田制”。在“均田制”下,土地的私有权也获得了一定程度的发展。国家授予耕种者的土地分为永业田和口分田,口分田需还受,耕种者对其享有限制的占有权,即在成丁阶段可以占有、使用、收益,在特定条件下并得买卖;永业田可终生占有,并可有限地买卖与继承。中唐以后,土地的还受制度难以为继,均田制崩溃,私人所占土地皆为永业,由此确立了土地的私有制度。入宋以后,所谓“田制不立”、“不抑兼并”,国家不再对私人土地的占有、处分加以限制,这种土地私有权的基础源自均田制下的永业田,故以“业权”。

均田制始行于北魏孝文帝太和九年(公元485年)。《魏书·食货志》“九年,下诏均给天下人田:诸男夫十五以上,受露田四十亩,妇人二十亩,奴婢依良。丁牛一头受田三十亩,限四牛。所授之田率倍之,三易之田再倍之,以供耕休及还受之盈缩。人年及课则受田,老免及身没则还田,奴婢、牛随有无以还受。诸桑田不在还受之限,但通入倍田分。于分虽盈,没则还田,不得以充露田之数,不足者以露田充倍。”①桑田种植桑麻果木,不需还受,即意味着土地可以继承,土地权利开始向着永久性方向发展。

均田制创设之后,因政权嬗替其制度也随之损益。北齐河清三年(公元564年)颁布诏令,将百姓及职事所请垦田名为永业田,并限制受田奴婢的数目;隋建国之后,田制沿用北齐。②唐初,武德七年(公元624年)制定律令,“以度田之制:五尺为步,步二百四十为亩,亩百为顷。丁男、中男给一顷,笃疾、废疾给四十亩,寡妻妾三十亩。若为户者加二十亩。所授之田,十分之二为世业,八为口分。世业之田,身死则承户者便授之;口分,则收入官,更以给人。”③其后,开元二十五年(公元737年)令再一次强调了土地分授的额度,并对买卖作出规定。④此时,有关土地买卖的禁令已开始松弛。

---

① 《魏书》,卷110。

② 《隋书》,卷24,食货志。

③ 《旧唐书》,卷48,食货上。

④ 《通典》,卷2。此外亦可参见戴建国:《唐〈开元二十五年令·田令〉研究》,载《历史研究》2000年第2期,戴氏所见唐令,为明抄本宋《天圣令》所附。

均田制推行之初，有露田、桑田、麻田之分，区分标准是农田的用途不同，露田种植粮食作物，受田者在成丁的年限内得占有、使用、收益，并承担赋税，年老之后，土地归还官府同时也免除纳税义务；桑田主要种植桑枣等树木，因生长期长，投入与维护成本较高，不宜频繁变更占有，所以不在还受之列，可以传诸子孙，而且可以卖有余，买不足；麻田用以种麻织布，起先如露田需还受，之后改如桑田。在发展过程中，北齐将不须还受的土地称为永业田，入唐后即按土地性质划作永业和口分，而对永业田的买卖处分也略为放宽。一般认为，均田制推行的基础是土地国有，当然，土地私有权也有一定的发展，占有权已经成为稳定的权利，它包括对口分田的有限(成丁阶段)占有和对永业田的终生占有；惩于前代豪强兼并对小农的破坏，国家限制土地的处分权。永业田不仅可以终生占有，在理论上它还可以传诸子孙，有永世占有之意；虽然不能排除国家干预而成为绝对的所有权①，但它奠定了业权发展的基础，即永世占有和有限处分。

唐经“安史之乱”版籍破坏严重，依托“均田制”的“租庸调制”难以为继，唐德宗建中元年(公元780年)宰相杨炎废“租庸调”改行“两税法”，虽然在法律上并没有废除“均田制”，但是国家已不再收授土地，事实上已经承认了对土地的永世占有和自由处分，所谓“兼并者不复追正，贫弱者不复田业，姑定额取税而已”②。

宋代“田制不立”，土地仅作官田与民田之分。官田，即是“系官田产”，是国家通过官府直接控制、经营的土地，包括屯田、营田、职田、学田等，一些新生土地如河滩、沙田、湖田等也是官田。民田是人民的私有土地，除夏秋两季须按时缴纳田税外，田主得对其自由处分，这是完备了的业权。国家依然保有对土地的“终极”权利，因而官田和民田有时候也可以互相转化，一些官田可以出卖给私人变为民田，而民田也会因逃移、户绝、没官等变为官田。

从上古时代到均田制败坏，土地私有权就是这样一步步确立的：先是不确定的占有，再是简单的占有，然后通过长期占有形成有限的占有权，接着是终生占有权，最后也就是在古代社会所能达到的完备状态，永世的占有权；这个过程中，

---

① [日]西岛定生:《中国经济史研究》，冯佐哲等译，农业出版社1984年版，第428页。根据西岛定生的研究，永业田在土地紧张的地方也是须要还受的，因而“均田制将土地分为永业田和口分田，并不以农民自己掌握的私有土地的存在为前提，也不说明无限期的永世所有权脱离国家权力而存在”。

② 《文献通考》，卷3，引程迥(沙随)语。

国家的角色也在转变,从直接的经营者变为间接的管理者,带有公权性质的国有权也逐渐统一为征税权。可以这么说,占有构成了土地权利的主体,而处分则决定了土地权利的性质。私人对土地的处分权早在战国世代"废井田"时即已确立,但在之后的发展中又随着国家干预的变化而或强或弱,及至宋代对土地自由处分的权利最终得到了国家的认可。在《宋刑统·户婚律》"典卖指当论竞物业"门中大致提到了四种对土地的处分行为,即出典、出卖、指质及倚当,①此外,还包括出租。

人民不再自国家领受土地,则业权的取得主要通过继承和买卖。除此之外,承买官田及开荒也是取得业权的重要方式。开荒取得主要适用于建国之初,社会渐趋平复,尚有较多抛荒土地的情况;同时,国家为了恢复社会经济也通过减免税收等措施鼓励人民归业或承买荒田为永业②。其他因天灾逃亡而形成的无主土地及户绝田产,国家将其纳入官田直接加以管理,但为增加其使用效率,也倾向于出卖给私人。

二、"业权"的家属性

业权既不同于近代民法上基于个人权利的物权,也不同于罗马法上基于家父权利的支配权。一般来说,在传统法上,财产总是和家庭密切联系,依照法律,只有家长才有针对财产的支配权,所以业权主体只能是家长,但即便是家长也没有对客体的绝对支配权,他不能作出与家庭利益相违而又非公益性的处分。之所以如此,是因为在传统观念中,家长并不是家庭产业的真正所有者,财产是属于"家"的,而这个"家"乃是承自先祖并将努力延续的整体,当前家庭只能作为

---

① 《宋刑统》卷13。

② 《宋会要辑稿》食货1之16—17,"太宗太平兴国七年二月诏曰:东畿近年已来,蝗旱相继,流民甚众,旷土颇多。盖为吏者失于抚绥使至于是。天灾所及,隐匿而不以闻;岁调既兴,循常而不得免。编户遂成于转徙,大田乃至于污莱。深用疚怀,不遑宁处;俾伸恻隐,别示招携:宜令本府设法招诱,并令复业。只计每岁所垦田亩桑枣输税,至五年复旧。旧所逋欠悉从除免。限诏到百日许令归复,违者,弃土许他人承佃为永业,岁输税调亦如复业之制。""至道元年六月诏曰:近年已来,天灾相继,民多转徙,田卒污莱。虽招诱甚勤,而逋逃未复。宜伸劝课之旨,更示蠲复之恩。应诸州管内旷土,并许民请佃,便为永业。"

“家”世代延续中的一个环节。所以,于家长而言,对上承担着祭祀的宗教义务,对下则承担着“守业”的法律义务。

土地在“家”的世代间不断传承,这是业权所包含的重要特征。传统上,只有亲子才能承接家世,表现在法律中,即户不会因为户主死亡而消失,只会因兄弟分家而分立成若干户,原有的财产权利并由分立各户享有。反之,一旦家中无子,即意味着家世断绝,法律上就称之为“户绝”。

(一)家的含义

《说文·宀部》“家,居也。从宀,豭省声。”段玉裁注:“居,处也。处,止也。《释宫》,牖户之间谓之扆,其内谓之家。引申之天子诸侯曰国,大夫曰家。……窃谓此篆本义乃豕之居也,引申假借以为人之居。字义之转换多如此,牢,牛之居也,引申为所以拘罪人之狴牢,庸有异乎?豢豕之生子最多,故人居聚处借用其字。”

段说因人兽之辨不严常被质疑。吴大澂认为,家字“从宀从豕。凡祭,士以羊豕。古者庶士庶人无庙,祭于寝,陈豕于屋下而祭也”。[①]中国上古的宗教主要是祖先崇拜,后世儒家将其演变为一套家族礼法,并在整个古代社会发挥着核心价值观的作用。宗教意义上,豕为先民重要的畜产,驯养即早繁衍也速,是一般贵族献祭的牺牲,祭祀对象是先祖,而参与祭祀者便是一家人。同时,祭祀的场所在屋内,周代礼制形成后便是家庙,周礼的适用对象是贵族,士为贵族的最底层,立一庙,至天子则七庙,所谓“天子七庙,三昭三穆,与太祖之庙而七。诸侯五庙,二昭二穆,与太祖之庙而五。大夫三庙,一昭一穆,与太祖之庙而三。士一庙。庶人祭于寝。”[②]而祭祀所用牺牲,天子以太牢,诸侯少牢,士、庶兼用豚、鱼等,都少不了豕。所以,家是以血缘宗教连结的团体。

一般来说,古人言“家”,很少是单指居处,往往包含家世、家人等意义,维系家世的纽带是血缘,而共同的祭祀活动则是连接家人、表现血缘纽带的主要形

---

① 吴大澂:《说文古籀补》卷7。转引自《古文字诂林》(第6册),上海教育出版社2003年版,第743页。

② 《礼记·王制》。

式。需要注意的是,与这种“家观念”密切连接的是宗法制度,是中国上古封建时代贵族阶层所特有的。春秋战国时代,礼崩乐坏,贵族特权渐趋平民化,而宗法家族的观念也逐渐为儒家礼制所吸收,并不断被强化和推崇。在此观念影响下,一个“家”的成员不仅包括在世者,还有在家庙中受享的先祖,以及家系未来的继承者,而在父系社会中,认为只有男子才能传承先祖的血脉,所以一旦没有子嗣,家也就消亡了。

从这个意义上讲,“家”并不能成为法律关系中现实的主体,但他维系了一个整体性的观念,正是这种观念制约了人们的行为,在行使权利时必须优先考虑整个家的利益,而不能凭一己之利任意妄为。

相对于家的“永世性”而言,家庭则是其狭义的概念,就是当前世代直系亲属所组成的,而旁系亲属则是家族成员。《说文·广部》,“庭,宫中也”,段玉裁注:“中宫,宫之中。……宫者,室也,室之中曰庭。”族,《说文》“矢锋也,束之族族也”,段注:“族族,聚貌。毛传云五十矢为束。引申为凡族类之称。”家族即是因家而相聚为类的人。家庭由直系血亲组成,辈分最长的男性充任家长,其责任主要是管理家庭并代表家庭参与社会活动;对于整个家系而言,他还负有承上启下的责任,宗教意义上就是将先祖血脉传延下去,现实上就是要养育子嗣,并将得自先辈的财产交与他们。同一家系,五服之内的亲属即是家族成员。家族是家庭活动的优先领域,家庭中的许多事务,通常也要依靠家族力量来解决。

与之相较,在西文中“家庭”一词有渐变的过程,“familia 是个拉丁词:它出现在罗马,从 famulus(拉丁文,意为‘仆人’)派生出来,但是它与我们平常对这个词的理解并不符合。‘Familia 大概指的是生活在同一屋顶下的全体奴隶和仆人……后来又指 maison,一方面是主人,另一方面是在主人统治之下的妻子、儿女及仆人……后来词义扩展,familia 又指 agnati 和 cognati,成了 gens 这个词的同义词,至少在日常用语中是如此。’……Maisn 是指生活在同一屋顶下的所有人;gens 是指同一祖先的所有后代组成的共同体;agnati 是指父系亲属,cognati 指母系亲属,后来词义扩展,指血亲的整体。这些不同的亲族单位,我们如今将其统统集合在‘famille’(家庭)这同一个名词之下。”①罗马法上,“家庭

① [法]安·比尔基埃等:《家庭史》,袁树仁等译,三联书店 1998 年版,第 13—14 页。

(familia 或 familia iure proprio)是单纯由权力联合在一起的人的团体,在这一团体中,一人对其他人行使权力,以实现比维护家秩序更高的宗旨。……‘家庭’的属员叫作‘他权人(personae alieni iuris)’,即处于他人权力之下的人,他们一部分是‘家子(filii familias)’或‘父权下的子女(liberi in potestate)’,另一部分则是奴隶(servi);但是只有‘子女(liberi)’才被视为家庭的真正成员。”①可以看出,罗马法上家庭即是家父权力支配下的一群人,这里家父是绝对的主权者,可依据自己意志处分家子②,而家庭似乎只是为了给家父身份提供依据并明确其权力的范围。

罗马法上家父支配下的家庭,在古代中国鲜有相类似者,家长在家庭中起了主导的作用而非绝对支配的主权者,虽然财产处分、子女婚嫁等很多事务都有赖家长的决断,但是并无生杀予夺的大权。一般来说,在上古贵族时代,家长的权力较重,而随着社会发展,平民化程度愈高家长的权力限制愈多。

(二)家产的属性

传统法上,家产的属性是个长期争议的问题。关于其认定主要有两种观点,即共有说和私有说,前者由中田薰提出经仁井田陞阐释,后者为滋贺秀三所持。共有说,即是认为家产为家长与诸子共有,家长无绝对的处分权,“根据中田博士的研究,家族同产当时叫作‘同居共财’‘同居共爨’或‘同财’‘同爨’,尊长卑幼间的共产是当时的通则。史家常说当时别籍异财很盛行。然今据中田博士之说,别籍异财不一定就表示家族同产的终止,由别籍异财者的婚姻或子之出生等,有复为家族同产的可能。同产亲属对于共有家产各有应有部分;不过这个应有部分是不确定的,因同产亲属的出生与死亡自然地变化着。即父子虽可以异财,但其子如生有子,法律上当然又成为父子同财;如同产亲属死亡只剩下一人时,此

---

① [意]彼德罗·彭梵得:《罗马法教科书》,黄风译,中国政法大学出版社 1992 年版,第 114 页。在《学说汇纂》中,乌尔比安把家庭定义为:“我们所称的本义家庭是指这样一群人——他们均服从某一人的权力、品格或权威。”

② [意]彼德罗·彭梵得:《罗马法教科书》,黄风译,中国政法大学出版社 1992 年版,第 126 页。家父有权惩戒犯过错的家子,“包括采用监禁、身体刑、甚至死刑;对于侵犯家外人的犯罪,‘家父’可以将‘家子’交给被害人,以摆脱自己的责任”,“(家父)也可以出卖或出租‘家子’,遗弃或杀死新生儿。”

一人即成为全部共有家产的单独所有人。”①

对应的,私有说即认为家产为家长所有,其权利与罗马法上家父的绝对支配权相当,“家产如果从形成来看是全体成员辛勤劳动成果的结晶,如果从目的来看是为了养活全体成员的资产。当着眼于这样的形成与目的,换言之,当着眼于其经济上的功能的时候,家产不言而喻是大家的财产。但是在另一方面,如果着眼于谁是这一家产的权利主体、这一家产的法的归属问题的话,家产就明显的是父亲的财产。”②

此外,针对上述两种观点,柳立言大致采取了综合说,即从财源的角度看,父财属于“共财”,可由家父绝对处分,而子财则属“私财”家父处分需得子同意。柳立言认为,从相关法令和实例上看似乎滋贺观点较中田的正确,即所有收入统归共财,由尊长随意处分,“但是,法令制度是一回事,实际情况是另一回事。即使是严格的家长共财制,也可以把共财程度降低。一种情况是家长进行合法的生前分产(所谓生分),另一种情况是非法私财的出现。其次,家长共财制到了仁宗时变得较为松弛,剥夺了家长对户内若干财源的绝对控制权。滋贺、中田及他们的后继者都不曾发现,《宋刑统》的法令为仁宗景祐四年(公元1037年)的一个诏令所改变,在以敕代律的情况下,此后的财产法须以此诏令为根据。这次改变的最大意义,在承认一户之中,若干财源可保留为私财,不再属于由户主支配的共财,亦即一户之中可以既有共财,也有私财。中田以这私财为证据,自然得出家长并无绝对处分权的结论,却忘了他对余下的共财仍有绝对的处分权。而滋贺把重点放在共财,忽略了私财,自然有不同的结论。”③所谓景祐四年的诏令即是,“诏应祖父母、父母服阕后,不以同居、异居,非因祖父母财及因官自置财产,不在论分之限。”④

综观上述三者,有一个共同的前提,即以物权的标准衡量古代的法律关系,结果多少显得似是而非。就整个家产而言,很难说它“属于”某个人:家长是户

---

① [日]仁井田陞:《唐宋之家族同产及遗嘱法》,汪兼山译,载《食货》1935年第1卷第5期。

② [日]滋贺秀三:《中国家族法原理》,张建国、李力译,法律出版社2003年版,第171页。

③ 柳立言:《宋代同居制度下的所谓“共财”》,载《宋代的家庭和法律》,上海古籍出版社2008年版,第331—332页。

④ 《续资治通鉴长编》卷120,仁宗景祐四年正月乙未条。

主，有权处理家产，但他的身份与其说是家产的所有者，毋宁言是管理者；家长作为户主是代表户概括承担了其在法律关系中的权利义务，家长权利的基础是户主，而非其个人独立的处分权。同样的，家子也不是家产的共有者，作为户的成员，其生活用度均来自家产，可以说是享有受益权；家子也可以对财产处分提出建议，但只是依据父子的伦理关系，而非财产共有关系。所以，“在排除了家长享有家产所有权和家产共有制的观点后，关于中国传统社会中的家产，如果说非要确认一个权利主体，那只能是家或户。家或家户必须作为一个整体看待。无论国家还是社会，其基本单位都是以家或户为准。个人行动往往依附于作为整体的家之下。”①这也正是业权区别于物权的重要方面，其主体是“家”，是以户为法律人格的整个宗法之家。所以在有关田产的交易中，传统法一直保留了“亲邻优先权”的规定或习惯，土地房屋交易要先问亲属再问四邻，亲邻不要方可对外交易，这即是印证了拥有共同祖先的家族成员，对财产均享有一定的权益。

三、“业权”的用益性

如前所述，“业权”本身就是在强调财产的利用与增殖，所以除了永世的占有外，业权之上通常还存在两个比较重要的用益权，一个是典权，另一个是佃权。

（一）典权

“典权是中国古代特有的一项民事权利，其特点是出典方（一般称‘业主’）将土地房屋之类的不动产转移给典权人（一般称‘典主’），以获得一笔远低于卖价的典价，典权人获得该项不动产的全部占有、使用、收益权及将其转典的处分权，出典人只保留在约定的若干年后以原价赎回该项不动产的收赎权。”②正因为有

① 俞江：《论分家习惯与家的整体性》，载《政法论坛》2006年第1期。
② 郭建：《中国财产法史稿》，中国政法大学出版社2005年版，第112页。

这样的特点,出典也被称作“活卖”。典权主要形成于南北朝时期,“作为一项朝廷法律规范的民事制度,典权制度的直接起因则是北朝实行均田制时期对于土地买卖的限制。北齐时实行均田制,禁止土地买卖,但又允许‘帖卖’……从物权的角度来看,帖卖也可以被视为一种附有买回条件的买卖。就‘地还钱还’而言,这种帖卖已具有后世典权的要素。”①可以说,典权的创设有两方面的动因:一是自秦汉以来,土地的处分权已经确立,骤然禁止买卖难免会引起民间社会的不适应,因而需要典权制度来作为折中;二是作为小农而言,承担风险的能力十分有限,一旦陷入危机往往需要借助出卖土地来纾困,但这又会加速小农的破产,这种情况下,典权制度即可为小农筹得应急资金,又可保留其对土地的回赎权,无疑是两全的选择。正因为有此优势,典权制度在均田制败坏,土地得以买卖之后,仍然获得了长足的发展。

土地出典以后,在约定的期限内,典主所享有的权利与业主相当,包括占有、使用及收益,唯田主保留了回赎权,所以典主的处分权仅限于转典。典主是土地的实际受益人,并应承担土地之上的赋税,故法律中土地出典的程序与出卖相同,须经草契、税契、割税、离业四步,在条文中也往往是典卖并称,一体规范。

典主权的期限由契约规定,期满后业主可以收赎;业主的回赎权在原则上并不会消失,只是在限满30年后,没有文契或验证不明,则丧失回赎权,典主可自由转典。以宋代为例,《宋刑统·户婚律》“典卖指当论竞物业”门下,“建隆三年十二月五日敕节文:今后应典及倚当庄田、物业与人,限外虽经年深,元契见在,契头虽已亡没,其有亲的子孙及有分骨肉,证验显然者,不限年岁,并许收赎。如是典当限外,经三十年后,并无文契,及虽执文契,难辨真虚者,不在论理收赎之限,见佃主一任典卖。”②此外,如典主户绝,土地没官,田主仍可在限满半年内以

---

① 郭建:《中国财产法史稿》,中国政法大学出版社2005年版,第113页。

② 又据《宋会要辑稿》食货61之56,“太祖建隆三年十二月,臣僚上言:新条称,应有典赁、倚当物业与人,过三十周年,纵有文契保证,不在收赎论索者。凡典当有期限,如过三十年后亦可归于现主,即未晓赁字如何区分。伏乞削去。亦未知典当过三十周年后,得许现主立契转卖与人否。欲请今后应典当田宅与人,虽则过限年深官印元契见在契头虽已亡殁,其有亲的子孙及有分骨肉证验显然,并许收赎。若虽执文契难辨真伪,官司参详理不可定者,并归见主,仍虑有分骨肉隔绝他处,别执分明契约,久后尚有论理,其田宅见主只可转典,不可出卖。所有赁字伏请削去。从之。”说明立法之初本将田主的回赎权限定在30年内,其后依臣僚建言不加限定,并将典主的处分限为转典。

本钱收赎。①

同时，典主除享有出典土地上的诸项利益外，还得享有该土地及其邻至的优先权。业主出典土地后，如再将土地出卖，须先问典主，若典主不要，再问亲邻，若典主承买，则补足差价并按增加部分缴纳契税。②如该地邻至内有典卖土地者，则只须问典主而不必再问原业主。③

在典权关系中，出典方的业主通常都是小农，处于弱势地位，为保护其权益，法律除前述赋予其近乎无限的回赎权外，还在程序设置上多有维护。在宋代，首先，为防止钱主私改契约，要求钱主业主共同赴官请买正契、合同契；如钱主擅领合同契，业主可以陈告并追究其责任。④其次，为防止典主拖延，阻挠业主收赎，法律允许业主在务限内收赎，⑤并禁止典主拖延入务，“在法：诸典卖田产，年限已满，业主于务限前收赎，而典主故作迁延占据者，杖一百。”⑥此外，如业主户

① 《宋会要辑稿》食货1之18，“(大中祥符七年)六月诏：诸州典买，典人而户绝没官者，并纳官检估诣实，明立簿籍，许典限外半年以本钱收赎。如经三十年无文契，及虽有文契，难辨真伪者，不在收赎之限。初三司以旧无条制，请颁定式，状下法寺，故命条约焉。”

② 《宋会要辑稿》食货61之56，“雍熙四年二月，权判大理寺殿中侍御史李范言：准刑统应典卖物业先问房亲，房亲不要问四邻，四邻不要他人并得交易；若亲邻着价不尽，亦任就高价处交易者。今详敕文止为业主初典卖与人之时立此条约，其有先已典与人为主，后业主就卖者，即未见敕条。窃以见典之人已编于籍，至于差税与主不殊，岂可货卖之时不来询问？望今后应有已经正典物业，其业主欲卖者，先须问见典之人承当，即据余上所值钱数别写绝产卖断文契一道，连粘元典并业主分文契批印收税，付见典人充为永业，更不须问亲邻。如见典人不要，或虽欲收买着价未至者，即须画时批退。”又《宋会要辑稿》食货61之59，“(天圣)六年八月，诏：应典田土税印契后，若于元契上更添典钱数或已典就买者，依京商税院例，只据添典及贴买钱收税，粘元契在贴典就买契前批印。”

③ 《宋会要辑稿》食货1之18，“(大中祥符)七年三月诏：自今典卖田宅，其邻至内，如有已将田业正典人者，只问见典人，更不会问元业主。若元业主除已典外更有田业邻至，即依邻至次第施行。先是京兆奏民有讼田，以典到地为邻至者，法无明文，故条约。”

④ 《宋会要辑稿》食货61之64，“(绍兴)十五年八月七日，知台州吴以言：人户出典田宅，依条有正契有合同契，钱、业主各执其一，照证收赎。近来多是私立草契，领钱交业，至限将满，典主方赍草契赴官请买正契，其合同契亦为典主所收，既经来年岁或意在贪占，则多增交易钱数或揩改元典年辰或广包界至，种种昏赖互有论诉，官司既不能与夺，致限满不得收赎。欲乞今后应有人户典业，并与钱主同赴官请买正契，并合同契一般书填，所典田宅、交易钱数、年限，责付正身，当官收领。如田(典)主印契出违条，即自依没官条法外，若辄行计会，擅领合同契，许业主陈告。究实即给还元典田宅，不成交易，仍从重断罪。……从之。”

⑤ 《宋会要辑稿》刑法3之46，“高宗绍兴二年三月十七日，两浙转运司言：准绍兴令，诸乡村以二月一日后为入务，应诉田宅婚姻负债者勿受理；十月一日后为务开。窃详上条入务不受理田宅等词诉，为恐追人理对，妨废农业。其人户典过田产限满备赎，官司自合受理交还。缘形势豪右之家交易故为拖延，至务限便引条法又贪取一年租课，致细民受害。诏：应人户典过田产，如于入务限内年限已满，备到元钱收赎，别无交互不明，并许收赎；如有词诉亦许官司受理。余依条施行。”

⑥ 《名公书判清明集》卷9，胡石壁，“典主迁延入务”条。

绝,典主不得将土地占为己业,须在一年内具事白官,并估价招人收买;否则土地没官,并对其课以处罚。①

(二) 佃权

出典可以看作是出售一定时间内的土地使用权,以换取典价;而出租则是出借土地使用权,以换取地租。因出租行为而在业主与承租人之间形成了租佃关系,并产生了承租人的佃权。宋代以后,公私土地的租佃已十分普遍,甚至承租一块土地已不限于承租人本身,而成为世代相沿的权利,由此发展成为土地上的永佃权。

土地的租佃由来已久,"在中国历史上,耕地变成私有之后,立即发生耕地租佃之现象,两种制度差不多是同时出现。拥有土地者出租给别人耕种时,索取使用土地的报酬,于是产生了'地租'这一范畴。……出租土地之人,不会白让他人使用,一定要索取报酬,而租入土地之人,因为土地有其生产力,故情愿提供报偿,以取得其使用权。"②《汉书·食货志》所引董仲舒之言,"或耕豪民之田,见税什五"被认为是有关土地租佃最早的记载。汉代去古未远,土地私有的观念尚未深入人心,③因而汉人看来田租与田税并无本质差别,其区别仅在于收取比例的不同,"西汉时期,文人们把田赋与地租视为同一事物,即土地的使用费,统称之为'税'。"④汉代是租佃制的产生阶段,随后的魏时代形成了一个发展的高峰期。"晋时租佃制度发达,一来是因为政府在战乱期中提高赋税,征调劳役,逼使小农户带产投靠富室,变成不纳税的荫附人口。二来是富室以拥有自卫武力可防盗

---

① 《宋会要辑稿》食货1之18,"(天禧)二年二月,梓州黄昭益、遂州滕世宁言:川界多争论追赎远年典卖庄土,及至堪诰皆于业主生前。以钱典市,及业主户绝,本人不经官自陈,便为己业,直至邻里争讼,方始承伏,出钱估价。望自今每户绝,如有曾典得物业人,并须具事白官,或隐匿诖误,事发即决罚讫,勿许复买。诏法寺参议,且请自今应以田宅典人上,而业主户绝者,与限一年许见佃人具事白官,估直召人收市,限满不告,论如法,庄宅纳官。从之。"

② 赵冈、陈钟毅:《中国经济制度史论》,新星出版社2006年版,第110页。

③ 吕思勉:《汉人訾产杂论》,《贡禹传》:"禹自言'家訾'不满万钱是也。……然贡禹又自言有田百三十亩,则汉时计訾者,田亩不与焉。盖距井授之世犹近,未以土田为人所私有也。"《吕思勉论学丛稿》,上海古籍出版社2006年版,第91页。

④ 赵冈、陈钟毅:《中国经济制度史论》,新星出版社2006年版,第111页。

寇蛮族侵凌相号召，到处招募佃农。三来孙吴及曹魏政府一度将公田上的国家佃农划拨给功臣，私家佃耕蔚成风气。”[①]到这时为止，土地的租佃大多为国家直接占有的公田募人耕种，承租者是缺乏土地的平民；租佃私家土地往往带有寻求荫蔽的目的，久之便成为身份上的依附关系。在均田制下，土地的租佃一度减少，但在唐代又获得了长足的发展，这时候存在很多自耕农彼此之间的租佃，究其原因则是土地不断还受变得零星、分散，为了方便耕种于是承租下邻近的土地，而将自有的远处土地出租。

入宋以后，人身依附关系的松弛，加上土地占有的不平衡，使得租佃制逐渐成为农业生产的主导[②]。宋朝的土地租佃，首先是官田的出租。宋代的官田若作详细区别可以分作官营和官管，前者如营田、屯田、职分田等由官府直接组织经营，后者如荒地、逃田、户绝田等收归官有，官府造籍管理，一般情况下户绝田、荒田直接出卖，而逃田涉及原主归业的问题，往往是招人承佃。而官营土地，除采用军屯的方法耕种外，也包括雇农和出租。

承租官田通常的租金为收成的十分之二左右[③]，或与民田的两税相当。地租的水平原则上是“由土地的边际产量所决定的均衡点”[④]，本身与要素市场相关，而国家出租官田，租金是取自定法，并不直接取决于市场：开始有劝农之意，收取少量租金，后世又碍于成法，很少改动。而民田的租金比率却很高，如洪迈《容斋随笔》所言，“燕慕容皝以牛假贫民，使佃苑中，税其十之八；自有牛者，税其七。参军封裕谏，以为魏、晋之世，假官田牛者不过税其什六，自有牛者中分之，不取其七八也。予观今吾乡之俗，募人耕田，十取其五，而用主牛者，取其六，谓之牛米，盖晋法也。”[⑤]因此承租官田，再按私田标准转租与人便成为有利可图

---

① 赵冈、陈钟毅：《中国经济制度史论》，新星出版社2006年版，第114页。

② 漆侠：《关于中国封建经济制度发展的阶段问题》，载《中国经济通史·宋代经济卷》，经济日报出版社1999年版，第28—35页。

③ 《宋会要辑稿》食货1之17，“真宗咸平二年二月诏曰：……宜令两京诸路榜壁晓示：应从来无田税者，方许请射系官荒土及远年落业荒田。俟及五年，官中依前敕于十分内定税二分，永远为额。”又如《宋会要辑稿》食货1之19，“天圣三年，希彦又奏，先往福建均定租课，已定租米六万五千硕，相度福建八州皆有官庄，七州各纳租课，惟福州只依私产纳税，复免差徭，显是幸民。乞相均米数，依州价折纳见钱，铜铁中半。从之。”

④ 赵冈、陈钟毅：《中国经济制度史论》，新星出版社2006年版，第110页。

⑤ （宋）洪迈：《容斋随笔》，卷4。

的了。

习惯相沿,转租行为发展到后来,使得佃主取得了与田主相类的处分权,当然,处分范围仅限于土地的使用权,这种权利世代相沿最终形成了所谓的"田面权"或"田皮权",即是中国古代土地之上的永佃权。"田皮权"形成于两宋,而完备于明清。"所谓'田皮'权,是一种土地承租人拥有自由处分所承租土地的特殊的'永佃权'。"①与"田皮权"对应的是"田骨权",即土地所有权,所有者不再直接从事土地经营,而是倾向于专门收取地租,土地由佃户耕种,同时,租佃者仍可将土地出卖给他人耕种,获得价款作为在土地上投入劳动的补偿。实质上已经脱离了所有者的控制,形成了独立权利。

(作者系上海政法学院法律学院讲师)

① 郭建:《中国财产法史稿》,中国政法大学出版社2005年版,第143页。

信托公司治理制度特殊性及框架

沈吉利

摘要:信托公司治理要满足各方利益相关者的需求,使得信托受托人的义务、责任以及信托金融监管制度部分内化在了信托公司的治理制度中,使信托公司治理制度具有不同于一般公司、不同于其他金融机构的特殊性。本文在分析揭示信托公司治理制度特殊性的基础上,对其治理制度框架进行了论证,并借鉴各国信托公司经验,对中国信托公司治理规范体系提出了若干建议。

关键词:信托公司;信托公司治理制度;审慎监管;风险监管;信托监管

一、信托公司治理制度特殊性

(一) 信托公司和公司治理

信托公司(trust company)是以营利为目的、以信托为业务的组织机构,信托公司所在的行业称为信托业。当今社会,信托公司已与银行、证券公司和保险公司一起构成了现代金融业的四大支柱。信托公司具有两大优势:一是专业管理和安全性。对不具备投资专业知识的大众来说,大规模资产管理具有复杂性,尤其在有多数投资人共有资产时,想要彼此达成共识更非易事。二是保障信托财产安全性。消除受托人道德信用风险与破产风险的有效方法,是选任适当的法人或企业机构(尤其是金融机构)担任受托人,信托机构本身的雄厚资产和严格监管可提供信托受益人和委托人更充分的保障。①

信托公司作为一类商业机构,需要有公司治理,包括外部治理与内部治理。公司内部治理是所有者在公司内部对经营者的一种监督与制衡机制,表现为企业权力机关的设置、运作及权力机关之间的相互约束机制,是微观运作、直接的治理形式。外部治理是指广大利益相关者对公司与公司经营者进行约束和激励的市场制度规则以及公司运作的外部环境制约,从外部对公司进行规制,促使公司的运作遵循法律法规、国家政策和公司章程的要求,是不介入公司内部治理的一种间接的治理形式。本文定位于信托公司的内部治理制度问题。

(二) 信托公司治理制度的现实需求

信托公司治理制度是调整信托公司治理的法律制度的总称,其不仅具有所有商事主体都具有的一般规则,而且作为一类特殊的金融市场主体,还应响应现实生活对其公司治理制度特殊性的需求。首先,信托公司是受人之托、代为理财的大众机构,其治理在某种程度上也需要满足信托委托人和受益人的需求。从投入资源的角度来说,信托委托人和受益人是信托财产的提供者和信托收益的来源者,对信托公司具有重大价值,并且居于仅次于公司股东的重要地位。从风险的角度来说,虽然理论上股东是信托公司风险的最终承担者,委托人和受益人由于信托财产的独立性,在通常情况下不承担信托公司的盈利风险,但信托公司内部治理无效或混乱将侵害到信托财产的独立性,从而使得委托人和受益人成为事实上的风险承担者。基于这两方面,很多国家基于对委托人和受益人权益的保护,将一些受托人对委托人和受益人的义务、责任内化为信托公司治理制度的有机组成部分。

其次,信托公司处在众多利益相关者交织的环境中,也需要满足政府、职工

① 王文宇:《信托法原理与商业信托法制》,载《新公司与企业法》,中国政法大学出版社2003年版,第451—456页。

等的需求。学界通常认为利益相关者是通过专用性资产的投入而为企业的财富创造作出过贡献的产权主体①,包括消费者、股东、职工、政府和社区五类。信托公司中,除了作为消费者的信托委托人、受益人的地位极大提升外,还有政府的突出地位。政府是次于股东和委托人、受益人之下的利益相关者,其既是利益相关者中的一员,又需要代表公共利益而对信托公司进行监督。政府是确保信托公司所有利益相关者利益最大化的最佳执行者,非其他利益主体可以替代。政府作为利益相关者的角色,集中体现在信托监管部门对信托公司包括其经营行为和治理制度的监管上。

此外,信托公司职工也具有重要地位,由于信托公司经营管理的知识和技术要求,作为重要人力资本的职工在信托公司治理中也居于重要地位。然而,在普通公司治理中占有一席之地的债权人,却因信托公司负债比率偏低,在治理中几乎不发挥作用,社区也几乎没有影响。

最后,信托公司作为金融机构具有巨大的外部性和风险性特征,因此其治理制度也受到监管机构的干预。各国金融监管机构对金融机构普遍开展了审慎监管、风险监管,审慎监管是监管部门以防范和化解信托业风险为目的,通过制定一系列信托公司必须遵守的周密而谨慎的经营规则,客观评价其风险状况,并及时进行风险监测、预警和控制的监管模式。而风险监管是通过对信托公司风险的识别、衡量与控制,以最少的成本将风险导致的不利后果减少到最低限度的管理方法,包括风险识别、风险衡量、风险控制等阶段。金融监管的触角已经延及被监管金融机构的内部治理,监管规则的审慎性、强制性会反映在信托公司治理制度的风格上,风险监管的动态特征也使信托公司治理具有了“机制”的特征。

(三) 信托公司治理制度的特殊性

由于上文三种现实因素对信托公司治理制度的影响,导致具有信托公司在治理制度上具有不同于一般公司和其他金融机构的特殊性。

---

① 陈昆玉、陈昆琼:《利益相关者公司治理模式评价》,载《北京邮电大学学报(社会科学版)》2002 年第 2 期。

1. 信托法律关系对信托公司治理的影响,使得信托受托人的义务、责任反映在信托公司治理制度的方方面面

信托法律关系是受益人、委托人和受托人在信托立法调整下的权利义务关系,其中受益人和委托人借由信托立法和信托合同,凭借自身地位或受益人大会等管理机构,对受托人(信托公司)实行的监督制约,同时受托人也受到其义务和责任的自我约束。但英美法系的委托人在交付信托后即退出信托法律关系,仅由受益人对受托人进行治理,而大陆法系国家则给予委托人与受益人同等的监督权利。信托法律关系对受托人的制约包括:一是受益人和委托人对信托公司的监督制约,即受益人和委托人的权利,包括因信托行为成立当时不能预见的特别情况,致使信托财产管理方法不适于受益人利益时,可请求法院变更该管理方法,请求受托人提交信托账簿以供查阅的权利,但此种制约一般是事后救济。二是受益人大会和托管机构对信托公司的外在监督,但这种外部制约的作用依然是有限的。三是信托公司的义务和责任,各国信托法为确保受托人善尽其职,确立了以注意义务、忠实义务为中心,及在此基础上的分别管理义务、按照信托文件执行信托的义务、报告义务和保密义务等比较完整的受托人的义务、责任制度,这种制约更为直接和及时。不仅如此,信托受托人的义务和责任还渗透到信托公司的治理制度层面,表现在以下三方面:

(1) 很多国家包括我国的信托业立法都规定,信托公司应在其治理包括信托公司的决策、执行和监督中特别考虑和保障信托受益人和委托人的利益。这一规定特别突出了受益人和委托人的地位,与银行金融机构治理制度中突出对债权人权益的维护具有异曲同工的特点,而不是一般公司治理制度中对待消费者的要求,因为一般公司治理中并不突出消费者的地位。事实上,由于受益人、委托人利益与信托公司利益、股东利益既有一致之处又存在冲突,从而要求在信托公司内部平衡这些利益冲突。

(2) 有些国家还要求信托公司在治理中必须实现受益人、委托人的利益,这取决于行之有效的信托公司制度,某些信托公司治理机构和治理机制甚至是专为维护信托受益人和委托人的利益而设立,如①信托公司治理机构在决策、执行、监督和经营管理时会受到外部托管机构和受益人大会的牵制和权力制约;

②作为董事会专门委员会的信托(评审)委员会就是专门为维护受益人和委托人的权益而设立,还有为维护该权益实现设立的独立董事;③信托公司董事会中独立董事的职责是维护中小股东和信托受益人和委托人利益,这也是落实受益人和委托人权益的具体机制;④信托公司为了履行其作为受托人对受益人和委托人的信息披露义务,在治理和管理中有具体的要求;⑤为了确保信托财产的独立性,信托公司的关联交易控制机制不同于一般的公司,一是主要针对受托信托财产包括信托资金而非自有财产,二是主要防止信托财产和自有财产之间的不当交易,而非一般公司防止股东和内部控制人对自有财产的不当交易;⑥更重要的是,信托公司为实现信托财产独立性的一项特有制度"信托防火墙",便要求受托人的分开管理和保密义务在信托公司内部治理中得以实现,否则会承担《信托业法》和信托公司治理规则的双重违规处罚;⑦基于受托人对受益人和委托人的保密义务,《公司法》下股东具有的对公司业务的知情权受到限制,在某些情况下还要对受益人和委托人承担直接义务;⑧基于一般公司治理制度(揭开公司面纱制度情况除外),董事、高级管理人员和监事(简称为董监高)并不需要对外部消费者承担责任,然而在信托公司中,董监高在某些情况下却需要直接对受益人和委托人承担责任。

(3) 在理论上,受益人和委托人也可以进入信托公司权力机构、决策执行机构、监督机构参与治理。在目前各国信托立法中,并无规定受益人和委托人以此种权利,或赋以信托公司以此种义务,然而信托公司治理制度在法无明文禁止情况下可以根据自身需求,将受益人和委托人作为外部董事、监事,允许其参与公司内部治理,这与各国公司法已有实践是契合的。

2. 信托金融监管的审慎性和风险监管要求也部分内化在信托公司治理制度中

根据狭义的理解,信托监管是指政府对信托公司的限制、管理和监督。在监管内容上,包括信托公司市场准入、变更和退出,包括准入资本金、所有权结构、业务准入和高级管理人员准入[①],以及经营范围、经营行为、关联交易等外部市

---

① 史纪良主编:《银行监管比较研究》,中国金融出版社 2005 年版。

场行为;在监管方式上,包括行政审批、监管报告、监督检查、外部审计、监管评级、监管强制措施、行政和刑事制裁等。[①]然而,随着整体金融监管理论的发展,信托监管的内容和方式呈现新的发展趋势。

一方面,在信托监管内容上,从对信托公司组织和外部行为的传统监管逐渐转变为关注对信托公司内部管理和治理结构的监管,基于信托公司组织和外部行为的合规监管也随之转变为基于信托公司内部治理和管理的风险监管,即通过信托公司内部管理和治理的完善来控制各种风险,从而实现信托监管的目标,美国联邦储备委员会、英国金融服务局、巴塞尔委员会都把公司治理结构问题列为重要的监管内容之一。1999年9月,巴塞尔银行监管委员会发布《加强银行的公司治理》文件,从银行价值取向、战略目标、责权划分、管理者相互关系、内控系统、风险监控、激励机制和信息透明度等八个方面,阐明了良好的银行公司治理结构所必备的基本要素。按照2005年我国信托公司"分类监管"的思路,"信托公司治理结构"也作为信托公司监管的考核内容之一。现有立法对信托公司治理的监管包括两个方面:一是信托监管机构以行政手段和法律手段对信托公司治理进行制约,行政手段为直接干预,如对信托公司股东和董事、高级管理人员的审批、对信托公司的检查监督、强制措施以及信息报告和披露要求;法律手段则是监管机构通过立法形式对信托公司治理结构、机制、董监高及股东行为的规范。二是信托公司及内部治理机构和董监高及股东需遵从监管机构颁布的治理规则和行政要求,实行审慎经营和治理,在某些国家[②],信托监管机构甚至能直接参加信托公司权力机构、执行决策机构和监督机构,参与信托公司的决策和监督活动。与一般信托监管具有的强制性特征相比,信托公司治理监管具有更多的引导性和促进性特征。

另一方面,在信托监管方式上,逐渐从传统的行政审批、监管报告、监督检查等行政监管方式转向法律监管方式,制定更多的法律规则要求包括信托公司在内的金融机构遵从,实行审慎监管规则,如巴塞尔银行监管委员会发布《加强银行的公司治理》指出,监管机构必须对银行发布稳健公司治理的指引,采取事前

---

① 吴弘:《华东金融法制评论(第一卷)》,中国方正出版社2004年版。

② 根据加拿大《信托与贷款公司法》,监管机构具有直接参与决策和监督的权力。

行动以避免风险的发生，监管机构在发布有关其他问题的指引时应当考虑到公司治理问题。另一方面，基于审慎监管的要求，监管机构也要求信托公司治理有更高的透明度和更多的信息披露。

信托公司治理监管虽属于信托公司外部治理范畴，但对信托公司内部治理也具有影响：一是要求信托公司在治理结构和治理机制中确保信托受益人和委托人等利益相关者利益的实现；二是要求信托公司作为金融机构更规范、严格治理，以促进信托行业发展和维护社会公共利益。作为利益相关者"有积极性的代表"，监管机构的目标在于"为信托公司提供一个良好的治理结构"，同时，信托监管也有可能成为信托公司治理的替代，Booth 等（2002）通过考察非监管企业和监管企业（金融机构和公共产品行业）之间差异，得出外部的监管降低了内部的监督机制在解决代理冲突方面的重要性，即内外部监督机制之间存在替代效应的结论。[①]然而，信托公司治理监管过细过紧，对信托公司治理也有抑制作用。信托监管在控制信托公司董事和高级管理层的行为方面起着重要作用，不管董事会的独立程度如何，监管都能直接影响董事会、高级管理层和股东之间的利益关系（Booth 等，2002）。[②]

（1）信托公司治理监管中的法律手段：通过审慎监管的立法安排和信托公司的遵从，是主要监管手段。如各国《信托业法》或信托公司治理法规[③]明确了独立董事和董事会专门委员会等治理机构在信托公司治理中的地位，强化了各机构的职权及决策、监督、风险控制等机制，而股东、董事、高级管理人员和监事的资格和义务也有更严格的规定。更多监管制度正是基于维护受益人和委托人的需求，如要求信托公司设立信托委员会、建立信托防火墙、对信托受益人和委托人进行信息披露、明确董事、高级管理人员、监事对信托受益人和委托人的直接责任，规定股东因维护信托受益人和委托人利益所受到的权利限制和某些情况下对受益人和委托人的直接义务，而其他一些监管手段如要求设置独立董事和内部审计、风险管理、提名和薪酬委员会、关联交易管理和信息披露等风险控制机制，加强控制股东和董事、高级管理人员的义务等，则旨在实现信托公司作

①② 曹廷求、钱先航：《中小银行机构公司治理机制的替代效应》，载《金融论坛》2007 年第 10 期。
③ 如加拿大《信托与贷款公司法》和中国《信托公司治理指引》。

为金融机构应达到的治理的规范性和严格性。法律监管兼具强制性和引导性特征。

(2) 信托公司治理监管中的行政手段:包括对信托公司股东和董事、高级管理人员的审批、对信托公司的检查监督、强制措施、信息报告和信息披露等方式,这些措施有的针对受益人和委托人利益的维护,有的针对信托公司的规范治理,有的则兼而有之。对信托公司治理的行政监管具有强制性的特征。

(3) 在有些国家如加拿大,虽然监管机构主要在信托公司外部实行独立监督,但在某些情形下也可以直接参与信托公司治理机构的决策和监督活动,呈现外部监督内部化的特征,这进一步增加了信托公司治理监管的强制性色彩。

3. 信托公司治理制度在内容上包括治理结构和治理机制,从而具有了动态调整的特征

公司治理结构和治理机制分别是公司治理的静态与动态方面,公司治理结构是公司治理的构成要素及各个要素间的组织形式,主要在于控制权的分配安排,治理机制则是对公司治理各要素之间的,在其权利、职权和能力基础之上一系列的制度安排,通过内部治理机构决策、监督和执行的运行发生作用。提高公司治理的绩效,必须同时完善治理结构和治理机制。①在法学研究上更注重公司内部各治理机构之间的制衡关系,所以多强调公司治理制度安排的结构形式;在管理学上较关注对决策科学的组织保障,因而多强调公司治理制度安排的实质的运作机制。②从风险监管的角度,基于风险的动态变化,治理机制能更好地适应风险监管的变化性特征。

就信托公司而言,作为金融市场上的重要投资者,其决策是相当重要的,而其监督、风险控制和激励约束也必须在动态运行中发挥作用。信托公司治理不应囿于一般公司对内部治理结构的重视,实现静态治理结构和动态治理机制的有效结合。

---

① 张伟艳:《公司治理:治理结构与治理机制的研究》,硕士学位论文,兰州理工大学,2007 年,第 45—46 页。

② 李建伟:《公司制度、公司治理与公司管理——法律在公司管理中的地位与作用》,人民法院出版社 2005 年版,第 54 页。

4. 信托公司治理制度在形式上具有更多经济法属性和强制性规范的特征

一般公司治理的性质是法定性与约定性、强制性和任意性的结合。公司治理在很大程度上受一国法律制度如公司法、合同法和证券法等的约束和引导,但主要仍通过内部规章制度和外部合同等自行约定,在法律法规框架内实现意思自治和自我约束。公司治理规范主要属于私法范畴,以任意性规范为主,强制性规范为辅。从各国公司法的发展趋势来看,公司治理的约定性和任意性呈逐步扩大趋势。

然而,信托公司治理规范区别于一般公司的是,其以法定性、强制性或指导性规范为主。尽管信托公司治理也包括正式的制度安排和非正式的制度安排,但信托公司治理具有强烈的法定性特征,信托公司治理除了受公司法、合同法这样一类任意性规范的制约,还受到信托业法等金融监管立法的监督制约,后者属于公法性质,以强制性规范为主。而信托监管深入到信托公司的内部治理,也使其呈现公法化的特点。信托公司治理监管属于经济行政监管,体现为不平等主体之间纵向的调整手段,反映在信托监管制度上是由作为公法(经济法)的《信托业法》等金融法进行调整,以指导性规范和强制性规范为主,指导性规范是对于信托公司治理监管的特有规范,以防止对信托公司内部治理的刚性干涉,体现信托公司治理监管的经济法理念。经济法性质的信托监管制度是对民商法性质的公司制度的干预和修正,但同时作为对公司治理自治性的尊重和对公司法基本治理规则的协调融合,比如信托公司指导性规范的创新。相应地,信托公司治理规范不仅包括任意性规范,更以强制性规范和指导性规范作为其特征。由此,信托公司治理的概念、范围、内容和手段都体现法定的特征。

二、信托公司治理制度框架

信托公司治理制度是一个完整的框架体系,既包括目标和原则,也包括内容和规范体系。

(一)信托公司治理制度的目标和原则

信托公司治理制度的目标是所有的利益相关者利益和公司整体利益最大化,治理制度的价值包括公平价值、效率价值、安全价值,但考虑到作为仅次于股东地位的最重要的利益相关者——受益人和委托人的广泛性和外部性,信托公司治理制度应以公平为首要目标。

信托公司治理制度的原则是贯穿信托公司治理制度始终的基本规范,是其他具体规范的基础和指引,包括保障信托受益人和委托人利益原则和风险控制原则。前者要求信托公司整体治理的规范、公平及对信托受益人和委托人利益的倾斜,后者是对公司治理制衡制度的深化,不仅要求静态的机构设立和职权牵制,而且要求其运行中也贯彻动态制衡的原则,信托公司治理制度应全面贯彻风险控制的原则。

(二)信托公司治理制度的内容

信托公司治理制度不仅包括调整信托公司治理结构,还包括调整信托公司治理机制,也包括治理结构和治理机制背后的治理主体,构成完整立体的规范结构。治理制度包括以下内容:

1. 规范信托公司治理结构的制度

治理结构是信托公司治理制度的基础内容,包括治理机构设立:股东(大)会、董事会、监事(会)或独立董事和高级管理层,这些治理机构的人员组成和各自的职权。

2. 规范信托公司治理机制的制度

治理机制作为信托公司治理中重要的组成部分,是信托公司治理制度的重点,是关于治理结构运作的机制,包括:决策机制、监督机制、风险控制机制(包括关联交易控制机制与信息披露控制机制)和激励约束机制。

3. 规范信托公司治理主体的制度

信托公司治理主体是共同对信托公司进行治理的利益相关者，在理论上信托公司所有的利益相关者，包括股东、信托受益人和委托人、政府、管理者、职工、债权人和社区都可对信托公司进行治理，而实践中通常由核心利益相关者，即股东、信托受益人和委托人、职工（包括作为高级职工的管理者）和债权人对信托公司进行治理。股东（尤其是控制股东）和管理者（董事、监事、高级管理人员）是股东（大）会、董事会、监事会和高级管理层的成员，同时控制股东和董事、监事、高级管理人员的行为也是信托公司治理的对象和客体。而中小股东、信托受益人和委托人、一般职工和债权人通常在信托公司治理中享有权利而不承担义务。

各国信托公司治理制度的内容框架均由这三部分构成，而中国信托公司立法对这一内容框架也有原则性的揭示，《信托公司管理办法》第43条规定："信托公司应当建立以股东（大）会、董事会、监事会、高级管理层等为主体的组织架构，明确各自的职权划分，保证相互之间独立运行、有效制衡，形成科学高效的决策、激励与约束机制。"从该条规定来看，这其实属于信托公司内部治理的范畴，表明了对信托公司内部治理的监管要求，也确立了信托公司治理的原则和内容框架，该规定表明了信托公司治理包括治理结构和治理机制，但其仅将治理机制限于决策机制和激励约束机制，未揭示监督机制与风险控制机制在信托公司治理机制中的地位，但《信托公司治理指引》的内容框架则完整地揭示了信托公司治理结构、治理机制和治理主体的内容框架。

（三）信托公司治理制度的规范体系

信托公司治理规范体系包括调整一般公司治理的公司法规则和调整信托公司治理的信托监管法（金融法）规则，后者包括对信托公司整体治理的规则与对信托公司治理个别领域如风险控制、独立董事和信息披露等的规则。

1. 公司制度的特点——治理模式的路径

传统上，各国《公司法》是依据其公司治理实践和模式来制定的，是对公司治理如监事会、独立董事模式的反映,然而现代《公司法》也逐步在本国原有治理模式外引进新的制度,尽管现代公司法制面临着外来法制与本国公司实践的融合性问题。信托公司制度是特殊的公司制度,同样可以借鉴各国公司一般法制和信托公司特别法制。

2. 公司治理制度与信托公司治理监管制度的关系——自治性与监管性

信托公司治理监管是信托监管对公司治理的适当介入,是信托监管制度(经济法)与公司制度(民商法)的协同作用。就调整内容来说,信托公司治理监管规则是公司治理规则的特别法。但为防止经济法对民商法的过度干预,尊重公司治理的民商法基础,一方面,信托公司治理监管制度具有强制性、规范性的特征,另一方面,信托公司治理监管制度在强制性特征外,还具有更多引导和促进的特征,反映为更多的指导性规范,且在其未有规定时适用公司法规则和公司章程自治。

信托公司治理监管制度同时属于公司制度的范畴和信托制度的范畴。信托公司治理监管制度形式上具有公司法调整的对象和内容,如对"三会一层"治理结构的规则和对股东、董事等主体的要求,均秉承了公司法的结构和体系,是公司法的特别法。信托公司治理监管制度实质上属于信托监管制度的范畴,尽管其以指引形式的立法为主,而且在具体规范上也有更多的指导性规范,但其以强制性和半强制性规范为主,体现了与公司法作为任意性规范的区别,并且两者的区别在加大。

3. 信托监管制度的特点——对银行制度的依存度

由于很多国家的信托公司是银行的信托部,而另有些国家的信托公司由银行转化而来,信托监管法与银行法有着天然的渊源,是银行监管法的有机组成部分。而在本质上,虽然信托制度与银行制度的法律关系与具体金融产品存在差异,但信托公司与银行在内部治理上存在更多的共性,银行治理监管制度对于信托公司具有相当的适用性,因而在信托监管法缺乏的情况下,银行监管规范具有可参照性。

三、对信托公司治理规范体系的思考和建议

(一)各国及地区信托公司治理规范体系和经验借鉴

1. 美国信托公司治理规范体系

美国信托公司治理结构主要以自治为主,同时由公司法进行规范,相关金融监管法规对其信托公司治理结构的规定甚少。美国的公司法以判例法和各州成文法为主,并没有全国性的公司法,虽然美国律师协会于1984年公布的《示范公司法》对各州公司法有一定程度的统一作用。早在1992年5月,美国法律协会发表了题为《公司治理的原理:分析和建议》的报告。其内容包括公司的组织及其作用,大型公司中董事及执行职员的职务与权限,监督委员会等董事会专门委员会,董事及执行职员、控股股东等的公正交易义务,通过代表诉讼等手段的救济等7个部分,重点是强化监督机制,建议引进具有独立性的外部董事(超过董事会成员的一半),组成监督委员会作为董事会的下位机关。①由于20世纪末出现的安然公司等治理丑闻,立法和监管部门开始关注公司治理问题,2002年出台专门针对上市公司治理的《萨班斯法案》(Sarbanes-Oxley Act)。该法案针对公司治理提出了许多新要求:董事会要负责保证企业整体治理的有效性;所有上市公司必须设立审计委员会,该委员会负责确保企业内、外部审计过程严格有效;首席执行官、财务总监及其他高级管理人员要负责维持有效的财务报告和严格的信息披露制度,遵守道德操守,并对违法违规的高级管理人员进行严厉惩罚。美国联邦储备委员会鼓励银行和信托公司在依法合规的基础上,追求自身特点与国家法令的完美结合,探索出适合自身发展的最佳治理模式,并不强求形式上的完全统一。②

---

① 王保树:《是采用经营集中理念,还是采用制衡理念——20世纪留下的公司法人治理课题》,载"中日公司法国际研讨会"论文(2001年2月12日),第3页。

② 博海畅游:《美国银行业公司治理:一个现实的借鉴》,http://boyou.bokee.com/2172419.html,2006年9月14日访问。

2. 英国信托公司治理规范体系

英国信托公司治理结构主要由《公司法》和其他公司治理原则来规范。英国被公认为全球现代公司治理运动的主要发源地，其公司治理规则多样，即包括判例法形式的公司规则，同时也以成文法的形式调整公司治理，既有具强制性的公司立法，也有任意性质的公司治理准则。以三个相继成立的非官方委员会主席的名字命名的研究报告，即 Cadbury 报告、Greenbury 报告和 Hampel 报告，标志着现代公司治理走向制度化。①同样属于判例法传统的英国，在公司法表现形式上与美国有很大差异。英国早在 1844 年和 1855 年就分别颁布了成文的《合股公司法》和《有限责任法》，现行《公司法》②是 2004 年的最新版本。此外，在美国安然事件后，英国也积极反思自己的公司治理模式，分别调查做出了关于非执行董事角色与效率的 Higgs 报告(2003)、关于审计委员会角色的 Smith 报告(2003)和关于非执行董事招募与开发的 Tyson 报告(2003)，并结合以上报告出台了“修订的联合法案”(2003)，法案纳入伦敦证券交易所上市规则的附录，要求所有上市公司应在年报中详细地披露是否遵守法案的准则，若没有遵守则应作出解释与说明。虽然诸多公司治理规则属于非强制性规则，但英国的上市公司可以根据准则的基本原则灵活地选择最适合公司发展的治理政策，充分体现了英国公司治理的自律性特征。③同时，具强制性效力的公司法也在不断调整深化中发挥对公司治理的作用。《银行法》等监管立法对信托公司治理没有过多的监管要求，主要关注信托公司董事会的职权，董事会的组成要经监管机构认可，监管机构还特别注意非执行董事的人选及其作用，特别是可以行使审计职能的作用。④

3. 加拿大信托公司治理规范体系

《信托与贷款公司法》是专门规范加拿大信托公司治理的专门法规，其严格

---

① 胡汝银、司徒大年、谢联胜：《全球公司治理运动的勃兴》，载《上市公司》1999 年第 8 期。

② 英国于 1948 年、1967 年、1976 年、1980 年、1981 年、1985 年、1989 年和 2003 年对《公司法》作了修改。

③ 饶育蕾、李蕊：《英国和美国公司治理的差异及其根源》，载《董事会》2008 年 6 月。

④ 潘功胜：《英国商业银行的基本架构及运作规则》，载《中国城市金融》1996 年第 1 期。

程度远大于规范一般公司治理的《商业公司法》。加拿大是个比较特殊的国家，信托公司作为一类金融类公司，其公司治理不适用加拿大《商业公司法》①，而适用《信托与贷款公司法》中的规定，直接体现了信托监管对信托公司治理的干预与融合。《信托与贷款公司法》将“公司治理”专列为一章，包括公司融资、证券凭证、登记册和转让、信托契约、董事和高级管理人员、内幕交易、股东、表决委托书、财务披露、根本性变更、接管标购、清算和解散、调查以及救济和罪行等各方面内容，然而就其强制性条款和严格程度而言，远远超过《商业公司法》中的对应内容。因此，就《信托与贷款公司法》的性质而言，既属于调整信托关系和管理信托公司的信托法制②，也属于公司法的特别法③，是对信托公司内外治理的全面调整。信托公司治理的私法调整与公法监管交织在一起。此外，由于加拿大属于联邦制国家，联邦和各州都有相应的“信托与贷款公司法”，分别适用于全国以及在各州注册的信托公司。④从加拿大《信托与贷款公司法》关于公司治理规范的内容来看，其实质是关于信托公司的全面、具有强制力的审慎治理规则，同时也有权就公司治理的相关事项制定具体规则。这些规则旨在通过信托公司内部治理的自我改进来实现监管效果，反映了加拿大信托公司治理法律监管的发达性。

4. 日本信托公司治理规范体系

现代日本公司治理模式逐步引进英美国家的做法，而公司法在其中起了主导作用。日本近现代意义上的公司制度开端于 1899 年颁布的日本商法典第二编“公司”部分与 1983 年制定的《有限公司法》，此后不断修改完善，于 2005 年 6 月 29 日正式公布了日本历史上的第一部《公司法典》。日本公司法的特点不断

---

① 加拿大《商业公司法》第 3 条“法律适用”之第 4 项“业务范围的限制”：“任何公司不得开展银行业务或者适用《保险公司法》或《信托与贷款公司法》的公司的业务。”原文为：“(4) Limitations on business that may be carried on—No corporation shall carry on the business of (c)a company to which the Trust and Loan Companies Act applies.”

② 《信托与贷款公司法》包括合并、存续与解散、所有权、业务与权限、投资、自我交易、资本的充足性与流动性、公司的监管、管理、批准等内容。

③ 《信托与贷款公司法》包括公司法律地位与权力、组建与成立、资本结构、公司治理等内容。

④ 各州“信托与贷款公司法”的名称有一定差异，在内容上也有各自特点，但均在联邦《信托与贷款公司法》的基础上制定和修改而成，故本章仅论述《信托与贷款公司法》的相关内容。

吸收各国尤其是美国的公司治理经验,在保留大陆法系公司法监事制度的同时,于2002年商法改革引进独立董事和委员会制度以来直至2005年通过《公司法典》,除了规定股东(大)会和董事(会)为必设机构外,[①]允许公司对内部治理结构的选择。但2008年日本《信托业法》第5条"批准标准"要求信托公司必须设立董事会,对于设立何种监督机构不作要求,监事或委员会可选择其一。此外,日本《信托法》与《信托业法》对信托公司的治理有一些特殊的规定,如董事和高级管理人员的义务。

5. 韩国信托公司治理规范体系

韩国公司法是《韩国商法典》的一部分,其对包括信托公司在内的公司治理作了规定,包括股东(大)会、董事会和监事会以及相关主体的注意和忠实义务。但2002年初为了应对韩国变化了的公司治理实践,在《韩国商法典》引入了可选择的监督委员会制度,这一规定其实是借鉴2002年《日本商法典》,虽然韩国没有其他两个委员会的要求。此外,韩国的公司法制不论是体例还是具体内容,都向日本靠拢,在公司法规定上非常相像。同时,韩国的信托法制也借鉴日本的经验,几乎可说是日本信托法制的翻版,因此,韩国《信托业法》与日本《信托业法》在很多方面都如出一辙。与日本一样,韩国《信托业法》[②]对信托公司内部治理也作了一些特殊的规定。

6. 中国台湾地区信托公司治理规范体系

信托公司内部治理主要由中国台湾地区《公司法》规范,其对信托公司股东(大)会、董事和董事会、监察人的职权和运行都有比较详尽的规定。另外,台湾《信托业法》[③]对信托公司内部治理作了特殊的规范,由于台湾《信托业法》主要借鉴自日本和韩国的经验,因此在具体规定上与日本、韩国有相当多的雷同之处。此外,尽管台湾《信托业法》比较原则简单,但其配套法规是非常完善的,构

---

① 《公司法典》第326条。

② 韩国《信托业法》于1961年制订,经历了1968年修订、1998年修订、1999年两次修订、2000年修订、2005年两次修订,最新的版本于2008年1月16日修正实施。

③ 台湾《信托业法》从制定至今,经过多次修改,最新的版本于2008年1月16日修正实施。

成了关于信托公司内部治理比较完整的规范体系，这是台湾《信托业法》体系的特点所在。

7. 中国香港地区信托公司治理规范体系

中国香港地区公司治理及其立法继承了英美公司治理的特点，《公司条例》是规范香港信托公司的基本文件。《香港受托人条例》既是关于信托关系的基本法，同时其“第Ⅷ部信托公司”又是专门对信托公司进行管理的规范，对信托公司的经营活动等提出了相应的监管要求。尽管《香港公司条例》允许香港公司采用多种组织形式，如无限公司、两合公司、有限公司等，但信托公司的组织形式是受限制的，根据《香港受托人条例》，信托公司不得采用私人公司(即相当于有限责任公司)的形式。[①]《香港受托人条例》“第Ⅷ部信托公司”对信托公司的治理结构也有一些特殊的规定。

从以上对各国及地区信托公司治理规范体系的考察来看，均包括公司制度和信托公司治理监管制度，《公司法》是关于公司治理结构、内部治理机制和相关主体(股东、董事、监事和高级管理人员)行为的规范，其对信托公司治理的影响是基础性的。但《公司法》属于私法性质，强制性条款比较少，通常允许各个信托公司根据自身情况来实践最佳治理。此外，各国信托监管机构也通过《信托业法》《银行法》等信托监管立法对信托公司内部治理实施法律监管，通常表现为治理规范的强制性。美国、英国、加拿大、日本、韩国，中国台湾地区与中国香港地区信托公司治理规则均为《公司法》一般规则和《信托业法》等监管立法特殊规则的结合，体现了信托公司治理公法化的特征。但由于各国《公司法》和公司治理规则比较完备，信托公司治理一般由公司法制主导(但加拿大以信托公司治理监管法为主导)，信托公司治理监管制度对信托公司治理仅有少量的规定，另外英

---

① 香港《受托人条例》第77条：“公司拟注册为信托公司而做出的申请第Ⅷ部信托公司(1)任何在香港成立为法团的公司(并非《公司条例》第32章第29条所指的私人公司)。”香港《公司条例》第29条规定：“(一)为实施本例之规定，所称私人公司，指以组织章程为下列各项规定之公司，计开——(甲)限制转移股份权者。(乙)股东同人名额限五十名，但现在公司服务之人暨前会在公司服务当受雇时已为该公司之股东同人及至终止服务时仍继续为该公司之股东同人者均不包括在内。(丙)禁止向公众募股或募债者。”根据该定义，私人公司即相当于有限责任公司。按照香港的公司形式，推断只有股份公司才可注册信托公司。

美等金融混业国家则以银行治理监管制度来规范信托公司。

(二) 中国信托公司治理规范体系

在2007年前,信托公司以适用《公司法》(1993年老《公司法》、2006年新《公司法》)为主,尽管银行业监管机构也有一些零散的关于信托公司治理的规则,但《公司法》(1993年)有诸多缺陷,如关于股东、董事、高级管理人员权利义务的规则、董事会等治理机构的设立、职权、议事规则和监事会的职能等。虽然信托公司依据《公司法》建立了"三会一总"的治理结构,但仍然出现了一些信托事故,显示了《公司法》存在的缺陷和对信托公司的不匹配。然而立法已大有改善,2006年新《公司法》和2007年《信托公司治理指引》的颁行,使信托公司治理规范体系发生了一些变化,不仅《公司法》规则更为完备,而且有专门针对信托公司治理的规则,为信托公司治理提供了比较完整的规则框架。目前,《公司法》是信托公司治理的基本法律,确定了信托公司内部治理的一般框架,而《信托公司治理指引》则是信托公司治理适用的主要法律依据,其是监管机构针对信托公司这一特殊主体制订的审慎全面的内部治理规则,要求信托公司通过内部治理的自我完善来实现监管的要求,是信托公司治理的特别法。而实行信托业的各国除了加拿大,并没有类似的全面规范信托公司治理的规则,体现了我国对信托公司治理的关注和中国信托公司治理规范体系的特殊性。此外,银监会对于信托公司治理的个别领域也制定了一些规则,应当说,目前中国信托公司治理规范体系已相当完备。但信托公司治理规范在内容上尚存在缺陷,尤其作为信托公司治理基本法的《信托公司治理指引》,不仅规定简单缺漏,而且很多规定本身需要修改。

(三) 完善中国信托公司治理规范体系的思考

对于目前我国信托公司治理规范体系的缺陷,重点应是内容的完善,而在内容完善的同时,也必须保持治理规范体系的统一性和完备性。

1. 信托公司治理规范内容的完善与借鉴

(1) 借鉴别国及地区信托公司治理规则的建议

对别国及地区信托公司治理规则的借鉴是必要的,然而不必拘泥于原有体系和各自公司的治理模式,只要是可改善信托公司治理的规则,不论是一般公司法制还是信托公司治理监管法制都可引进。但另外也应注意与固有治理模式、治理理念与原有制度的协调融合,如外来的独立董事和董事会专门委员会制度与本土的监事会制度如何分工配合是信托公司治理制度面临的一个重大课题,如此才能使信托公司治理制度具有内在的统一性和适用性。

(2) 借鉴中国银行公司治理规则的思考

虽然中国信托公司属于非银行金融机构,但由于历史上一直被作为"小银行"看待,现今也依然归在银行业监督管理的范畴,由银行业监督管理委员会统一监管,且按照银行业的监督模式予以监管。相对于外部行为监管的差异和立法差异,对内部治理监管和立法具有更多的共性。因为不同金融机构的差异主要体现在不同金融产品、不同经营行为和经营规则、与消费者的不同法律关系上,但在内部治理上则存在更多共性。因此,在借鉴外来法制的同时,也可以适当借鉴中国商业银行(甚至其他公司)的治理规则。

2. 对中国信托公司治理规范体系的完善建议

(1) 信托公司治理规范体系的自我完善

由于中国《公司法》修改时间不久,且《公司法》是适用于所有公司的普适性规则,因此,目前不必对《公司法》进行修改,修改的重点应是《信托公司治理指引》和其他个别领域的信托公司治理规则。对于《公司法》存在的缺陷或不适用于信托公司治理的规则,可在《公司法》允许的框架内进行修改,即可比《公司法》更严格、更规范。而其他个别领域的信托公司治理规则过于零散,自身也存在缺陷,在这些规则修改完善的同时,应将一些基本性的治理规范在《信托公司治理指引》中作出规定。在对《公司法》规则进行修正时,尤其要注意《公司法》对有限责任公司和股份有限公司治理规则的差异,股份有限公司的治理比有限责任公司的治理更具强制性、规范性和完整性,因此应在《信托公司治理指引》中规定信托公司采用股份有限公司的形式,或将《公司法》中适合信托公司治理需求的股份有限公司治理规则在《信托公司治理指引》中作出规定,以弥补《公司法》对有限责任公司治理规范的灵活性和任意性,而这是不适合信托公司特点的。

(2) 信托公司治理规则的借鉴与体系完善

在借鉴别国和地区立法和本国银行等机构立法的有益经验时,不必拘泥于原有规则的体系,不论是来自别国和地区《公司法》还是信托公司治理监管制度,均可在《信托公司治理指引》和其他个别领域的信托公司治理规则中加以规定。

(作者系上海政法学院国际法学院讲师)

论国际私法上的外国法查明

陈万娟

摘要：当前世界经济相互融合的程度提高、跨区域商事贸易频繁，民商事领域出现的涉外案件也不断增多，在处理该类案件时不可避免地会涉及外国法的适用问题，法院依据冲突规范的指引适用外国法时，需要尝试不同方法对外国法的相关问题进行确定。因此，可以说外国法的查明是对外国法的适用的一个前提，本文前一部分主要从外国法的概念性质、查明方法、外国法的无法查明以及补救措施等方面对外国法查明问题进行较为系统的介绍和论述。其余部分就我国外国法查明问题从理论到实践进行叙述和建议。基于对外国法查明的认识强调其重要性，从而更好地推动国际私法上的外国法查明以及我国外国法查明的发展和完善。

关键词：国际私法；外国法性质；外国法查明；我国的外国法查明

一、外国法查明概述

外国法的查明是一个本身就存在诸多争议的问题，从它的概念开始，不同法系、不同国家在该问题上就存在着诸多不同的表述和理论学说。除此之外，在外国法的性质以及冲突规范的适用上也长期存在着一些争论。对外国法查明以及与其有关的各种问题的系统性阐释和论述，有利于外国法查明的理论研究和实践运用。

(一)外国法查明的概念

在外国法查明的定义问题上,英美和大陆两法系不仅在表述上有一些差异,两者的内在含义也有所区别。外国法的查明在英美法中一般被表述为“外国法的证明”,而在大陆法系的国家则通常被表述为“外国法内容的确定”。[①]我国在外国法查明概念的定义上存在着不同类型的学说,但其在本质上没有过多的差异,仅是在表述上有所不同。综合来看我们可以这样界定外国法的查明,外国法的查明指的是在处理涉外民事案件时,通过冲突规范的指引需要适用其他外国法时,为了确认该外国法的有无以及内容规定所进行的各种活动的总称[②]。

(二)外国法的性质

在外国法是何种性质这一问题上,一直以来都有着“事实说”与“法律说”两种不同的观点。“事实说”主张法律只在其主权范围内有效,在其主权范围外不是法律而只是事实;立足于“法律说”来看作为由冲突规范的指引所应用的外国法,其性质无疑是法律。但是,通过对司法实践中有关国家外国法查明具体适用情况的研究,实际上这两种学说的对立界限越来越模糊,两种传统学说在实践中不断改善自身,更多地显示出“折中”的趋势。目前,学界普遍认可外国法既有法律的本质又兼具事实的特征,是具有特殊性质的法律。

外国法是法律,因为在本质上来说外国法符合法律的特征并有其必备的组成要件,尽管不是由自己国家制定但仍然是审理相关案情的法律的基础,规定着当事人的权利和义务,来自德国的学者沃尔夫就曾经提出过:“法院适用的法律是外国法律,而且一直是外国法律。”[③]诚然,外国法在本国内外所处的位置当然会有所不同,但这并不会影响外国法所具有的法律的性质。

---

① 肖芳:《论外国法的查明:中国法视角下的比较法研究》,北京大学出版社2010年版,第9页。

② 刘来平:《外国法的查明》,法律出版社2007年版,第17页。

③ 徐鹏:《冲突规范任意适用研究》,博士学位论文,武汉大学,2006年,第91页。

外国法是一种特殊性质的法律，其特殊性在于外国法的查明及其相关问题上，本国法官会受到特殊的原则和制度的制约。这很大程度上是因为法官对于外国法的了解不如本国法。

目前，学界就外国法性质的争议问题已经有了较为划一的界定，虽然外国法的查明与外国法性质之间的联系不再具有决定性的影响。但是基于上述内容，我们在外国法性质的认识上不能过于片面或割裂，而是应当兼顾其各方面的特征进行研究。

（三）外国法查明的适用

对于外国法查明的适用范围，不同国家存在着不同的规定，大体上可以归结为三种类型：大多数国家采用的只是规定民事诉讼案件领域中外国法的查明；在民事诉讼案件领域中和仲裁案件领域中都规定了外国法的查明；除规定了民事诉讼案件领域中的外国法查明，还对别国特定时候的外国法查明作出规定。而在下文中我们所探讨的外国法查明仅包括涉外民事诉讼案件中的外国法查明。

在外国法查明适用的讨论上，有个不得不提及的问题即冲突规范的适用。从逻辑内在联系的角度看，冲突规范的运用是外国法查明问题产生的前提，两者之间的联系程度较为紧密，因此这两个适用问题在解决方法上也存在着一定的相似性。若冲突规范的运用是依据职责，那么相应的外国法的查明也是法官依据职责；若冲突规范的适用是当事人的主张，那么外国法的查明则应由当事人进行。德英两国分别是主张上述这两种方法的典型。

（四）外国法查明的制度价值

外国法的查明被认为是与“识别”“反致”等类似的国际私法的一项基本制度。其制度价值主要表现在以下两个方面：

一方面，在处理涉外民事诉讼案件中进行外国法的查明是认定最终所要适用的准据法的必要过程，法院在依据冲突规范的指引认定了外国法为准据法时，只有了解了该外国法的有无和具体规定才能谈适用，所以法院必须有查明外国法这一步骤。因此可以说外国法查明对国际私法或者冲突法有着决定性的影响。

但是,另一方面看外国法查明的适用其实在一定程度上也是对外国法运用的限制。在处理涉外民事诉讼时,按照冲突规范的指引对外国法的运用并没有想象中那么容易。很多国家为了保护本国利益在适用外国法时不受到损害,对外国法的适用设置了一些门槛,比如外国法的查明,这一可以说是在诉讼程序上对适用外国法进行限制的制度。

二、外国法查明的责任分配

(一) 外国法查明的责任分配的理论和实践

在涉外民事诉讼案件的审理依据冲突规范需要适用外国法时,可能会出现法官对所适用的法律不熟悉的情况,那么我们就需要解决是由谁来负责外国法的查明问题。在理论上关于外国法查明责任承担的理论主要可以概括为三种类型:

其一,法院承担说,该理论以外国法是法律的这一性质为理论基础。因为外国法是法律即法官所负责的领域,那么查明的责任也就当然属于法院。该学说认为,当通过冲突规范确定了应当以外国法为所用的准据法时,查明该法不单单是法院要行使的权力更是要履行的义务。当然,尽管当事人不负有查明的责任,但依然有对法院的查明工作进行合理的帮助和补充的权利。

其二,当事人承担说,该学说是以外国法的另一特征事实为理论基础。该学说认为因为外国法是事实,所以不属于法官应知晓的范畴,根据民事诉讼的一般原则应由当事人自己举证而非法院查明。当事人承担说认为,如果想要向法院主张依据外国法,则当事人有义务证明该外国法的存在和相关规定。该学说指出,依据民事诉讼中的"谁主张,谁举证"的原则,责任当然由要求适用外国法的一方承担,而相应的另一方则不需要承担。当事人主张依据外国法的,就需要证明该法的存在、相关规定以及效力,对外国法及其各种相关问题的证明以专家的意见证明即可。

其三，折中说，该学说主张外国法查明的责任由法院和当事人分担，以便于民事诉讼效率。该学说为大多数国家和地区接受和适用。

具体而言，法院在负责查明时，有权命令当事人提供帮助；当然也可以是由当事人承担该项责任，而在一些特别的情形下，才由法院负责。

在实践中，折中说被大多数国家所适用，由法院和当事人共同承担外国法查明的责任，更符合法律事务中处理案件的需要，更能体现民商事诉讼领域所追求的原则，使得资源的价值最大化，也提高了诉讼的效率，更好地满足了各方的需求和利益。

（二）大陆法系国家外国法查明责任分配

大陆法系国家主要由法官负责外国法的查明，当事人一般是起补充帮助作用，实践中德国、荷兰都推行这种方法。这种情况下，虽然不同地区对法官所承担的查明责任的要求程度不同，但总的来说还是由法官负担了很大一部分，甚至可以说是所有的责任，当然这也使得法官在这方面拥有了极大的裁量自由权。法官的调查不仅无需受到当事人的制约，且最后的决定权也归其所有。此外，法官还拥有决定当事人是否能够进行协助以及决定查明方法的权力。由此可见，大陆法系的法官在这方面的查明上几乎起着独立的决定作用。

当事人因为通常只起辅助作用，所以在外国法查明上所能行使的权利也是有限的。如果当事人想要对外国法查明产生影响或者有何主张则必须有充分的证据证明，一般情况下都需要提交专家证言。但当事人在外国法查明上的有限权利不会对法院在审理过程中遇到争议时必须承担判决的义务造成任何影响，法院也无法以任何理由比如证据不足而不接受当事人的请求，当事人并不当然地接受对自己不好的后果，当事人甚至可以以法官没有承担应尽的义务而上诉。

（三）英美法系国家外国法查明责任分配

英美法系国家则与大陆法系国家恰恰相反，由当事人负担外国法的查明，而法官处于次要地位,英国、美国和西班牙是典型代表。在这些国家,通常由运用外国法可为之带来好处的一方当事人负责查明,也就是主张或请求运用外国法的一方。因为当事人可以通过外国法的查明对案件的判决结果起决定作用,所以当事人不仅需要承担外国法查明的费用,还需要承担对自己的不利后果。当然,当事人可以根据自身的各种考量和权衡放弃行使该项权利。

法院的次要地位决定了法官自由裁量权的有限性,法官的判决很大程度上依赖于当事人提供的证据,一般来说,若我们的当事人对所提交的外国法查明的相关证据没有异议,则法官就会据此作出判决。而当双方对所提交的证据存在争议时,才需要法官进行判断。法官一般也是通过比较提供信息者的资质来判定,只有在这种方法也不可用的情况下法官才会选择自己作出解释。

三、外国法查明的方法

(一)外国法查明的方法概述

查明主体得到确定后,必然要讨论主体如何查明的问题即查明方法和途径。外国法查明行为方式即方法的选择是在案件审理过程中由法官或者当事人根据个案的具体情况决定的。在实践中最常用的方法大体可以总结为三种:一是法官亲自调查外国法,即法官亲自进行外国法的查明的方法;二是通过证据查明外国法,即法官和当事人可以采用的专家证人和事实证明方法;三是查明外国法的特殊方法,包括其他各种可以用来查明的方法。

(二)法官亲自调查外国法

外国法具有法律的性质,所以法官可以像对待本国法一样,亲自调查和了解外国法,而且不论是大陆法系还是英美法系,大多数国家都采用法官亲自调查外国法的方法。同时从审判长以及审判员自身的角度来说,他们大多数都受过良好的关于法学方面的教育,所以职业技能和素养比较高,虽然他们对外国法的了解可能并不如本国法，[1]但法官可以通过阅读法学著作和研究相关法学资料以及寻求相关专业人员的帮助等来完成外国法的查证工作。在有些国家，法官还可以通过借鉴本法院在相关案例的判决先例中查明外国法。虽然这种方法对法官的专业素养和能力有较高的要求，但相对于其他方法来说可以避免获取信息的片面性以及依靠当事人进行外国法查明可能导致的信息冲突，是最值得信任、最为有效的方法。现代美国的一项调查研究的结果显示，有 62%的被调查法官认为自己亲自调查外国法是最有效的确定外国法内容的方法，另外的 38%被调查法官认为是具有一定作用的方法。《德国民事诉讼法典》就将查明适用冲突规范和查明应当适用的外国法都明确规定为法官的义务。因为法官在查明的过程中主要是根据自身的知识和经验来进行的查明，所以往往会忽略对当事人某些权利的必要保护，因此法官在亲自查明时应当注意这一问题。

（三）通过证据方法查明外国法

因为外国法兼具的事实特征，所以能够通过适用证据的方法来进行查明。英美法系多推行这一方法，一般是通过专家证人查证。大陆法系国家虽然一般不是通过证据方法查明外国法，但通过证据方法进行查明是被允许的，主要由法庭任命专家。

英美法系国家在通过证据方法查明外国法问题上，相互之间也存在一定的差异。如从英美两国来看，在英国除了一些特殊情况下需要书面证据如“宣誓书”外，一般情况下通过当事人双方提供的专家证人的口头证据进行证明。对于专家证人并没有很高的执业要求，一般有一定的能力和经验就可以有提出专家意见的资格。专家证人对于证明外国法的效力，除了需要向法院证明外国法的内容，还需要提供与此相关的判例和解释外国法的有关机关的意见，并指出其能够作为法律渊源的地位。专家证人意见的效力，主要由与所证明的外国法有关的学理方面的逻辑和联系程度决定。实践中，专家意见一般由双方当事人提供，因为他们各自服务于自己的当事人，所以存在很强的偏向性，此外，这种证明方

① 肖芳:《论外国法的查明:中国法视角下的比较法研究》,北京大学出版社 2010 年版,第 91 页。

法的成本比较高,所以英国一直也希望通过立法来改善这些弊端。美国的证据方法则与英国有很大的不同,美国的专家意见一般需要以“宣誓书”这一书面形式提交法庭,仅有少数案件需要专家证人在法庭进行质证。专家的资格标准,美国与英国大体上相同,美国更具灵活性,专家的选定并没有固定的标准,只是对外国法有合理限度内的了解,并且以其所具有的知识和经验使得他自身对该外国法的熟悉程度高于法官即可。由于美国法院可以自己指定专家,所以其在偏向性和成本方面的弊端较之英国就小得多。

大陆法系国家的证据方法多为法庭任命专家,在德国如果采用这种方法则法院必须履行德国《民事诉讼法典》第397条和第420条关于法院义务的规定,即要求专家在庭审中解释个人意见并在当事人要求的情况下对有关问题进行回答。[①]很多大陆法系国家都没有法院查明外国法的强制性方式和办法。如在法国,一般的证据方法和证明外国法的特别方法都可以被采用,法国《新民事诉讼法典》第323条规定法院可以指定专家向法院提供外国法的有关信息。

(四)查明外国法的特殊方法

因为外国法性质的特殊性和外国法查明的复杂性,所以除了上述两种方法之外,几乎所有国家都有一些专门针对外国法查明的特殊方法。主要有法院获得的专家意见、当事人获得的专家意见,以及外交或领事途径,即由本国驻外国的外交领事机构或外国驻本国的外交领事机构对外国法的内容出具说明文书;法国的“习惯证明书”,习惯证明书是律师出具的用于证明习惯法的书面文书,该方法一般是针对特定的案件进行外国法内容的证明;互联网等新方法的运用,这种方法是信息技术发展下的产物,虽然它为我们获取有关外国法的内容和信息提供了便利,但我们在包容地接受新方法的同时,更应该注意对信息的甄别和该方法使用的限制。在我国,上海市第一中级人民法院迈出了在庭审中查明外国法的第一步。[②]

---

① 肖芳:《论外国法的查明:中国法视角下的比较法研究》,北京大学出版社2010年版,第102页。

② 谢军:《上海一中院首创当庭上网查明外国法》,载《光明日报》2006年1月15日第6版。

（五）外国法查明的国际合作

从19世纪末开始，随着国际民商事领域的国际合作越来越频繁，很多国家和国际组织都企图通过缔结国际条约或公约等国内外合作的方式来一起面对外国法查明所存在的一些困难和问题。1968年达成的《关于提供外国法资料的欧洲公约》（1968年伦敦公约）是外国法查明在国际合作上的最大成果，虽然1968年伦敦公约的实施还面临一些困难，在有些国家外国法查明的国际合作情况也不容乐观，但这并不能成为我们为促进外国法查明的国际合作不断付出努力的障碍。被认为是外国法查明的理性模式的国际合作的司法协助，外国法查明的国际合作目的是给各国的国际法查明方法以补充，这与各国国内法中已存的查明方法并不冲突，更不是取代它们。在2007年海牙国际私法会议上对怎样统一各个国家的外国法应用进行商讨时，就强调了外国法信息交流的世界性国际合作机制的重要性，主要源自民商事领域国际交往日益增多的需求。①2001年5月28日建立的促进欧共体各成员国之间的司法协作的"欧洲司法网络"是外国法查明国际合作前景的典型代表。随着经济全球化发展趋势和提高外国法查明的有效性和便利性，我国应更加积极地参与到外国法查明的国际合作机制的建设和推行中。

四、外国法的无法查明

外国法的无法查明，即法官和当事人在履行查证责任并运用方法进行查明工作后，仍然没有令人满意的结果，无法顺利适用外国法。

（一）外国法无法查明的认定

在外国法的无法查明上，我们首先需要讨论的是外国法不能查明的认定，这

① 肖芳：《论外国法的查明：中国法视角下的比较法研究》，北京大学出版社2010年版，第122页。

是一个非常重要的前提。

在认定主体上,英美和大陆两大法系的外国法无法查明都是由法官进行认定的,因此在涉外民事案件的审理过程中,是由法院依据职权来确定是否出现了不能查明的情形。

可被认定为外国法的无法查明的具体情况包括:其一,在指定的某个期限范围内,法官和当事人使用了一系列可能的方式和途径后,依然不能查明外国法的,则可以认为不能查明外国法;其二,如果当事人负有查明外国法的责任但却不履行该责任,拒绝进行查明的,同样可以认定为不能查明。值得注意的是,如果负有查明责任的是法官,而当事人却拒不提交证据予以帮助,那么在这种情形下,当事人有不举证的权利,所以是无法认定为外国法不能查明的。

在外国法的不能查明上我们还需要区分外国法无法查明和其自身漏洞、外国法查明或解释错误的不同。外国法无法查明是没有办法知晓外国法对案件争议的规定;外国法对案件的冲突缺乏相关规定属于外国法的自身漏洞;外国法查明或解释错误是法官或当事人运用一系列方法查找到外国法且外国法对此是有规定的,只是规定的内容不够准确或者有所失效,也有可能是在内容的解释方面存在偏差。

(二)外国法无法查明的处理

对于外国法的无法查明,大多数国家选择的是以法院地法为补充直接适用,虽然这种方法得到了大多数国家的认同,也便于法官的适用和执行,在大多数情况下适用法院地法都是最佳选择。但是该方法也不可避免地存在一些不足,这种方法给了法官和当事人为了适用本国法而排除或避免适用外国法的可乘之机。当事人可能会抓住这个漏洞为了维护自身利益简单地拒绝外国法的查明即可,有可能损害对方当事人的利益,对司法公正会造成不利影响。此外,这种方法也并非适用于所有案件。在某些特定情况下,如法院地法对案件的有关争议并没有明确规定,那么该方法的适用就并不恰当。

那么,就需要一些其他处理方法进行补充适用。主要包括:驳回当事人的诉讼请求或抗辩,通过比较法的方法适用与所需要的外国法相似的法律的内容;适用其他连接因素指引的法律;适用有一般性特征的法律原则或法理等。①在实践中我们不应过多地拘束于使用某一种方法,而是应当根据案件的具体情况,选择对案件审理最有利的方法。

五、我国的外国法查明问题

(一)我国有关外国法的查明的现状

面对经济全球化趋势和国际民商事领域合作不断增多的现实需求,我国在外国法查明的理论和实践上也在不断地做出各种努力,近年来越来越多的法律事务机构与法学类高校进行合作签订战略协议,寄希望于借助高校的学术实力水平共同推动外国法查明制度的建立和发展。②但因为各种主客观因素,所以我国在外国法查明相关的一系列问题上,仍然存在一定的不足和缺陷。我国采用的是当事人和法官共同承担外国法查明的方法,法院和当事人在外国法查明上都有一定的自主权,但这也导致了外国法查明的主体责任归属在一定程度上不是很清晰。我国外国法查明的方法和途径的可操作性不强,这很容易造成外国法不能查明情形的出现,当事人在合理的期限范围内不能证明自己所要求适用的外国法的规定而法庭又不积极履行监督的职责,最终导致的结果就是轻易地认为外国法不能查明从而适用我国国内法。在有些情况下,即便当事人能够提供有关外国法的内容,但很多法院由于对外国法的不熟悉,所以会更倾向于选择自己更熟悉的国内法,并会随意地否定当事人提交材料的效力。这些都揭露了我国在外国法的无法查明上存在一定程度的滥用。

(二)我国有关外国法查明的立法

中华人民共和国成立后,因为经济条件和政治条件发展的局限,使得作为上

---

① 肖芳:《论外国法的查明:中国法视角下的比较法研究》,北京大学出版社 2010 年版,第 145—147 页。

② 黄艳如:《论我国涉外民事审判中的外国法查明》,硕士学位论文,华东政法大学,2015 年,第 2 页。

层建筑一部分的国际私法的国内立法也受到一定的制约,基本上处于空白状态。[①]直到1979年我国才开始加强对国际私法制度的建设,1986年颁布的《民法通则》可以算是我国有关国际私法立法的开端。

目前关于外国法查明问题的一些规定主要有2010年《中华人民共和国涉外民事关系法律适用法》(简称《法律适用法》)的第10条以及《最高人民法院关于适用〈中华人民共和国涉外民事关系法律适用法〉若干问题的解释(一)》(简称《司法解释(一)》)的第17条、第18条。大体规定如下:

《法律适用法》第10条中规定由法院、仲裁机构或者行政机关负责涉外民事关系所适用的外国法的查明工作,但是如果当事人要求适用外国法的则需要提供相关法律,无法查明的或者该法没有相应规定的,以我国法律为审判依据。这是对外国法查明的责任归属进行了明确分配的规定,即肯定了法官依职权查明外国法的主导地位,并以当事人负责查明为辅助。同时规定了外国法不能查明时的补救方法。但是在该条款中可以看出如果当事人决定依据外国的法律,则需要提供外国法律而不是证明,所以对外国法的最终认定仍然是由法官负责决定,因此当事人的自主权利并没有想象中大。在不能查明的补救措施上我们规定的方法也较为单一,最终都是适用国内法,这也是造成我国对外国法无法查明滥用的重要原因。

《司法解释(一)》第17条规定如果法院通过当事人提供,或者对我国有效力的国际条约所规定的方式以及国内外法律专家建议的方式仍然无法了解外国法律的,可以认定为无法查明外国法律。同时根据《法律适用法》第10条第1款,如果外国法律是由我们的当事人提供,但其在规定的期限范围内没有正当理由、未能提供的,同样能够认定为外国法律无法查明。这一条款是对确定为不能查明所作出的限制性规定。

《司法解释(一)》第18条中还规定了法院在适用外国法时需要征求各方当事人的意见以确保当事人无异议,如果当事人有异议则法院需要审查。这里我们可以明显感受到法院在外国法内容的审查上缺少明确的标准,法官在认定外国法无法查明上不够严谨。

---

① 韩德培:《国际私法新论》,武汉大学出版社1997年版。

以近年来的案例为例可以较为明显地证明上述问题，在2015年濮阳某进出口贸易有限公司与某集装箱运输（香港）有限公司的海上货物运输合同纠纷案中，因为卸货港在土耳其，所以有涉外因素，但双方当事人在准据法上选择了我国的法律。当事人提供了沙特阿拉伯的《抵制以色列法条》，以及某律师事务所的两份主要内容为根据沙特阿拉伯法律，船舶在一航次中只能挂靠以色列港口或阿拉伯国家港口其中之一的材料。当事人希望用这两份材料证明承运人在运输中有过错，没有及时防止损失的扩大。但对方当事人在质证中提出上述这两份材料不是根据最高法院规定的外国法查明方法所查出的结果的意见。法院最终认定以上两份材料没有经过公证的认证，所以否认了这两份资料的证明效力。

2011年浙江某公司与某金融公司的借款合同纠纷案中，双方事先约定合同由美国纽约州法律管辖和解释，当事人在案件审理过程中提供了安理国际律师事务所出具的证明当事人选择的管辖法院、适用法律以及主张符合美国法律，但绍兴市中级人民法院认为该意见书是在境外形成的，没有办理公证手续，所以不予采纳。

（三）我国外国法查明的建议与完善

针对上文中我国外国法查明所存在的一些缺陷和不足，我们需要不断地进行完善。

其一，对于责任的有关主体应有更完善的规定。我们国家目前规定，如果当事人要求适用外国法但又不能提供该法的内容，那么法院会直接依据我们国家的国内法判决。这样很有可能损害当事人的合法利益。一般情况下，法院在外国法查明上的能力会高于当事人，所以责任应当向法院方面倾斜。因此在某些情形下法院可以寻求别的办法进行所需法律的查明，这种做法对于审判的进行以及当事人利益的保护具有重要的意义。

其二，外国法查明的办法应更具多元性。通过上述列举的一些法律适用法的条款可以发现，我们国家对于外国法查明的方法和途径的法规比较单一，开放性程度不够，并且缺乏实际的操作性，这样很难应对实务中越来越多层出不穷的各种问题。我们在外国法查明方法的问题上，首先要立足于实用性，可以更多地参考和吸收其他国家在这一问题上的不同做法,制定适合我国国情的制度。比如,我们无需对外国法查明的方法作出具体的限制,而是更为宽泛地推荐可行有效的方法,同时给予当事人更多的空间和选择,无需穷尽地对方法进行列举,增强查明方法的可选择性和多元化。

其三,重视对外国法无法查明的审查,确定不能查明的司法标准。我们目前虽然在法律上为防止外国法无法查明的滥用作出了一定的规定但在实践中的可操作性并不强,我国外国法查明的认定并没有统一明确的认定标准,这种笼统的规定极易导致认定的主观随意性,在这一问题上可以引用英美和德国的一些做法,除了"勤勉"履行的理念,如果出现当事人查找的法律规定有偏差的情况,则法庭在此时有义务进行更深层次的查明工作,并需要在判决中标出用以确认外国法规定的根据。①

其四,无法查明的补救措施应更具灵活性。我国在外国法不能查明时的做法一般是毫不犹豫地依据国内法。虽然这是世界范围内比较普遍的做法,且比较容易实施,但缺乏灵活性。我们应当适当增加一些补救措施,这样也可以避免法院在有些情况下为了适用本国法而以外国法无法查明为借口。

我们可以清楚地感受到当今世界跨地区民商事交往越发频繁,法律领域的涉外案件也越来越多,外国法查明在我们处理涉外民事法律案件中扮演着越来越重要的角色,我们不论是在法学理论还是法务实践中都要对这个问题有足够的重视,在完善我国相关法律制度的同时,也争取推进国际范围内外国法查明的进步。

(作者系上海政法学院刑事司法学院2017级刑法学研究生)

---

① 王葆莳:《行政法案件中的国际私法先决问题和外国法查明——德国联邦行政法院2012年7月19日判决评析》,载《国际法研究》2015年第1期,第59—61页。

论在华跨国公司地区总部法律规制

李兴臣

摘要：随着中国改革开放的不断深入和我国社会主义市场经济的不断发展，越来越多的国际大型公司来华投资、贸易，并在中国设立跨国公司地区总部。这些资本的涌入大大促进了中国经济的进一步发展，同时，随之而来的也包括各种各样的弊端。因此，我们一方面要吸引外资在华设立跨国公司地区总部，另一方面还得管好这些企业，应进一步完善跨国公司地区总部的法律规制。本文主要论述跨国公司以及跨国公司地区总部的渊源，介绍跨国公司地区总部在华发展的历史；更着重介绍欧美等先进国家关于跨国公司地区总部的有效政策措施；最后，指出我国关于跨国公司地区总部法律规制在立法、执法等方面的缺陷，并在借鉴发达国家经验的基础上针对我国法律规制的缺陷提出相关建议。

关键词：跨国公司；地区总部；法律规制

一、跨国公司地区总部的主要问题

（一）跨国公司地区总部的界定

关于跨国公司的概念众说纷纭，跨国公司也叫多国公司和国际公司。我国学者一度将其定义为：资本主义国家的以本国为基地，通过对外直接投资，在世界各地设立分支机构从事国际化生产经营活动的垄断企业。我们抛开意识形态因素以及我国学者社会制度优越感因素之后再来看这个定义,在一定程度上还是很好地概括了跨国公司的概念。笔者喜欢将跨国公司比作:漂浮的国家。大型跨国公司以经济利益为导向跨越国界、横亘全球,在世界各国"划分势力范围",在政治、经济、文化等方方面面发挥着独特的影响力。这个比喻恰当地说明了跨国公司的存在形式以及其巨大的影响力。

跨国公司地区总部(RHQs, Regional Headquarters)是在愈发激烈的跨国经济竞争中产生的组织形态,它为处理跨国公司全球化和本土化矛盾而衍生的一种组织机构。①如跨国公司一样,"跨国公司地区总部"一词同样源于经济学,在法学界并无权威界定。也有部分学者认为:跨国公司地区总部是跨国公司迈向全球、整合企业、管理结构调整的一种组织安排。②本文采取此观点。笔者认为,从法律视角来看,跨国公司地区总部首先是跨国公司在他国设立的对不同区域内子公司实行领导管理的独立法人。在国家政策层面,跨国公司地区总部的概念在2008年《上海市鼓励跨国公司设立地区总部的规定》中被定义为:在境外注册的母公司在本地设立的以投资或者授权形式,对一国以上区域内的企业提供服务与管理职能的唯一机构。由此可见,在华跨国公司地区总部是中国法人,以有限责任公司的形式存在。③

(二)跨国公司地区总部的演进

早在19世纪60年代就有外国公司来华投资了,著名的广州十三行曾繁华一时。但是,跨国公司是在改革开放之后才真正大规模涌入中国的。很多国际大公司在中国改革开放之际瞄准了中国市场,我们拥有廉价劳动力以及世界上最多的人口、最大的市场。在经济/贸易全球化的历史背景下,跨国公司地区总部的存在并非中国独有现象,总部经济在世界各国都存在。充分研究世界主流国家发展跨国公司地区总部法律规制的演进历史,将为我国针对在华跨国公司

---

① 王解宇:《跨国企业在上海的地区总部及其效应》,硕士学位论文,华东师范大学,2005年。

②③ 贾琳:《论在华跨国公司地区总部法律规制》,载《企业经济》2011年第1期。

法律规制提供借鉴经验。

第一阶段，20 世纪 50 年代至 60 年代。其间美国跨国公司在欧洲广泛建立地区总部。这是由于特定历史原因决定的，第二次世界大战后，美苏争霸，全球处于冷战的紧张状态中，全球经济恢复缓慢，尤其是欧洲在苏联的封锁下更是举步维艰。作为欧洲强大的盟国，美国及时推出马歇尔计划，以跨国公司地区总部为支点，大力支持欧洲经济发展。在 1957 年，美国 IBM 建立了第一个跨国公司地区总部。在 20 世纪 60 年代后期，跨国公司便如雨后春笋般成长起来了。

第二阶段，20 世纪 70 年代至 21 世纪初。这一阶段是西欧、北美、亚太经济突飞猛进的时期，在 70 年代亚太地区经济腾飞，以日本为首的一些国家具有了向外扩张的实力。后面又出现了“亚洲四小龙”的繁荣现象，这时亚太地区跨国公司向其他国家扩张并建立跨国公司地区总部显得尤为必要。以中国香港地区为例，截至 2005 年，香港已经吸引了 1 167 家跨国公司地区总部的入驻。

第三阶段，进入 21 世纪以来。亚太地区跨国公司地区总部发展迅猛，在华跨国公司地区总部数量剧增与此有着重要关系。

(三) 跨国公司地区总部的职能

跨国公司地区总部是相对于跨国公司总部而言的，是为了处理向外扩张中与本土产生的矛盾而设立的组织，在级别上比跨国公司总部稍次一级。[①]其任务是代表跨国公司执行管理、协调所在地区范围内的本公司各项业务、资本控制、战略运营。跨国公司地区总部具体职能因公司而异，主要可以概括为以下几种：

首先，是内部风险管控职能。地区总部下辖的多家子公司中难免有赢有亏，往往盈利公司与亏损公司并存。故把它们统筹起来共同纳入同一财务系统以达成亏赢相抵的效果，从而降低公司的税收。其次，是服务管理职能。跨国公司地区总部代表公司总部领导管理各个分散的子公司，将税收、广告、市场营销等方面的服务管理职能一并归于地区总部管理，以此带领各个子公司高效地执行总公司的整体战略。再次，是连接协调职能。各个分散在一个地区的子公司在经

---

① 王分棉：《总部经济为企业国际化经营带来新契机》，载《科技和产业》2006 年第 12 期。

营管理过程中难免出现资金、人事、生产等方方面面的矛盾。跨国公司地区总部往往不用上交矛盾而自己尽可能在当地将这些矛盾化解,从而在经营当地构筑起开发、生产、销售、售后服务等完整的经营体系。①最后,是再投资职能。作为跨国公司总部的"缩小版",地区总部已发展成为当地新事业的挖掘机,它不仅拥有带领当地子公司的协调运营权限,而且还有发展本地新业务的权限,可以决定是否追加当地投资。除此之外,跨国公司地区总部还有一定的研发新产品职能。

二、跨国公司地区总部法律规制之原因

(一)跨国公司地区总部对东道国的作用

1. 跨国公司地区总部对东道国的消极影响

跨国公司地区总部的设立势必会给东道国带来一系列冲突与矛盾。首先,在东道国垄断经营。跨国公司地区总部的目标就是追求利益最大化,这必然使得跨国公司滥施专利权以及利用其他优势地位垄断东道国市场。以可口可乐收购汇源果汁案为例,当时汇源果汁在中国市场份额达到了45%,而可口可乐对汇源的收购使得其在华市场份额超过一半,这大大超过了中国垄断审查标准。其次,跨国公司地区总部对东道国本土文化的不良影响。地区总部在设立的时候就一并带来了母国的思想文化和价值观,这些文化带有浓厚的西方"民主"主义色彩和文化霸权主义倾向。这些良莠不齐的外来文化对东道国民族文化产生了不同程度的冲击,甚至一些跨国公司地区总部破坏了东道国传统价值观念,引进了不适合东道国的糟粕。最后,跨国公司对东道国环境的破坏。跨国公司往往利用其自身资金及技术优势将一些高污染、高能耗的工厂企业转移到东道国之后,逃避社会责任,破坏发展中国家的可持续发展。

① 曾国友:《上海跨国公司地区总部的区位分析及对策研究》,硕士学位论文,上海大学,2005年。

2. 跨国公司地区总部对东道国的积极作用

即使跨国公司地区总部在发展过程中对东道主产生很多负面影响，但总体上来看还是利大于弊的。因此，我们要完善对跨国公司以及跨国公司地区总部的法律规制，规避负面作用，鼓励引导跨国公司地区总部发挥积极作用。从伦敦到纽约，从香港到新加坡，从东京到台湾，产业的发展、经济的繁荣都与跨国公司地区总部的发展密切相关。跨国公司地区总部具有以下积极作用：

（1）对东道国现代服务业的推动作用。在一些国际中心城市的发展历程中可以看到，自20世纪中期以来，服务业对经济的贡献已经占据主导地位，发展第三产业已经成为城市发展的重要思路。城市经济从以制造业为主转向服务业为主的过程中，跨国公司地区总部经济的发展起到了巨大的推动作用。“总部经济能有效地推动城市现代化服务业发展，企业总部对金融保险、会计审计、法律服务、信息技术、广告、中介咨询等高知识性现代服务业的推动效应突出。”①

（2）与国际金融中心建设的伴生作用。人们习惯上把“资金融通、集散、交易的中心城市”称为国际金融中心（International Finance Center，IFC），目前，我们所熟悉的国际金融中心有伦敦、纽约、东京，②这些城市同时又被誉为：跨国公司地区总部之都。由此可见，跨国公司地区总部的集聚效应对国际金融中心的形成具有紧密而天然的联系。从世界各国金融中心城市发展规律分析，跨国公司地区总部的数量，已经成为东道主城市能否成为国际金融中心的重要因素。③目前，我国上海正在以东京为目标而加速追赶，相信不久的将来，上海可以成为与东京分庭抗礼的国际金融中心。

（3）对东道国城市综合实力的提升作用。作为某一区域内跨国公司的管理中心、决策中心、资本中心的地区总部是发展最为完备的区域性组织。地区总部对区域内子公司的各项业务的决定权，会对城市发展产生强大的拉力。比如，会产生税收附加效应、推动整个地区产业链的形成、促进劳动就业和人才引进。

---

① 刘斌：《总部经济——现代服务业发展推动力》，载《山东省农业管理干部学院学报》2008年第3期。

② 钦倩：《跨国公司地区总部法律问题研究》，硕士学位论文，上海社会科学院，2010年。

③ 丁国杰：《上海国际金融中心建设与产业结构转型升级的互动机制研究》，载《科学发展》2012年第6期。

(4) 对东道国资本成长的促进作用。资本是经济发展的一个重要促进因素,在全球经济一体化时代,每个国家都必须借助外在力量促进自身经济发展。引进外资有利于克服经济发展的资本瓶颈,促进东道国本土资本的成长。

(5) 对东道国科学技术的拉动作用。科学技术无疑是第一生产力,而科学技术往往被一些大型跨国公司掌握着。他们对核心技术的控制相当严格,但依然避免不了技术的扩散。尤其是在东道国设立地区总部之后,往往会与东道国合作创新技术。例如,丰田4Y发动机,当年随丰田海狮车型一起被引入国内,是最早实现国产化的一款发动机,与当时国内生产的发动机相比,这款发动机技术成熟,结构更为紧凑,性能稳定,制造成本低廉。因此丰田4Y发动机在当时大放异彩。于是国内也开始对丰田4Y发动机大规模国产。四川绵阳、沈阳金杯、北汽福田、长城汽车都开始了自己的4Y产品生产,并将其定名为491发动机。可见,丰田对中国汽车制造的贡献相当之大。

(二) 规制跨国公司地区总部的原因

跨国公司作为国际活动的重要主体,它们本质目标是在全球范围内攫取最大利润,其本质属性是一个个实体企业。[①]另外,跨国公司地区总部以及各个子公司往往带有母国文化的深深烙印。由于这些因素,跨国公司地区总部必然会与东道国发生文化习俗、政治法律、商业经济、自然环境等方面的各种各样的冲突。为了追求利益最大化,跨国公司侵犯雇员合法劳动权益、破坏当地环境、压榨劳工、垄断市场阻碍经济自由发展、逃避税收等事件屡见不鲜。因此,东道国为规避跨国公司带来的不良影响就必须得对其进行立法。

19世纪中期开始,跨国公司在发展中国家的所作所为简直令人发指,从早期耐克公司在南美洲以及东南亚各国的血汗工厂、联合碳化公司在印度制造的博帕尔惨案,到近年来星巴克希尔顿等公司在中东进行的性别歧视……这一切无不提醒着国际社会和各东道国政府要重视加强立法、运用法律武器对跨国公司地区总部进行合理规制。

---

① 盛斌:《跨国公司社会责任:从理论到实践》,载《南开学报》2008年第4期。

三、国际主流国家跨国公司地区总部法律规制立法之比较

自改革开放以来经济发展屡次创造出中国速度，尤其是中国特色社会主义市场经济体制的建立，让我们有幸搭上了 WTO 的顺风车。但是伴随着中国人口红利的逐渐消失，传统行业的落寞。政府即使提出了“大众创业，万众创新”的口号，放开二胎再造人口红利，持续发展仍存在问题。上海合作组织诞生较松散，作用不能发挥，可能被边缘化。笔者认为，解决中国经济问题不能简单依靠政治制度的优越性，在经济全球化的今天，我们没法避免与其他国家的合作。为了进一步加强同各国经济、贸易往来，应当照顾一下其他社会制度相对落后的国家，避免政治阻碍了经济社会的发展。甚至在经济方面学习借鉴主流国家的发展经验，大力发展第三产业，增加服务业、娱乐业对经济的贡献。加强和完善跨国公司以及跨国公司地区总部立法规制，为吸引外资创造安全稳定的社会环境，学习欧美国家跨国公司地区总部立法规制的经验和教训。

(一) 欧美国家关于跨国公司地区总部法律规制相关措施

1. 美国

美国是最早针对跨国公司地区总部滥用优势地位实行逃税漏税、转让定价进行法律规制的国家之一，并制订了一整套完整的转让定价制度体系。

(1) 法律。《国内收入法典》第 482 条：“为防止逃税的发生，财政部长得对关联企业之间交易所得、扣除额、抵扣额等加以重新调整。”①本规定成为美国税法关于跨国公司地区总部转让定价交易原则的基础。

(2) 行政法规。有关转让定价方面的规制，大部分是通过行政法规形式表

① 龙辉：《QJ 股份有限公司关联交易税收筹划及其风险研究》，硕士学位论文，湖南大学，2013 年。

现出来的。美国国内收入法典规定了转让定价的具体方法,如可比非受控价格法、成本加价法等方法。20世纪90年代之后,美国更是大幅度修订了转让定价制度,之后又有了利润定价法等一系列新的方法。

2. 卢森堡

卢森堡现在已经成为欧洲金融总部中心,在较早之前其经济地位远非如此,它之所以能在短时间内完成经济转型一举成为区域金融总部中心,这与政府工作高效透明有着莫大关系。除此之外,卢森堡完善了其法律体系,创造了安全良好的投资环境。税收制度的改革对跨国公司地区总部也有很大的吸引力。

(1) 宽松的税收制度。卢森堡的个人所得税最高税率高达39%,而企业所得税最高仅为22%。这一高一低的税收制度,很大程度上刺激了企业投资和公司生产。同时,卢森堡针对外国公民推出了免征储蓄利息税等措施,这些措施吸引了大量外国公民选择把钱存在卢森堡,从而极大地促进了卢森堡金融业的繁荣。

(2) 简洁高效的监管体制。在中国开设一家能开增值税发票的公司至少需要两个月的时间。而在卢森堡开设一家企业只需要20天。在中国申请经营许可证之类的证件要跑断腿,盖各种政府印章,很是繁琐。而在卢森堡则不必这么麻烦,高效的行政、简洁的手续使得开张做买卖十分舒服而又有安全感。另外,卢森堡政府办公透明度高,法律体系、金融法规能够得到有力执行,这些严格有序的监管与行政为金融发展营造了温室般的环境。

(3) 完善的法律监管以及有效的产权保护。卢森堡法律体系营造出了公平、自由、安全的环境。在卢森堡公司的成立与关闭都会得到法律的严密保护,国内外企业受到平等待遇,对人的限制降到最低点。另外,卢森堡实行银行保密法,严格保护客户隐私,由此吸引了大量国外存款。最后,卢森堡还坚持履行国家协议,在知识产权保护、商业秘密、商标等方面严加保护。

(二) 亚太地区关于跨国公司地区总部相关立法经验

跨国公司在亚太地区设立跨国公司地区总部的起步晚于北美和欧洲,但是随着全球化的进一步发展,亚太地区成为世界经济繁荣的后发力量,其经济地位越来越重要。奥巴马政府着手建立跨太平洋伙伴关系协定(TPP)以来,更是凸显了亚太地区作为世界经济成长中心的重要地位,同时该协定意在削弱世界贸易组织(WTO)的作用,抑制中国经济的发展。另外,亚太地区与其他地区相比,有其独特的区位条件:第一,亚太地区由于其迫切的发展欲望而推出很多优惠的投资政策,鼓励外国投资者直接投资。第二,很多亚太地区的大城市建设往往以建成国际商务中心为目标,因此重点明确要吸引外资企业,并在税收方面给予优惠。

1. 新加坡

新加坡是亚太地区较早向跨国公司地区总部给予优惠政策的国家,甚至后来把扶持跨国公司地区总部的发展提高到国家政策高度。新加坡政府先后出台了《吸引跨国公司地区总部的税收激励政策》《地区经营总部发展计划》等相关法律法规,这些政策的实施为吸引更多跨国公司地区总部在新加坡的设立起到了重要推动作用。①同时,新加坡政府根据企业总部的类别不同而分别采取了针对性优惠政策。

新加坡政府推出的一款特别有借鉴意义的政策是差别性税收政策,将跨国公司地区总部划分为不同的类别,针对类别的不同采取不同的税率。具体如下:

(1) 特准国家贸易计划。国际贸易在新加坡经济发展中具有举足轻重的地位,弹丸之地新加坡恰好位于马六甲海峡,得天独厚的地理位置为其发展国际贸易提供了无可替代的竞争优势。为了进一步提高国际竞争力而推出《特准国际贸易计划》,并且制订了一些考核标准,对于符合考核标准的企业每年只收取10%的企业所得税。

(2) 跨国营业总部奖励。在新加坡本土注册或者设立的公司若将整个公司的总部建立于本土,则有机会获得新加坡政府给予的跨国公司总部奖励。奖励涉及以下方面:跨国公司营业总部所得海外机构红利可免税;跨国公司营业总部在新加坡只需缴纳10%的服务管理费;跨国公司营业总部租税期可达10年之久,税期可根据具体情况予以相应延长。

---

① 王逸:《税收激励措施吸引跨国公司总部落户亚太》,载《中国税务报》2007年第7期。

(3) 营业总部地位。营业总部的服务对象仅局限于与该企业有密切关联的其他企业,因此而具有针对性。新加坡政府为了鼓励跨国公司在新加坡建立营业总部而推出了多项优惠政策。比如:对于具有区域总部地位的跨国公司的子公司,在5—10年内只需缴纳10%的企业所得税;对于总公司买卖外汇所得利润以及国外投资所得,都可以享有10%的企业所得税优惠。①

除上述新加坡政府推出的各项减税政策以外,还有其他优惠的税收政策,在此不作赘述。这些政策的实施大大促进了新加坡地区总部经济的发展。另据统计,在新加坡设立地区总部的跨国公司超过6 000家,中国也有200余家企业在新加坡设立了跨国公司地区总部。

2. 香港

实证调查表明,企业选择在香港设立地区总部的原因包括:简单税制以及低税率、咨询自由、民主法治、政府廉洁高效等。本文主要围绕税收制度方面进行介绍,主要包括以下几点:

(1) 企业所得税低。在香港,企业所得税又叫作公司利得税,无限责任公司的所得税为净利润的15%,有限责任公司的所得税为16%。

(2) 免收利息税。曾经作为香港五大税收支柱之一的利息税,一直是广受争议的问题,成为香港税法改革的主题。20世纪80年代,利息税几经改革,最终于1989年退出"历史舞台"。

(3) 免征关税的自由港。国家征收关税一方面是为了财政收入,另一方面也为了保护本国企业从而为本土企业起到壁垒般保护作用。而香港并没有很多制造业,贸易物流、旅游、房地产、金融等是香港最主要的支柱性产业,这些产业不需要通过征收关税来支持,征收关税反而会抑制住旅游、物流等行业的发展。因此,香港不需要征收关税,自由港名副其实。

(4) 非居民股息收入及利润汇出免征所得税。这一政策促使大量跨国公司地区总部的雇员移居香港,从而大大地推动了第三产业的繁荣。②

---

① 新加坡吸引外资主要优惠措施,资料见于 http://www.511.cn/news/content-4495-1。

② 樊利刚:《香港的税收政策及其对经济的影响》,载《税收与企业》1998年第10期。

四、在华跨国公司地区总部法律规制的现状以及建议

(一) 跨国公司地区总部法律规制体系述评

目前我国跨国公司地区总部法律规制分为国内法和国际法两个层面。首先，国际法层面。截至2016年3月，中国已经与全球130多个国家和地区签订了双边投资协定，但尚未与欧美缔结投资协定。其次，国内法层面。在国内法层面上的跨国公司地区总部规制经历了近20年的发展历程(1995—2004年)，终于在2004年随着《关于外商投资举办投资性公司的规定》的出台而初步形成了对跨国公司地区总部法律规制的体系。本文将主要围绕国内法层面来论述在华跨国公司地区总部的法律规制问题，国内法规制体系又可分为立法体系、立法内容以及执法环境三个层面。

1. 立法体系

改革开放的步伐催生了我国针对外商的立法，当时为了吸引外资以及对外资企业进行法律规制而不得不出台相应法律法规。这种亦步亦趋，头疼医头、脚疼医脚的立法模式，缺乏系统性与宏观性，因此导致了很多后遗症亟待解决。

(1) 法律位阶相对较低。我国针对在华跨国公司地区总部的立法主要体现在部门以及地方行政规章上，立法层次低。没有进行权威、统一的国家立法。

(2) 立法标准乱，法律适用难。首先，部门规章与地方规章存在差异，比如商务部与上海市针对投资性公司的规定相冲突，到底适用哪一个规定呢？国家也没有明确法律的优先级，这给投资性公司的经营造成了不确定性，产生不安全感。其次，国内各省份甚至各城市准入标准也不统一，使得跨国公司难以适应，也造成了不公平现象。

(3) 立法重心偏移。目前，我国有关地区总部的立法在提供优惠政策和措施上，缺乏管理规范等方面的具体规定。这意味着，我们为了吸引外资、追求城市的发展而一味地给予优惠政策，一味地给予法律支持，却忽略了对跨国公司地区总部的限制。上文提到跨国公司可能带来种种社会问题，可能与东道主城市

发生各种冲突,我们应该对此有清醒的认识,并在立法上予以预防。

2. 立法内容

我国针对地区总部与子公司之间关系的有关立法存在许多内容上的缺陷,在执行法律过程中导致有法难依。

首先,内容过于简单抽象,缺乏具体细枝末节的规定。

其次,有些不符合公司集团的法律性质的恶法。如《关于外商投资举办投资性公司的规定》第十条第 2 款规定“受其所投资企业的书面委托。向其所投资企业提供下列服务……”只有当其所投资企业经董事会全体通过向投资公司提出书面委托时,投资公司才能向它提供服务。一旦少数股东提出反对意见,投资公司这种集团优势就会受到损害,投资公司设立的宗旨也就变得毫无意义。

再次,概念不清晰。比如《公司法》对母公司与子公司关系的界定,本法仅对子公司的概念作了简要规定。但是,没有对“关联企业”“企业集团”作出直接规定。

最后,缺乏可操作性。如《公司法》第 20 条规定,“公司股东滥用公司法人地位和股东有限责任,逃避债务,严重损害公司债权人利益的,应当对公司债务承担连带责任。”①

3. 执法环境

根据有关机构的调查,影响跨国公司在中国设立地区总部的因素有很多。除了中国法治残缺以及缺乏国际法环境外,更主要的是,法律的不透明及不连贯给外商带来的投资不安全感。而且执法过程中各部门态度不一,各地对同类案件的判处差异悬殊都让外资企业摸不着头脑。

(二) 对在华跨国公司地区总部法律规制的建议

1. 立法层面

要在立法体系、立法内容、执法环境等方面进行改善,跨国公司地区总部往

---

① 杨青:《论瑕疵出资股权转让民事责任的承担》,硕士学位论文,华中师范大学,2013 年。

往是一个城市矛盾问题的中心，为了让城市更美好，我们引进外资，支持跨国公司在城市设立地区总部。但是，跨国公司自身也有很多矛盾。跨国公司普遍具有法律上的独立实体和经济上的联合体的矛盾，以及由此而产生的其他各种矛盾。如果解决不了这些矛盾，将有可能使东道国城市引进外资的目标落空。我国学者贾琳认为应在外商立法完善的基础上，构建在华跨国公司地区总部的法律规制框架。

(1) 调整立法体系

我国应重置外资立法的重心，既要出台优惠政策、鼓励措施以吸引外商入驻，也要加强对外资企业的限制与规制；另外，统一立法标准，统筹中央与地方，统一部门规章与地方性规章，逐渐消除地域准入差异，消除针对不同行业类别分别立法的传统；最后，提高法律层次。目前，有关外资立法仅仅集中在部门规章和地方规章的层次上，应逐渐提高跨国公司地区总部的法律位阶，编纂一部统一的外商投资法。

(2) 充实立法内容

针对立法内容过于简单抽象、有些概念模糊不清以及缺乏可执行性的种种缺陷，我国应尽快出台《反垄断法》实施细则，规范跨国公司地区总部的垄断行为；借鉴欧美国家对跨国联合经济体的规定，完善《公司法》中有关规制地区总部的规定；修改和完善《关于外商投资举办投资性公司的规定》的内容，加强对知识产权的保护；[①]明确跨国公司的社会责任，填补环境保护、员工福利等方面的规定。

(3) 改善执法环境

进一步立法规范外资权限，提高法律实施的透明度，中央与地方相互协调，取消上下级相矛盾的法律法规。还要协调各省市对跨国公司地区总部的优惠政策，使之与其他政策相一致。通过简政放权来简化外资企业办理注册登记以及缴税等业务的手续，增强相关部门工作人员的主导意识和服务意识。

2. 政策层面

要加强税收征管。我国在对外资的税收征管方面的经验极为匮乏，这与经

---

① 贾琳：《论在华跨国公司地区总部法律规制》，载《企业与经济》2011 年第 3 期。

济全球化的趋势不相适应。因此,我们应在法律和政策上对跨国公司地区总部逐渐加强税收的征管。主要措施有以下几点:首先,要细化纳税服务内容。可以针对类别不同的外商地区总部提供相对应的个性化服务,及时解答外商对中国投资及税收政策的疑问。其次,提高税收工作人员的业务素质,加强税收管理员的主导意识与服务意识。重点行业的税收工作人员还应学习运用各种政策法规,正确指导跨国公司地区总部办理税款缴纳业务,提高实际操作能力。最重要的一点是要提高税收管理的科学性,应该将管理范围拓宽到税收风险评估、税收成本测算与分析、税收政策效应评估等各方面,以提供专业、系统的税收征管。

跨国公司地区总部在集中管理、资金控制等方面占有优势地位,而跨国公司又是以利益为导向而从事各项业务的,如果它们滥用自身优势地位,将有可能造成不正当竞争甚至引发社会危机。最典型的不正当竞争就是无形财产转让定价现象,这是一种高明的避税手段。我们应当制定和完善税收征管措施,提高反避税能力。通过区域组织和国际组织加强各国税收征管协调,强化对跨国公司地区总部转让定价的监控。

(作者系上海政法学院刑事司法学院2016级刑法学研究生)

前 沿 问 题

疑问合辑

IB国际课程的政策意蕴

徐　鹏

摘要:本文主要从IB国际课程的内涵和外延上来全面分析IB国际课程的政策意蕴,从内涵上看,IB国际课程将教育政策的内在价值和外在价值完美结合的国际课程,完美诠释了课程的三大属性:社会属性、知识属性和人格属性。从外延上看,IB国际课程在IB世界学校前十名主要国家中,分别彰显了不同的政策意蕴,从不同的层面反映了IB国际课程在世界范围内迸发的活力与持久价值。

关键词:IB国际课程;政策意蕴;课程属性

教育政策评价是对教育政策本身的合理性及其实施效果做出价值判断,其本质上是对教育政策价值的评价,通过系统的收集和分析教育政策信息资料,对教育政策的过程和内容在事实判断的基础上做出价值判断,以寻求政策增值与政策改进。它对于提高教育决策的系统性、民主性、科学性,调整和完善教育政策方案都有着重要的指导作用。而教育政策是国家在一定时期为实现教育目标、完成教育任务而协调教育部门内外关系所作出的战略性和准则性的规定。

首先,本文从教育政策的内在价值和外在价值来分析IB国际课程的政策意蕴,作为国际上理念先进、影响较大的国际课程,IB国际课程将教育政策的内在价值和外在价值完美结合,诠释了课程的三大属性:社会属性、知识属性和人格属性,同时成就了IB国际课程国际教育领跑者的地位;其次,从外延上探究了

IB国际课程在IB世界学校前十名主要国家中不同的政策意蕴,从不同的层面反映了IB国际课程在世界范围内迸发的活力与持久价值。

一、IB国际课程政策的外在价值

一般而言,教育政策的外在价值从本质上来说具有一种国家功利主义的价值取向,而IB国际课程政策的外在价值则具有超越国家功利主义的价值取向,这正是IB国际课程不同于其他国际课程的独特之处。

纵观IB国际课程的发展史,IB国际课程并不是建立在某一主权国家的教育模式之上,1967年国际文凭组织的第一间办公室的创立,始于一批坚定的献身于教育事业的教育工作者,而不是国家政府的教育部长或者非政府组织。免于受政府的控制这一特点始终贯穿于IB国际课程发展的整个过程,而这也是IB国际课程的一个重要的优势。国际文凭组织可以和某些主权国家的政府合作,但仍然只是由教育工作者来决定IB国际课程的发展,而不是政客。①

正如国际文凭组织前任总干事乔治·沃克所言:"我们或许可以称IB课程为培养国际情怀的教育,一种旨在打破种族、宗教和阶级藩篱的教育,一种颂扬文化多元性优势的教育,尤为重要的是,IB国际课程是一种旨在追求世界和平的教育。"

教育政策的外在价值主要体现在:对教育与外部关系的协调,着重解决教育与社会的,与政治、经济、文化等其他子系统之间的矛盾,这种协调不是教育政策自身的目的,而是一种外在的社会目的,体现的是政治的价值和社会的价值。因此,教育政策合乎教育外部的社会目的所体现出来的价值关系,我们称之为教育政策的外在价值。②

而IB国际课程正是出于对当今社会时代特点的准确把握,踏着时代的节拍,顺应了全球化趋势、知识经济、多元文化时代的需要,培养具有国际情怀、富

① Abrioux, Marc and Rutherford, Jill. *Introducing the IB Diploma Programme*, Cambridge: Cambridge University Press, 2013:9.18.33.

② 祁型雨:《论教育政策的价值及其评价标准》,载《教育科学》2003年第2期。

有创新意识、理解和尊重多元文化的世界公民。

(一) 全球化趋势

由于科学技术日新月异,尤其是通信技术的飞速发展,使得全球化的进程越来越快,各国的经济要素包括资本、商品、服务、信息及人才等突破了国家疆域的界限,在全球范围内流动,优化资源配置,从而形成了全球性的生产和销售市场。国家与国家之间激烈竞争的同时,相互依存程度也越来越高,经济、科技、文化、环境等各方面的交流和合作也越来越频繁。

因此,"经济全球化""科技全球化""文化全球化""信息全球化"和"教育全球化"等概念应运而生,并且经常出现在大众传媒和中西方学者研究论述之中。然而,经济在整个社会生活中发挥着极其重要的基础性作用,"经济全球化"就成为全球化问题的基础,其他各个领域的全球化只是经济全球化的发展和延伸的结果。

随着经济全球化的深入发展,这就不可避免地要求教育逐渐走向全球化,培养一大批精通各国语言与文化、懂得国际惯例与规则,同时善于跨国经营管理具有全球视野的国际化人才。IB 国际课程正是顺应了经济全球化的历史潮流,成为教育全球化的践行者,以培养具有国际情怀的学生为己任,同时也促进了教育全球化的发展。

(二) 知识经济风起云涌

知识经济是以经济为基础,建立在知识生产、分配与应用基础上的经济形态,生产的发展取决于各种智力资源的占有和配置。随着信息通信技术为代表的高新技术的飞速发展,人类的生产方式比以往任何时候更依赖于知识的生产、扩散和应用,知识已经成为经济增长的驱动器。知识经济的本质就是创新,知识经济的基础和灵魂就是知识创新,因此,在知识经济时代,民族的创新精神和创新意识成为决定一个国家综合国力的至关重要的因素,对民族的创新精神和创新意识的唤起和培养显得尤为紧迫。而知识经济时代必然对我们的教育体系提出新的要求,即从传统的注重知识传授的教育体系过渡到顺应知识大爆炸、知识飞速更新的注重创新型人才培养的教育体系。IB国际课程在注重知识积累的同时,更要注重创新性和主动性的形成、个性化创新型人才的培养。

(三)多元文化共存共荣

在当今经济全球化、政治多元化的时代,各国、各民族的多元文化相互激荡,既有文化冲突,又有相互促进和融合,共存共荣,各民族的文化维护着本民族的特性,在其固有轨道上发展,同时又积极参与世界文化的交流和融合,形成了世界文化既全球化又多元化的发展格局。①在多元文化背景下,教育要能够充分体现和反映各种文化传统的需要,尊重每一个体的文化背景和经历;教育要具有更大的弹性和灵活性,以满足不同文化的需要;教育要更多地具有区域性和民族性,反映不同区域、不同民族的实际情况和要求。②而对多元文化的尊重和倡导,正是实现教育民主的重要途径。正是在这样的多元文化背景下,一批有才华和超前意识的日内瓦国际学校的老师在其他一些国际学校的资助下,于1968年瑞士日内瓦创立了IB国际课程大学预科项目(IBDP)。IB国际课程成立之初是为了解决国际流动人员子女的教育问题而开发的课程,使17—19岁的学生在完成中学最后两年的学习之后,能够获得被世界各地大学认可的文凭,从而顺利进入大学深造。③

二、IB国际课程政策的内在价值

教育政策的内在价值表现在教育政策对教育内部关系的协调,着重解决教育活动的内部矛盾,即通过解决教育生存和发展的应然目的与实然状况之间的矛盾,最终达到使受教育者全面自由和谐发展的目的。这种价值,一般称之为教育政

① 王枬、陈时见:《走向创新教育:教育变革的反思和前瞻》,广西人民出版社2000年版。
② 陈时见、杨茂庆:《高中课程改革的国际比较》,西南师范大学出版社2010年版。
③ History of the International Baccalaureate. http://www.ibo.org/history/, 2013-4-23.

策的内在价值或目的性价值。其中,为了教育的生存和发展是这种内在价值的本体价值,为了使受教育者全面自由和谐地发展是这种内在价值的终极价值。①

IB国际课程并不是建立在某一主权国家的教育模式之上,具有去国家化的显著特点。它广泛汲取世界各国的课程优势之精华,优化整合创新突破,先后创立了IB国际课程大学预科项目(IBDP),IB国际课程中学项目(IBMYP),IB国际课程小学暨幼儿园项目(IBPYP),该三大项目彼此相互独立,但又融为一体,这是IB国际课程区别于其他国际课程的独到之处之一,三个课程有共同的使命和宗旨,他们共同的教育宗旨是致力于培养酷爱探究、知识渊博、富有爱心的青年,使他们成为积极主动、富有爱心、理解和尊重不同文化的终身学习者,以此来创造一个更加美好、更加和平的世界。②IB国际课程三大项目每一个项目都包含以下四个核心要素:课程体系、学生评价、教师专业发展和学校评估。崇高的教育理想、全面的课程体系和严格的评估标准使这一课程很快就获得了广泛的认可,成为全世界国际教育的领跑者,其毕业生受到世界各国大多数大学的青睐。

IB国际课程作为国际教育的领跑者,其课程决策者在制定课程政策的时候,在知识论上,秉持一种个体知识和公共知识并重的知识论;在人才观上,坚持育人为本,把培养具有国际情怀的完整的人、个性化的创新人才作为教育工作的根本要求。

(一)基于个体知识和公共知识并重的知识论

知识论是探讨知识的本质、起源和范围的一个哲学分支。在历史上就存在着不同的知识论流派:经验主义知识论、理性主义知识论、客观主义知识论、唯心主义知识论、现代主义知识论和后现代主义知识论等,本文主要从知识的主体构成来理解知识的基本属性,即个体知识和公共知识。个体知识指波兰尼个人知识中的默会知识(tacit knowledge),个体知识具有主观性、私人性、情境性和不确定性,而公共知识则具有客观性、社会性、普遍性和确定性。波兰尼指出,"默

① 祁型雨:《论教育政策的价值及其评价标准》,载《教育科学》2003年第2期。

② Mission and strategy. http://www.ibo.org/mission/, 2013-4-23.

会知识是自足的,而明确知识则必须依赖于被默会地理解和运用。因此,所有的知识不是默会知识就是根植于默会知识。一种完全明确的知识是不可思议的。"[①]即知识从本质上来说是默会的,各种知识的吸收与转化都需要个人默会的理解,这就凸显了个体知识在知识创新过程中的重要性。

公共知识在保证知识的系统化、可传递性等方面意义重大,但它过分强调知识的公共属性和客观性,而不重视甚至否认知识的个体属性,把知识仅仅看成是社会的产物,个人独有的知识被排除在外,公共知识俨然成为绝对真理。随着现代科学知识"客观性"标准的被证伪和现代知识论中知识的"文化性"标准的提出,个体知识理论的提出显然有其重要的现实意义,一方面凸显了知识论中"人"在知识创新中的主体性地位,另一方面顺应了当今时代个体知识和公共知识并重的教育发展的潮流。

正如我国著名学者余文森所言:认识运动是一个辩证过程:从实践到认识,从认识到实践,实践、认识、再实践、再认识……不断反复以至无穷。同理,由个体知识→公共知识→个体知识→公共知识……无限转化、提升,以至无穷。这正是人类知识产生、发展、进化的基本途径。[②]

我们知道的多于我们能言说的。正因为如此,IB课程项目一个重要的特征是它只有一系列课程纲要,没有规定使用那种教材,只是在纲要中指明了教育的目的和要达到的标准。各学校可以选用IB所建议的教材,也可以根据情况自主选择或者自己设计教材。[③]教师根据自己的特长和学生的特点,加强课程与教学之间动态的相互调适作用,优化教学与课程资源,注重个体知识的发掘与培育,发挥学生的主体性和积极性,从而促进个体知识和公共知识之间的相互转化。

IB国际课程的整个课程设计和教学实施过程中,不仅重视公共知识之间通过言传来实现其转化,公共知识通过团队工作(分享)、做中学(感悟)内化为个体知识、个体知识通过类比和隐喻外显为公共知识,同时也意识到了通过分享、示范、做中学来实现默会知识之间的相互转化。

例如,在IB国际课程大学预科项目(DP)的六大学科组中的第二组外语学

① Polanyi M. *Knowing and Being*, Chicago. University of Chicago Press, 1969:144.

② 余文森:《个体知识和公共知识》,教育科学出版社2010年版。

③ 胡兰:《国际学校的教师专业发展研究》,载《华东师范大学》2009年第39期。

习(Group 2—Language Acquisition)中,初级外语课程向导(Language ab initio Guide)仅仅规定了该学科的性质、课程目标、课程大纲、课程内容、教学方法、课程评估方案。在"教学方法"部分中明确指出,教师除了使用教材,若有可能应尽可能地补充各种形式原汁原味真实的语言材料,包括文本、诗歌、电影、图片等。教师可以基于教材和这些原汁原味的教学材料自由构建自己所教课程、自由制订教学计划。老师应该通过各种形式鼓励学生既要善于独立学习又要学会合作性学习,例如,独立学习、双人活动、小组活动和全班互动等。教学方法也灵活多样:交际教学法、任务驱动教学法、浸润式教学法、因材施教个性化教学法等,所有这些都是对个体知识和公共知识相互转化关系的一种完美诠释。

知识是课程的基础,有什么样的知识观就有什么样的课程观。IB 国际课程一方面重视公共知识对人的滋养与文化的传承,同时也注重个体知识对人个性的培育和知识的升华,尤其是 IB 国际课程对个体知识尊重的课程观必将如同知识领域内的联产承包责任制,极大地促进和激发学生的个性发展和创新性的形成。

(二) 具有国际情怀的全面发展的创新型人才观

IB 国际课程的十大人才培养目标起源于其小学暨幼儿园项目(IBPYP),由于它充分体现了 IB 国际课程的使命和宗旨,后来逐渐贯穿到 IB 国际课程四大项目中,成为指导四大项目共有的人才培养目标。

IB 国际课程十大培养目标,即培养探究者(Inquirers),思想者(Thinkers),敢于冒险的人(Risk takers),知识渊博的人(Knowledgeable),有原则性的人(Principled),有爱心的人(Caring),心胸宽广的人(Open-minded),全面发展的人(Well-balanced),善于反思的人(Reflective)。

IB 国际课程十大人才培养目标中的前三个重要目标,即培养思想者(Thinkers)、探究者(Inquirers)和交流者(Communicators),可见 IB 国际课程把培养学生求知的天性、独立治学精神、批判思维、创新思维、团队合作列为人才培养目标的重中之重,而 IB 国际课程的另一个人才培养目标之一就是培养均衡地全面发展(balanced)的完整人,注重大脑两半球的平衡发展、协同作用,注重完整人才的培养。IB国际课程三大项目都注重学生的跨学科探究能力的培养,尤其是其小学暨幼儿园项目(IBPYP)的跨学科探究计划堪称一个典型例证。

众所周知,学科课程和活动课程是两个基本的相互对立的课程设置模式,而后各国不断推进课程改革,提出了问题中心课程、综合课程等课程设置模式。取得了较好的效果,而国际文凭组织正是基于世界课程改革成果的吸收和借鉴,推出了领跑国际教育的IB国际课程,吸取了综合课程、问题中心课程等课程设置模式的优点,克服了学科课程和活动课程的弊端,提出了跨学科探究计划(POI)的课程设置理念。

跨学科探究计划是以六大跨学科主题为经,以学生年龄组为纬构成的矩阵。围绕六大跨学科主题组织安排课程,使学生的学习处于具体的情境之中。这就使学生能够体验平衡的具体学科的知识、概念和技能,从而发展对跨学科主题的理解。跨学科探究计划绝不仅仅是以新颖的方式重新包装具体学科的内容,而是通过利用一系列具体学科的知识、概念和技能来培养学生深入理解跨学科主题。①

三、不同国家IB国际课程的政策分析

表1　　IB世界学校前十名的国家

国家/地区	所属区域	IB世界学校总数	项目名称		
			小学项目	中学项目	大学预科项目
美国	北美	1 475	405	494	796
加拿大	北美	332	66	160	152
英国	非洲、欧洲、中东地区	157	13	11	150
澳大利亚	亚太区	152	91	42	63
印度	亚太区	107	47	11	92
墨西哥	拉丁美洲	101	49	32	61

① Developing a transdisciplinary programme of inquiry, 2008.

(续　表)

国家/地区	所属区域	IB世界学校总数	项目名称		
			小学项目	中学项目	大学预科项目
中　国	亚太区	76	30	22	63
西班牙	非洲、欧洲、中东地区	74	8	10	72
厄瓜多尔	拉丁美洲	64	7	8	63
德　国	非洲、欧洲、中东地区	59	23	9	54

数据来源：IBO官方网站，由作者翻译整理，数据截至2014年1月。

(一) IB国际课程在美国的政策分析——理念的认同与教育变革

美国作为世界上最富活力的经济体，拥有IB世界学校的绝对数量最多，截至2014年1月，美国拥有1 475所IB世界学校，其中796所开设大学预科项目课程，参加大学预科项目学习的学生总数大约占世界范围内总数的半壁江山，并且该数据呈逐年上升之趋势。但是这并不意味着IB世界学校已经在美国遍地开花，事实上，在美国只有2%的中学提供大学预科课程。

在美国由于没有统一的全国性教育管理机构，因此教育形式多样，选择余地较多。除了世界范围内的许多"美国国际学校"提供IB国际课程外，还有公立学校、私立学校、精英高中学校①和特许学校②也提供IB国际课程。特许学校和精英高中学校是美国传统公立学校的替代形式，该两类学校对IB国际课程有着浓厚的兴趣。

① Magnet School精英高中学校是一所除了教读、写、算等基本技能外，还提供给学生其他专业选择，如音乐、戏剧、计算机、科学及视觉艺术等能学到特殊专长学科的公立学校，有着特别的课程设计与教学方式，以吸引各种背景的学生，希望有助于各种种族间的融合、社会经济因素差异的消除。2009年，梅琳达·盖茨基金提供了一大笔捐款以资助低收入和少数民族的学生参与IBDP课程的学习。

② charter school特许学校，也叫契约学校、委办学校，是一种特殊的学校体制，介于公立和私立之间，是由公立创办，但是由私人承办运营的学校。该类学校接受为期3—5年的公共资金支持，致力于实现特定契约所规定的标准和目标。通常是为了解决社区的特殊需要，或者特别重视特定课程或特定的学科领域。从20世纪90年代以来，该类特许学校在美国获得了长足的发展，据估计在2011—2012学年大约有5 000—6 000所特许学校在运营。

虽然联合国国际学校和华盛顿国际学校是第一批提供大学预科项目课程的学校，但是在美国，由于大量的公立学校提供大学预科项目课程(IBDP)，这极大地促进了IB国际课程在美国的发展。据统计，在提供大学预科项目课程(IBDP)的美国学校中，超过90%的学校是公立学校。对一些美国学校而言，IB国际课程的吸引力在于其迸发的学术活力和倡导的价值理念，而对于其他学校而言，则意味着该课程能为更多普通的青年提供更多的机遇与挑战。但是有一点已经成为更多人的共识：IB国际课程引入美国，为激活和复兴美国公立中学教育提供了一条有效途径，提高了学校的教学水平，而在过去，美国的这些公立学校培养了太多素质低下、不适应大学生活的毕业生。①

因此，在美国，引入IB国际课程有时候被认为是对学校改革的支持，或者是为了改革美国的教育体制，尽管初衷并非如此，但IB国际课程已经用事实证明它可以引起这些变革。

当然在美国，IB国际课程也面临着诸多的挑战。一部分人认为，该课程推行的是"非美价值观"和联合国宪章的理念，缺少对美国历史的继承。另一些人指责IB国际课程的运作成本主要是来自公共资金。还有一部分人指责，许多20世纪80年代推行IB国际课程的学校随后由于种种原因都放弃了该课程。但是新执行的严格的IB世界学校授权机制，以及所有IB老师通过官方的IB研讨班所必修的教师专业发展课程，都部分地确保了学校和老师能够更好地服务于IB国际课程的引入及其后续健康发展，从而大大减少了IB世界学校"掉队"的概率。

(二) IB国际课程在加拿大的政策分析——理念的认同

加拿大拥有332所世界学校，在IB世界学校排行榜中排名第二，但是如果按人均计算的话，加拿大应该是名列前茅。同美国不同的是，加拿大人认为他们没有必要进行学校改革，因为他们指出，经济合作与发展组织(OECD)的国际学

---

① Mathews J & Hill I. Supertest: How the International Baccalaureate Can Strengthen Our Schools, Chicago: Open Court Publishing, 2005:84.

生评估项目(PISA)测试和其他的国际性测试都表明,加拿大公立教育系统表现出色。因此,加拿大引入 IB 国际课程,更多的是基于与 IB 国际课程共有的价值观:国际情怀、尊重多元文化、通过国际组织支持参与事务和承担社会责任。另外,加拿大官方的双语政策也促进了 IB 国际课程的引入,尤其是在魁北克和魁北克之外的一些地区有相当多讲法语人的社区,因此,讲法语的人或者法语学校遍布各地。

正是出于这些原因,在加拿大,IB 国际课程的核心价值理念能够被广泛接受和重视,并且作为优良教育的一个重要组成部分。加拿大与众不同的地方就是它拥有的中学项目多于大学预科项目,主要在于魁北克省有着发达的 IB 国际课程中学项目,该项目可以提供就读普通教育和职业教育学院的机会。

加拿大各类学校都采用 IB 国际课程,但大多数为公立学校,公立学校的 IB 国际课程通常都会有强有力的公共资金支持,学生们不需要为该课程付太多钱。尽管直到近年来,私立学校才逐渐认识到通过引入 IB 国际课程其实是发掘了一个难得的教育和商业机会,因此,私立学校都乐于采用 IB 国际课程。在加拿大,教育是省属事务,因此各省都严格把控自己在该领域的这一特权。IB 国际课程在加拿大的发展,一方面是由于加拿大课程体系和 IB 国际课程两者拥有基本一致的价值观,另一方面是由于加拿大没有一个统一的全国性教育管理机构。

世界范围内 70%的 DP 毕业生都会着眼于到美国或者加拿大读大学。加拿大的大学通常率先承认 DP 毕业生的学业成绩。因为他们深刻理解 IB 国际课程的价值,并且大力招收本国学生和国际留学生参加 IB 国际课程的学习。加拿大的大学入学程序通常都很直接明了,都是基于学生的实际分数和预期分数,多数奖学金的申请也都是自动基于这些分数。

基于 IB 国际课程对加拿大教育的冲击,我们甚至还可以遥想未来,有朝一日,加拿大会提供连续统一的幼儿园到大学(K-16)IB 国际课程。由于受到大学预科项目(IBDP)中的核心课程知识论(TOK)的影响,或者受到跨学科探究式学习模式的影响,加拿大的一些大学已经开发出一些类似的课程。最突出的一个例子便是滑铁卢大学已经提供了综合知识专业(Integrated Knowledge)的学士学位,众所周知,该大学以其工程学课程见长。由于受到 IB 国际课程的影响,其他大学也开发了其他新型课程。

(三) IB国际课程在中国的政策分析——满足教育消费多元化需求和基础教育课程的有益补充

中国拥有世界上最多的人口,同时是世界上第二大经济体,每年的经济增长速度为7%—9%,如何促进中国从人口大国转型为人力资源大国,中国政府正在集中精力进行教育变革以确保能够从容应对未来社会的挑战,保持经济的持续高增长。

自从1991年第一所IB世界学校引入中国,中国大陆IB世界学校的增长一直保持指数级增长势头。到2014年1月为止,中国大陆已有76所IB世界学校,在IB世界学校总数前十名的国家中排名第七。

中国大陆提供的IB国际课程大致可以分为四类:为数不多的开办已久的由董事会运作的国际学校(该类学校通常由北京和上海的大使馆和领事馆创办);中国的一些公办学校创办的一些国际部,可以接收外国学生;合资的私立国际学校,通常可以接收中国学生作为有益的补充;私立的国际学校,通常作为商业集团的一部分,只接收具有外国护照的学生。

IB国际课程在中国的发展可以追溯到20世纪80年代初,随着中国改革开放的深入推进和经济的飞速发展,一些国际学校主要招收外国外交官的子女和在华工作的外国侨民的子女。中国的第一所IB学校——北京国际学校(the International School of Beijing),其实是通过对美国、加拿大、新西兰、澳大利亚和英国大使馆里面的校舍合并而成,随后几年该学校开始招收更多来自其他大使馆的孩子。1988年,该学校在中国外交部正式得到官方注册,被批准接收在北京的外国侨民的孩子;3年后,即1991年,该学校成为中国第一所提供国际文凭课程大学预科项目(IBDP)的学校。

20世纪90年代中期,中国的一所公立学校——北京55中获得授权引入IB国际课程中学项目(MYP)和大学预科项目(DP),接收国内的本地学生和外国学生。随后北京世青国际学校成立,该学校有权接收高达50%的中国籍学生。在中国当地的IB国际学校,除了知识论课程(TOK)可以用汉语对中国籍学生进行讲授外,大学预科课程用英语教授。中学项目和小学项目亦可以用汉语进行讲授。20 世纪 90 年代，有 5 所本土学校引进了 IB 国际课程，之后仅有四所本土学校跟进。由于种种原因，本土学校的需求远远落后于私立的国际学校。IB 国际课程注重英语语言的学习、注重创造性思维和批判性思维的培养为特征的教育方式，这一点对中国家长很有诱惑力，但是该课程并不能做到让这些孩子从容应对中国的高考。高考是一种高强度、信息量极大的系列考试，为期两三天，却决定了中国所有高中生能否进入大学的命运。语、数、外三门课为必考课，报考不同的学校需要另外参加理科或者文科特定的科目考试。中国的大学入学考试每年竞争异常残酷，每年 900 万人参加高考，大约 40%的学生名落孙山。目前，中国籍学生的大学预科课程(DP)成绩并不被中国的大学所接受，因此，所有参加 IB 国际课程学习的中国学生必须在智力上能够胜任，尤其是财力上能够承担得起到国外上大学的花费。

进入 21 世纪，随着中国政府投资和经济增长远远超过了西方国家，外国侨民商务社区显著增加。私立国际学校在中国的发展也突飞猛进。中国的一些大城市为了吸引外国侨民入住，建立了诸多的达到欧洲标准的医院和住房，同时为了配套这些设施，高质量的教育服务亦有强烈的需求，这种需求正在被一些私营的、营利性的机构所满足，因为这样的部门调动资源迅速、校舍建造高效并且短短几年内就可以投入运转。许多公司瞄准中国经济的高增长，经营管理大批国际学校，其中包括诺德英吉利教育、耀中教育基金、中国国际学校和国际优质学校。作为最有名望、最受重视、最通用的国际教育项目，IB 国际课程通常都被这些新学校所采纳。

中华人民共和国对外国侨胞仅仅开放了 30 多年，大约有 200 万外国侨民分布在中国 50 所城市。与其他发达工业国家相比，生活在中国的外国侨民比例非常之低，大约为 0.05%，而欧洲国家的比例已达 6%，因此外国人社区的增长潜力巨大。鉴于此，私立的国际学校，当然包括 IB 国际课程项目也有望继续在中国获得快速的扩张。

出于对国际学校无调控增长的慎重考虑，中国政府制定了一些规定，所有的国际学校必须获得中国政府教育部门——中国教育部课程教材发展中心(NCCT)的资格认证。国际学校理事会(Council of International Schools)、西部学校和学院联合会(Western Association of Schools and Colleges)、新英格兰学校和学院协会(the New England Association of Schools and Colleges)相互协作,中国教育部课程教材发展中心(NCCT)已经放松了资格认证程序,但是却制定了具体的与中国国情相关的一些标准,需要这些国际学校严格遵守。

中国本土学校对IB国际课程的接触并没有呈迅速增长的迹象,只有在中国的课程、高考制度以及IB国际课程学分得到中国大学承认这三方面进行了激进的改革,这种增长才会成为可能。尽管中国的一些本土学校和教育部对国际课程有一定的兴趣,但是从西方传来的一些新型的教学和学习方法以及对教育持有的一种整体化的观点,仅仅被作为中国现有高强度课程的一个有益的补充,而不是取代旧有的课程来推动教育变革。本土学校和国际学校间有实质意义的合作更是凤毛麟角,尽管一些农民工子弟学校为IB国际课程的学生提供了最好的创新行动服务(CAS)核心课程,但是这些工作远不能触及中国课程改革的灵魂深处。

(四) IB国际课程在英国的政策分析——理念的认同与实践中的比较优势

1971年,大西洋联合世界学院成为英国第一所提供IB国际课程大学预科项目(IBDP)的学校,1977年安格鲁—欧洲学校成为英国第一所获得国际文凭组织授权的公立学校。

其实直到2003年,英国的IB学校的数量都非常少,那些提供大学预科项目课程(DP)的学校大多要么是集中在伦敦周边地区的国际学校,要么是少数独立的同时还开设A-levels课程的寄宿制学校,还有一些学校,他们虽开设大学预科项目(IBDP),但仅仅是他们诸多项目中的一种。

英国提供大学预科项目的学校数量在短短的十几年内从2001年的38所迅速上升到2014年的150所,这使得英国在IB世界学校排行榜中排名第三,仅次于美国和加拿大。英国的IB国际课程学校对世界范围内的IB世界学校都有着深远的影响,一方面是因为英国IB学校数量众多,同时英国拥有众多世界一流的大学供IB毕业生选择报考;另一方面是因为英国高标准的教育受到世界瞩目。

为什么诸多的英国学校选择引进大学预科项目(DP)？有两个原因可以解释这一现象：其一是理念上的，其二是实际运作中的。IB 国际课程内在的优势显而易见，而英国的 A-level 课程体系改革遭受挫败，在过去的 10 年间，英国的 A-level 课程体系几经形态和内容的嬗变，但部分人士仍然认为不能达到初衷。IB 国际课程却能够在学科的广度方面为学生提供更加广阔的视野和一种国际视角。教师们也非常珍视 IB 国际课程的完备的体系和该课程赋予专业人士的那份自由度。英国 IB 国际课程学生的平均成绩和考试通过率往往高于世界范围内的平均水平。

英国公立学校引进大学预科项目的最大动力始于 2006 年，当时在任的首相托尼·布莱尔决定向每个地方当局的至少一所大学预科项目中心提供大约 2 600 英镑的资金支持。尽管到 2008 年这一资金支持被取消，但这股动力促使那些没有接受资金援助的许多学校开始接纳和引入 IB 国际课程，因为他们着实看到了该课程对学生们的真正价值。私立学校也洞悉了该课程的价值，部分原因是出于争夺留学生生源，但更多的是出于对 IB 国际课程理念的接纳。

综上所述，IB 国际课程是将教育政策的内在价值和外在价值完美结合的国际课程，它完美诠释了课程的三大属性：社会属性、文化属性和人本属性，亦成就了 IB 国际课程国际教育领跑者的地位。IB 国际课程政策的外在价值顺应了时代的特点和要求，必然要求 IB 国际课程人才培养目标与当今时代的背景和特点相适应：培养具有国际视野、信息素养、创新精神、全面发展的个性化的人才，而这也正是 IB 国际课程政策内在价值赋予人才培养目标之要义。同时通过分析 IB 国际课程在 IB 世界学校前十名主要国家中不同的政策意蕴，从不同的层面反映了 IB 国际课程在世界范围内迸发的活力与持久价值。

(作者系上海政法学院外国语学院讲师)

爬虫协议的正当性评价

朱　楠

摘要：数据抓取是互联网中常见的技术手段，其广泛应用于搜索引擎、链接和大数据分析等网络活动。互联网内容服务提供者对数据抓取是“爱恨交加”，一方面，数据抓取既能帮助自身网站拓展受众，获得用户的浏览；另一方面，也会将其具有特色服务的内容、受版权保护的作品乃至个人信息等敏感内容轻易置于人前。为了保证内容服务提供者自身在数据上的竞争优势，爬虫协议这一技术应运而生。爬虫协议首先是作为一种技术保护措施，进而成为互联网行业公认的行业惯例。而作为一项行业惯例，爬虫协议需要被纳入《反不正当竞争法》和《反垄断法》加以评价。

关键词：爬虫协议；不正当竞争；垄断

一、爬虫协议的界定

（一）作为一种技术保护措施的 robots.txt

robots.txt 是网页所在服务器根目录下的一个文本文件，可供搜索引擎或数据抓取工具访问网站的时候查看，其作用就是通过 robots.txt 文件告诉数据抓取中的蜘蛛程序在服务器上什么文件是可以被查看的。没有 robots.txt 就意味着相应网页不存在保护口令，网页内容可以任意被抓取；反之，抓取程序需要根据 robots.txt 的内容对信息进行取舍。除前期人为设置外，这一过程不需要人工参与，完全由抓取程序和 robot.txt 彼此自动完成。robots.txt 因为网页内容的差异，以及内容服务商想抓取的信息的差异而各不相同，是可以被个性化设置的一项技术保护措施。

（二）作为行业惯例的爬虫协议

如同看护自家门户一样，家长里短不需要事事为外人知晓，每个网站均有一些信息不希望被搜索引擎获取，如法律禁止泄露的网络用户隐私信息，如自身的独特服务信息，如版权保护的信息等。因此，使用 robots.txt 来为抓取程序设置权限就成了一项行业惯例和行业规范，诸多网站采用，因此成了维护网站与数据抓取之间平衡的有效方式。2012 年《互联网搜索引擎服务自律公约》第七条认可了遵守机器人协议（robots 协议）是国际通行的行业惯例与商业规则，第八条进一步指出，“限制搜索引擎抓取应有行业公认合理的正当理由，不利用机器人协议进行不正当竞争行为”。

可见，互联网内容服务从业者对使用爬虫协议的广泛认可，使得爬虫协议具有了行业契约的属性，从业者既然对此作出了承诺，理应遵守，不予遵守当属违背诚实信用。

二、爬虫协议的功能和价值

爬虫协议的功能是随着其在互联网商业活动中的接受度而获得一步步提升的。其最初的功能仅是个保护口令，作为一项语法规则和搜索引擎等数据抓取程序的语法规则发生作用，成为网站的技术保护措施。而被从业者广泛接受后，爬虫协议具有了契约属性，成为行业惯例和商业伦理，是私法自治的集中体现。对爬虫协议的接受和认可一方面是对权利的尊重，其中的权利主要包括了隐私权、版权及数据库利益；另一方面则是信息开放和信息自由精神的反映，自由和对自由的限制在此通过爬虫协议这一技术手段实现了平衡,同时也取得了信息传递高效的结果。

三、涉及爬虫协议的中外典型案例

然而作为行业惯例和商业伦理的爬虫协议也会遭到破坏,从业者在明知爬虫协议已经使用的情况下,通过技术手段绕过对方的爬虫协议获取设置了保护的信息,国内外均有相关案例。

(一) eBay v. Bidder's Edge

原告ebay是全球知名的拍卖网站,众多卖家可以在网站上张贴自己的拍品、价格和设定拍卖方式,买家则可以通过浏览和搜索获得心仪的拍品,按既定方式出价而最终成交。由于ebay的知名度,网站上有大量的拍品和拍卖信息。被告Bidder's Edge(以下简称"BE")成立于1997年,是专门提供拍卖信息的集成网站。BE利用"蜘蛛"程序抓取来自eBay等各个大型拍卖网站的商品信息,放在自己的网站上供用户浏览,用户可以通过BE比较各个拍卖网站拍品的状态和信息从而进行选择。通过此举,BE获得了可观的网站流量。互联网商业环境中,流量就意味着广告收入,因此BE同时获得了可观的收入。

对于eBay来说,来自BE的蜘蛛程序每天有超过十万次的访问,给自己的服务器带来了巨大的压力。1999年4月24日,eBay口头同意BE在90天内可以使用蜘蛛程序搜集其网页信息,但双方在此期间未能达成正式的许可协议。1999年8月底、9月初,eBay电话要求BE停止在其网站上提供eBay的拍卖信息,BE同意该要求。但在1999年10月,BE发现其他从事相同业务的网站仍然可以提供eBay的拍卖信息,因此BE在1999年11月2日召开新闻发布会,声明其恢复提供eBay的拍卖信息。BE数据库中大约69%的拍卖信息来源于eBay。如果停止抓取eBay的信息,BE估计它将损失1/3的用户。eBay发函给BE,主张BE的行为是非授权的,应停止抓取eBay网站的信息。由于双方无法就许可协议达成一致，eBay阻止来自BE的IP地址的访问。BE则采用代理服务器的方法来规避eBay的IP地址封锁。

1999年12月，eBay将BE告上美国加利福尼亚北区地方法院，要求禁止BE的违规抓取行为。受理此案的法官Ronald M. Whyte认定BE侵权成立，因为eBay的服务器是私有财产，而BE超出了ebay允许的范围，构成非授权使用，是对他人财产的侵犯。ebay通过robots.txt对其内容的访问进行限制是正当的，违反robots.txt的未经授权的访问是一种恶意行为，违规抓取的行为无异于"对于动产的非法侵入"。

另外，对于eBay允许其他公司的爬虫程序访问其网站是否构成歧视的问题，Whyte法官指出："eBay主张的不可挽回的损失是假如允许被爬虫程序继续恶意访问，将会鼓励频繁而无节制的爬虫访问直到造成其系统的不可挽回的损失。这里并没有证据证明eBay有歧视性地许可其访问者。相反，eBay更像是在作谨慎的选择，以选择数量有限的遵守其许可协议的一站式网站。"

（二）百度诉奇虎360[①]

2012年8月，被告奇虎公司（简称"360"）推出360搜索引擎，采用一系列较有争议的营销手段推广其搜索业务，迅速获得相当部分的市场份额。2013年，百度向法院提起诉讼，认为奇虎360公然违反Robots协议，随意抓取、复制其网站内容据为己有的行为严重侵犯了百度公司的权益，并损害了百度及广大网民的利益，构成了不正当竞争，因此要求奇虎360赔偿1亿元人民币。

被告奇虎公司辩称：百度滥用Robots协议，以设置robots.txt文件为手段排斥同业竞争者，以达到限制同业竞争者正当竞争的目的；百度滥用Robots协议的行为，如果被司法判决确认保护，将给中国互联网搜索引擎服务行业的发展带来极为不利的影响，并将严重损害互联网用户利益；360搜索以网页快照而非原始网页链接方式显示百度内容网站的内容是由于百度恶意技术干扰所致，且360搜索早已不再通过网页快照方式显示百度内容网站搜索结果，百度在本案

---

① （2013）一中民初字第2668号。

中控诉的所谓相关不正当竞争行为已不存在;百度在本案中控诉的 360 搜索违反百度设置的 robots.txt 文件、抓取百度网站内容的行为不属于不正当竞争行为。

法院经审理认为,《反不正当竞争法》第 2 条规定,经营者在市场交易中,应当遵循自愿、平等、公平、诚实信用的原则,遵守公认的商业道德。互联网行业的发展彻底改变了人们的生活,这种改变归根结底来自自由竞争环境下实现的创新。所以,互联网企业在经营过程中在法律准许的范围内的自由竞争应当得到坚决的维护。但是此种"自由"并非毫无约束的绝对自由,为了自身发展可以采用违背诚实信用及商业道德的方式攻击竞争者,那么创新就会被扼杀,市场就会停滞不前,因此必须重视和强调规则在自由竞争中的作用。Robots 协议被认定为搜索引擎行业内公认的、应当被遵守的商业道德,被告奇虎公司在推出搜索引擎的伊始阶段没有遵守百度网站的 Robots 协议,其行为明显不当,应当承担相应的不利后果。

北京市第一中级人民法院于 2014 年 8 月判决被告北京奇虎公司的行为违反了《反不正当竞争法》第 2 条的规定,应当承担相应的民事责任。

四、违反爬虫协议的认定要素

上述两起案件在被告行为的认定上得出的结论基本一致,但认定被告侵权的理由却有所不同。在 ebay 诉 BE 案中,法官认定了 ebay 服务器属于私人财产,而私产上设定限制属于权利人的自由。被告 BE 未经许可侵入私产,则构成侵权。更为重要的是法官在本案中特别考察了原告 robots.txt 文本是否构成歧视的问题。这样的逻辑非常合乎权利的保护以及保护是否不当、权利是否滥用,也符合爬虫协议首先是个技术措施,然后才是行业惯例和商业伦理的客观性。而在百度诉奇虎案中,法院则并未考察作为个体的 robots.txt 自身的正当性,而仅在宏观上认定违背爬虫协议就是违背了公认的商业道德和诚信原则,构成不正当竞争。在逻辑上缺少了一个环节。笔者认为,在涉及爬虫协议的有关不正当案件中,认定一项行为是否构成不正当竞争需要考察如下要素:

(一) 竞争关系的认定

我国《反不正当竞争法》(下称《反法》)第2条规定:"经营者在市场交易中,应当遵循自愿、平等、公平、诚实信用的原则,遵守公认的商业道德","本法所称不正当竞争行为,是指经营者违反本法规定,损害其他经营者的合法权益,扰乱社会经济秩序的行为"。一般而言,不正当竞争行为发生在有竞争关系的主体之间,对于"竞争关系",《反法》并未直接进行规定,不像《反垄断法》"滥用市场支配地位"中的市场指的是相关市场,而相关市场必须要在相关反垄断案件中进行划定。《反法》的重要特征就是综合程度高,灵活性强,适用对象多元化,因此,《反法》下竞争关系的认定必然采取的是一种宽泛的认定方式,如孔祥俊认为"反垄断法所要求的竞争关系是严格意义上的竞争关系,或者说狭义的竞争关系;反不正当竞争法上的竞争关系是一种广义的竞争关系"。①

从以往的有关案件中也可以看到法院对竞争关系所做的理解是宽泛的,如在2013年北京市高级人民法院审理的百度公司诉奇虎公司不正当竞争纠纷案中,法院认为,"经营者之间是否存在不正当竞争法意义上的竞争关系,并不取决于经营者是否经营相同的产品,而取决于经营者在涉案行为相关的经营活动中是否存在竞争关系。百度网讯公司、百度在线公司与奇虎公司作为互联网产品及服务的经营者,两者均经营涉案行为相关的互联网产品和服务,因此存在不正当竞争法意义上的竞争关系。②市场主体之间竞争关系的存在,不以两者是否属于同一行业或服务类别为限,如果两者在市场竞争中存在一定的联系或者一方的行为不正当地妨碍了另一方的正当经营活动且损害了其合法权益,则应肯定两者之间存在竞争关系。③据此,竞争关系可以归为三种基本类型:同业经营者之间的竞争关系、为自己或者他人争取交易机会而产生的竞争关系以及因破坏他人竞争优势而产生的竞争关系。④

---

① 孔祥俊:《反垄断法原理》,中国法制出版社2001年版,第260页。

② 北京市高级人民法院(2013)高民终字第2352号民事判决书。

③ 王永强:《网络商业环境中竞争关系的司法界定——基于网络不正当竞争案件的考察》,载《法学》2013年第11期。

④ 杨华权:《论爬虫协议对互联网竞争关系的影响》,载《知识产权》2014年第1期。

在涉及爬虫协议的情况下,从有关的纠纷来看,涉案经营者可能存在直接的竞争关系,如百度搜索引擎和360搜索。但是也可能存在间接的竞争关系,如ebay案中被告仅集成拍卖信息,并不提供拍卖服务。在间接的竞争关系中,经营者依靠违反爬虫协议抓取信息以换得自身业务的拓展机会,提高自己的知名度,获得流量和商业收入。互联网行业中服务提供者的业务关系并非泾渭分明,专做搜索的百度也做内容服务,专门做安全的奇虎正在涉足搜索领域,专做即时通信的腾讯同样提供安全服务,而提供交易平台的阿里巴巴则开拓了互联网小额金融服务。服务领域的模糊导致互联网从业者都可能成为彼此的竞争对手,纠纷由此频发,因此面对互联网不正当竞争案件,对竞争关系的认定应当是宽泛的。

(二)行为正当性的认定

1. 违反爬虫协议的意图和目的

不正当行为本身的评价天然地包含了主观意图的认定,即恶意。恶意的行为,无论之后如何补正都不能,也不应该转变为正当行为。因此,恶意一旦构成,行为就具备了“不正当”的内核。不论行为是打着促进消费者福利的旗帜还是穿着技术进步、商业模式创新的外衣。

在腾讯诉奇虎QQ保镖案中,最高人民法院的判决中指出:行为是否构成不正当竞争,关键在于该行为是否违反了诚实信用原则和互联网行业公认的商业道德。[①]最高人民法院在“海带配额”案中对于反不正当竞争法意义上的诚实信用原则以及商业道德进行了具体的解释:“在规范市场竞争秩序的反不正当竞争法意义上,诚实信用原则更多的是以公认的商业道德的形式体现出来的。商业道德要按照特定商业领域中市场交易参与者即经济人的伦理标准来加以评判……反不正当竞争法所要求的商业道德必须是公认的商业道德,是指特定商业领域普遍认知和接受的行为标准,具有公认性和一般性。即使在同一商业领

① (2013)民三终字第5号。

域,由于是市场交易活动中的道德准则,公认的商业道德也应当是交易参与者共同和普遍认可的行为标准。具体到个案中的公认的商业道德,应当结合案件具体情形来分析判定。"①

如上分析,爬虫协议就是互联网服务提供者普遍遵守的一项行业惯例,由于其在接受上具有的行业认同性,因而成为公认的商业道德。违背了这样一种共识,也就违背了诚实信用的基本原则,主观上即具备了恶意。

2. 消费者福利

行为是否正当的考量因素是否还应包含消费者福利?在腾讯诉奇虎 QQ 保镖案中,最高人民法院指出:"消费者能否接受经营者提供的某种产品或服务方式,主要由市场需求和竞争状况自由调节。而所谓消费者福利更不能由某一方当事人自己的标准进行主观的评价和认定。而经营者非以损害他人合法权益和谋求不正当商业利益为目的,尽可能提供便利消费者选择或更好满足需求的中立性技术工具或手段,非但不会受到法律的禁止,还会受到市场鼓励。"在 2014 年判决的百度诉奇虎 360 案中,被告 360 同样抗辩:百度滥用 Robots 协议的行为如果被司法判决确认保护,将给中国互联网搜索引擎服务行业的发展带来极为不利的影响,并将严重损害互联网用户利益。但是该主张在判决中并未予以支持。可见消费者福利的因素虽然是判断行为正当性的要素之一,但显然并非关键因素。消费者福利这一因素需要在竞争意图下来进行考察,既不能依某一方当事人标准进行认定,也不能依消费者自身的标准来进行评价,关键因素仍是前述的主观意图。

3. 爬虫协议自身文本的正当性分析——可能的免责事由

爬虫协议是具有技术保护措施和行业惯例双重属性的一项措施,作为个体的技术保护措施本身也存在滥用的可能。如果某一爬虫协议被滥用成为经营者妨碍正当竞争的手段时,此种爬虫协议显然不会具有商业道德的属性。因此,在涉及爬虫协议的不正当纠纷中,法院还应当关注和分析涉案 robots.txt 具体的文本内容,当网站内容向大多数搜索引擎敞开而仅向某一搜索引擎关闭时,这样

① (2009)民申字第 1065 号。

的技术措施有歧视之嫌,若该网站还处在市场支配地位上,则垄断也可能成立。根据《反垄断法》第十七条第(三)项:具有市场支配地位的经营者没有正当理由,拒绝与交易相对人进行交易的行为属于滥用行为。在涉及爬虫协议案件中对robots.txt的内容和限制范围加以分析应当是必要的逻辑步骤。

笔者认为,当robots.txt自身文本存在歧视、拒绝交易的内容时,只要搜索引擎能够提供证据予以证明,则其承担的不正当竞争责任应视情形适当减轻或免除。因为此时搜索引擎违反爬虫协议相当于一种自力救济,只要该自力救济的方式和程度适当,法律应给予保护。

4. 遵守爬虫协议的行为是否一定正当

进行数据抓取是绕过爬虫协议可能构成不正当竞争,但是遵守爬虫协议的情况下抓取的数据也并非一定正当。行为的正当与否还和所抓取的对象属性有关。如果抓取的是内容服务者提供的受版权保护的作品,则无论爬虫协议是否设置权限,该内容都不能任意抓取利用,抓取行为本质上就是数据的复制,而复制权专属于著作权人,在没有明确授权时,擅自复制版权作品构成侵权,除非数据抓取人对作品进行的是“合理使用”;如果抓取的内容属于来源网站的个人用户信息,则隐私权同样禁止第三方的获取行为;再次抓取内容如果不属上述两种情况,而又缺乏爬虫协议设置权限,也并非可以自由抓取。在大众点评诉新浪不正当竞争案中,法院就指出:“Robots协议只涉及搜索引擎抓取网站信息的行为是否符合公认的行业准则的问题,不能解决搜索引擎抓取网站信息后的使用行为是否合法的问题。”①

五、结　　论

综上所述,爬虫协议既存在个性也存在行业性,该技术的采用和认可具有行业惯例性,但是爬虫协议的具体权限内容是个性化的。在涉及有关爬虫协议的

① (2015)浦民三(知)初字第528号。

不正当竞争纠纷中，司法应该分别基于爬虫协议的个性和行业性作出认定，应对经营者的竞争意图和消费市场作出判断。不能仅因为爬虫协议的采用是行业惯例而天然认定个案中爬虫协议的使用就具有正当性。事实上，行业惯例具有不正当性的情况既见于传统实体环境，也见于网络环境，前者如“本店保留最终解释权”，后者如网络安全企业越界标注他人程序为恶意程序。因此，既要禁止互联网中损害竞争的违规者，也不能放任行业惯例蜕变为垄断措施。

（作者系上海政法学院知识产权讲师，法学博士）

朝核问题对中韩关系走势的影响

屠　炟

摘要：自古以来，朝鲜半岛就是涉及我国国防的战略要地。中朝两国自中华人民共和国成立以来便建立了外交关系。2017 年，正是中朝建交近 70 年的重要时期，经历了近 70 年的风雨，中国始终秉承着“和平”的理念，以维护国家利益为基本原则，坚持走和平的、可持续发展的外交战略，一直在朝核问题上发挥着积极作用。自 1993 年朝核问题爆发以来，共出现了两次朝核危机，而每次朝核危机中，中国都积极联络各方，希望通过各方交涉妥善、安全地解决朝核问题带来的朝鲜半岛危机，为世界和平作出了贡献。而韩国也发挥着自身“当事人”的作用，试图以和平谈判的方式解决朝核问题，避免朝鲜半岛走向战火与动荡。本文试图以中韩关系为基点，论证在朝核问题中中韩关系的重要性，并试图以中韩关系的角度探索朝核问题的出路。

关键词：朝鲜问题；中韩关系；朝核危机

一、引　言

朝鲜半岛自 20 世纪 50 年代朝鲜战争以来，一直处在冲突与争端之中，随着金正日的逝世，金正恩继任朝鲜劳动党书记，并且继续进行核试验，而另一边的韩国则在美国的要求下，将“萨德”反导系统部署在韩国国内，这使本就纷繁复杂的朝鲜半岛局势更加扑朔迷离。国内外关于朝鲜半岛局势的研究也层出不穷，出现了大量相关的文献。

外国学者对朝核问题的各种研究大多是从禁止核扩散的角度开始的，他们对于中国和平解决朝核问题及解决朝核问题的六方会谈机制大多给予了肯定的评价。此外还涉及对朝鲜政策定位问题，基本集中于遏制政策和接触政策以及探讨朝鲜在核问题中的谈判行为以及对朝"非零和"谈判结果的可能性。①

中国学者对于朝鲜问题的研究则主要以朝鲜半岛的形势以及通过六方会谈解决朝核问题为主要研究方向，虞少华在《重新审视朝鲜半岛无核化问题》中以"萨德"入韩为切入点，来展示大国借助朝鲜半岛来推进其战略目标对朝鲜半岛无核化的影响②。董向荣在《中美在朝鲜半岛博弈的筹码与软肋》中以地缘政治的角度，分析朝鲜半岛对于中国与美国的战略价值和战略选择③。图 1 为知网上以"朝鲜半岛"为关键字的文献发布趋势图。

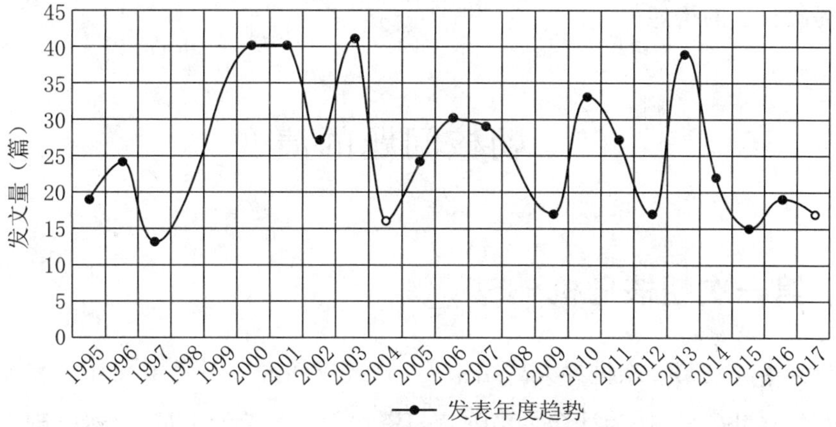

图 1　以"朝鲜半岛"为关键字

由此可见，国内学者对于朝鲜半岛局势的研究，大多集中在第一次朝核危机、第二次朝核危机、六方会谈、金正恩上台，以及朝鲜核试验时期，主要从历史、安全和大国战略等角度对朝核问题进行论述。朝核问题已经成为名副其实的学术界研究热点，作为和平解决朝核问题的一种制度安排以及将来成为东亚地区

① 白秀兰：《朝核问题与六方会谈前景分析》，载《当代旅游：学术版》2011 年第 3 期。

② 虞少华：《重新审视朝鲜半岛无核化问题》，载《国际问题研究》2017 年第 2 期。

③ 董向荣：《中美在朝鲜半岛博弈的筹码与软肋》，载《当代世界》2017 年第 2 期。

一体化模式的制度先导,关于六方会谈的研究文献也随之增多。朝鲜核问题经历了1992年、2002年、2009年三次核危机,已经成为国际社会中不可忽视的焦点。朝核问题作为冷战的产物,是否能妥善解决也成了国际社会共同关注的目标。对于朝核问题的研究有很重要的意义,通过对解决朝核问题的分析与研究,可以更好地改善周边的发展环境,为中国的和平崛起打造一个良好的外部环境,也更有利于建立周边命运共同体。在朝鲜问题的博弈中,由于历史原因与意识形态原因,使得朝核危机始终没能彻底解决,另外冲突中各方的应对危机政策也在不断地改变,领导人的更替会直接影响到国家外交政策的改变,但在三次危机中,中、韩两国的地位变得越来越重要。因此,中、韩两国关系的发展,以及中、韩两国对于朝核问题的立场,两国为和平解决朝核问题所做出的努力也显得格外重要。本文试图从朝核问题的由来,以及中、韩两国在面对朝核问题的各种对策与共同努力的角度来诠释朝核问题对中、韩关系走势的影响,并对和平解决朝核问题提出自己的构想。

二、朝核问题的演变

(一)第一次朝核危机

朝鲜半岛在第二次世界大战结束后,分裂成朝鲜人民民主共和国和大韩民国,朝鲜与韩国分别作为社会主义阵营与资本主义阵营的一员,自然受到来自苏联与美国的核保护。当朝鲜处于核保护伞之下时,自身的安全受到了保障,并不急于发展核武器,但是1991年,苏联解体并停止了对朝鲜的各项援助,此时的朝鲜认为自身的安全受到了威胁,因此需要开始发展核武器以保卫自身不受美国为首的资本主义阵营的军事威胁。而在冷战结束初期,由于苏联解体而造成的核武器可能失控,核技术和核材料扩散,以及核门槛国家增多的趋势,防扩散成为美国对外政策的优先目标之一①。朝鲜在1985年加入了《不扩散核武器条

① 张业亮:《布什政府对朝政策与朝核危机》,载《美国研究》2004年第1期,第34页。

约》,随后与国际原子能机构签署了一项安全保障协议。1990 年 4 月,美国向国际组织提供了大量的卫星照片及资料,并凭借卫星拍摄到的资料和照片为依据认定朝鲜在平壤北部的宁边地区部署了大量核设备和核反应附属设施。在之后的一年里,美国政府反复与朝鲜交涉,要求对朝鲜进行全面的核设备检查[①]。此时美国提供的卫星照片显示,朝鲜没有被列入核查范围的两个可疑地点极有可能藏匿着核废料,为此 IAEA 要求对此进行"特别检查",但遭到朝鲜严词拒绝,[②]并在 1993 年 3 月 12 日宣布退出《核不扩散条约》,第一次朝核危机爆发。

伴随着国际局势日渐紧张,国际原子能机构只得把朝鲜问题推给安理会处理。面对朝鲜的态度,安理会敦促朝鲜接受国际原子能机构的检查,希望朝鲜为维护半岛和平不退出《核不扩散条约》。但朝鲜非但没有接受安理会的提议,反而以战争作为威胁手段,扬言"将韩国变成一片火海"来报复安理会的制裁。

第一次朝核危机化解的契机源于 1994 年夏季,美国前总统卡特访问朝鲜,同当时的朝鲜首脑金正日进行会晤交谈,并就朝鲜放弃核计划达成了协议。一个月之后,双方在日内瓦进行朝核危机会谈,并在 10 月 21 日最终达成协议。协议的主要内容是:对朝鲜建设两座反应堆以维持朝鲜的日常能源消耗,该组织是以美国为首的;在反应堆未建成期间,美国每年向朝鲜提供 50 万吨重油;朝鲜会在会后拆除核反应设施;强化美朝外交关系;朝鲜表明会维护朝鲜半岛和平,不退出《核不扩散条约》[③]。自此,第一次朝鲜核危机正式化解。

(二) 第二次朝核危机

第一次朝核危机之后,双方安稳地度过了 9 年时间。但是第一次朝核危机仍有遗留的问题。可以说,第二次朝核危机是第一次朝核危机的扩张和延续。协议签订后,协议双方并没有遵守约定。就美国而言,以局势仓促为借口,试图摆脱协议,不打算履行;就朝鲜而言,在朝鲜建设的核设施几乎陷于停滞,并且美国给朝鲜承诺的 50 万吨重油并未及时到位,朝鲜认为美国言而无信,于是,朝鲜

---

① 何晨青、代兵:《冷战时期的朝鲜核问题》,载《南京政治学院学报》2010 年第 2 期。
② 王晓波、宋金泉:《朝核问题:内在逻辑与中国的外交政策选择》,载《国际观察》2011 年第 3 期。
③ 李元烨:《中美两国的朝鲜半岛政策演进历史研究》,香港社会科学出版社 2003 年版,第 232 页。

开始秘密恢复核计划。美国总统小布什上台后,2002年初把朝鲜列为"邪恶轴心"并将朝鲜列为核打击对象之一。2002年10月,美国透过侦察机构掌握了朝鲜正在秘密研制核武器的证据,从而对朝鲜核项目再次提出抗议。朝鲜当局立刻承认了正在秘密发展核武器,这立刻引起国际社会对朝鲜核问题的关注,朝美关系再次陷入僵局。由于朝鲜当局坚持能源短缺理由,拒绝美国的提议,并公然对外宣称,"朝鲜正在研发更有威力的武器",自此,第二次朝核危机形成,朝核问题再一次成为世界关注的焦点①。谈判过了一个月之后,美国宣布停止对朝鲜的重油供应。随后,朝鲜拆除国际原子能机构的监控设备,并宣布解除核冻结,正式退出《核不扩散条约》。面对美国的强硬态度,朝鲜同样以强硬的态度应对,这一举措令整个国际社会震惊。

2003年3月,第二次朝核危机才逐渐出现好转。美国发动对伊拉克的战争并在短短21天内攻陷了伊拉克首都巴格达,这让整个国际社会重新定义了什么才是现代战争,美国强大的军事力量让朝鲜当局深感担忧,担心同样的命运发生在自己头上,遂决定同意美国提出的多方会谈。2003年4月,三方会谈在北京正式举行。然而,在这一次会谈中,朝鲜立场是面对美国敌视朝鲜的政策,朝鲜需要发展核武器以保障自身安全。希望朝美双方直接会谈,美国则是保留军事解决朝鲜核问题的选项,如何选择须看朝鲜在谈判中的表现。拒绝朝美双方直接会谈,三方会谈实际变成了中国分别与朝鲜、美国进行会谈。更有甚者,朝鲜反而在会谈期间以非正式的方式告知美国,朝鲜的核武器已经研制成功,使得会议无法继续。这次会议非但没有推动朝鲜半岛向无核化的方向迈进,反而令半岛局势紧张升级,美国迅速进行多方面的外交活动,表示要"孤立"朝鲜,并要求安理会对朝鲜进行制裁。不过这一次制裁因为中、俄的反对而未能实施成功②。

第二次朝核危机的爆发比第一次朝核危机更加旷日持久。2007年,关于朝核问题,美、日、中、韩、朝、俄共举行了五次会谈。2007年3月,各方才确立了和平解决朝核危机的模式。这是朝核问题爆发以来,各方第一次同意以和平的方

---

① 张琏瑰:《朝鲜核问题现状与美国责任》,载《东北亚学刊》2012年第2期。

② 石源华:《朝鲜核试爆与重开六方会谈》,载《东北亚论坛》2007年第1期。

式解决问题。[①]尽管“六方会谈”取得了一定成果，但并未实质性解决朝核问题。在此期间，朝鲜曾数度威胁退出六方会谈，并于2006年10月成功进行地下核试验。这一行动遭到了包括中、俄等国在内的国际社会的一致反对，并促使第五轮六方会谈第三阶段会议召开。在此次会议中，六方达成“9·19共同声明”，美、韩等国将以大量援助换取朝鲜关闭核设施，促进朝鲜半岛无核化[②]。

谈判虽然成了，但应对第二次朝核危机时，我们应当有足够清醒和严肃的认识。朝核危机的根本在于各方之间根深蒂固的利益纠纷与敌对关系。如果不从根本上解决这个问题，朝核危机随时可能爆发。也正是因为此，关于朝核危机的问题至今各方仍未达成一致[③]。而朝核问题的根本问题是朝、美矛盾，只有从根本上解决朝鲜与美国的矛盾才能解决朝核问题。

三、中韩关系走势

(一) 中华人民共和国成立之初的中韩关系与朝鲜

1948年8月和9月，朝鲜民主主义人民共和国与大韩民国成立，朝鲜半岛出现两个政府，1949年10月1日，中华人民共和国成立，在外交上，中华人民共和国以“另起炉灶”为外交政策，断绝了一切旧的外交关系，并重新建立外交。在这种情况下，朝鲜宣布于1949年10月6日承认中华人民共和国，并且成为与我国建交最早的国家之一。当时，中国认为朝鲜政府才是朝鲜半岛的唯一合法政府，而韩国则是美国控制的傀儡政府。与此同时，当时的韩国政权却拒绝承认中华人民共和国。在随后爆发的朝鲜战争中，中韩两国更是明确的敌对关系，在战争结束后的数十年内，形成了以中国、苏联、朝鲜为一方，以美国、日本、韩国为另一方的军事对抗的局面，中韩陷入了彻底的对立。

越南战争时期，韩国不顾朝鲜、中国及其他爱好和平国家的强烈反对，在美

---

① 孙茹:《朝核问题地区合作进程研究》，时事出版社2009年版，第164页。
② 杨林:《朝核问题与中韩对朝政策研究》，硕士学位论文，华中师范大学，2012。
③ 孙向丽:“朝核问题实质与发展前景”，载《现代国际关系》2007年第6期。

国的授意下,派遣军队参加越南战争。1966年3月11日,中华人民共和国外交部发言谴责韩国"甘心出卖朝鲜民族利益,带头响应美国的要求,忠实执行了美国的命令,向越南地区增派伪军……必将遭受朝鲜人民和越南人民的严厉惩罚"。①

由此可见,在中华人民共和国成立之初,直到改革开放前期,中华人民共和国与韩国的关系都始终是对立的、仇视的。这主要是由于韩国秉承着亲美政策,再加上意识形态的对抗,不难看出,这一时期中、韩关系的实质是苏、美关系的缩影,直到中、苏关系破裂,中、美关系逐渐缓和,中、韩关系的冰点才逐渐解冻。

(二)从冰点初释到中韩建交前期

20世纪70年代以后,各国开始意识到意识形态的对抗只能带来冲突和争端,和平发展才是主题,由此开始引发对抗向对话的转变。缓和的国际趋势尤其是中、美关系的缓和也使中、韩关系开始回暖,中国1971年加入联合国后,"国际政治的变化已在要求韩国政府采取富有伸缩性的政策",中、韩之间的关系开始由对立逐渐变得微妙起来。

中、韩自古以来就保持着联系,面对着以和平与发展为新潮流的新形势,中、韩关系逐渐缓和。1971年,中国加入联合国以后,美国开始调整自己的全球战略,将重点转移到欧洲地区,并撤出了部分韩国军队,这让韩国感受到了自身安全的威胁,并且开始摆脱对美国的依赖性,也让韩国开始独立自主地思考自己的外交问题——这时,中国作为韩国的邻邦,开始进入韩国的视野②。再加上中、苏关系降至冰点,中国也开始寻求新的外交伙伴,试图改善以美国为首的其他西方世界国家的外交关系。

1971年,韩国外交部长宣布"只要苏联和中国不对韩国采取敌对行动,大韩民国愿意与他们建立外交关系"③,这正是韩国追逐独立自主的外交活动的表

① 人民日报社论:《坚决支持南朝鲜人民反对李承晚集团法西斯统治的正义斗争》,载《人民日报》,1965年8月27日第一版。

② 陈峰君、王传剑:《亚太大国与朝鲜半岛》,北京大学出版社2002年版,第8页。

③ 大韩民国外交部:《韩国外交30年》,韩国外务部1979年版,第243页。

现，是韩国自中华人民共和国成立以来仇视、孤立政策的重要转折点。1973年，韩国总统开始呼吁不同意识形态间的国家暂时放开仇视，开展对话。在这种状况下，韩国总统的呼吁被认为是开放了与中国外交的门槛。随后，中华人民共和国第一次通过邮电与韩国进行了交流，也正是因为这一次交流，为中、韩随后的建交推开了一扇合作之门。虽然中、韩建交是20世纪90年代之后的事情，但是这次邮电交流之后，中、韩就开始初步实现了友好贸易往来。

虽然中、韩关系的冰点开始逐渐释放，但是由于我国与西方国家意识形态仍旧存在对立，中、韩两国建交还有着各种各样的门槛。

（三）中韩建交与朝鲜问题

1983年5月5日，沈阳飞往上海的中国民航296号三叉戟飞机被卓长仁等人劫持至韩国，中国和韩国进行首次官方会谈后，中韩关系开始逐步改善，另外韩国经济腾飞以及中国进行改革开放后，中国对于韩国改变了原有的认识，随着1986年汉城亚运会和1988年汉城奥运会的召开，中国与韩国接触交流日渐增多。事实上，中国政府非常注重韩国经济发展经验，这就成为两国建立外交关系的经济背景①。1988年2月25日，韩国第六共和国总统卢泰愚在就职演说时表示，韩国在进一步加强与西方国家关系的同时，发展与第三世界国家的关系，“扩大同与韩国没有交流的大陆国家进行国际合作的渠道”“推行生机勃勃的北方外交”②。1992年，两国都开始意识到意识形态的对抗已经结束，和平发展已经成为天下大势，中、韩建交已成为中、韩两国亟待解决的重要事项，但是朝鲜问题仍旧需要解决。

朝鲜是最早承认中华人民共和国成立的国家之一，同样也是最早与中华人民共和国建交的国家之一。在随后的朝鲜战争爆发时期，中、朝两国更是站在友好的战线上，中国人民与朝鲜人民建立了深厚的友谊。若要考虑中、韩建交，势必要解决朝鲜问题。对此，美国国务卿基辛格曾在20世纪70年代时提出“交叉

① 宋永等：《韩中关系论》，韩国知永社1993年版。

② 宋成有等：《中韩关系史（现代卷）》，社会科学出版社2014年版。

承认”的策略，主要是指美国方面承认朝鲜，中国方面承认韩国。在当时意识形态对抗松动的国际环境下，基辛格希望通过这种“交叉承认”的方式让国际环境更加缓和。不过由于当时冷战尚未结束，基辛格的提议并未得到各方同意。因此，在中、韩建交前的谈判中，中国希望通过“交叉承认”的方式解决朝鲜问题。

1992年2月，在《关于朝鲜半岛无核化共同宣言》生效后，朝鲜突然态度强硬地拒绝国际原子能机构对其核设施进行全面检查，使朝美、朝日双边对话陷入僵局。因此韩方在谈判中婉言拒绝了中方“交叉承认”的提议。韩方还提出，韩、苏建立外交关系时没有牵涉到“交叉承认”。中、韩建交也应转化为双边问题，不应再牵涉到多国多方。中方接受了韩方的意见，不再以“交叉承认”为前提。于是在1992年8月24日，中国与韩国正式建立大使级外交关系，结束了两国长期互不承认和相互隔绝的历史，迎来了正常的邦交。中、韩建交具有历史性和必然性，也是中、韩两国为了自身利益作出的明智选择。随后，中、韩两国关系开始迅速发展，而中、朝关系则降至冰点。

四、中韩关系与朝核问题

(一) 中韩建交与第一次朝核危机的爆发

第二次世界大战结束之后，朝鲜见识到了美国原子弹的威力，就开始着手核计划的研究。在朝鲜进行核计划的时候，曾经得到了苏联的帮助。早在20世纪60年代初，朝鲜战争结束后几年，朝鲜就在平壤北部的宁边地区成立了研究所，自60年代初到90年代第一次朝核危机爆发时，朝鲜已经具备了一定的核能力，虽然朝鲜反复强调自身未进行任何核武器的研究，但是对于朝鲜核计划和核设施的建设，国际上始终处于密切关注的状态①。

中、韩建交对中、朝关系的影响，始于20世纪80年代。80年代之后，随着

① 樊吉社:《朝核问题与中美战略共识》，载《美国研究》2014年第2期。

国际环境的日渐放松，我国在对外关系上开始追求和平、自主的外交策略，在发生国际事件之后，我国开始秉承着和平解决、不结盟的中立态度，与其他国家的关系保持着友好、互助、和平的三大方针，追求与各国关系的可持续发展。在这种外交环境下，中国与韩国的关系开始变得越来越近，从最初的邮电通话，到越来越多的贸易往来。尤其是1983年劫机事件的处理，中国更是让韩国看到、感受到了中国推动中韩关系正常化的诚意，也使得中、韩双方的接触和贸易往来越发频繁。

在这种状况下，朝鲜与美国的关系却没有得到改善。迫于苏联的压力，朝鲜在1985年加入了国际原子能机构，按照国际原子能机构的条约，朝鲜在加入国际原子能机构时应当进行核设施检查，但是直到1990年，朝鲜也未接受国际原子能机构的检查，直到其后朝核危机的爆发①。

随后，在1990年朝鲜核问题爆发以后，美、朝开始就朝核问题发生对抗与冲突，鉴于双方强硬的态度与都不肯让步的状况，朝核危机开始进一步升级。就在这个关键时刻，中国宣布与韩国建交，中、朝关系迅速降低至历史冰点，在随后的一年内，中国与朝方的最高领导人几乎没有对话，双方的外交、贸易往来也降低至中华人民共和国成立以来最低②。在冷战期间，朝鲜拥有中国和苏联两位坚实的盟友，安全得到了强有力的保障，并源源不断地得到来自同为共产主义阵营的两国的援助，因此发展核武器的欲望不是非常强烈。然而苏联解体之后，朝鲜半岛的力量对比与之前差别巨大，韩国在苏联解体之后，迅速改变自身外交战略，多方出击，与中国、俄罗斯等原社会主义阵营国家纷纷建立或改善外交关系。而朝鲜却从当年的苏、中、朝三国联盟沦落为孤单一国与韩、美、日等周边国家对抗的不利局面，这种弱势的情况至今存在③。而美国则以强大的军事威力压迫朝鲜，常年在日本、韩国驻军。中国选择与韩国于1992年建立外交关系，朝鲜认为中国出卖了自己，为求自保，迫不得已选择了发展核武器的孤注一掷的道路。

---

① 郑丽慧：《试论第一次朝核危机成因》，载《科教文汇旬刊》2009年第34期。

② Haggard S & Noland M, "The Political Economy of Denuclearization and Proliferation. Asian Survey", *Sanctioning North Korea* (2010), pp.565—566.

③ 杨林：《朝核问题与中韩对朝政策研究》，硕士学位论文，华中师范大学，2012。

(二) 中韩关系与第一次朝核问题的解决

1993年3月23日,当时的中华人民共和国外交部部长钱其琛在第八届人民代表大会第一次会议记者招待会上阐述了中国对朝核问题的两项原则:"不希望朝鲜半岛出现任何核武器";"在朝鲜和原子能机构之间出现的问题,中国主张通过耐心的协商妥善解决";"反对采取制裁的做法"。4月,钱其琛在泰国曼谷与韩国外长韩升洲达成通过对话解决朝核问题的共识。在中国和韩国的协调下,朝、美同意于5月10日在北京举行高级别会谈。与此同时,金泳三出访日本和中国。经过会谈,中、韩两国确认了和平解决、对话解决朝核问题的方针,对第一次朝核问题的解决起到了巨大推动作用,并为之后中韩关系的迅速发展提供了良好契机。在中、韩两国的努力下,朝、美表示愿意重新举行谈判①,1994年10月21日,朝、美双方代表姜锡柱和卢加奇在日内瓦签署了《关于解决朝鲜核问题的框架协议》。第一次朝核危机得以解决。

(三) 中韩关系飞跃发展与第二次朝核危机爆发

第一次朝核危机结束后,主要由于金日成的逝世,根据朝鲜历来的传统,金正日应当为金日成守孝三年,并且,也是为了稳妥实现金正日的权力交接,朝鲜的主要工作重心一直在国内。因此,关于朝核问题,朝鲜一直比较沉默。

1997年,中、韩、美、朝四国在日内瓦召开正式会议。四方对和平的政策和方针都没有异议,但是朝核问题的根本在于各国之间的利益争端,这一次会议并没有解决朝核问题的根本冲突,只是得到了暂时的和平。不过从韩国邀请中国参加会议这点可以看出中韩关系在这几年间进入了稳步发展的阶段,双方为了朝核问题一直在做不懈努力。中韩两国希望各方能够就朝核问题继续坐到谈判桌前,以和平的方式解决问题②。

---

① 宋成有等:《中韩关系史(现代卷)》,社会科学出版社2014年版。

② Hughes CW, "North Korea's Nuclear Weapons: Implications for the Nuclear Ambitions of Japan", *South Korea and Taiwan*, *Asia Policy*(2007), pp.75—104.

朝核危机虽然没有再次爆发，但是朝鲜与美国之间的冲突却一直存在，这也是由于第一次朝核危机对于问题的解决不彻底而导致的[①]。1998 年，美国情报部透露朝鲜在宁边建设“地下核设施”，并要求重启对朝鲜的核检查。但朝鲜方面严正拒绝了美国的核检查，并提出了 3 亿美金的“检查要求”。美国政府断然拒绝了朝鲜的要求，并以战争威胁朝鲜；对待美国历来的强硬态度，朝鲜坚称，朝鲜“不回避战争”，双方针尖对麦芒，势如水火。

这一时期，正是韩国总统金大中刚刚上任的时期。金大中上任之后继续推行“阳光政策”，希望以南北对话的和平方式解决朝核问题，“以强有力的安保态势为基础，实现南北之间的交流与合作，并在这块土地上确认和平的对北路线”[②]。2000 年 6 月 13 日，金大中正式出访平壤，与朝鲜国防委员会委员长金正日举行了历史性的朝韩首脑会晤。这是朝鲜半岛分裂半个多世纪以来，双方领导人的首次会晤。金大中抵达平壤时，受到了金正日、金永南等朝鲜领导人的迎接和 60 万平壤市民的夹道欢迎。6 月 13—15 日，金大中就南北和解和统一、离散家属团聚、双方交流合作等问题与金正日坦率地交换了意见，双方在所有领域达成共识，并于 6 月 15 日发布了《南北共同宣言》。《南北共同宣言》内容包括：南北双方自主解决国家统一；双方将朝着各自提出的“联邦制”和“邦联制”的共同点促进统一；通过经济合作，均衡地发展民族经济，并加强社会、文化、体育、卫生、环境等各个领域的合作与交流；在 8 月 15 日之前交换离散家属访问团；双方尽快举行当局间的对话，金正日将在适当的时候访韩。阳光政策对朝鲜也产生了非常积极的影响。2000 年，朝鲜先后与英国、意大利等 10 多个西方国家建交或复交[③]，金大中的阳光政策使朝鲜半岛南北关系得到空前和解。在这期间，中国始终推动朝鲜半岛以和平方式进行对话，希望朝鲜半岛能以和平方式逐渐走向统一的进程。但由于保证朝鲜安全的根本问题未得到缓和与解决，终于爆发了第二次朝核危机。[④]

---

① McHenry M, Dr. Jonathan S, “Lockwood. North Korea: Predictive Analysis of Nuclear Proliferation in North Korea And the Response of the United States and South Korea”. May 2010. http://www.lamp-method.org/eCommons/McHenry.pdf.

② 金大中在北京大学的演讲。

③ 《金正日任期内与 10 多个国家建交或复交》，载《乌鲁木齐晚报》2011 年 12 月 20 日。

④ 林利民：《朝核危机管理与中国的外交抉择》，载《现代国际关系》2006 年第 8 期。

(四) 中韩协调第二次朝核危机的化解

正如同第一次朝核危机是朝美对抗的表现,第二次朝核危机也是第一次朝核危机的延续,2002年,第二次朝核危机终于不可避免地出现了。由于《美朝框架协议》未能得到执行,导致美国和朝鲜双方关系破裂。2002年12月12日,朝鲜民主主义人民共和国政府宣布,将重启根据《美朝框架协议》冻结的核计划。

第二次朝核危机的出现,主要是由于美国总统布什的上台。2002年1月,布什政府将朝鲜划定为"邪恶轴心",使得双方关系进一步恶化。1994年双方签订的协议本身就具有一定的执行难度,加上布什政府发现朝鲜仍然有关于核计划、核设施的研究,并且在2002年10月抓到了朝鲜购买离心机的证据。①

第二次朝核危机正式爆发,正值韩国总统卢武铉的上任期。卢武铉认为,朝鲜半岛无核化是"和平繁荣政策"的必要条件,是南北朝鲜共同繁荣、半岛和平的先决条件。因此韩国方面的外交方针是"多重平衡外交",即在韩美同盟的基础上通过多边对话的机制,使朝核问题软着陆,最终以韩国为主导和平统一朝鲜半岛。

而朝鲜是中国的友好邻邦,自中华人民共和国成立之初,朝鲜便与我国建立了深厚的友谊,在其后的朝鲜战争中更是得到了体现。因此,自第二次朝核危机爆发之后,我国就开始积极介入、斡旋,希望各国重新回到谈判桌上来。关于半岛核问题,中国一向秉承着和平解决的策略,在保持各方利益的情况下,积极推动半岛无核化。这与韩国总统卢武铉的"和平繁荣"政策不谋而合。在中韩两国以安全、和平为主题的斡旋之后,朝鲜半岛的核问题打破了美朝两国强硬对强硬的态度,也使得美朝双方重新开始通过对话的方式解决问题。正是由此促成了六方会谈,为朝核问题的和平解决提供了契机。无独有偶,韩国学界近来这样的声音也逐渐显现,认为"停战体制和朝核体制这两大朝鲜半岛军事秩序都是朝鲜导致的结果,后者是前者的产物,也是前者进一步发展的结果。因此,构建取代停战体制的和平体制是解决朝核体制的出发点和终点"。②

---

① Xiaohe Cheng, "North Korea's third nuclear test and its impact on Sino-North Korean Relations". *The Journal of East Asian Affairs*(2013), pp.23—46.

② [韩]朴明林:《如何彻底终结朝核体制》,载《中央日报》,2016年2月19日。

通过中国与韩国的积极斡旋，启动了以外交途径来解决朝核问题的进程，2003年8月，美国、中国、朝鲜、韩国、日本、俄罗斯六国代表在北京举行了第一轮解决朝核问题的六方会谈。在此之后六方会谈一共进行了六轮，从2003年一直断断续续地持续到了2007年，会谈期间，中、韩两国作为调停者始终本着和平解决争端的良好愿望，对朝、美之间的矛盾化解进行努力，达成了2005年《9·19共同声明》、2007年《2·13共同文件》和《10·3共同文件》等成果，但由于2008年韩国与美国大选，领导人的更换，对朝政策也出现了改变，韩国时任总统李明博对朝鲜始终保持强硬态度，而美国时任总统奥巴马则以一种灵活的方式处理朝鲜问题，既不想同小布什一样与朝鲜妥协，也不想与韩国一样对朝鲜完全强硬。而自2009年朝鲜宣布退出六方会谈之后，六方会谈至今一直没有复会，被普遍认为已经名存实亡。和平解决朝核问题显得更加遥遥无期。但不可否认的是，中韩在朝核问题上根本利益的一致性，使两国保持了良好的合作关系，立场上保持了高度一致。

表1　　中韩双方在历次六方会谈的对比①

	中　国	韩　国
第一轮	朝鲜半岛要无核化，朝鲜的安全要保障	不容朝核，解除朝鲜安保方面的忧虑，韩国要发挥当事国作用
第二轮	要启动实质问题的讨论，涉及具体如何解决核问题，探讨解决核问题的第一阶段措施，研究持续会谈进程的方式	第一轮六方会谈达成的共识将在第二轮会谈中作为谋求解决问题的方案
第三轮	根据上一轮的共识，应该尽快建立工作组	首次提出弃核第一阶段的具体实施方案；期待实质性进展
第四轮	各方应以最大的政治勇气，抓住机遇，化解挑战，共同开创东北亚更加美好的未来	本轮会谈有必要产生共同宣言等共同文件，内容应包括：朝鲜必须承诺弃核；其他与会方与朝鲜实现关系正常化，提供安全保证和开展合作；应把“口头对口头，行动对行动”原则作为原则。朝鲜弃核应是朝鲜对所有核武器和核计划可供核查的弃核。接下来的会谈应在全体会议基础上进行大量的双边和小规模会议；要发挥主导作用；共同文件应包括韩国对朝鲜输送电力等内容

① 王俊生：《中韩在第二次朝核危机中的共同立场和相互协调分析》，载《当代韩国》2008年春季号。

(续　表)

	中　　国	韩　　国
第五轮	希望各方以开放和灵活务实的态度建立初步信任,争取使六方会谈取得务实性成果。中方将照顾到有关各方的利益和关切,客观、全面、平衡地看待问题。中方的作用一定是有利于实现朝鲜半岛无核化的目标、东北亚地区的和平与稳定	首先,在朝鲜核试验后,韩国在实现朝鲜半岛无核化目标上的原则立场没有变;第二,韩国希望会谈各方集中讨论核问题,避免双边关系问题影响会谈进程;第三,韩国希望本次会谈能以《第四轮六方会谈共同声明》为基础,讨论朝鲜弃核的具体计划,制订初步履行方案;第四,韩国欢迎和支持在解决朝核问题过程中按照同步原则分阶段采取行动
第六轮	希望各方能够就一些问题达成共识,将这些共识用文字的形式固定下来	各方虽然存在差距,但由于各方都有想达成协议的政治意志,所以差距并非不能克服。最重要的差距是申报与核设施去功能化所能达到的水平问题

第一,主张朝鲜半岛无核化。朝鲜拥有核武器首先威胁到的并不是美国,而是六方会谈中的其他四国,尤其是韩国。虽然在朝核问题上美国每次都是"领头羊",但是短时间来看,朝鲜拥有核武器并不会直接对美国国土构成威胁。而韩国总统卢武铉在"和平繁荣政策"中更是提到了南北朝鲜的和平统一,显然这与朝鲜半岛无核化是一致的。

第二,主张通过对话与外交的途径和平解决朝核问题。朝核问题是一个历史性、复杂性的问题,朝核问题的本质更多的是各国的利益纠纷。在六方会谈的多次进行中,中、韩的态度是一致的,都主张通过外交等方式和平解除朝鲜的核危机。相对来说,美、日则更多希望通过制裁甚至战争等方式解决朝鲜问题。在这一点上,中韩的立场始终是坚定的、统一的。

第三,中方一直本着客观公正的立场,与各方积极探讨解决问题的可行途径并尊重韩国的当事者原则。为此,中方提出实现半岛无核化与半岛停和机制转换并行推进的谈判思路。这一思路旨在平衡解决各方主要关切,明确对话谈判要达到的目标,尽快找到复谈的突破口。①一旦朝核危机升级,韩国必然是朝核危机的最大受害者。在这一立场上,中方理解并支持韩国的当事者原则,并尊重

① 《实现半岛无核化与半岛停和机制转换并行推进》,人民网,http://military.people.com.cn/n1/2016/0218/c1011-2。

和肯定韩国在六方会谈中做出的努力。

五、小　结

第二次世界大战结束后，共产主义势力在国际上不断壮大、发展，引起了资本主义国家的仇视，这是朝鲜核问题的历史原因。朝鲜半岛又有着独特的地理位置，再加上朝鲜与韩国的冲突动荡，这是朝鲜核问题的地理原因。在朝鲜半岛，却是许多大国博弈的关键所在，存在着各国间剪不断理还乱的矛盾，中韩两国作为六方会谈的重要组成部分，朝鲜核问题关乎两国利益的根本，在朝核问题上中韩一贯的和平主张是推动半岛无核化的重要助力。由于在朝核问题和朝鲜半岛停和机制转换的先后顺序上存在分歧且美朝双方的信任不够，使得彼此间的博弈容易陷入僵局，这也使得朝核问题解决需要确立“双轨制、分阶段”的推进思路①。2016 年 2 月 17 日，中国外交部长王毅在北京与澳大利亚外交部部长毕晓普举行第三轮中澳外交与战略对话后共同会见记者。在回答关于“如何破解当前朝鲜半岛核问题困局”时，王毅表示，“中方愿与各方探讨实现半岛无核化与半岛停和机制转换并行推进的思路。这一思路旨在平衡解决各方主要关切，明确对话谈判要达到的目标，尽快找到复谈的突破口”。②这实际上表明了中国探索解决朝核问题和推动半岛停和机制转变的双轨制思路。

朝核问题到底应如何解决，有三种可能：第一种是美国为首国家不断制裁升级直至朝鲜忍无可忍，或者美国只能承认朝鲜核武地位，但这种方式风险太大，任何人都无法预见会产生什么灾难；第二种可能是希望朝鲜政府能自动垮台，由韩国统一朝鲜半岛，但笔者认为短期内绝不可能，金正恩继任朝鲜最高领导人后已基本稳住局势，虽然朝鲜国内政策和表现令外界反感，但将解决核问题的希望寄托于朝政权短期内崩溃恐难以实现；③最后一种则是重新启动具有诚意的谈

① 王生、凌胜利：《朝核问题解决的“双轨制”新思路探讨》，载《东北亚论坛》2016 年第 3 期。

② 王毅：《实现半岛无核化与半岛停和机制转换并行推进》，中华人民共和国外交部网站，2016 年 2 月 17 日。

③ 傅莹：《朝核问题的历史演进与前景展望》，http://money.163.com/17/0501/23/CJCUSPMI002580S6.html。

判解决问题,并重视朝鲜提出的诉求,虽然在核武进展下此谈判相比10多年前已经非常困难,但对话总是有机会,若是美国能做出重大让步,朝鲜放弃核武器还是有可能的。因此,中韩两国在斡旋解决朝核问题上的地位举足轻重。一方面,朝核问题是美国与朝鲜双方的问题,中国不是主角也不对结局承担任何责任①。美国试图将美朝矛盾转嫁为中朝矛盾,希望中朝两国彻底闹翻,这是中国不可能接受的,但中国作为一个负责任的大国,中国会在朝鲜与美国之间努力找到一个利益的平衡点,发挥建设性作用,努力实现朝鲜半岛无核化,近期中国也提出了"双暂停"的新思路,即朝鲜暂停核导活动,美韩暂停大规模军演,目的都是要推动各方尽快重返通过对话和平解决半岛核问题的正确轨道上来。另一方面,韩国始终强调自身的"当事者"角色,发挥自身的主导作用,将矛盾集中在朝鲜半岛内。仍然坚持以和平谈判方式和平解决危机,不想让朝鲜核危机引发朝鲜半岛的动荡。但是,"萨德"系统在韩国的部署,无疑是对中国安全的一大影响,这对朝鲜半岛复杂的局势又蒙上一层阴影。

2017年4月14日,中华人民共和国外交部部长王毅表示,"中方已经提出了'双轨并进'思路","只要是对话,正式或非正式,一轨或二轨,双边或三方、四方,中方都愿给予支持②"。4月17日,白宫发言人斯宾塞表示,新任美国总统唐纳德·特朗普将不会在朝核问题上设定采取军事行动的"红线"③,说明美国将继续践行其在朝鲜问题上的一贯做法,不与朝鲜发生冲突,争取以和平方式解决朝鲜问题,虽然就目前形势看来,重启六方会谈的希望渺茫,但会积极接受朝鲜方面的任何善意。这无疑是和平解决朝鲜问题的又一好消息。现在就看朝鲜方面是否依旧固执己见,对发展核武器依旧保持一个坚持的态度了。希望朝鲜问题可以早日解决,笼罩在朝鲜半岛的阴云可以早日消散。

(作者系上海政法学院刑事司法学院2017级刑法学研究生)

---

① 《化解半岛危机的钥匙在谁手里?》,央视官方频道—防务新观察,2017年5月6日。

② 王毅:《美韩和朝鲜剑拔弩张　半岛局面值得高度警惕》,中国广播网,2017年4月14日。http://news.cnr.cn/news/20170414/t20170414_523708394.shtml.

③ 《特朗普不会在朝核问题上　设定军事行动"红线"》,新华网,2017年4月17日。http://news.xinhuanet.com/local/2017-04/19/c_129549414.htm.

古希腊经济研究综述

姚　刚

摘要：本文从古希腊的农业、土地、城邦与公民权、手工业，以及对外掠夺与奴隶制等角度，简要分析了古希腊经济的基本情况。

关键词：古希腊经济；农业；土地；手工业

一、国内外研究概况

（一）国外研究概况

1893年，卡尔·布彻尔的《国民经济的兴起》：把整个古代经济都划入家庭经济阶段，封闭性是其主要特点（原始派）；1895年，迈耶的《古代经济的发展》：其主要目的是证明国家在历史上所发挥的作用，反击对历史所作的博物学的或伦理化的解释，批判布彻尔的理论，并引发了一场关于古代经济特点的大辩论。20世纪20年代到50年代是现代派的统治时期。

罗斯托夫采夫的《罗马帝国社会经济史》①和《希腊化世界社会经济史》②书

---

① ［美］罗斯托夫采夫：《罗马帝国社会经济史》，马雍、厉以宁译，商务印书馆1985年版。

② Rostovtzeff MI, *Social and Economic History of the Hellenistic World*, Oxford University Press, 1986.

中建立的希腊经济史框架,在实质上与迈耶并无不同,工商业被作为古代经济发展的动力与基础,城市的作用被不恰当地夸大了。不过他注意到希腊奴隶制对生产发展的影响及工商业多被外邦人控制等现象,具有一定的积极意义。其标志着现代化派史学登峰造极,不但把古代经济现代化,而且从其经济基础出发,把古代的社会结构、政治斗争及文化都资本主义化了。

格洛兹的《古代希腊的劳作》[①]注意到古代缺少机器工业,使生产规模的扩大受到奴隶制及生产力水平的限制,以致无法建立起近代的大工业,商业的发展程度远高于工业。但他所建立的经济史框架,仍是以工商业发展为基础的,而且他还将奴隶与近代无产阶级不恰当地类比,忽视了古代奴隶与近代无产阶级之间的差别。格洛兹把古希腊经济分为四个阶段来研究。[②]第一个阶段,希腊人把家族和游牧制度带到了爱琴海沿岸,在荷马史诗中所描述的那几个世纪里过渡到家庭劳动和农业经济,接着又发展到城市和商业经济阶段,并且开始涉足遥远的土地。第二个阶段,古风时期希腊货币的统治地位导致了各种形式的个人主义的胜利。当财产变成私有时,手工业者和商人阶层使自己与土地贵族对立起来。重要港口之间竞相争夺霸权,而海外殖民则使希腊民族遍及地中海地区。第三个阶段,在公元前 5 世纪和公元前 4 世纪的伟大岁月里,当完美的制度出现在伟大的历史学家的作品中和不胜其数的各类文献中时,雅典使自己走在了希腊的前面。既然雅典需要一个海洋帝国来维持她的民主制度,她就使比埃雷夫斯成为接纳来自世界各种自然产品以及向四面八方出口工业制成品的集散中心。此时这个城邦的经济体系与整个地中海地区是不可同日而语的。第四个阶段,当城市结构瓦解时,当整个东方转向希腊主义而埃及在纸草上记录了这一革命的影响时,货币制度渗透到了新的地区,劳动分工不断发展,国与国之间的利益网络被建立起来。这是世界市场的第一个大致轮廓。

杜丹的《古代世界经济生活》[③]所描绘的公元前 4 世纪的希腊,工商业发达,

---

① Glotz G, *Ancient Greece at Work*, *An Economic History of Greece From the Homeric Period to the Roman Conquest*, translated by M.R. Dobie, Barnes & Noble, 1965.中文译本:[法]G.格劳茨:《古希腊的劳作》,解光云译,格致出版社 2010 年版。

② G.格洛兹:《古希腊的劳作》第 iv, v 页,解光云译,上海:格致出版社 2010 年版。

③ Toutain J, *The Economic Life of the Ancient World*, K.Paul, Trench, Trubner & Co., ltd., 1930.中文译本:[法]杜丹:《古代世界经济生活》,志扬译,商务印书馆 1963 年版。

商业信用与银行广泛发展，经济生活几乎完全商业化。

哈斯布鲁克的《古代希腊的贸易与政治》①和《波斯战争前的希腊经济与社会史》：借用韦伯的理论，从观念、方法与史料等不同角度批评了现代化派的看法。其从希腊城邦与经济的关系入手，指出由于公民保有对土地的独占权，经济活动在很大程度上被外邦人所控制，因此希腊城市根本不存在国家的商业或工业，也没有近代意义的经济政策。如果国家曾经对经济活动表现出任何兴趣，那也只是为保证诸如谷物及其他城市生活必需品的进口。所以对希腊城邦来说，公民只是作为消费者而非生产者显得重要。至于市场，根本不在国家政策考虑范围之内，商业战争更无从谈起，强调希腊文明的农业与政治特征而完全否认工商业的作用。

20 世纪 50 年代以来的欧美希腊经济史研究有了新的变化。

首先，现代化派日渐式微（对现代化派史学的批评冲击：批判古史现代化）。

其次，新模式不断建立（原始派确立正统地位）。例如：

波拉尼认为古代与近代的经济是根本不同的两个范畴，为了研究古代经济的需要，他创造出“贸易式交换”“再分配”“家庭经济”或“礼物经济”等，并影响了汉弗里《政治的人与经济的人》《古典雅典的经济与社会》、奥斯丁及维达尔-内奎特合著的《古代希腊社会经济史》②等。

韦尔南运用马克思的理论讨论古代社会结构与阶级斗争问题，也十分重视古代与近代经济之间的差异。莫塞运用德摩斯梯尼的演说，研究了公元前 4 世纪雅典的商业信贷。指出雅典并不存在统一的商人阶级，商人与土地所有者之间也不存在冲突。威尔《希腊经济史研究 75 年》：批判了现代化派的观点，肯定了哈斯布鲁克的贡献，认为后者把古代希腊的经济置于城邦体制的大框架中，为研究希腊经济史提供了新的起点。

芬利的《古代雅典土地信用研究》③《奥德修的世界》④和《古代经济》⑤等著

---

① Hasebroek J, *Trade and Politics in Ancient Greece*, Biblo and Tannen, 1933.

② Austin MM, Vidal-Naquet P, *Economic and Social History of Ancient Greece: An Introduction*, translated by M.M.Austin, Batsford Academic and Education Ltd, 1977.

③ Finley MI, *Studies in Land and Credit in Ancient Athens, 500—200B.C.*, Rutgers University Press, 1951.

④ Finley MI, *The World of Odysseus*, NYRB Classics, 2002.

⑤ Finley MI, *The Ancient Economy*, University of California Press, 1973.

作首先从古代与近代经济概念的比较入手,证明古代人并无现代意义的经济概念,在近代创造出的经济概念也无法运用于对古代经济的分析,两者完全不属同一范畴。强调古代社会结构的多层次性和复杂性,因而反对运用马克思主义的阶级分析方法。在奴隶制问题上,他承认奴隶制在古典时代的希腊及公元前后四个世纪的罗马几乎独占了大生产,在社会生活中发挥着十分重要的作用,但在古典晚期和古风时期奴隶制并不占主要地位。就城乡关系看,他接受了韦伯、琼斯等人的看法,认为古代城市主要依赖其政治地位或自然资源、非工商业而繁荣,城市大多是寄生性而非生产性的。由于社会、政治及经济条件的限制,社会经济始终处在低水平,工商业发展水平很低,且大多数控制在外邦人手中,因而希腊国家并无近代意义的经济政策。如果国家对经济曾经表现出兴趣,那也只是为保证生活必需品的进口,公民仍是作为消费者而非生产者受到重视,其政策目的亦非生产性的。

马克思主义史学家德圣克罗阿的《伯罗奔尼撒战争的起源》[①]和《古代希腊世界的阶级斗争》提出在古代希腊世界,主要的财富是土地和非自由劳动,商业与贸易发展的程度十分有限,根本不存在什么商业战争。雅典与科林斯的冲突不是经济性的,而是战略上的。

再次,研究领域日益拓宽。70年代以来,古代希腊经济史研究进入它历史上最繁荣的时期,古代经济的各领域都受到学者们的广泛重视与研究;调查考古的兴起使农业史研究出现转机。

第二次世界大战之后,西方学者对奴隶制的研究低估了奴隶制的作用。伏格特的《古代奴隶制与人类理想》以及威斯特尔曼的《希腊罗马古典古代奴隶制》都强调尽量缩小奴隶制在古典世界的作用;琼斯的《雅典民主》则指出奴隶制对雅典民主没有什么意义。

芬利的《古代奴隶制与近现代意识形态》[②]一书从结构—功能分析入手,指出奴隶制是希腊文明中的基本因素,在古典古代的盛期,奴隶几乎垄断了所有大生产,因而古典希腊社会应是奴隶制社会;德圣克罗阿力图证明在古代希腊,工

---

① G.E.M. de Ste Croix, *The Origins of the Peloponnesian War*, Duckworth Publishers, 2002.

② Finley MI, *Ancient Slavery and Modern Ideology*, Penguin, 1983.

商业生产并不占重要地位，主要财产是非自由劳动与土地。而在非自由劳动中，奴隶制是基本形式。尽管其他形式的依附劳动在古代希腊广泛存在，但奴隶制是其基本形态。在希腊人占统治地位的地区，这些非奴隶制的奴役形式倾向于消失。在希腊有产者主要依靠剥削奴隶获取剩余价值以使自己免于参加社会生产的意义看，希腊社会可以称为奴隶社会。

总之，就奴隶使用的范围来说，学者们对希腊手工业与矿业中广泛使用奴隶并无大的争议，但对农业在多大程度上受奴隶制的影响争论十分激烈。德·圣克罗阿、美国学者杰姆逊、法国学者伊恩·加兰等倾向于奴隶制农业说。由于古代希腊社会在很大程度上仍是传统的农业社会，对奴隶制在农业中的作用的估计，实际上就是对希腊社会性质的论定，因而学者们对这一问题都十分重视。

卡特里奇的《斯巴达与拉哥尼亚》和《亚偈西劳与斯巴达霸权危机》力图说明斯巴达的内外政策与黑劳士之间的关系，指出斯巴达的所有目标都与镇压黑劳士有关。

西方古希腊经济史研究趋势是：史料基础的扩大、新的理论与方法的出现、经济史研究从粗放型向精耕细作型的转变、经济研究领域的拓宽。

（二）国内研究概况

国内学者关于希腊经济的总体情况也作了研究：

关于西方对古希腊各时期的经济研究发展，包括晏绍祥：《古典作家笔下的古代希腊商业》，载《内蒙古大学学报（哲学社会科学版）》1992 年第 3 期；晏绍祥：《20 世纪的古代希腊经济史研究》，载《史学理论研究》1998 年第 4 期；晏绍祥：《荷马时代巴赛列斯的经济活动》，载《武汉大学学报（人文科学版）》2001 年第 6 期；晏绍祥：《古风时代希腊社会经济发展的几个问题》，载《华中师范大学学报（人文社会科学版）》2009 年第 3 期。徐松岩：《论古典时代希腊经济发展趋势》，载《重庆师院学报（哲学社会科学版）》1994 年第 1 期。

关于农业经济的研究，包括徐晓旭：《论古代希腊的自耕农》，载《世界历史》2002 年第 5 期；郝际陶、陈锡文：《略论古希腊农业经济与历法》，包括《世界历史》2007年第1期。

关于古希腊城邦经济以及农业与工商业经济的讨论,包括裔昭印:《从古希腊罗马看古代城市的经济特征》,载《上海师范大学学报(哲学社会科学版)》1995年第3期;徐松岩:《古希腊城邦经济结构刍论——兼评东西古国经济结构“迥异”说》,载《西南师范大学学报(哲学社会科学版)》1995年第3期;吴高君:《古希腊城邦经济研究》,载《北方论丛》2003年第2期;王大庆:《希腊人的“本”、“末”观平议》,载《中国农史》2004年第1期;王瑞聚:《怎样看待希腊城邦社会的经济特征——兼与农业特征论者商榷》,载《社会科学战线》2005年第5期;解光云:《述论古典时期雅典城市的商业经济》,载《安徽大学学报》2005年第5期。

关于奴隶制经济的研究,包括李中泽:《析古希腊奴隶制经济的外向型特征》,载《华南师范大学学报(社会科学版)》1997年第2期。

国内对希腊经济的研究尚处于对西方的理论派别分析整理的基础上,而对农业和商业重要性的探讨是结合了对中国自身情况的特点和兴趣而论。

二、古希腊经济思想①

荷马史诗中的经济思想包括:(1)荷马史诗中的奴隶制。主要是女奴,来源为战俘,男的一般战死了。(2)荷马史诗中的自由民分化和雇佣劳动。(3)荷马史诗中的土地所有制。

来库古立法:(1)面对着土地占有的不均,贫富分化,来库古决定重新分配土地。他把全国的土地集中到一起,在平等的基础上进行重新分配。(2)他还企图重新分配人们的动产,遭到人们的抵制,转而取消金银货币的流通,只用铁钱,以减少偷盗抢劫和贿赂。(3)排除不必要的和多余的工艺以剥夺生活中的奢侈行为。(4)为打击奢侈和消弭对财富的渴望,提出了公共会食的制度。人们一起共同进食,食用共同的和特定的食物。

① 参见巫宝三、郭小凌、厉以平:《古代希腊罗马经济思想资料选辑》,商务印书馆1990年版。

梭伦改革(公元前594年):废除农民债务,禁止债务奴役,缓和了社会矛盾;按土地收入多少划分公民为四个等级,各等级政治权力依照其财力大小而定;创建管理国家的新机构“四百人会议”。这些措施虽然打击了氏族贵族的势力,但并未满足广大平民的要求。

庇西特拉图的经济政策:实施农贷制度,扶持农业生产,资助农民种植橄榄和葡萄等经济作物;鼓励发展手工业和商业,致力于加强国家的集中统一。

伯利克里的经济政策:修昔底德把伯利克里的政府描述成贵族式的,“徒具民主之名,实则由一个公民之首所控制的政府”。其他许多人说,他是第一个诱使人民去瓜分共有地,领取节庆补助以及瓜分公职津贴的人。他这样做的目的是为了广泛地收买群众,利用他们来反对贵族会议,与对手客蒙竞争。

苏格拉底的经济思想:见于色诺芬的《苏格拉底回忆录》。

德谟克利特的经济思想:“你要像使用四肢一样使用奴隶,让这一些人干这种活,让那一些人干那种活”,“赚钱并不是无用的事,但如果用不公正的手段赚钱,则是最大的恶事”。

色诺芬的经济思想:主要经济著作是《经济论》《雅典收入》。他的主要思想可以概括为:农业和财富。揭示了农业是国民经济的基础,农业是其他技艺的母亲和保姆;主张授予商人特权、完善商事法院制度、建立基金等,从而大量开展对外贸易;提出和平环境是经济发展的必要条件。

柏拉图的经济思想:主要见于《理想国》和《法律篇》。在《理想国》中,柏拉图提出了一个理想国的模式,论证了分工的必要性和社会等级制度的合理性。《法律篇》则论述了以自然经济和私有制为基础的城邦制度。

亚里士多德的经济思想:见于《政治学》和《尼各马可伦理学》。他论述了经济占有制,认为万事万物都存在主从关系,希腊人优于外邦人,所以应为统治者;奴隶只是主人的工具。在对商品经济的考察中,他指出所有物品都有使用和交换两种属性。他还分析了货币的产生及作用,认为货币产生于交换过程,是为了便于交换。他还在商品价值形式中发现了等同关系(即人类的一般劳动)。

三、古希腊的农业与手工业

(一)古希腊的农业

古希腊财富主要来源于农业。农作物主要包括:大麦、小麦、亚麻、葡萄、绿色蔬菜、豆类和果树(尤其是橄榄)。橄榄油可用于洗涤。古典时期希腊人在日常生活中以谷类为主食。在节日中,人们分食献祭的动物的肉,内脏则焚烧献给神。荷马史诗中的英雄们尚能大量吃肉,到了古风时代随着人口增长,毁林造田,人们开始以谷类代替肉食。财富则以牲口的头数来计算,在易物交易中牛往往作为考量商品价值的标准。反映出由畜牧业向农耕业的变革。

雅典农业较发达,而斯巴达较落后。吴高君把斯巴达农业落后归因于没有建立起成熟的土地私有制,份地不可买卖,只能父子相传。①斯巴达人农业经济的一个显著特征是使用类似农奴身份的希洛人来劳作,而自己并不参与农业生产。此外,斯巴达人还视工商业和手工业为贱业,使其未能像在雅典那样得以充分发展,从而更加不利于农业经济的发展。

古希腊的思想家们和作家们对当时人们重农轻商的思想作了概括和表达。苏格拉底说:"对于一个高尚的人来说,最好的职业和最好的学问就是人们从中取得生活必需品的农业。"色诺芬在《经济论》中提出:"从事农业在某种意义上是一种享乐,也是一个自由民所能做的增加财产和锻炼身体的手段。"②亚里士多德认为从事农、牧、渔、猎,由植物和动物取得财富,是顺乎自然、值得称道的;经商在交易中损害他人的财货以牟取自己的利益,这不合自然而是应该受到指责的。③

(二)古希腊的手工业

荷马时代的手工业基本上是与食物和服装相关的家庭手工业,职业手工业

---

① 吴高君:《古希腊城邦经济研究》,载《北方论丛》2003年第2期。
② 色诺芬:《经济论》,商务印书馆2011年版,第18页。
③ 亚里士多德:《政治学》,商务印书馆2011年版。

者、（“造物者”）主要包括木工、金属工、皮革工和陶工。当时分工并不明确，所有的职业都向所有人开放。从业者皆为自由人。手工业者之下还有一个雇工（Thetes）阶层，他们是一群为了挣取工资而被雇用的自由人，大多数雇工从事的是畜牧业。①

陶器：科林斯的陶器是第一批广泛流通的陶器，其出口持续了一个世纪（约公元前8至公元前7世纪）；阿提卡的黑画陶后来居上（约公元前7至公元前6世纪）；之后又出现了雅典的红画陶（约公元前7至公元前6世纪）。雅典的陶器远销到埃及、意大利和小亚细亚等地。

四、古希腊的土地、城邦、公民权与阶级

（一）古希腊的土地、城邦和公民权

城邦的出现不仅反映出希腊政治制度走向理性化的进程，其发展也是城市化的体现，而城市化与畜牧业向农耕业的转向相关。裔昭印指出：“土地不仅关系到古代市民的生计，而且关系到他们的公民权力和政治地位。在古代城市中，公民权与土地占有权是一致的。公民身份是占有土地的前提，而占有土地又是公民身份的基础。占有土地是公民的特权，不管一个外邦人多富，他也不能购买属于城市的一小块土地。”②黄洋认为土地的私有制是在城邦形成过程中确立起来的，它是公民权观念中的一个重要组成部分，在古典城邦中土地私有制是公民群体的特权，同公民的政治权利密不可分。据此可进一步论证，希腊城邦社会是一个农业社会，并不如许多学者所说，是一个工商业社会。他认为，在斯巴达，主要内容为平等份地的分配和社会政治制度的改革，即来库古改革，促成城邦制度的形成；在雅典，梭伦改革打破了贵族统治阶层通过宗教组织对农民土地的控制，颁布减负令，废除债务奴隶制，保障了公民的人身自由，从而确立了土地的私

① G.格洛兹：《古希腊的劳作》，解光云译，格致出版社2010年版，第21—26页。

② 裔昭印：《从古希腊罗马看古代城市的经济特征》，载《上海师范大学学报（哲学社会科学版）》1995年第3期。

有制,促成了城邦的形成。[①]而吴高君则认为古希腊城邦经济是城市经济与村落经济相结合的经济实体。[②]城邦的经济类型以采矿业、农牧业、造船业、制陶业和地产业为主。著名的矿藏包括劳里厄姆的银矿、潘给优斯的金矿和塞浦路斯的铜矿等。银矿资源的丰富使雅典得以大规模铸造银币,金属货币的流通又促进了对外贸易的发展。手工业的发展使剩余产品增多,使对外输出商品成为可能,雅典对外输出的主要商品包括橄榄油、葡萄酒、蜂蜜、陶器、金属品、织物、铅、银和大理石等。另一个促进对外贸易的因素是造船业的发展,当时希腊人已经能够造出使用200多名水手的三层桨座的远航船,从而使对外贸易的范围能够远达西意大利和迦太基等地。

(二)古希腊的阶级

早期希腊由于并不存在接受国王分封的领地而需对其效忠的封建领主阶层,也不存在因失地而沦为领主附庸的农奴阶层,所以不能定性为封建社会。社会阶层主要包括贵族、自耕农和奴隶。贵族因其出身而区别于自耕农,奴隶主要来自对外战争或劫掠中俘获的战俘。社会阶层也可以进一步细分为自由公民、奴隶、农奴(潘尼斯特人、黑劳士人)、被剥夺公民权的公民、重获自由的奴隶、私生子和客籍民。

五、古希腊的奴隶制度[③]、殖民运动与经济

(一)古希腊的奴隶制度与经济

通过客-友关系和礼物馈赠建立起来的巴赛列斯的权力义务关系,使其能够

---

① 黄洋:《古代希腊土地私有制的确立与城邦制度的形成》,载《复旦学报》1995年第1期。

② 吴高君:《古希腊城邦经济研究》,载《北方论丛》2003年第2期。

③ 据奥斯温·默里在《早期希腊》(晏绍祥译,上海人民出版社2008年版,第230—232页。)中的观点,希腊一直是一个奴隶占有制的社会,但似乎只是到了公元前6世纪,奴隶才成为经济中的重要因素。有关这一现象的证据来自公元前4世纪开俄斯的历史学家提奥庞普斯(《希腊历史残篇》115之残篇122)的记载。

召集人手从事陆上的劫掠活动，其规模较小，战利品分发给参与者。海盗活动则有强者领导，目标是外国人的牲口和女奴等财产。海盗被视为一项光荣的职业。在荷马和赫西俄德的诗中，奴隶一词等同于“战利品”，可见其被视为一种物化的财富，可转让、可掠夺。奴隶阶层的共同特征是其公民权的丧失。在《伊利亚特》中，奴隶最通常的来源是战争和海盗行径。被俘的男子一般都被赎回或在战场上阵亡，女子则通常沦为奴隶。在《奥德赛》中，奴隶们同样大多为女性。这些奴隶是仆人有时也做主人的妾。男性奴隶也是存在的，尤其在《奥德赛》中，养猪人欧迈俄斯就是一例。这样的奴隶与众不同的一点是他是 oikos（“家族”）中的一员：莱耳忒斯与他的仆人共同饮食；冬天时也与他们一起睡。dmôs 这个词被认为并不包含什么轻蔑的意思，而欧迈俄斯、“神圣的”养猪人，被荷马看作希腊的英雄之一。尽管如此，奴隶身份仍然是一种耻辱。欧迈俄斯自己声称“当一个人失去了自由之身时，宙斯就已夺去了他身上一半的美德”。

奴隶们主要从事农业劳动，因为农业是古希腊经济的根基。一些小的地主可能拥有一个甚至两个奴隶。色诺芬《经济论》及其他许多文献指出了大量不动产奴隶的存在；他们或许是普通劳工或工头。至于奴隶在耕作中被用作劳动力的广泛性，现在还有争议。可以确定的是，一方面乡村奴隶制在雅典十分普遍，另一方面，古希腊对罗马大农场主所拥有的极大的奴隶人口并不知晓。

在采石场和矿场中，奴隶劳力是最为普遍的。大量的奴隶人口往往被富裕的公民租赁。尼西亚斯将军曾租借一千名奴隶派往阿提卡的劳里厄姆银矿；Hipponicos，600 名；Philomidès，300 名。色诺芬指出每个奴隶每天得到一欧布鲁斯，总计每年 60 德拉克马。这对雅典人来说大概是最有价值的投资了。在劳里厄姆矿处理矿石的奴隶大概有 30 000 人。色诺芬还暗示该城大量购入奴隶，每个公民平均拥有三个上等奴隶，因而通过租赁奴隶可以维持所有公民的生活。

奴隶们也常成为手工业者和工匠。比如在农业方面，他们充当家族之外的劳力。不过工场的奴隶人数是最多的。莱西亚斯的制盾厂雇用了 120 名奴隶，德摩斯梯尼的父亲则拥有 32 名刀匠和 20 名制床者。

奴隶们也从事一些家务劳动。家仆的主要任务是在交易时替主人站好位置以及陪伴主人旅行。战争时期则替重装步兵当勤务员；有些人认为他们的作用甚至更为广泛。女性奴隶主要是做家务，特别是烤面包和纺织。只有最穷的公民才没有任何家奴。

(二) 古希腊的殖民运动与经济

公元前8至公元前6世纪，希腊人开始了向地中海沿岸的殖民运动。在探究殖民运动的原因时，柏拉图曾强调“土地的紧缺”和“没有足够的土地养活居民”。现代学者也有持相似观点者，如符松涛认为：“希腊人殖民的基本动因是过剩人口对生产力的压力。在当时的古希腊世界主要体现为过剩人口对粮食和土地的压力。而造成人口过剩的原因主要是人口的自然增殖。这种增长趋势发展到古风时代，希腊的生产资料已经无法满足人口的需要，人口的增长对不够发达的生产力造成了压力，人口的发展显得相对过剩。”[①]而格洛兹则认为：“人口的过剩是相对的，因为土地的缺乏大体上是人为造成的(artificial)。如果古希腊城市里有那么多没有土地财产之人，那么其错在于土地制度。只有土地已经集体归于氏族占有，那么不是这个氏族的或已离开这个氏族的人就没有生活来源，而只有做匪盗或海盗。”[②]格洛兹进一步指出：“尽管希腊人的殖民具有如此深刻的农业特征，但是，获得土地并不是唯一的目标，农民也不是这场运动中唯一的先锋。”因为土地制度的缺陷，希腊人往往借地利之便到海上进行海盗行为以劫掠贵重金属和奴隶。而“在东方君主制国家，你就不能再想到掠夺战利品，因为那需要冒很大的风险”。[③]而贸易则相对风险较小，并且同样能够帮助希腊人积累财富。在统一的希腊文化的影响下，海外殖民城邦的建立无疑促进了母邦与其贸易的发展和各自工商业的繁荣进步。海外贸易与市场的扩大，不仅缓解了母邦内部的经济矛盾，也开阔了希腊人的视野，有助于其形成一种开放式的海洋文明。

殖民运动和国际贸易的发展促进了商品交换媒介——金属货币的出现。它一般由白银铸成，两边打上标记以保证货币的标准重量和纯度。贵金属原料的

---

① 符松涛：《大殖民运动对希腊经济发展的影响》，载《攀登》2008年第3期。

② G.格洛兹：《古希腊的劳作》，解光云译，格致出版社2010年版，第92—93页。

③ G.格洛兹：《古希腊的劳作》，解光云译，格致出版社2010年版，第95页。

特质使其不必依赖任何复杂制度的支持。在此之前，希腊人拥有多种价值计量单位，最常用的是用牛的头数或其他牲口的数量（主要用于财产的转移和婚姻的谈判之中）、三脚架（乃一个相对于他人或神灵的地位的标志）和铁块来表示价值。实际上，金属货币最初所具有的功能，与其说是交换的媒介，不如说是财务核算单位，对于各个城市打造货币的兴趣，肯定主要应以此来解释。公元前6世纪，随着公共工程的兴建，官员、士兵和工人工资支付的增加，以及对罚款、各种费用、税收、公共租金和其他各种项目的收付，政府日益复杂。金属货币因为打有城邦正式的印记，通过把所有上述款项标准化而简化了，有效的公共会计账目成为可能。

（作者系上海政法学院外国语学院讲师）

论裁判文书公开过程中隐私保护问题

潘因芝

摘要：中共十八大以来，司法改革进行得如火如荼，民主与法治的观念日渐深入人心，人们更希望能轻松接触到一些法制信息，比如在家就能了解案件的进程，上上网就能跟上法学界最新的脚步。最高人民法院大力推崇司法公开，建立了审判流程公开、裁判文书公开、执行信息公开三大平台。裁判文书公开是司法公开的题中应有之义，是其中建成相对较早的一个平台，也是三大平台中的终局程序，它记录着法院审判的整个过程，裁判文书适度的公开是法院落实公开审判原则、保障司法公正以及当事人和社会公众知情权的重要途径之一。但是，近年来关于裁判文书中当事人信息公开到何种程度，而不至于损害其利益的节点依旧模糊不清，可以说这对隐私权仍是一个威胁。本文对于裁判文书公开过程中存在的隐私保护问题及适度公开进行分析。

关键词：裁判文书；公开；隐私权保护

一、裁判文书公开概论

（一）司法信息公开意义

2007年4月5日，国务院颁布了《中华人民共和国政府信息公开条例》，自此开启了我国政府信息公开化、透明化的新纪元。《国务院办公厅关于实施〈中华人民共和国政府信息公开条例〉若干问题的意见》又于 2008 年 4 月 29 日颁布，并且进一步解释各政府信息公开管理的细节与问题解决方式。该条例自同年 5 月 1 日实行以来，推进网站建设成为各级政府的关注点所在，贯彻落实政府信息公开的各项事宜，“网络”也成了政府信息公开重要的平台和场所。政府财政预算决算公开不断推进，同时进一步详细化、透明化，“三公”经费和行政经费的公开，公开的内容也进一步扩大。2016 年 7 月 25 日最高人民法院审判委员会通过了《最高人民法院关于人民法院在互联网公布裁判文书的规定》，并于 2016 年 10 月 1 日开始实施。这些均在社会上引起了强烈反应，成为推动反腐倡廉、加强政府信息透明度的重大举措。政府工作的透明化在保障人民的知情权、参与权、监督权上都发挥了公认的重要作用，公开工作使我国各级政府长时间的封闭运作状况开始改变。

由于政府信息公开取得了一些成效，我国司法信息公开也慢慢被加以重视起来。2011 年药家鑫案和李昌奎案引发了各界对死刑是否要废止展开激烈争论，死刑数量不是“国家秘密”的观点就是张千帆教授公开提出的。最高人民法院院长周强十分强调司法公开以及司法公正，2016 年 11 月 5 日，周强向全国人大常委会作最高人民法院关于深化司法公开、促进司法公正的报告时说，近年来人民法院对司法公开的深化工作取得了显著的成果。从任何角度来看，司法信息公开都已经不是可有可无的存在，而是迫在眉睫地需要我们予以关注并采取有效措施保障其真正达到公开效果。

在落实了政府信息公开的工作后，加紧开展司法信息公开工作的脚步，更加有助于全面地扩大公共信息公开，使公民的民主权利得到保障；加强国家机关工作的透明度，使腐败现象无所遁形。总体来说，具有非常重要之意义。司法公开使司法活动更具透明度、包容度、开放度，使公众更便利地行使知情权、监督权，司法透明同时拉近了司法与民众的距离，对解决社会纠纷，使司法者接受公众监督、提高执法者素质、提高裁判质量和司法公正有序进行十分有利，从而消除司法信任的危机，树立司法权威。①

---

① 顾如歌：《论司法公开中的隐私权保护》，载《法制博览》2017 年第 2 期，第 110 页。

1. 司法信息公开有利于提升司法公信力

司法公信力是民众充分信赖、尊重与认同裁判过程和裁判结果的高度反映。建立司法公信力不是一蹴而就的,要与公民建立起信任关系,需要长期实践的积累。如今的中国,经过调研证明公民对司法的信任并不如想象中的稳固,法院好不容易积累起来的公信力有时会被个别贪腐案件所影响,这也显示出预防司法腐败是多么重要!并且最糟糕的是,长此以往的不信任会严重影响到社会矛盾的解决,形成恶性循环。

司法公信力的提升可以以司法信息公开为主要突破口,法庭的庄严、裁判的公平公正以及法官的判案水平和廉洁品质能够使公众有一个全面而直观的感受,并且让人民群众能够亲自看到法院在保障公民权利、打击犯罪、维护社会公共秩序等各个方面的表现。确保审判的质量,保证司法行为的公正是培养人民心中司法公信的前提。只有审判公开,人民群众才能直观地评判法官队伍的断案能力和综合素质,并且可以持续关注司法审判是否存在徇私或者疏忽。总而言之,要让人民群众时刻参与监督政府活动和司法活动,进而群众就会认同司法处理结果,司法公信力便会在人民的心里逐渐累积起来。

2. 司法信息公开有助于开展反腐倡廉

如果分析一下司法腐败,可以发现这与许多因素有关,包括制度的不完善、管理不到位、监督不严格、法官素质不高等。法官是全案的最终决策者,最后的裁判不但要依据国家法律规定处理,也会受到法官的个人专业素养和想法的影响。所以法官是司法能否实现公正的重要一环,法官的素质高低也会成为是否具有司法公正环境的重要指标。公正断案、廉洁司法是对法官的基本要求,只有满足这个基本条件才能实现司法公平与正义价值,才能使司法权威和司法公信力树立于人民的心中。但是在短时间内,司法工作人员的综合素质不可能一下子变成最符合人们所期望的那样。所以在逐渐提升法官综合素质的时候,司法公开是最有效、最快速的方法。通过人民群众对司法活动的监督和约束,来敦促司法机关按照法律严格办事、为人民服务,也给法官在面对熟人"请求帮忙"碍于面子无法拒绝时一个台阶下,有效杜绝贪污腐败,而不是仅仅依靠司法工作者自己的控制力这种收效甚微的自我监督方式来预防腐败。

3. 司法信息公开有助于公众法律信仰的形成

在实施法律的过程中，司法活动与人民群众的关联最为直接，而且最为密切。司法信息公开代表着人民群众能够以对司法活动监督的方式来知晓国家的法律是否公正、法官是否正义清廉、裁判结果是否符合大部分人的价值观。如果通过了公众的考验，人民群众对法律的信任就不需要其他任何外力的强制。

中国自古以来就有的“熟人社会”模式致使当今中国社会公众法律信仰缺失的现象十分严重。多数人们竟然会认为“人情”“裙带关系”“走关系”的“信仰”超过对法律的信仰。所以司法结果的公正是使人民群众心悦诚服地信任法律的基础和前提。进行司法信息公开之后，公民可以多方面、多角度地参与和监督司法工作的进行，也可以对国家机关的司法活动有充分的认识和了解，并且由公民监督的法律工作也会做得更加细致到位、不偏不倚，这样的结果才是被人民所肯定的。

4. 司法信息公开有助于普及公众的法律知识

随着信息化时代到来，出现了愈来愈丰富的司法信息公开的方式，人们了解司法信息的途径也变得更加方便。首先，法制建设必须做到的是提高人们的法律意识并且对普通民众普及法律常识。司法公开包括公开审判流程、公开裁判文书和公开执行信息。那么，在司法公开的多种方式中，对于一些法律知识匮乏的人们来说，旁听庭审或是查看公开的裁判文书就是学习法律知识的过程。其次，这种自主学习比坐在教室里强行被灌输法律知识要主动得多，也更为有效。另外，现在是人手一台智能手机的时代，但凡能引起社会大众注意力的重大案件，微博、微信、网络直播这样的信息传播平台十分普遍，司法公开法制宣传进行的效果会更好。最后，完整的诉讼活动不仅会牵涉这场诉讼活动涉及的程序法律规范，还会牵涉运用到的实体法，裁判文书公开以后，公众自然能够学习到文书中的法律知识。由司法信息公开的方式向社会公众传播法制理念，成本低、见效快，是不可多得的良策。

(二) 裁判文书公开概述

1. 裁判文书公开的方式

裁判文书公开不仅是为了让人民群众看到无差错的文书,显示司法威严,还应当要让人们看到那些有可能出现问题的文书,这才是根本目的,给大家评判的机会、监督的机会,使法官不能够徇私,不敢懒散懈怠,而必须守规矩不越轨,对自己的行为负责,对案件负责,也对人民负责。这里所说的裁判文书的公开方式,不仅仅指如何公开、怎么公开,另外还包括公开的内容、不公开的例外条件等重要问题。

如今,我国的裁判文书公开方式仅仅限于网站公开(中国裁判文书网 http://wenshu.court.gov.cn/)。《最高人民法院关于人民法院在互联网公布裁判文书的规定》于 2013 年 11 月 13 日通过,并于 2014 年 1 月 1 日开始实施。该司法解释明确,最高人民法院在互联网设立中国裁判文书网,统一公布各级人民法院生效的裁判文书。①在当今社会,"互联网 +"成为热点和焦点,仿佛各类事物都应当多多少少与互联网有一些联系,否则就会显得俗套和落伍,于是裁判文书公开也不例外。在"互联网 +"新时代的背景下,网民的监督权利得到明显的提升,特别是在重大司法案件的知晓度上,这促使了人民法院在办理相关案件时对司法信息进行公开。②不可否认,在互联网上公开裁判文书是一个既经济又高效的选择,在我国的学术界和实务界也早已达成了一种共识。在互联网上公开裁判文书不论在技术上、成本方面都相对较为容易和低廉,也正因为如此,各级人民法院也在自己的网站上设立了"裁判文书公开"的栏目。遗憾的是,据报道,"即使是公开做得相对较好的省份,上网案件的数量也与每年生效裁判文书的数

---

① 《最高人民法院关于人民法院在互联网公布裁判文书的规定》,中国法院网,[EB/OL]http://www.chinacourt.org/article/detail/2013/11/id/1152212.shtml。

② 张紫剑、秦晓玉、李柏东:《浅析"互联网 +"背景下的司法信息公开》,载《通讯世界》2017 年第 1 期,第 263 页。

量有相当的差距”。[①]有些法院竟然仅仅精心挑选了几个裁判文书公开在网上，这显然违背了规定裁判文书公开的初心，甚至可以说是对上级和民众的欺骗。这种不是“全部公开”而是“有选择性”的公开可以归结为：法院对裁判文书公开的工作只是形式上的公开，而不是实质上的公开。这样的做法比不公开还要狡猾，因为它具有欺骗、应付的性质，会使人觉得乍一看法院确确实实公开了裁判文书，但是仔细思考会发现这些文书竟都是被精心安排好的，不仅不能增加司法公信度，反而会适得其反，让公众更加对法院产生怀疑。综上，人民法院公开的裁判文书应该不分“高低贵贱”“简易复杂”，一律公开，除法律规定不公开的以外，不应当存在例外情形。

另外一个角度，是关于裁判文书的公开内容的问题。浏览多个省市的人民法院网站，在裁判文书公开栏目下，公开的内容均无一例外地仅限于裁定书、判决书、决定书的文本内容，但仅仅这些是不够的，不足以让人民群众了解整个案件，不足以让人们来判断判决的公正与否，这也有悖于裁判文书公开的初衷——透明、公开审判程序。要知道，一个贪污腐败的法官想要判当事人赢，当事人就可以赢；反之，他想判当事人输，当事人就输。如果人民群众单单看到那些枉法裁判的判决书，可能还会觉得它十分有道理，毕竟要使判决书上的内容与法官自己的想法一致可以有“100 种找理由的方法”。因此，在公开判决书的同时，应当一并公开民事案件当事人律师的代理词和刑事案件被告人辩护人的辩护词和人民检察院的起诉书。假如当事人不服一审判决提起上诉的，在公开一审判决书的时候也应该公开上诉书。这么做的意义在于：人民群众知悉法官的判决书与双方当事人或被告人的意见，就能完整地明白这个案件的来龙去脉，才能判断这个判决是否真正合理、合法、准确。

2. 裁判文书公开的意义

(1) 裁判文书公开是司法信息公开的一项重要举措

司法信息公开是法制建设重要的一环，也是保障人民权利、预防司法腐败的重要方式，更是法治社会的重要标志，也是培养人民群众的法律信仰，树立司法

① 刘星：《裁判文书网络公开情况调查》，载《中国青年报》2014 年 3 月 19 日第 7 版。

权威的必经之路。中共十八大报告指出,“推进权力运行公开化、规范化,完善党务公开、政务公开、司法公开和各领域办事公开制度,让人民监督权力,让权力在阳光下运行”。[①]中共十八大以来,习近平总书记提出了“努力让人民群众在每一个司法案件中都感受到公平正义”的司法工作目标。最高人民法院院长周强要求全国法院要继续推进阳光司法工程。而能让人民群众切身感受到司法就在身边的最佳方式,就是推行裁判文书公开,因为此举是最直接、最有效的阳光司法工程。群众可以自由地、有选择性地了解案情,学习法律知识,加上互联网公开方式,可以不受时间地点的约束,而不像法庭审判公开那样要专门挤出时间去旁听。

(2) 裁判文书公开是提高法官素质的有效途径

裁判文书公开是对法官自由裁量权的限制与制约。在规定范围内,将自己的裁判理由(包括是否允许当事人的诉讼请求,是否采纳辩护人的辩护意见,是否采信证据,适用的法律条文等)公之于众,是让公众来检验这个法官的裁判是否合理、合法公正的方式之一。这样,才能控制法官的自由裁量权,而减少甚至消灭冤假错案。另外,裁判文书的内容也可以体现出一个法官的业务水平,这也是检验我国司法人才选拔是否过关的一项举措。法官可以制作出类似于“格式合同”那样的“格式裁判文书”,但是如果要在裁判文书中真正体现出法官的业务水平就必须讲清楚心证的过程,所谓有压力才有动力,不管是出于什么动机,法官们有了上述压力就不得不主动去学习更多新的法律法规,提高自己的业务水平,增强说理能力。所以说,裁判文书公开不仅是对司法机关工作的督促,也是一个提高法官素质有效方法。

(3) 裁判文书公开为专业交流提供了平台

各级法院和法官之间可以利用裁判文书公开的平台进行资料共享和经验交流,该平台也打通了学术界和实务界之间交流司法经验的通道,指出各自的漏洞与不足,并且使各界裁判标准达到统一。在中国裁判文书网上能够搜索浏览到各级法院的判决书,为法官断案提供了宝贵的参考、开拓了法官的思路。虽然我国是大陆法系,不以判例作为正式法律渊源,但是不排除法官可以从公开的判决

---

① 徐炳:《裁判文书公开方式应改革》,载《环球法律评论》2013年第2期,第27页。

书中寻找灵感，以便更加公正地对案件进行裁判。

二、不同法系国家的裁判文书公开

(一) 英美法系国家

英美法系又称普通法系或者英国法系，是以中世纪以来英国的普通法为基础所构建起来的法律。其范围主要是指英国及其殖民地、附属地等国家和地区。作为最早期和典型的英美法系国家——英国，对于裁判文书公开也开始得相对较早。英美法系国家的主要法律渊源之一是判例，“在其全部裁判文书上网之前，法律工作者和社会公众可以通过案例汇编的形式查询到之前的裁判文书，而且裁判文书的整理和汇编工作通常不是由官方机构进行的，判例汇编委员会、法律信息研究院等组织会自觉承担起公布裁判文书的重任。”①英国最高法院建立了自己的官方网站，人们可以在判决速递板块查询到由最高法院裁判的任何案件。此外，英国最高法院还采取了一种较为新潮的裁判文书上网方式——通过微博发布，将案件的判决名称和裁判文书通过链接的方式发布到微博上，以便让更多人能看到。

另一个英美法系的典型国家即是美国，美国作为一个在法律上后来居上的国家，我们暂且不论其法律制度的优劣，因为各个国家的法律制度必须是符合其国情，也受到国家自身历史和国人素质、意识的影响，但是美国的裁判文书公开方式不失为一种我国未来可以参考和借鉴的路径。根据美国《电子政务法》第205条规定，所有联邦法院必须建立独立的法院网站，公开案件的基础信息，其中包括法院的基本信息，所有案件的流程信息，与案件有关的全部实质性书面意见(包括判决书、律师诉状、第三方提交的法律意见)。美国最高法院禁止律师、当事人和旁听人员对庭审进行录音、录像，但法院自己会进行录音。每天下午会在官方网站(www.supremecourt.gov)公布每日庭审的书面记录；每周五下午网

① 龙宗志：《“内忧外患”中的审判公开》，载《当代法学》2013年第6期。

站还会公布本周庭审的音频记录。这样做无疑是让整个庭审暴露在公众的目光下,即使是没有到庭审现场旁听的普通公民,也能了解到案件的来龙去脉。尽管美国每个州的法律不同,但美国州法院系统的裁判文书已经实现全部网上公开,在网上人们可以在“判决文书”一栏查询公开的裁判文书,检索方式包括四种:案件编号、当事人姓名或组织名、律师姓名、案件名,通过检索,可以查询到初审法院、上诉法院和最高法院的全部审判信息。

(二)大陆法系国家

大陆法系,又称为民法法系、法典法系、罗马法系、罗马—日耳曼法系,大陆法系是以罗马法为基础发展起来的法律的总称。大陆法系国家的两个典型的代表是德国和法国。德国宪法中虽然没有明确规定裁判文书应当公开,但是在《法院组织法》的第169条中规定了审判公开原则,即不论公开审理或者不公开审理的案件都应当公开判决。自2000年伊始,各联邦法院就均在网上发布裁判文书。当前对德国有管辖权的法院包括欧洲法院和德国法院在网上公开几乎所有的判例,并建立专门的判例数据库。①同样的,法国也有明文规定审判公开原则,但是不同的是还规定了裁判文书公开的例外即有碍于社会秩序与道德风俗的案件不公开。此外,法国还规定合议庭成员的少数意见不得对外泄露,不得在判决书中注明,所有法官都有对合议中未被采纳的少数意见予以保密的义务。虽然在法国的历史上也有过公开少数意见的情况,但是很快就被停止实践。因为说明了会公开少数意见,法官们的意见倒变得比不公开时更加一致。出现这种现象的原因可能与人类心理学有关系——法官们不想鹤立鸡群还被公开让更多人知道,这样会显得自己格格不入。

日本最高法院认为:“前科与犯罪经历以至于直接牵涉到个人的名誉、信用等相关事项,有前科或者犯罪经历的个人拥有受法律保护不受任意公开相关资料的利益。”②

---

① 田建设:《司法审判公开与德国当代判例数据库》,载《法律文献信息与研究》2009年第4期,第36页。

② 顾如歌:《论司法公开中的隐私权保护》,载《法制博览》2017年第2期,第111页。

三、我国裁判文书公开的隐私保护问题

(一) 我国对裁判文书公开规定的发展历程

近年来,特别是中共十八大召开以后,随着司法公开力度的加大,裁判文书公开的工作经过不断的探索与实践,普及的范围已经遍布全国。2012 年,《民事诉讼法》修改后便明文规定将裁判文书公开,人民群众有权查询已经发生法律效力的判决书和裁定书。但是,要知道在 2000 年的时候,《最高人民法院裁判文书公布管理办法》仍规定最高人民法院可以有选择地挑选其所作出的判决书和裁定书进行公布,那时候还是将公开作为例外,不公开作为一般。十几年后,《最高人民法院关于人民法院在互联网公布裁判文书的规定》公布并且自 2014 年 1 月 1 日起施行。裁判文书上网的时代到来了。总之,如今由于互联网的普及以及利用网络进行信息输送和交流越来越普遍,裁判文书上网公布已经成了裁判文书公开的重要方式,在网络上公开裁判文书也成为法院审判公开的不可缺少的内容。直至今日,虽然裁判文书公开制度仍存在某些缺陷,但是相较之前,已经有十分明显的进步。

(二) 我国裁判文书公开在隐私保护方面的适度问题

纵观各法院的裁判文书公开系统以及中国裁判文书网(网址:http://wenshu.court.gov.cn/)公开的裁判文书,基本上是公开审判的案件。换句话说,那些不是公开审判的案件的裁判文书都没有被公开。多数人认为不公开审判的案件的裁判文书不公开是理所当然,但是仔细思考,难道说公开审判的案件的裁判文书就没有选择不公开的理由了吗?

这就涉及公开裁判文书上网时对于隐私保护的问题。由于公开审判的案件是允许公民进行旁听的,在那个时候当事人的信息就可能已经被公开了,旁听的人甚至还可以见到当事人在庭上的模样和表情,所以人们理所当然地认为,当事

人的信息被公开在裁判文书中也没有什么不妥,这么做并不会侵犯当事人的隐私。

这样的推理显然存在一定的漏洞和缺陷。我国诉讼法中规定的绝对不公开审理案件的种类包括涉及国家秘密和个人隐私的案件,但涉及个人隐私的案件并没有具体规定。而离婚案件这类明显属于个人隐私的案件却被规定为"可以"申请不公开审理。试想一个不懂法律的当事人,不懂申请不公开规则的当事人想要离婚,怎么能成功地保护好自己的隐私呢?当事人的隐私在庭审时就已经被公开,随后又在裁判文书公开网上被公开,难道不是当事人的隐私进一步被侵害吗?因此,这么做显然不当。

台湾学者邱联龚说:"国民大多未监控民事审判,即使民事审判庭的旁听者,也常常不对其系争之问题多加关心。"[①]公开审理允许旁听与上网公开传播还是存在一定范围和影响力的区别。众所周知公开审理允许旁听,但调查表明除了当事人的近亲属,旁听席几乎是空无一人的。因此公开审理与公开隐私存在一定差距,即使是坐在旁听席的人也不会刻意去记录当事人的隐私信息,并且法庭上不允许录音摄像,所以侵犯隐私的可能性微乎其微。但是网络公开裁判文书则不然,它会像现在使用的网盘一样一直存在于网络上,且任何人随时随地都可以去查阅。这样可能唆使某些"有心人"利用技术整合当事人的个人信息,导致不必要的麻烦。所以,对公开审判和裁判文书公开两者之间的差异视而不见是极不理智的行为。因此,我们似乎有必要重新审视在信息公开背景下的裁判文书上网公开问题。

秉持着法律本位、司法本位的前提,多数人认为公开裁判文书是保证司法公开公正,防止司法腐败的重要举措,但这时便往往会忽略了当事人的个体利益。决定是否在网络上公开裁判文书取决于社会公共利益与当事人权利之间的权衡。而社会公共利益通常是以知情权的形式出现的。在一般民事案件中,当事人之间的纠纷往往是个人利益之间的矛盾,一般不涉及严重的社会公共利益,所以通常不认为除当事人以外的公民有知晓民事裁判文书的权利。但是,一些公益诉讼或者刑事案件的裁判文书就涉及公共利益,因此人民群众会对此享有知

① 邱联龚:《程序制度机能论》,三民书局1996年版,第243页。

情权。因而，相对于民事裁判书来说，刑事裁判书在理论上更具有公开的意义。但是需要指出的是，刑事裁判文书关于被告人的个人信息公开应当适度。从刑法的精神和目的来说，刑罚的最终目的是为了预防犯罪，所以，裁判文书公开的目的自然也离不开这一层含义。裁判文书公开时应当始终秉持有利于被告人服刑完毕后顺利回归社会的原则，而不是一味盲目公开，对被告人信息不加处理地公开。

在裁判文书中到底哪些内容是不应当公开的隐私信息呢？"可识别性"是一个重要的标准。可识别性，也是可辨认性，是指个人数据信息与其主体存在某一客观确定的可能性，即通过这些数据信息能够把当事人直接或者间接地辨认出来，不论是单个的还是集合的，也不论是主体自己表现出来的，还是他人通过一定方法推算出来的。[①]目前，我国大部分法院在裁判文书上网公开时除了姓名以外的隐私信息，包括身份证号码、家庭住址、手机号、企业代码等，都做了一定处理，没有直接公开。我国公开的裁判文书中，并没有屏蔽当事人的姓名。在公开裁判文书时是否需要公开当事人姓名，域外的做法也差异甚大。比如，日本、英国的法院在网上公开裁判文书时，会用 A、B 等代号来表示当事人的姓名。德国的法院在网上公开裁判书时，则直接用"原告""被告"来指代当事人。但是加拿大、澳大利亚、美国等国的法院在以网络形式公开裁判文书时，却没有将裁判文书中当事人的姓名予以屏蔽。[②]

四、完善我国裁判文书公开隐私保护的建议

王泽鉴教授指出："隐私权虽非宪法明文列举之权利，唯基于人性尊严与个人主体之维护及人格发展之完善，并为保障个人生活私密领域免于他人侵扰及个人资料之自主控制，隐私权乃为不可或缺之基本权利。"[③]现代信息社会导致

---

① 蒋坡：《个人数据信息的法律保护》，中国政法大学出版社 2008 年版，第 4 页。

② 王琳：《裁判文书网上公开问题研究》，载《天中学刊》2014 年第 1 期。

③ 《裁判文书公开与隐私权保护的冲突衡平》，[EB/OL] http://www.chinacourt.org/article/detail/2012/06/id/530320.shtml。

信息传播速度加快,也会让泄露的隐私信息在人群中快速传播,隐私保护变得极为重要,加强隐私保护也是重中之重。

(一)裁判文书上网制度的实施应确保程序正当

依据程序正当原则,裁判文书网上公开程序应当由法院告知当事人,给当事人表达自己意见的权利,并在当事人提出意见的基础上,再决定裁判文书是否应当在网上公开,以及上网前对涉及当事人隐私的信息是否应作一定的处理。在裁判文书上网前使当事人知晓平等参与的机会,可以使当事人享受到作为一个积极主动的主体而得到承认尊重的感觉,这与隐私权的终极价值是相符合的。虽然有部分当事人同意将裁判文书上网公开以更好保障自己的权利,但是,由于我国公民有传统的厌讼的特点,普通公众可能不愿意把裁判文书公开,可是涉及社会公共利益的判决还是应当公开。因此,裁判文书是否上网公开不能以当事人是否同意作为唯一的判断标准。

(二)裁判文书中与司法公开无关的内容上网时应予屏蔽

网上公开裁判文书时是否应当删除当事人个人信息是一直被争论的话题。我认为,“公共利益”是隐私权能否实行的界限,但公众对司法权运作情况的知情权和监督权无疑是属于公共利益的,如果为保障公众的知情权而在网上公开裁判文书,则该裁判文书中的当事人个人信息应当归为公共领域而不是“隐私”,也就不会出现侵害当事人隐私权的问题。因此,对是否公开裁判文书中当事人个人信息,应当以保障公众知情权为底线,并且满足司法公开为标准。

值得庆幸的是,2016年7月25日最高人民法院审判委员会会议最新通过的《最高人民法院关于人民法院在互联网公布裁判文书的规定》在第八条、第九条、第十条均规定了公开的裁判文书中当事人信息保护的内容。其中第十条规定要删除与案件无关的当事人个人隐私信息,包括家庭住址、通讯方式、身份证号码、银行账号、健康状况、车牌号码、动产或不动产权属证书编号等个人信息;

法人以及其他组织的银行账号、车牌号码、动产或不动产权属证书编号等信息；家事、人格权益等纠纷中涉及个人隐私的信息；涉及技术侦查措施的信息以及人民法院认为不宜公开的其他信息。[①]

（作者系上海政法学院刑事司法学院 2017 级刑法学研究生）

① 《关于人民法院在互联网公布裁判文书的规定》,[EB/OL]http://www.court.gov.cn/fabu-xiangqing-25321.html。

死 刑 问 题

欧洲视角下的美国死刑制度

种童童

摘要:美国的死刑制度沿袭了殖民地时期欧洲国家的法律,而在欧盟废除死刑的当代,美国却没有跟随,仍然在多数州保留着死刑。尽管美国没有废除死刑,但近50年来,最高法院通过一系列标志性案例判决禁止对未成年人、智障罪犯执行死刑,通过法律给予罪犯制度和时间上充分的保障,防止错杀和减少死刑,选择更人道的方式执行死刑。然而,这一切的背后也面临着诸多问题,法律与道德之间的摩擦,不同利益主体之间的抗衡,国际社会的舆论压力,都使美国废除死刑的步伐缓慢而又坚定地前行着。

关键词:欧美;死刑历史;死刑制度;废除死刑

一、欧美死刑制度的历史渊源

1607年,来自英国的殖民者在北美乞沙比克海滩建立了詹姆士镇,此后一百多年里,法国、德国、荷兰、爱尔兰等国的殖民者也纷纷涌来定居,与此同时,他们为这片新大陆带来了死刑执行的实践。1608年,George Kendall作为西班牙间谍,在弗吉尼亚被执行死刑,这是殖民地记载的第一例死刑执行。1612年,根据弗吉尼亚的"the Divine, Moral and Martial Laws",死刑甚至被用于盗窃葡萄、杀鸡和与印第安人交易这样轻微的犯罪。1665年纽约殖民地的"the Duke's

Laws”规定了如打某人的母亲或父亲、否认上帝等行为将被判处死刑。

18世纪中叶,13个英殖民地逐渐形成,美国的最初独立也是由这13个殖民地独立而成。1787年宪法规定美国是联邦制国家,联邦权力高于州权力。虽然有法律规定,但当时联邦控制能力极弱,实际上政府权力由联邦和州共同支配,

联邦法律与州法并存,允许州法差异。而州的划分在殖民地时期已经确定,各州仍沿袭殖民地时期的内部事务自治的原则,所以,殖民地时期的英国普通刑法很大程度上影响了美国死刑制度。各州基于原始主权而产生的观念分歧,导致共同的死刑立法难以形成,联邦法律也难以就死刑问题作出一般规定。因此造成了目前哥伦比亚特区及18个州已废除死刑,而其他31个州和美国政府及军队仍保留死刑的局面。[①]此外,由于美国各州政府享有较大的自治权,对国家批准的国际文件应承担的义务普遍缺乏履行自觉,这也是当前美国迟迟不废除死刑的一大障碍。

废止死刑的观点是由贝卡利亚在其1764年出版的《论犯罪与刑罚》中首次提出的:“死刑既不是必要的,也不是有益的。体现公共意志的法律憎恶并惩罚谋杀行为,而自己却在做这种事情;它阻止公民去做杀人犯,却安排一个公共的杀人犯。死刑是一种不人道和没有效果的惩罚,是对现代开明社会实施的不能被接受的武器。”[②]贝卡利亚的思想强烈地影响着世界各地。

1786年11月30日,在贝卡利亚的祖国意大利境内托斯卡纳大公国在奥波德二世的统治下首先废止了死刑,但是意大利境内的其他大公国仍规定有死刑。一百年后,意大利第一部统一的《刑法典》才第一次全面废除了死刑。随后,在独裁者墨索里尼统治时代,为了适应法西斯统治的政治需要,意大利于1926年恢复了对部分危害王室和国家的犯罪死刑的规定,紧接着1930年颁布的“洛克法

---

① 美国死刑信息中心网站,http://www.deathpenaltyinfo.org/states-and-without-death-penalty.密歇根州Michigan(1846年,但保留了死刑对叛国罪、暴力性质的海盗罪和在船坞内纵火罪的适用,1963年完全废除了死刑)、威斯康星州Wisconsin(1853)、缅因州Maine(1887)、明尼苏达州Minnesota(1911)、阿拉斯加州Alaska(1957)、夏威夷Hawaii(1957)、佛蒙特州Vermont(1964)、西弗吉尼亚州West Virginia(1965)、爱荷华州Iowa(1965)、北达科他州North Dakota(1973)、麻萨诸塞州Massachusetts(1984)、罗德岛州Rhode Island(1984)、新泽西州New Jersey(2007)、纽约州New York(2007)、新墨西哥州New Mexico(2009)、伊利诺伊州Illinois(2011)、康涅狄格州Connecticut(2012)、马里兰州Maryland(2013),2015年8月25日访问。

② 切萨雷·贝卡利亚:《论犯罪与刑罚》,中国法制出版社2005年版,第33—35页。

典”,不仅重新规定了死刑,还增加了危害国家犯罪的死刑,以及对某些严重的普通刑事犯罪恢复死刑。但第二次世界大战后,意大利战败,法西斯政权倒台,为适应专制统治而制定的法典不再使用,并在 1947 年出台的《刑法典》中废除了普通刑事犯罪和平时的军事犯罪的死刑,到 1994 年,意大利废止了战时军事犯罪的死刑,正式成为无死刑的国家。欧洲的另一个主要国家德国,其实早在 1933 年就已经废除了与财产有关犯罪的死刑,并且执行死刑的人数也远低于同时期的英、法等国,直到希特勒开始掌权纳粹德国,这一现象才被打破。在法西斯的专政统治下,立法新设立了 77 个死刑罪名,并于 1933—1945 年间判处了 16 560 人死刑,其中约 12 000 人被实际执行死刑。第二次世界大战结束后,作为战败国的德国一分为二,在苏联占领区形成了德意志民主共和国,在英美法占领区形成了德意志联邦共和国,因此两国对待死刑的问题上有一定的差异。1949 年联邦德国基本法第 103 条规定:“废止死刑。”而德意志民主共和国直到 1987 年才宣布废止死刑。此后,1990 年两德合并,在 1998 年通过的《德国刑法典》中没有关于死刑的规定。从当时情形来看,意大利和德国废止死刑的一个大前提是两者都同为第二次世界大战中的战败国,结束了法西斯的专制统治,开始迈向民主制度,政权的更迭往往会出台新的立法,同时,滥用死刑造成数百万无辜的人丧生也加速了死刑的废除。

美国第一次死刑改革的尝试是 Thomas Jefferson 提出修改弗吉尼亚的死刑法律,将死刑仅用于谋杀罪和叛国罪,然而,因一票之差被否决。William Bradford,后来成为美国的司法部长,首次提出将谋杀罪基于罪过划分等级并在宾夕法尼亚州适用,随后,除一级谋杀罪外,宾夕法尼亚州成为全美第一个废除死刑的州。进入当代后,密歇根州只保留了死刑对叛国罪、暴力性质的海盗罪和在船坞内纵火罪的适用,而禁止对谋杀罪适用死刑。后来,罗得岛和威斯康星州相继废除了所有犯罪的死刑。虽然有些州在 19 世纪中后期废除了死刑,但真正标志着美国“Progressive Period”改革时期是在 20 世纪上半期,1907—1917 年,有 6 个州完全废除死刑,3 个州将死刑仅用于叛国罪和对监狱官员的一级谋杀罪。然而,这场改革是短暂而不彻底的。随后,美国便进入了第一次世界大战,社会一片混乱,民众陷入对苏联威胁的恐慌中,社会主义对资本主义进行了第一次严重的挑战,激烈的阶级冲突在美国时有发生,5 个州恢复死刑以控制犯罪。

到了 70 年代,“Furman v. Georgia”“Jackson v. Georgia”和“Branch v. Texas”,3 个被称为有里程碑意义的案件被诉到最高法院。基于第八修正案中规定的“残忍和不寻常”,最高法院设定了刑罚标准:对具体某一犯罪,刑罚是否太过苛刻,裁量是否具有任意性,判决是否触怒社会的正义感、是否比适用较轻的刑罚更有效。并同时宣布美国现有 40 部死刑法律无效,于是,全国 629 名死刑犯因无死刑执行法律依据而被减刑或中止死刑执行。然而,这并不是要在美国废除死刑。相反,由于美国犯罪率的逐年增长,保留死刑的州重新制定《刑法典》中的死刑制度,以排除最高法院判决中规定的残忍和不寻常的处罚情况。最终,于 1977 年在犹他州对自愿放弃所有上诉机会的罪犯 Gary Gilmore 执行了死刑,美国暂停了 10 年的死刑制度重新恢复。

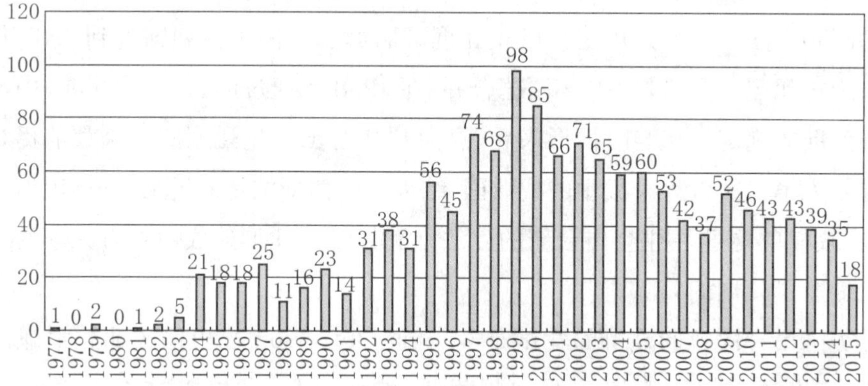

图 1　美国 1976—2015 年执行死刑人数①

二、20 世纪 80 年代以来死刑在欧美的存与废

20 世纪 80 年代以来,欧洲国家纷纷加入废除死刑的阵营。法国在 1981 年 10 月 9 日颁布的《法律案》第一条就明确规定废除死刑。匈牙利在 1990 年 10

---

① 美国死刑信息中心网站,http://www.deathpenaltyinfo.org/executions-year、http://www.bjs.gov/ucrdata/Search/Crime/State/StatebyState.cfm? NoVariables = Y&CFID = 80665739&CFTOKEN = bac8cc8574b88cb2-3D6A921E-BA8B-5EC7-A3CB9DF8B39FA601,2015 年 8 月 25 日访问。

月宣布死刑因侵犯人的生命和尊严等基本权利而违宪。[①]罗马尼亚在 1990 年废除了死刑，1990 年 5 月捷克斯洛伐克议会投票通过废除死刑法案，7 月，分开的捷克和斯洛伐克两国在各自国家的法律中也将此法案写了进去。1999 年英国以国际公约的形式正式废止了死刑。波兰在 1996 年通过的刑法废除了相关的死刑条款。此外，保加利亚、克罗地亚、斯洛文尼亚等国家在民主转型后即废止了死刑。

而此时的美国，死刑人数总体呈增长趋势，这是因为当代社会的毒品犯罪和恐怖主义犯罪危害严重，美国联邦政府不得不在全国范围内制定统一单行法来遏制此类严重犯罪。其中具有代表性的三部法案是：1988 年修订的《反毒品滥用法》（Anti-Drug Abuse Act）、1994 年《暴力犯罪控制法案》（Violent Crime Control Act）和 1996 年的《反恐怖主义和有效死刑法》（Anti-Terrorism and Effective Death Penalty Act）。[②]自 2000 年起，一些州在死刑搁置了很长一段时间后又被重新恢复。田纳西州和新墨西哥州在分别搁置了长达 40 年和 41 年之后又重新恢复了死刑；2005 年，康涅狄格州在距最后一次执行死刑只差 4 天就满 45 年时执行了死刑；2007 年，南达科他州执行了该州中断 60 年的死刑。直到最近的 15 年中，实行死刑州的数量又再次下降；在 1999 年，有 20 个州执行了死刑，而在 2014 年，仅有 7 个州执行了死刑。就总体来说，大部分保留死刑的州可以被视为是“象征性的行刑者”，因为他们几乎很少执行死刑。

是什么原因促使欧洲国家在 20 世纪 80 年代纷纷废除死刑，美国自建立之初深受欧洲国家的影响，为何目前却独树一帜地保留着死刑，这背后的原因值得我们去探索。

废除死刑的欧洲国家基于废除死刑的原因大致可以分为三类。第一类是以东欧国家和苏联解体后的国家为主，在经历了国家分裂后，各个独立的新国家为了寻求政治地位和经济利益，纷纷想要加入欧洲理事会和欧盟，但无论是欧洲理

---

① 《宪法法院关于死刑合宪性问题的决定》，1990 年第 23 号（X31）AB，转引自［英］罗吉·胡德、卡罗琳·霍伊尔：《死刑的全球考察》（第四版），曾彦、李坤、李占州、郭玉川译，中国人民公安大学出版社 2009 年版，第 69 页。

② ［英］罗吉·胡德、卡罗琳·霍伊尔：《死刑的全球考察》（第四版），曾彦、李坤、李占州、郭玉川译，中国人民公安大学出版社 2009 年版，第 158—159 页。

事会还是欧盟都持废除死刑的政策,欧洲理事会部长委员会在1982年召开的第354次会议上正式通过了《欧洲人权公约关于废除死刑第6议定书》,废除了和平时期的死刑制度。[①]1996年,欧洲理事会正式宣布,暂停执行死刑并在三年内彻底废止死刑是加入欧洲理事会的必要条件。[②]随后,欧盟也将废除死刑作为准入标准。2002年在立陶宛的维尔纽斯举行的欧洲理事会部长委员会会议上签署通过了《欧洲人权公约关于全面废除死刑第13议定书》,将和平时期扩展到战争时期,全面废除了死刑。[③]于是,罗马尼亚、捷克、斯洛伐克、保加利亚等国为了获取资格,纷纷废除死刑,并随后签署了议定书,取得了欧洲理事会和欧盟成员的地位。第二类是以西欧国家为主,废除死刑的运动起源于18世纪末的欧洲,最早由意、德、英、法的思想家们提出,使得这些国家更早地接触了死刑存废问题,并对其正当性与合理性进行了严密地思考与论证,随后,意大利、圣马力诺共和国、瑞士联邦等国在19世纪末已经停止了执行死刑。在进入20世纪后,两次世界大战的洗礼,人们对战争、和平等问题进行了重新审视,在反思战争中野蛮行为和大屠杀的教训后,为了对人的生命最大程度地尊重和保护,对国家权力进行了重新定位,死刑制度不再是一个国家的刑事司法制度,而是人权问题,基于尊重人权,意、德首先废除了和平时期的死刑,此后,西欧国家逐步全面废除了死刑。第三类是其他欧洲国家,其中有些是基于政治制度改变的需要,如匈牙利在1989年为了实行法治国家,因而加入了取消死刑的要求,并在宪法中取消了死刑条款,提高国内人权状况。有些如温和的北欧国家,认为死刑太过残忍,是对生命的极不尊重,并不是最好的刑罚方法,而且基于相关国际公约的出台,自然而然地就在法律中废止了死刑。

相比较欧洲国家,美国却在废除死刑的道路上与欧洲国家渐行渐远。一方面是由于美国独特的政治体制,美国各州享有独立主权,追究刑事责任的权利主

---

① [加]威廉姆·夏巴斯:《国际法上的废除死刑》第三版,赵海峰、吴晓丹、宋建强、李晶珠译,法律出版社2008年版,第304页。

② Bantekas, Ilias, Peter Hodgkinson. Capital Punishment at the United Nations: Recent Beccaria, Cesare. 1995[1764]. On Crimes and Punishments, and other Writings[M]. Cambridge University Press, 2000:45.转引自赵秉志、王水明:《当代国际私行废止趋势及其影响因素研究》,载《中南民族大学学报(人文社会科学版)》2013年第4期第33卷。

③ 刘仁文:《死刑政策:全球视野及中国视角》,载《比较法研究》2004年第4期。

要由各州保留，仅在一些涉及联邦利益和州与州之间的纠纷时才由联邦管辖，而各州又有着自己的立法传统，因此导致各州对待死刑态度呈现出明显的冷热不均，美国也无法像欧洲国家那样通过立法在全美废除死刑。另一方面，美国不用像欧洲国家那样承受来自欧洲理事会和欧盟的压力，同时，作为世界头号强国，死刑废止国及相关国际组织也只能谴责和批评，而无法采取实际行动促使美国废止死刑。此外，基于各州的独立主权，对美国国内而言，每个州在死刑问题上都处于类似一个国家的地位，尽管美国参议院代表国家签署了一系列的旨在保护人权的国际公约，但却无法及时充分地落实到各个州的立法与实践中去，联邦政府也无权就州级自治事项采取统一规定，更无权迫使各州接受该条约的束缚；对国际社会而言，各州并不是国际法上的主体，无需履行国家主体的义务，来自国际社会的批评和谴责往往直接针对美国，其后再加上某某州，这也使得各州对国际上的压力充耳不闻。因此，美国废止死刑的步伐艰难而缓慢，但就总体情况来看，美国正在朝着废除死刑的道路前进着，正如富兰克林·E.泽姆林所说："美国废除死刑的最后阶段已经到来。新兴的正当标准是一个国家进步的标志，这个国家将不再容许适用死刑。"①

三、美国当前死刑制度及相关问题

（一）美国死刑的适用罪名及适用对象

基于美国的联邦体制，各州依法享有自治权，在州范围内制定刑法典，因此州与州之间对死刑的规定各有不同，适用范围差异较大。同保留死刑的州政府一样，联邦政府也对某些触犯联邦法律的罪行执行死刑，主要包括谋杀、其他犯罪过程中实施的谋杀、海盗、强奸、暴乱、绑架等罪名，除此之外，还对叛国罪、间谍行为、恐怖主义活动和毒品犯罪等威胁美国国家安全的非谋杀类犯罪规定了

① 富兰克林·E.泽姆林（Franklin E Zimring）：《美国死刑悖论（The Contradiction of American Capital Punishment）》，上海三联书店 2008 年 6 月版，第 205 页。

死刑。

下面以得克萨斯州为例,该州自1982年以来,执行死刑达500多人,居美国各州之首。乔治·沃克·布什在1995年至2000年担任得克萨斯州第46任州长期间,该州执行了150名死刑犯,被戏称为"死亡"州长。[①]《得克萨斯州刑法典》规定的适用死刑的一级谋杀罪:杀害公共安全官员、消防人员或是惩治人员罪、在特别加重行为(绑架、盗窃抢劫、加重强奸、纵火)中的杀人罪、为酬金而杀人罪、多重杀人罪、越狱逃脱中杀人罪、监狱服刑者杀人罪[②]。从中可以看出,死刑主要适用于对司法系统依法执行职务的人员实施的谋杀、对小孩及在实施暴力性质的犯罪时进行的谋杀。

对于死刑的适用对象,美国近几十年来不断通过最高法院判例解释宪法,逐项缩小适用范围,以更好地保护人权。在第二次世界大战后,很多欧洲国家批准和签署人权宣言和人权条约,废除或限制了死刑。但美国对死刑条款予以保留,仅同意对死刑进行限制。在1977年,最高法院审理Coker v. Georgia案时,认为对一个成年女性的强奸且没有导致受害人死亡的罪犯适用死刑是违反宪法的。此后十年间,对死刑的一些其他限制性规定也陆续出台。

1984年联合国经济及社会理事会通过了《保护面临死刑者权利的保障措施》,其中的第三条确立了"犯罪时未满18周岁的人不得判处死刑,对孕妇或新生婴儿的母亲,或精神病患者不得执行死刑"的原则。1989年进一步扩展规定"应当确定不可以判处或执行死刑的年龄上限"及"在量刑或执行阶段停止对弱智人与精神严重不健全者适用死刑"。[③]同样,美国在签署决议时,也对此条款做了相应的保留,以适应国内尚未禁止对未成年人和智障罪犯适用死刑的现状。

禁止对智障罪犯执行死刑是在2002年最高法院审理Atkins v.Virginia案时裁定该案违宪,从而确定;对未成年人禁止适用死刑是在2005年Roper v. Simmons案中,最高法院判决以无假释终身监禁代替对未成年人执行死刑;

---

① 徐岱:《美国死刑走向废除的障碍及启示》,载《吉林大学社会科学学报》2014年11月第6期。

② 任志中:《死刑适用问题研究》,知识产权出版社2012年版,第180页。

③ 国际文件:《保护面临死刑者权利的保障措施》,联合国经济及社会理事会第1984/50号决议批准。

2010年最高法院审理Graham v. Florida案时认为无假释终身监禁只适用于犯谋杀罪的未成年人，对犯其他罪行的未成年人适用无假释的终身监禁违宪；2012年6月美国最高法院对Graham v. Florida案作出裁决认为本院两年前对未成年人适用无假释终身监禁违宪，从而对未成年人最高只能定有假释的终身监禁刑罚。

那么，法院的立场是如何转变的呢？

对未成年人来说，1998年，在Thompson v.Oklahoma案中，美国最高法院以绝大多数票通过，裁定对犯罪时15周岁者适用死刑违反宪法，但如果超过15周岁，则由各州的立法机构决定标准。截至2004年底，美国保留死刑的38个州中有14个州规定了死刑适用低于18周岁的年龄底线，6个州没有相关年龄的规定，18个州加上联邦司法区将适用死刑的年龄规定为18周岁。[①]1985—2003年，全美共对22名犯罪时未成年的罪犯执行了死刑，他们大多才17岁。虽然大部分保留死刑的州法律中未规定禁止对未成年人适用死刑，但实际上越来越少的州对未成年人判处死刑。各州已经慢慢意识到未成年犯与成年犯的区别，未成年人的心智尚不成熟，判断力与控制力都还存在着欠缺，更容易受到社会的不良影响，而且人格正处于形成阶段，所以会不加思考地模仿外界错误的行为与价值观，从而走上犯罪的道路。也正因为这样，他们还有很大被改造和感化的机会，应该以矫正挽救为主。最终，2005年，最高法院在Roper v.Simmons一案中，以5∶4的表决结果得出未成年人具有相对较低的道德可责性，因此禁止对犯罪时不满18周岁的人适用死刑。最高法院Kennedy大法官在判词中写道，虽然国家可以用严厉的立法剥夺一个少年的基本自由，但国家不能毁灭他的生命和他对自己人性获得一个成熟理解的机会。判决作出后，全美有2 600名犯罪时尚未成年的死刑罪犯被改判为无假释终身监禁。

但是，国际人权组织调查发现，被判处无假释终身监禁的未成年人在美国同成年罪犯一同服刑，大部分曾遭受虐待或者性侵犯。其实早在2007年，联合国就倡议各国有关判处未成年罪犯终身监禁的法律，共186个国家参与了该表决，而美国是唯一一个投反对票的国家。直到2010年的Graham v. Florida案，最

① 美联邦司法部司法调查统计局Bureau of Justice Statistics 2004年的死刑报告。

高法院才以6∶3的投票结果,裁定判处未成年人终身监禁不得假释违反宪法。因为无假释的终身监禁相当于剥夺了未成年人的未来,使他们失去重新做人的机会,切断了他们重归社会之路。但此判决排除犯谋杀罪的未成年罪犯适用。到2012年6月,最高法院在Miller v. Alabama案中,将犯谋杀罪的未成年人也纳入禁止适用无假释终身监禁的刑罚范围内。判决中写道,时代在发展,文明程度在不断提升,之前的判决在当时看起来可能并不违反宪法,一些刑罚也不被认为是残忍和不寻常,但从今天的社会共识和美国人民的价值观来看,可能就是残忍与不寻常的。其他国家的立法和国际社会的条约可以为美国提供一些借鉴,美国不能一直徘徊在世界的大门之外,同时宣告美国现存的对未成年犯适用终身监禁不得假释的法律违反美国宪法,应予废除。

智障,以前称为“精神发育迟滞”,并且发生在18岁之前,它的特点是智力功能和适应行为有明显的局限,其中包括许多日常的社会实践技能。1984—2001年3月间,至少有44名弱智或脑组织严重受损的罪犯被执行死刑,他们的智商只有60左右,智力年龄相当于7—10周岁的孩子。

在20世纪末的美国,只有佐治亚州与马里兰州的立法对智障人执行死刑予以禁止,其他州并没有类似的规定,对犯有谋杀罪的弱智人判处死刑尚无宪法限制,使得美国成为20世纪末期唯一一个官方对此类罪犯执行死刑的国家。

进入21世纪后,布什总统宣称:“我们永远都不该对弱智人执行死刑,至少,我们可以说原则上。”截至2001年12月,全美已经有19个州及联邦政府、哥伦比亚特区和波多黎各宣布对智障罪犯废除执行死刑。2002年6月20日,最高法院在审理Atkins v. Virginia案时,认为对智障罪犯执行死刑违反宪法第八修正案,正式宣布对智障罪犯禁止适用死刑。

在对未成年人和智障人废除适用死刑的过程中,法院在很大程度上是依据禁止对未成年人或者智障人执行死刑的州是否构成了绝大多数。在2002年审理Atkins v.Virginia案时,当时一共有31个州仍保留死刑,其中21个州立法规定了禁止对智障者执行死刑,达到了一半以上,体现了当时美国社会对智障罪犯的宽容程度,认为对智障罪犯适用死刑不寻常并且与犯罪不成比例,这说明立法的发展方向,应禁止对智障罪犯执行死刑。而在Miller v. Alabama案中,Kennedy大法官沿袭了2005年Roper v.Simmons案的思路,认为世界上绝大多数国家的立法和国际组织的《联合国儿童权利公约》等相关儿童权利条约，都禁止对未成年人适用无假释的终身监禁，这标志着成熟社会在进步与发展中的适宜标准，国际社会的共识可以用来确认美国社会共识的合理性。法院将当代社会对一些罪名与刑罚的理解和接受程度作为考察量刑是否符合社会发展标准，即评价国民对某项问题的共识程度（National Consensus）。[①]具体来讲，就是考察不同州的立法规定，统计就某问题而言相同或相似的州的总数及所占全美的比例，国际社会对此问题的看法，由此评价美国刑法处罚是否适当，是否合乎美国当代社会大多数公民的认识，随着社会价值选择的客观变化而修正法律，以期符合国家公共意志，反映当代社会价值需求。

（二）美国死刑的执行及相关问题

2014 年，国际特赦公布的报告称全世界大约有 22 个国家执行了死刑，美国执行死刑的人数为 35 人，排在第五，前四位分别是中国（1 000 人以上）、伊朗（289 人以上）、沙特阿拉伯（90 人以上）和伊拉克（61 人以上）。[②]

表 1　　美国目前有 5 种执行方式、执行人数及执行地区

死刑执行方式	1976 年以来执行人数	执行地区
注　射	1 237	33 个州和美国政府及军队（即美国适用死刑的全部地区）
电　椅	158	7 个州（将注射作为首要的方式）：阿拉巴马州，阿肯色州，佛罗里达州，肯塔基州，奥克拉荷马州，南卡罗来纳州，田纳西州
毒　气	11	5 个州（将注射作为首要的方式）：亚利桑那州，加利福尼亚，密苏里州，怀俄明州，奥克拉荷马州
绞　刑	3	3 个州（将注射作为首要的方式）：特拉华州，新罕布什尔州，华盛顿
行刑队枪决	3	2 个州（将注射作为首要的方式）：奥克拉荷马州，犹他州

① 魏昌东：《美国宪法修正案与其死刑制度改革》，载《法学评论》2014 年第 1 期。

② 美国死刑信息中心网站，http://www.deathpenaltyinfo.org/death-penalty-international-perspective，2015 年 8 月 25 日访问。

1. 电椅

为了寻找一种比绞刑更人道的死刑执行方式，纽约在1888年首次发明了电椅，随后1890年William Kemmler成为第一例采取电椅方式执行死刑的罪犯。不久，其他州也开始陆续采用这种方式。但美国最高法院法官William Brennan曾提出一个关于执行电椅的描述：犯人的眼球有时会突然冒出来，大小便失禁、呕吐。身体变成红色并且温度不断上升，直到肉体膨胀、皮肤爆裂，甚至有时会着火。库克县的副首席验尸官Robert H.Kirschner称，在验尸时，多数情况大脑都已经被烧熟。最终，2008年最高法院裁定这种方式违反宪法。

2. 毒气室

1924年，毒气室执行方式在内华达州首次出现。Gee Jon是第一例被执行的死刑犯。当时，执行人员试图在Gee Jon睡觉时将氰气注入他的细胞，但这是不可能的，因此建造了毒气室。死刑犯往往被固定在一间密封室的椅子上，连接一个长的听诊器到房间外，同时放一桶硫酸，等执行命令作出后，通过室外操作将氰化物倒入桶中，此时会发生化学反应释放含氢气体，导致死刑犯因缺氧而死。据加利福尼亚的前圣昆丁监狱的监狱长Clifton Duffy描述，这个过程是极端恐怖和痛苦的，死刑犯不断挣扎，眼睛弹出，皮肤发紫并不断流口水。约翰霍普金斯大学医学院的Richard Traystman博士认为死刑犯毫无疑问是经历了极度的痛苦和焦虑，这就好像是一个人心脏病发作时的痛苦。

3. 绞刑

执行前一天，会称罪犯的体重，然后用同样重量的沙袋进行试验，从而决定下降的高度以确保罪犯可以快速死亡。如果绳子过长，犯人可能会被割头，而如果绳子太短，那死亡过程可能会持续45分钟左右。根据1969美国军队手册记载，绳子应该是四分之三英寸到一又四分之一英寸之间，必须拉伸并煮沸以消除弹力，再用蜡或肥皂润滑，以确保平稳执行绞刑。执行前，死刑犯的手和腿被固定，并且蒙着眼睛，绳索放在脖子后面。此时，打开脚下的门，死刑犯会因自身重力而下降。但是，立即死亡的情况很少发生。如果死刑犯颈部肌肉强大，或者体重过轻，或者是下降距离不够长，抑或是绳索位置放置错误，在执行后，死刑犯不会立即死亡，而是脸部逐渐肿胀，舌头伸出，眼睛爆出，大小便失禁，同时身体暴力挣扎，然后缓慢窒息而死。

4. 行刑队枪决

死刑犯因心脏破裂或血管爆裂或肺撕裂导致的失血过多而死。被枪击后会发生休克导致脑供血不足，从而失去意识。但如果执行人员没有击中心脏，死刑犯会缓慢流血致死。2015 年 3 月 23 日，犹他州州长 Gary Herbert 签署法律文件重新授权州使用枪决以防注射用药无法获得，但只允许罪犯自己选择。奥克拉荷马州也允许使用枪刑以防注射执行死刑被裁定违反宪法。

5. 注射

注射死刑现在是美国执行死刑的主要方式。1977 年，奥克拉荷马州是第一个将注射作为死刑执行方式的州。1982 年 12 月 2 日，Charles Brooks 是第一例采取注射方式执行死刑的罪犯，在得克萨斯州行刑。相比较其他四种执行方式，注射死刑执行时身体所承受的痛苦明显要小，执行后，死刑犯的身体能完整保存，体现了对死者的尊重，对死者亲属在执行完毕后认领遗体时的考虑和关怀，被认为是现代社会中更为人道的行刑方式。近几年来，仅 2013 年 1 月 16 日，42 岁的 Robert Gleason 在弗吉尼亚州通过电椅被执行死刑，其余全部是采用注射方式执行死刑。随着注射死刑的广泛使用，问题也随之而来。

《华盛顿邮报》在 2014 年 7 月 23 日报道称，在亚利桑那州州立监狱，55 岁的约瑟夫·伍德在注射行刑过程中艰难喘息 600 多次，直到 100 分钟后才停止呼吸，而正常情况下，注射方式执行死刑大概只需 10 分钟。州长 Jan Brewer 立即下令审查，调查发现是因为亚利桑那州首先使用咪达唑仑和氢吗啡酮两种混合药物用于执行死刑，药物的使用剂量应为 50 毫克，但伍德被注射了 15 次，每次各 50 毫克。

注射方式执行死刑并非没有痛苦和万无一失，这已经不是第一次出现失误。俄亥俄州在 2014 年年初对丹尼斯·麦克格韦尔执行注射死刑后，他不断大口喘气,暴力挣扎,并且十分痛苦,直到15分钟后才死亡。州长Kasich因此宣布今年不会执行任何死刑,因为需要时间去确保新药物的供应并重新准备死刑协议。①2014年4月,俄克拉何马州的死刑犯克莱顿·洛卡特在注射后,也并没有马上死亡,而是经历了43分钟的痛苦与折磨后才停止呼吸,俄克拉荷马州立即宣布暂停执行死刑,由得克萨斯州的一位独立的病理学家进行尸检。

近些年来,注射执行死刑的失误频发,其背后的矛盾也逐渐显现出来。一是更换死刑注射用药配方,二是没有正规医疗人员参与。那么,究竟是什么导致这样的局面呢?

目前爱达荷、肯塔基、密苏里和得克萨斯等州都在更换注射用药配方,原因是美国国内的制药公司相继纷纷停产死刑用药。2009年、2011年,两家美国药品供应商停止销售用于执行死刑前使死刑犯镇定的注射用药硫喷妥钠。这一举措导致约20个保留死刑的州不得不寻找新的替代药物戊巴比妥执行死刑,其中8个州将戊巴比妥作为执行死刑的唯一药物。但很快戊巴比妥的生产商就宣布,将其作为注射死刑用药并不安全,同时限制了戊巴比妥的销售②。2014年路易斯安那州的一家医院发现它曾经给过州执行部门氢吗啡酮药物,但直到事后才发现药物被用于执行死刑。一位医院的董事说:"如果我们知道政府的真正用途,我们绝不会这样做。"2015年1月16日,Roche公司发表声明称Roche意识到咪达唑仑在美国作为注射用药的组成成分而用于死刑,Roche在20世纪70年代发明了咪达唑仑,是作为治疗急性痉挛发作、中度至严重的失眠,并用于手术前使患者镇静和失忆,所以该药物可以从通用厂商处购买。Roche没有提供咪达唑仑用于死刑,也不会提供Roche的任何药物用于此目的。我们支持在全世界废除死刑。③2015年3月4日,Akorn公司发表声明谴责其产品尤其是咪达唑仑和盐酸氢吗啡酮适用于执行死刑,强烈反对将其产品用于执行死刑或为执行死刑提供支持。为阻止其产品适用死刑,Akorn将不会直接出售它的任何产品给监狱或其他矫正机构,并严格限制销售给已知的签署死刑协议的批发商,并

---

① 美国死刑信息中心网站,http://www.deathpenaltyinfo.org/news/past/27/2015,2015年8月25日访问。

② 张业亮:《注射死刑,在美国是否应该被废除》,载*World Affairs*,2014年第17期。

③ 美国死刑信息中心网站,http://www.deathpenaltyinfo.org/documents/RocheStatement.pdf,2015年8月25日访问。

要其保证尽他们最大的努力防止相关产品进入监禁机构。[①]3月18日，Akorn要求阿拉巴马州监狱立即返回曾购买的直接或间接用于死刑的任何其公司生产的药物，并保证全额退款。

美国境内制药公司的相继停产和限制销售，使得保留死刑的州注射用药库存严重不足，无法继续执行死刑。随后，各州政府开始从欧洲进口死刑注射用药成分，但欧盟及欧洲多数国家都反对执行死刑。曾在1985年生效的《欧洲人权公约》第六条中就规定“禁止在和平时期对罪犯判处死刑”，2003年7月，该公约第十三条生效，将和平时期扩展到战争时期。因此许多原本向美国政府提供死刑注射用药的欧洲制药厂商基于为企业形象考虑，不愿再出口死刑用药到美国，造成美国当前保留死刑的州都不同程度上出现注射用药短缺，并积极寻求注射死刑的替代药物。在这样的情况下，有的州主张放弃注射死刑，恢复使用电椅或毒气室执行死刑。2014年5月23日，田纳西州州长Bill Haslam签署协议称若执行死刑的药物无法得到，将允许使用电椅执行死刑。另外六个州也允许死刑犯选择电椅作为死刑执行方式，但都不强制死刑犯必须使用电椅执行死刑。2015年4月14日，奥克拉荷马州州长Mary Fallin签署法律文件称如果注射死刑用药无法获得或者注射行刑方式被最高法院裁定违宪，将允许州使用氮气执行死刑。

注射死刑除面临用药短缺外，医疗人员数量不足也是一方面原因。死刑执行的注射过程需要医疗人员来协助执行，或者至少监督确保药物能够通过静脉注入体内，同时观察死刑犯的意识与生命特征，并宣告死亡。但医学伦理排除医疗人员参与死刑，认为参与执行死刑违背救死扶伤的医德本质，因此，很多监禁机构只能由非医疗人员的执行人员执行。但由于他们缺乏经验或者必要的技能，常常会导致如针管堵塞、注射到肌肉中等问题，这会造成死刑犯极度的痛苦。此外，由于一些死刑犯长期通过静脉注射吸毒，导致很难找到一个可注射的静脉，这使死刑犯被绑在担架上而迟迟不能执行。

2000年，世界医学协会（World Medical Association）在爱丁堡召开第52次

---

① 美国死刑信息中心网站，http://www.deathpenaltyinfo.org/files/AkornStatement.pdf，2015年8月25日访问。

会议,宣称“医生参与死刑,或者参与死刑执行过程的任何阶段都是违反职业道德的行为”。[①]美国医学会详细规定有悖医学道德的参与死刑执行的行为包括(但不限于):“开列或配置镇静药或其他精神药物,参与构成执行程序的任何医学准备行为;现场或通过遥控设备监测致命的迹象(包括监测心电图);以医生的身份参加或观察死刑的执行;提供关于执行死刑的技术意见。”1996年,美国医学协会、美国护士协会和美国公共卫生协会联合发出一项声明,“禁止其成员参与执行死刑,即使这些人受政府雇佣,政府机构也不应希望或者要求其雇员参与死刑执行或者参加其他违反职业道德的行为,因为参与死刑执行与医疗人员作为医治者或安慰者的最基本原则相冲突。这种结束生命的方式使用了与救死扶伤相同的知识、设备和手段。”[②]美国麻醉协会也支持以上立场,会长Orin Gundry医师在2006年称“注射药物执行死刑并不是麻醉学界的主意,而是美国社会决定了死刑成为我们司法体系的一部分,然后以注射药物方式进行。目前出现的一些问题不会给我们带来困境。司法体系将其自己置于不利地位,而我们没有义务帮其解决……这是一件很复杂的事情,麻醉学界很不情愿地卷入其中。我的建议是对该问题深入认识并且避开麻烦”。[③]2015年3月24日,美国国际复合药剂师委员会董事会就死刑采用复合制剂发表声明称,复合制剂被用于执行死刑是一个涉及各方重大利益的议题。政府决定使用复合制剂执行死刑是因为生产传统死刑注射用药的制药公司已经单方面地作出决定禁止出售其药物用于死刑。国际复合药剂师委员会认为,国家需要探讨制药厂是否可以仅仅是为了坚持该制药厂的企业价值,而限制美国食品药物管理局对这些药物的使用,同时,国际复合药剂师委员会不鼓励它的成员参与死刑执行的准备、配药或者复合药物的配制工作。[④]这一声明同样巧妙地将针对药剂师的矛头再一次转移给制药公司。

因此,到目前为止,对于医疗人员是否应当参与死刑仍无定论。

---

① 医学协会政策网站,http://www.wma.net/e/policy/cl.htm,2015年8月25日访问。

② [英]罗吉·胡德、卡罗琳·霍伊尔:《死刑的全球考察》(第四版),曾彦、李坤、李占州、郭玉川译,中国人民公安大学出版社2009年版,第158—159页。

③ 新疆医科大学图书馆网站,http://www.ama-assn.otg/ama/pub/category/16007.html,2015年8月25日访问。

④ 美国死刑信息中心网站,http://www.deathpenaltyinfo.org/documents/IACPPressRelease.pdf,2015年8月25日访问。

(三)美国的死囚区(Death Row)

美国法院的死刑判决是不能立即执行的,法律给予制度和时间上充分的保障,让每位罪犯都能尽最大可能避免死刑的适用。这有效地减少了冤假错案的发生,并且降低了被执行死刑的人数。但与此同时,美国的死刑犯在真正执行前要在死囚区度过 10 年以上的时间,一些罪犯甚至在死囚区呆了 20 年以上。这又是否合理呢?

这个问题源自 1989 年关于 Jens Soering 的引渡听证会。Jens Soering 是一名德国公民,1985 年在弗吉尼亚州被指控谋杀并逃往英国。他向欧洲人权法院辩称在美国将会面临判决与执行中长期的等待,会如酷刑一样给精神和心理造成伤害。法院支持了他的辩解,在判决中援引"死囚区现象",在死囚区里,罪犯的案件将不断地被上诉,与此同时,他们面临着未知的裁决,年复一年地等待着,身体和心理都承受着巨大的痛苦。最终,Jens Soering 在 1990 年被引渡到美国,检察机关承诺不会对他提起死刑公诉。该案成为此后国际引渡案件的判例。

近些年来,美国死囚区罪犯的人数和等待时间都逐年增长,如表 2 所示:

表 2　　美国 1968—2015 年死囚区罪犯人数①

年份	人数	年份	人数	年份	人数	年份	人数
1968	517	1980	691	1992	2 575	2004	3 315
1969	575	1981	856	1993	2 716	2005	3 254
1970	631	1982	1 050	1994	2 890	2006	3 228
1971	642	1983	1 209	1995	3 054	2007	3 215
1972	334	1984	1 405	1996	3 219	2008	3 207
1973	134	1985	1 591	1997	3 335	2009	3 173
1974	244	1986	1 781	1998	3 452	2010	3 158
1975	488	1987	1 984	1999	3 527	2011	3 082
1976	420	1988	2 124	2000	3 593	2012	3 033
1977	423	1989	2 250	2001	3 581	2013	2 979
1978	482	1990	2 356	2002	3 557	2014	3 054
1979	539	1991	2 482	2003	3 374	2015	3 002

① 美国死刑信息中心网站,http://www.deathpenaltyinfo.org/death-row,2015 年 8 月 25 日访问。

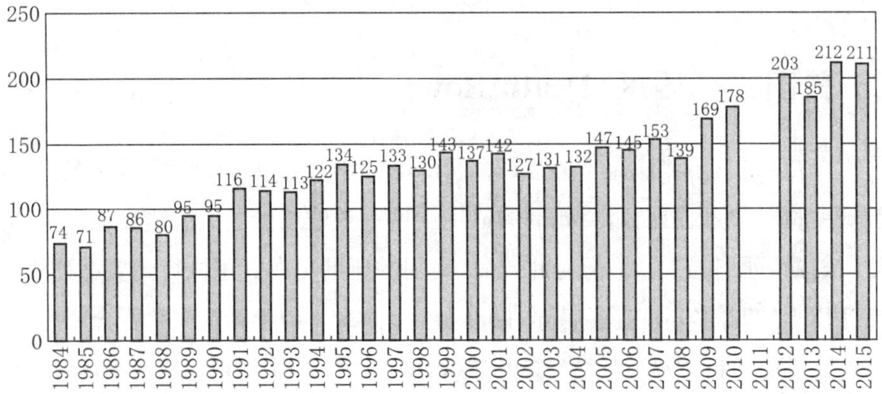

图2　1984—2015年罪犯自判决作出到执行在死囚区等待的时间(月)①(2011年数据暂缺)

目前关于死囚区是否作为额外刑罚而违宪已经引起美国国内的激烈争论,聚焦的问题主要是死囚区罪犯是否受到了两种刑罚:一种是死刑本身,一种则是不确定是否执行死刑的等待,数年生活在等同于单独监禁的条件下的事实,相当于又一种严厉的刑罚。根据对保留死刑的州的死囚区条件调查发现,在死囚区里,死刑犯被与其他罪犯隔绝开来,仅有电视中固定频道可看,严格限制与家人或律师的联系、会见,不能参加监禁机构的教育课程,监禁机构也大都不为他们提供职业培训或工作机会。死囚区房间几乎都是单间,并配有实体房门,他们每天要在他们的单人间里度过长达23小时的时间。同时,不同于其他监禁的罪犯,死囚区的罪犯处于一种是否执行死刑的未知痛苦中,这种隔绝与焦虑已经导致罪犯精神状态严重恶化。美国的心理学家将其称为"死囚区综合征",并称这段拖延的时间会导致自杀、妄想和精神错乱等问题。

而前佐治亚州检察长Mike Bowers在2001年对此问题谈到,每一种途径都要穷尽,以此来确保真的没有可能证明他们是无罪的。你要越确信,这个过程就会越漫长。死囚区的人数和等待时间的上升趋势,说明美国法院在适用死刑时慎之又慎。要避免冤假错案,那就需要在定罪后到执行前这一期间内给予罪犯穷尽所有方式的保障,以积极追求不被执行的结果,这包括完善的上诉制度、充足的时间和有效的辩护等,而罪犯在判决作出后均不被立即执行死刑也是为了

① 美国死刑信息中心网站,http://www.deathpenaltyinfo.org/time-death-row,2015年8月25日访问。

这样的目的，而在死囚区的等待也的确起到了这样的作用。在效率与公正面前，美国选择了公正，那么，时间过长，则是美国司法体制下必要又无奈的代价。

四、结　　语

在以欧洲国家为代表引领死刑废除潮流的当代，美国鉴于自己的政治体制、文化、社会状况等实际情况，没有追随潮流，而是独树一帜地保留着死刑制度。这一行为近几年来不断受到国际社会的谴责。2013 年 6 月 28 日，联合国秘书长潘基文督促美国加快废除死刑，并呼吁仍在实行死刑的国家，增加死刑程序的透明度，对死刑存废问题进行严肃的辩论。剥夺生命的过程是彻底的、不可逆的，即使是通过正当的法律程序。我们不能让无辜的人为司法错误所造成的冤假错案付出生命的代价，最明智的做法就是结束死刑。美国司法部长 Eric Holder 也曾在 2014 年底的访谈中明确表示不相信现有制度能防止将任何一个无辜的人执行死刑。因为美国就有着世界上最先进的司法体系，但到目前为止，仍是由人在做决定，任何人都是会犯错误的，过去的判决也证实了这一点。因此他坚决反对执行死刑。

回顾美国近几十年来的发展，联邦最高法院不断通过一些标志性案例缩小死刑的适用范围，死刑执行中的各种问题也不断敦促美国采取更为人道和尊重死刑犯的方式，死囚区现象也从反面反映了美国为限制适用死刑和防止错杀无辜的人所做的努力。这样的死刑废除进程是自然而然地，其实欧洲国家的死刑制度也是经历了由多到少、由滥用到慎用的过程，当死刑使用得越来越少甚至事实上已经没有再判决执行死刑的时候，死刑的彻底废除将只是一个修法程序而已，毫无疑问，美国废除死刑的进程明朗而坚定。

（作者系上海政法学院刑事司法学院 2017 级刑法学研究生）

中美死刑案件辩护制度之比较

魏　玮

摘要:美国死刑案件有效辩护制度经历了从无到有的过程,最终形成了比较完善的死刑案件辩护制度。确立了死刑案件被告人所享有的获得律师帮助的权利,并且明确了死刑案件无效审查的标准以及制定了死刑案件律师的辩护标准。相比较而言,中国的死刑案件辩护制度存在一定缺陷。中国关于死刑案件定罪和判刑的程序模糊不清、死刑复核程序中不存在辩护权、在死刑审判方面没有较高的证据门槛、律师在进行取证方面存在很大的困难、没有特殊的救济制度来帮助死刑辩护律师等问题还需要不断地完善。美国死刑案件有效辩护制度对中国提供了很多借鉴与启示。中国的死刑案件辩护制度应该把判罪和定罪程序区分开,辩护权在死刑复核程序中也应该得到相应的保障,要适当加强辩护人的调查取证权利,对一些有罪以及无罪的证据能够一视同仁,并且在死刑案件辩护律师中确立明确的行业规范,提升行业内部的辩护质量。

关键词:死刑案件;辩护制度;中美比较

一、美国死刑案件有效辩护制度的历史沿革

美国殖民时代以及现代监狱制度产生之前,死刑十分泛滥。与英国以及欧洲大陆一样,曾几何时,美国可以适用死刑的罪名达到几十种甚至上百种之多。

据统计，自沦为殖民地以来，美国正式有文字记载的死刑已经执行 1.4 万余起；涉及的罪名从最为恶劣的一级谋杀罪到普通的盗窃罪均有。①直到近现代，美国死刑法律制度经历了深刻的历史演变，这一过程自始至终贯穿着两个基本特点：第一，坚决而彻底地废除自动适用死刑的实践；第二，宪法规则追求量刑个别化与避免死刑专断、恣意的适用之间经常出现冲突。②

除了对是否保留死刑争议很大以外，美国死刑制度的设计和执行饱受诟病。一些学者反对死刑主要基于道德和意识形态上确信死刑这种惩罚本身是残酷和错误的。也有一些人将批评指向了美国死刑制度的运行以及刑事没有完善，经常出错，并且充满种族、地区和阶级的偏见，加上死刑的不可挽回性，若不废除死刑，那么至少在很多方面需要加以修改和完善。而有效辩护制度在美国死刑制度的改革中扮演了十分重要的角色。

在这里，有必要回顾一下，法庭在界定被告人律师辩护权（尤其是死刑案件）过程中所走过的历程。许多学者提出，即使在今天，即使是死刑案件中，合格律师的界定标准仍然是晦涩难明而非清晰明确的。

（一）确立死刑案件被告人享有获得律师帮助的权利③

获得律师帮助的权利是在近半个世纪的判例中慢慢形成的。肇始于 1932 年美国联邦最高法院审理的 Powell v. Alabama 案，④最高法院对被告人的律师帮助权第一次进行阐述，强调律师要对与定罪和量刑有关的问题进行庭前准备。以下这段经常被引用的文字中，大法官萨瑟兰充分阐释了获得辩护律师帮助的

---

① ［美］斯图尔德·班纳：《死刑：一个美国的历史》，哈佛大学出版社 2002 年版，第 5 页。

② 赵秉志、［美］Jerome A.Cohen：《中美死刑制度现状与改革比较研究》，中国人民公安大学出版社 2007 年版，第 65 页。

③ Bright SB, *Counsel for the Poor: The Death Sentence Not for the Worst Crime but for the Worst Lawyer*, 103 Yale L.J. 1835(1994); Ellen Kreitzberg, *Death Without Justice*, 35 Santa Clara L.Rev. 485 (1995).

④ Powell v. Alabama, 287 U.S. At 56. 1931 年 3 月 31 日，两名田纳西妇女宣称，在从田纳西到阿拉巴马的火车上被 9 个年龄在 13—20 岁之间的黑人强奸。这 9 个人被逮捕，并且仅仅 5 天后就受到了强奸罪指控，控方宣布要寻求死刑。在审理过程中，法庭为全体被告人提供了两名律师，其中一名是田纳西州的房地产律师，在整个诉讼过程中一直醉醺醺的；另一名律师是当地的，但已有几十年未出庭代理过案子了。这两位辩护人未做调查、未经准备，在审判前也几乎没有向当事人了解案件情况。

必要性:

在许多情况下,如果不保障接受审判时获得律师帮助的权利(the right to be heard by counsel),接受审判的权利(the right to be heard)将会变得毫无意义。即使是高智商、受过高等教育的法律门外汉,他在法学方面的技能也十分有限,有时甚至根本就没有任何技能可言……他不熟悉证据规则。如果没有律师的帮助,他可能会因为不适当的指控而受到审判,会因为不充分的证据或者与争议点无关或原本不可采的证据被判有罪。即使有一个完美的辩护理由,他也不具有充分准备辩护所需的法律知识和技能。因此,在刑事诉讼的每一个环节,他都需要有辩护律师的指导。没有辩护律师的指导,即使他是无辜的,由于不知道如何证明自己的无辜,也会面临着被定罪的危险。①

从此立法与司法机构都在探索被告人获得有效辩护的标准。

(二)给予贫困者获得指定辩护律师的权力

1938年,最高法院对于策尔普斯特案的判决使联邦法院的贫困被害人开始享有获得政府资金指定律师帮助的权利。但是,策尔普斯特案(Johnson v. Zerbst)之后的25年间,最高法院并没有要求各州(有别于联邦政府)为贫困者指定律师。②

最高法院最终在1963年一个里程碑式的案件——吉迪恩案(Gideon v. Wainwright)③中,要求在州诉讼中为被告人指定律师。在吉迪恩案之前,在州法院受审的贫困被告人只是偶尔才能获得法律代理,而且,这种代理也发挥不了什么作用。但是,自该案起,为贫困者指定辩护律师已经是一项强制性的要求,尽管不免还是存在某些严重问题。④戛纳电影节金棕榈奖影片——《黑暗中的舞者》用艺术的形式反映了当时美国这一律师辩护制度的严重缺陷所造成的悲剧:

---

① Powell v. Alabama, 287 U.S. At 68—69.

② Johnson v. Zerbst, 304 U.S.458(1938).

③ Gideon v. Wainwright, 372 U.S.335(1963).

④ "American Bar Association Standing Committee on Legal Aid and Indigent Defendants", *Gideon's Broken Promise*: *American's continuing Quest for Indigents Accused of Crime*, 59 Colum. L.Rev. 551(1959).

影片拍摄的是一个发生在1964年美国华盛顿州某小镇上，一位在工厂打工的移民单亲母亲的悲惨故事。这位贫穷的移民母亲在被害人的胁迫下杀死了被害人，法庭为她指定了一名律师，该指定律师未经调查、未作准备，开庭前也没有向当事人了解案情，整个庭审过程中一言未发。即使有其他律师提议可以上诉，但由于当事人的贫穷，无法支付高昂的律师费而作罢，最终被判处死刑。故事发生在1963年吉迪恩案审判之后，这一时期为贫困者指定辩护律师已经是一项强制性的要求，影片中州法院确实为贫穷的当事人指定了律师，但是指定律师的消极表现，使得所谓的律师帮助在整个诉讼过程中没有起到任何作用，悲剧由此诞生。

联邦最高法院在鲍威尔案中认为，在某些情形下律师的能力低下几乎等于没有律师帮助。在吉迪恩案中，联邦最高法院关注的是律师出庭以确保诉讼程序符合宪法并且公平，但还没有规定评价辩护律师表现的具体标准。到1970年，联邦法院采取了一个判断诉讼程序是否属于“闹剧”的标准来决定律师辩护是否无效的模糊标准。[①]尽管该意见中表达了穷人不应该只得到无能律师辩护的看法，但是联邦最高法院仍然没能提供评价辩护律师在审判期间表现的明确标准。[②]

(三) 确立死刑案件无效辩护的审查标准

在接下来的几年里，州法院和联邦法院不断尝试界定一个适当的标准。最后，联邦最高法院通过斯特里克兰诉华盛顿案(Strickland v. Washington)于1984年终于规定了明确的评价标准——二阶段标准。

首先，被告人必须证明辩护律师的表现“不足”。“不足”是指律师没有充分发挥辩护人的功能。在运用这一标准时，法院要假定律师的表现非常充分，“高度符合律师的判断”。其次，被告人必须证明“损害”。即使律师的表现不足，被告人还必须证明律师的失误如此严重以至于死刑判决不可信。[③]

一些学者提出，斯特里克兰案设立的较低标准会使穷人因拥有“最差的律

---

① Trapnell v. United States, 725 F.2d 149, 151(2d Cir.1983).

② McMann v. Richardson, 397 U.S. 756(1970)(裁决认为，律师建议被代理人认罪是合理的职业行为，并且不是无效的帮助)。

③ Strickland v. Washington, 446 U.S. At 690—691.

师”,却不是因为实施了“最恶劣的罪行”而受到审判,并被处以极刑。[①]然而,联邦最高法院所表明的目标是,确保整个诉讼程序的公平,而不是提高刑事案件的代理质量。联邦最高法院相信,通过在斯特里克兰案设立的标准将大大降低死刑适用的任意性。[②]

(四)制定死刑案件律师的辩护标准

为了确保死刑案件律师有效辩护的实现,美国律师协会(一个代表法律专业人士并为大众改进法律制度的全国性组织)1989年制定并通过了《美国律师协会死刑案件辩护律师的指派与职责纲要》。宣布了死刑案件被告人代理律师的指定与行为规则。该规则的目的在于确保在死刑案件中所有的被告人案件都能得到有能力的律师的代理。[③]2003年又由不同机构和专家共同制订了《死刑案件中辩护团队减刑职责补充纲要》,死刑案件律师的辩护标准得以确立。[④]

死刑辩护标准主要关注两个方面:一是对死刑辩护律师团队的资质方面,要求每个辩护团队必须包括拥有与死刑辩护相关知识和技能的律师、缓刑专家以及精神病健康方面的专家;辩护团队中的律师应当获得在该辖区内执业的执照或许可,无论是程序法还是实体法上都对死刑案件适用的相应的州、联邦和国际法知识具有充分的理解,具有在管理和引导复杂的谈判和诉讼上的技能,并要求其每年接受培训。二是对死刑辩护质量的评价方面,律师协会规定了死刑案件中有效律师帮助的立场,并列举了律师尽职的最低标准。首先,律师应当为其当事人利益而全力以赴、保持热忱以维护当事人的权利;其次,律师应当具备代理死刑案件所应具备的专业知识与相应的辩护技能;再次,律师应当尽早会见当事人,帮助当事人了解案件的重要进展,并在重要的决策问题上同当事人商议;最后,律师应当迅速调查案件情况,寻找所有途径发现案件的相关事实,在法庭上

---

① Bright, supra note 15, at 1835.

② [美]琳达·E.卡特等:《美国死刑法精解》(第二版),王秀梅等译,北京大学出版社2009年版,第220页。

③ ABA Guidelines, supra note 7.

④ 王喆、闵春雷:《美国死刑有效辩护制度及其启示》,载《东北师大学报(哲学社会科学版)》2012年第6期。

就定罪和量刑问题发表意见。①

(五) 建设无效辩护的司法救济机制

被告人主张律师无效辩护的申请,可以通过几种途径提出,即被告人可以申请重审、直接上诉、申请州和联邦人身保护令程序。初审法院作出判决后,被告人可以以“律师辩护无效”为理由,申请原审法院对案件进行重审。原审法院经审查,认为符合“无效辩护的标准”,决定对案件重审。重审由该法院全体刑事法官参加审理。无效辩护也可以作为上诉的理由直接向上诉法院提起上诉。

最常见的无效辩护司法救济是申请人身保护令程序。在人身保护令申请中,被告人会要求进行证据听证。在听证程序中被告人通常提出一些具体的信息和证据来证明辩护律师的作为或不作为构成了无效辩护,而辩护律师通常将作为控方证人作证,证明自己在审前调查和准备中所作的努力。如果律师辩护被法院裁决属无效辩护,案件判决将被撤销或发回重审。2000 年以来,联邦最高法院因律师辩护无效曾推翻了几个死刑判决。②

二、中国死刑案件有效辩护制度的情况和缺陷

(一) 程序方面的情况和不足

1. 定罪和判刑程序模糊不清

对于死刑案件而言,需要有有效辩护的存在才是量刑正确的审判,但是我国在这方面的模式为一体化,两者存在概念模糊。主要为以下两点:

---

① [美]琳达·E.卡特等:《美国死刑法精解》(第二版),王秀梅等译,北京大学出版社 2009 年版,第 213—236 页。

② Weaver RL: *Principles of Criminal Procedure*.(*3th ed*). West, a Thomson Business, 2008, p.44.

第一,我国在定罪程序外部还存在一些量刑的证据和信息等程序,这种情况导致我国的法官在开庭审理完毕后才进行量刑。也就是开庭审理中就进行了量刑。这种模式在我国已经持续了很长时间,也正是在这样的环境下,在一些证据的收集方面,辩护律师往往显得有些经验不足,没有把量刑的证据和信息放在重要的位置,不知道在死刑案件的审判中,这些因素起到的作用往往是决定性的,能够决定一个犯人的生死。在美国就存在和我们相反的情况,辩护律师会搜集犯人在成长和生活工作中的一些信息,而在法庭审判的时候出示这些信息以获得减刑。①所以在这一点上我国目前还存在着一定的不足。在20世纪60年代的时候,对刑事审判制度进行改革就成为国际刑法学界所考虑的重点。不仅如此,20世纪50年代末期召开的国际刑法学大会中也讨论过这个问题,其中得出的有效结论就是要避免审判模式一体化,不能模糊认定定罪和量刑这两个不同的概念。②

第二,我国的死刑案件中,受到审判定罪一体化的影响。如果可能被判处死刑的被告人或者辩护人以无罪进行辩护的时候,也就是指被告人并没有犯罪行为的时候,那么其辩护工作很难开展,也很难收到成效。可是如果法院已经认定被告人存在犯罪行为并且已经审判其死刑的时候,在实际案例中,如果辩护人继续进行无罪辩护的话,那么他所面临的后果可能就是不能在进行量刑方面的辩护,这成为死刑辩护改革的绊脚石。

2. 辩护权并不存在于死刑复核程序之中

在死刑案件的审批中出现的情况,我国的《刑法》以及《公民权利与政治权利国际公约》(下称“公约”)中都有着相关的规定,其中提出死刑的审批需要合法的法庭进行最后的判决,其中规定了最高人民法院是判决死刑的主体机构以及审批和核实机构。但是根据我国目前的实际情况来看,现在在法律方面实行从严执法,一旦出现死刑审批的时候,没有死刑核准权进行有效的制约,而且我国在死刑方面的规定较多。因此为了纠正这个观点和法律,我国在2006年对相关死

---

① Weaver RL: *Principles of Criminal Procedure*.(*3th ed*). West, a Thomson Business, 2008, p.44.

② 卢建平《国际人权公约视角下的中国死刑制度改革》,载赵秉志主编《刑事法治发展研究报告》(2006—2007年卷),中国人民公安大学出版社2008年版,第338页。

刑案件的法律条文进行了修改和调整。对死刑核准权而言有了最高人民法院这个执行主体,这是我国在这个领域所做的一次重要突破。①但是经过实践可以得知,辩护权目前在死刑复核整个程序中的地位依旧很低,在这样一个程序中,所参与的主体往往只有法院的法官,辩护人并没有参与进来,成为法院一个人的游戏。因此从这一点上可以看到,在这项程序中,其本质的辩护权依旧没有落实到被告人的手中,仅仅是符合机关单方面的参与。

3. 在死刑审判方面没有较高的证据门槛

关于死刑的审判,在公约中也有着明确的规定,其中指出,法律给予每一个公民生命权,所以受到法律的保护,任何人都不能以任何理由进行剥夺。尽管这只是提出了生命权的重要性而没有提出证据方面的标准。但是依旧提出了生命权在公民权利中的主体地位,不仅如此,涉及其需要受到法律的保护。关于这一点,在我国关于死刑犯权利的法律条文中也有涉及,其中指出,如果没有明确的能够指认被告人罪行的证据和前提,就不能对其进行死刑审判。所以这些都提出一点,死刑需要准确无误的证据为前提才能审判。我国在对刑事证明的标准方面也有相关法律进行规定,其中我国的《刑事诉讼法》中旧制度,被告人的有罪判决是需要依据清楚的事实和证据才可以进行审判。所以其标准也就是需要有清楚的事实和确凿的证据。这样的标准对任何刑事案件来说都是适用的。但是对于死刑的审判在该法律中并没有明确地提出,不仅如此,在一些实际的案例中,我国对死刑的审判所依靠证据和事实并不是准确无误的,只要"基本"符合就可以。根据这些情况来看,我国在死刑审判方面没有较高的证据门槛,因此对于死刑案件的辩护和国际上同样行为所收到的效果来看相去甚远。

(二)司法方面的情况和不足

1. 律师在进行取证方面困难重重

在死刑案件中,被告所能够从律师那里获取的服务仅仅包括一些法律知识

---

① 李汉昌、章青山:《关于我国死刑复核程序的检讨》,载《法商研究》2000 年第 2 期。

方面的咨询和提出上诉等。而对于辩护来说,律师并不能进行执行,同时对于一些证据的收集和调查也不能开展,而且在侦查过程中存在的行为是否合法也不得而知。但是在整个死刑案件中,证据是进行审判的最重要因素,一旦律师无权进行证据的搜集,那么其辩护的作用也就无从谈起。

2. 不存在特殊制度和司法救济来帮助死刑辩护律师

因为在死刑案件中,所牵扯的是一个人的生死问题,因此需要有具备十分丰富法律常识和经验技能的律师来进行辩护,所以对于一些普通的律师而言是没有资格进行死刑辩护的,因为这些普通的律师在资格认证方面往往存在一定的不足。以美国为例,在法律理论和知识以及研究辩护能力方面,普通的律师和死刑辩护律师之间的差距十分明显。不仅如此,在道德要求和个人素质方面,这些律师也存在着较大的优势,对于这类律师的任职资格需要有着严格的认证环境和检验,不仅如此,死刑辩护律师需要时时刻刻对自己的言行进行严格要求,因为其资格并不是终身的,有可能会被取消。在这一点上我国存在较大的不足,我国的律师队伍近年来数量不断上升,一些并没有真才实学的律师也混进这样的队伍中,他们往往不具备专业的理论和经验。因此根据这一点需要尽快设立一种制度提高死刑辩护律师的准入门槛。不仅如此,还需要设立无效辩护司法审查标准,从法律方面给予一定的帮助。我国目前在这个领域基本属于无人看管的状态,需要进一步调整和改善。

三、美国死刑案件有效辩护制度对中国的启示

(一) 调整和丰富死刑辩护程序

1. 把判刑和定罪两种程序区分开来

对于定罪和判刑两种程序而言,它们不应该是合二为一的,需要进行区分,这才能够符合国际上在司法方面的环境背景。在20世纪末期,南斯拉夫国际刑

事法庭审批了一桩案件，在这个 Celebici 案中，被告人的定罪和判刑就是混合在一起的。[①]对此在《国际刑事法院罗马规约》中提出过与此相关的规定，这条规定指出，审批分庭可以根据自己的情况进行听讯活动，以此来获得关于案件的相关信息。也就是说，国际刑事法院需要举行听讯活动，不管这场活动的要求者是被告还是检察官。这样的异常听讯活动是不能在定罪后举行的，被告可能会因为这样的一种活动而受到影响，而此活动的真正动机就是获得证据和意见，因此来决定案情的审批。在这之中，被告人也可以提供一些证据，为自己进行辩护或者减轻刑罚。其中存在一项特殊的情况，也就是说如果对团伙犯罪进行审判的时候，如果被告人仅仅是参与犯罪而不是主谋的话，那么为了其自身的利益而考虑需要做的就是不能再保持沉默，而是需要积极地为自己的权利进行辩护，提供有效的证据。当然这样的一种行为也可以在定罪后继续进行，可以在听讯中提出证明自己无罪的证据，这是对审批时期的沉默权的一种加强。[②]

被告人在死刑案件中的权利受到国际刑事法院所采取的模式的保护。但是在我们国家内部还存在一点差异。其中如果定罪和判刑在这类案件中进行区分的话，其所得到的实际结果就是对死刑案例的控制有利的。如果在一件死刑案件中，辩护律师和法庭出现意见不一致的情况的话，就需要辩护人采取下一步行动，也就是在当事人都在场的情况下陈述自己的辩护意见，其所针对的内容为量刑部分，这样其辩护的权利才能受到有效保障。

2. 辩护权在死刑复核程序中需要受到保障

关于死刑复核程序，这个程序的设置就是为了能使案件的审判更加公正，以免出现被告人在执行死刑后又有新的证据证明其无罪的情况，所以这个程序是在一、二两审之后所进行的。因为这个程序关系到犯人的生死，所以参与进来的主体也需要包括辩护律师。在进行这样一种过程中，辩护律师的意见需要得到法官的尊重和听取，以此来使案件更加公正。[③]不仅如此，对于这个程序的监督

---

① Prosecutor v.Delalicetal.(Case No.IT-96-21-T), Judgment, 16 November 1998, para.83.

② 威廉·A.夏巴斯:《国际刑事法院导论》(第二版)，黄芳译，中国人民公安大学出版社 2006 年版，第 191 页。

③ 黄芳:《论死刑适用的国际标准与国内法的协调》，载《法学评论》2003 年第 6 期。

主体是辩护律师,其辩护职能应得到充分发挥。

3. 在死刑适用标准方面要更加严格

在这一方面,笔者认为对死刑适用的证明需要有严格的证明,这在理论和实际案例中都应该如此。其中上文提到的我国对刑事证明的标准为案件需要在事实和证据方面十分清楚和充分。在实际案例中,这个标准的应用需要根据实际情况进行一定的调整,存在着一些差异和层次。具体如下:第一,在证明标准方面并不能保持一成不变,需要根据犯罪的构成和程序进行变更和调整;第二,在立案、批捕、起诉以及有罪判决等方面的标准也存在差异,而且其关系表现为递进关系;第三,在标准方面要根据事实而定。

笔者认为在该领域的层次性方面还存在一定的特殊性,具体如下:在证明标准的层次方面,死刑案件和一般案件存在一定的差别。其中对案件事实和证据的清楚以及充分方面两者是一致的。但是有重要的一点不同,后者存在排他性和唯一性。这样才能有严格的证明标准来适应于死刑案件,这也是为了保护公民的生命权的一种体现。

(二) 优化和丰富死刑辩护司法制度

1. 辩护人的调查取证权需要受到有效保障

律师在刑事诉讼中具有一定的权利,而这些权利来自我国的《律师法》,这项法律在 2008 年的 6 月 1 日出台并执行,提出了辩护律师的权利具体如下:①辩护律师在会见被告人的时候不会受到限制,而且在了解情况的时候不会受到法律的允许的监听;②在被告人委托律师进行辩护的时候开始,对于整个案件中所涉及的所有资料的查阅和摘抄都是受到法律支持的;③在获得一定人证之后,辩护律师是可以进行申请证人的出庭,其申请的部门为人民检察院和法院;④如果对于一些证据而言需要律师个人进行调查搜集的话,相关单位或者个人需要提供援助。[①]根据这些可以看到,在调查取证的时间方面,律师可以在审查起诉和

① 《中华人民共和国律师法》第 33 条、第 34 条、第 35 条第 1 款、第 35 条第 2 款。

审判之间进行，不仅可以向检察院和法院提出申请，还可以获得所涉及单位或者个人的信息。

一个辩护律师其进行辩护的成败与否取决于其是否搜集到了足够充分的证据，如果辩护律师没有权利进行证据的搜集和调查的话，那么其所辩护的被告人的嫌疑就不能够被洗清，也不会受到减免刑罚的保护，这对其合法权益来说是一种破坏。我国对辩护律师的搜集调查证据方面有着法律方面的支持，可是尽管如此，在实际案例中，这项工作的开展也并不是一帆风顺的。因为国家无法对这些辩护律师进行保障，所以有可能在案件中的受害人的家属会出面进行干扰这样一种取证工作，对辩护带来一定的影响。

通过以上几点，笔者认为，不仅需要在法律层面完善辩护人取证工作的保障，而且还需要在具体措施上进行相应的制定，不仅需要将调查取证权彻底落实到辩护律师身上，还需要在理念方面提高公诉人和法官的认知，在对一些有罪以及无罪证据举证的时候能够一视同仁。在死刑案件中，如果辩护律师提交了能够证明被告无罪的证据或者有利的证据的话，院方需要对这样的证据进行认真的审定，公平对待。如果其提出的证据确实能够对案件的审判造成一定的影响的话，需要积极地采纳这样的一种证据。

2. 对死刑辩护律师进行严格的资格认定

要对死刑辩护律师进行严格的资格认定，并且在监督和管理方面下足功夫，在死刑案件中，其得出的结果关系到被告的生命，因此对辩护律师来说需要提供更加高效的辩护。我国在对死刑案件进行复核中采取的方式为书面审理的方式，其中最重要、最核心的就是律师所提出的意见，这对律师来说是一种极大的考验。辩护律师不仅仅需要有着较强的专业法律理论，还需具备一定的辩护经验，而且在个人素质和道德方面也需要具备一定的资质，如果不符合这些要求的话，就不能成为一名死刑案件的辩护律师。以英国为例，能够在刑事法庭开展辩护工作的律师需要为大律师。根据这一点，我国需要进行及时的调整和改进，需要对辩护律师的任职资格进行严格的考量，制定一系列标准，而且重视行业协会的作用，对于这些律师资格的评估需要有其行业协会委员会进行评估，建立全国性质的辩护律师名册，如果律师名字不包含在内的话，不允许进行死刑案件的辩护工作。

在死刑案件辩护律师中存在明确的行业规范,以此提升行业内部的辩护质量。而且这些人员需要进行严格的培训。如果被告人获知可能被宣判死刑的话,就需要这些机构进行任命,一些得到任命的辩护律师需要最大限度地发挥自己的职能。而且在这些律师的工作过程中,行业协会的专门机构会进行实时动态的评估,如果其在工作中出现懈怠或者引起被告人家属的不满,行业协会会根据这些举报来对这些没有认真对待自己工作的律师进行警告,因为死刑案件辩护律师的资格并不是终身不变的,所以对于一些存在特别严重情况的律师,行业协会会把这名辩护律师踢出辩护律师队伍。如果到达这一步之后,那么这名律师从此以后就不能继续为死刑案件进行辩护工作。

3. 发挥无效辩护司法救济的作用

在死刑案件中,尽管辩护律师都是在为了被告人的合法权利进行努力,但是被告人也需要有自己的选择权,也就是说,如果经过辩护律师的辩护工作之后,自己的合法权益没有受到保护,可以有权利说这个辩护活动是无效的。这里以美国为例,其中指出:被告人可以提供证据来证实辩护律师工作存在一定的缺陷,辩护律师没有积极地履行自己的职责。不仅如此,被告人还可以提出证据来说明自己的合法权利因为辩护律师的工作缺陷而受到损害。例如:存在一些能够对案情造成影响的证据而律师并没有去进行搜集。当出现这种情况的时候,为了保护被告人的合法权益,就需要发挥对无效辩护认定的作用,如果法院认可被告人提出的质疑,就可以对案件的判决进行重新审理。被告人的合法权益因此受到保护。

(作者系上海政法学院刑事司法学院2015届毕业生,现于爱尔兰沃特福德理工学院攻读建筑学学士)

死刑威慑力研究之比较

——以死刑与谋杀率之间的关系为视角

王　重

摘要：本文首先通过比较死刑废除前后各国的谋杀率变化，引证欧盟失业率与谋杀率呈正相关，论述谋杀率与许多社会性因素相关，描述和评价了一些早期有代表性的利用多元回归分析探讨死刑与谋杀关系的研究，指出它们的结论相当宽泛甚至矛盾。然后通过介绍21世纪以来犯罪经济学界关于死刑威慑力的最新研究，结合与大陆文化相近的台湾地区相关调查情况，提出使用计量经济学模型研究死刑威慑力问题是否可取的疑问。并以美国1972年弗曼诉佐治亚州案后美国各州谋杀率变化为例，推论如若中国立即废除死刑可能会产生相似景况。提议我国政府应尽快完善和公开各类司法统计数据便于我国死刑威慑力的具体研究能够更好地进行，从而为我国废除死刑的策略提供指导，避免不必要的社会风险产生。

关键词：死刑；威慑力；谋杀率

一、引　言

刑罚是国家创制的、对犯罪分子适用的特殊制裁方法，是对犯罪分子某种利益的剥夺，并且表现出国家对犯罪分子及其行为的否定评价，起到改造罪犯、保护社会和警醒世人的作用。而刑罚的种类可分为生命刑、身体刑、自由刑、财产刑及其他刑罚。随着社会文明的进步,原本在刑罚体系中占主导地位的身体刑已经被自由刑所替代,中国存留死刑的同时,适用死刑的罪名也在逐步减少,我国死刑适用的罪名从68个已经减少到了55个,并且在《刑法修正案(九)》的草案中又减少了9个[①],这都预示着一种趋势。一些学者以及民间甚至并不满足这种步骤,表示希望直接通过某一两次刑法修正案就在中国彻底废除死刑。[②]笔者对此类观点持强烈反对态度,并将通过本文进行论证。本文主要以故意杀人罪的死刑适用为例,列举世界各地相关研究实例。试图通过分析废除死刑与谋杀率升降之间的关系,来说明当前中国对故意杀人罪适用死刑的必要性。

二、关于以何种标准探讨死刑的必要性

德国哲学家马克斯·韦伯提出了合理性理论被广泛运用于讨论各类社会行为。其又细分为实质合理性和形式合理性[③]。简要来讲,死刑之于故意杀人罪的实质合理性,即为其适用能否比自由刑更优地抑制故意杀人罪的产生。此点也是大量死刑保留论者的核心论点[④]。为数众多的学者认为死刑保障了公共安全。我国政府也持同样观点。很多发展中国家直接将死刑作为对抗高昂的犯罪率甚至毒品战争中的重大武器。而虽然被很多人尤其是当前我国民意肯定是显而易见的,死刑是否真有如此的威慑力?笔者并不这么认为。这将是本文着重讨论的问题。而在形式合理性方面,很多学者已经做了详细而周到的分析,比如刘树德教授的《死刑片论:死刑复核权收归之际的思考》一书中的第四章和第五章[⑤]。清晰地描述了我国死刑配置中形式合理性的问题。所以死刑的合理性存在与否,就在于其是否有如我们想象般的威慑力了。换言之,就是死刑的存在到底能否使谋杀率下降。

---

① 郭金超:《刑法修正案(九)草案拟取消9个死刑罪名》,载中新网。http://www.chinanews.com/gn/2014/10-27/6718952.shtml。

② 王伟、李云峰:《短期内废止死刑的正当性分析》,载《人民论坛(中旬刊)》,2012年第4期。

③ 傅永军:《韦伯合理性理论评议》,载《文史哲》,2002年第5期。

④ 王振中:《我国还不能完全废除死刑》,都市消费晨报2014年10月28日报道。

⑤ 刘树德:《死刑片论——死刑复核权收归之际的思考》,人民法院出版社2007年版,第90页。

三、死刑与谋杀率之间的关系探讨

(一) 各国废除死刑前后谋杀率的变化的现实比较

关于部分国家废除死刑前后的谋杀率变化如表1所示①:

表1　　14个国家或地区废除死刑前后一年杀人率比较

法　　域	废除日期	犯罪指数	废除前一年杀人率	废除后一年杀人率	百分比变化
奥地利	1968	e	.72	.71	-1%
英格兰与威尔士	1965	a	.36	.35	-3%
芬　兰	1949	a	1.05	.72	-31%
赫尔辛基	1949	a	1.96	1.90	-3%
以色列	1954	a	4.00	1.72	-57%
意大利	1890	a	13.30	12.94	-3%
瑞　典	1921	b	.43	.15	-65%
瑞　士	1942	d	45.25	36.65	-21%
维也纳	1968	e	.93	.93	0%
加拿大	1967	a	1.10	1.52	38%
丹　麦	1930	c	33.89	35.68	5%
荷属安的列斯群岛	1957	a	13.19	20.32	54%
新西兰	1961	b	.04	.08	100%*
挪　威	1905	b	.35	.39	11%

犯罪指数符号:
a=已知的故意杀人
b=谋杀、非预谋的故意杀人或杀人定罪
c=已知的暴力犯罪
d=暴力犯罪的定罪
e=犯罪统计

① 邱兴隆:《比较刑法(第一卷)死刑专号》,中国检察出版社2001年版,第365页。

表1显示,新西兰情况为1起谋杀变为2起。实际上,上述国家在废除死刑前很多年就已经几乎不执行死刑了。比如加拿大,从联合国统计中查看到,其最后一次执行死刑为1962年。

在废除死刑之前,加拿大的谋杀和过失杀人率是呈上升趋势的,而到废除死刑近30年的2003年,加拿大的谋杀和过失杀人率降到了1.73/10万,比起1975年(死刑废除前一年)的3.02/10万降低了44%。这也是加拿大总理在1987年反对恢复死刑的有力依据①。

不过同样废除死刑的英格兰和威尔士,自死刑废除以来,其谋杀率已经上升了一倍,虽然其增长率相比暴力犯罪上升六倍要低很多②。

更详细方面,一本1984年出版的名为《跨国家视角下的暴力与犯罪》的报告③,集合了1900—1970年110个国家以及44个国际城市关于自杀率、谋杀率等社会问题的统计。它的其中一个结论就是,使用死刑进行刑罚的国家,并不比那些没有死刑的国家拥有更低的谋杀率。

这个结论其实是显而易见的。因为即使从常识角度,谋杀率不可能只跟死刑存在与否有关。更多的是与社会经济条件、战争、执法力度有关。研究也印证了这点,一篇发表在《柳叶刀》的研究,统计了欧盟40年来的数据发现,每增加1%的失业率,会使谋杀案增加0.79%,并且会增加自杀率④。

综上所述,很容易发现只从废除死刑年份和谋杀率来观察死刑是否起到作用是不可能实现的。但这些数据并非没有价值,至少说明了死刑即使有起到独特作用,其独特作用也没有很大,使得其无法在各个影响谋杀率的变量中脱颖而出。进一步则说明,如若一个已经废除死刑的社会存在高涨的谋杀率,想要通过恢复死刑来进行抑制,应该是无法做到的。

---

① [英]罗吉·胡德、[英]卡洛琳·霍伊尔:《死刑的全球考察》,李占州译,人民公安大学出版社2009年版,第472页。

② [英]罗吉·胡德、[英]卡洛琳·霍伊尔:《死刑的全球考察》,李占州译,第474页。

③ Archer D, *Rosemary Gartner*, *Violence and Crime in Cross-National Perspective*, Connecticut: Yale University Press, 1984.

④ Stuckler D, *The public health effect of economic crises and alternative policy responses in Europe: an empirical analysis*, Lancet, Vol.374, 2009, p.315.

(二)引入计量经济学模型后的早期研究及相关质疑

如前所述,实际上影响谋杀率的各种社会因素相当多。从理性上考虑,如果不能排除死刑之外的变量,就无法探讨死刑与谋杀率[①]之间的关系。20 世纪 70 年代学者们开始引入计量经济学的研究方法,使用多元回归分析,试图尽量排除其他影响因素。最知名的是厄里克教授 1975 年的论文《死刑的威慑效应:一个关于生死的问题》,非常重要地引入了死刑定罪率和执行率的情况,他将情况分为三种:被定罪死刑、没有定罪死刑或被判无罪、没有逮捕。而定罪死刑又被分为执行和等待执行(关押)两种情况[②]。这在美国是必须要考虑的因素,因为大量已经被判决了死刑的罪犯并没有被执行死刑,这实际上无限接近于无假释终身监禁。(实际上仅从被判决者心理来看,这种情况对于大多数被判决死刑的罪犯是最糟糕的。美国被判决死刑的囚犯,从宣判到执行平均时间超过了 10 年[③]。被杀的前景让他们对当前的生活失去了希望,每天都在不安当中等待着完全不由自己决定的命运。因此,这种情形也饱受诟病。[④])经过计算得出死刑的执行和谋杀率增长间存在显著的负相关。进行估算,大约每年多执行一次死刑,将减少 7—8 次谋杀[⑤]。而在厄里克教授 1977 年的另一篇研究中,他引入了更多可能与谋杀率变化相关的变量,包括低收入家庭比例、有色人种比例、人口年龄构成情况、城市人口比例、失业率、实际收入、政府用于警力的支出等[⑥]。不同的是第一篇论文他直接将美国整体谋杀率和执行数汇总起来统计 1935—1969 年的情况;而第二篇论文他将废除死刑的州和保留死刑的州分开来看,分别计算了它们 1940 年的情况,得到了与之前研究一样的结论。即死刑的执行可

① 从实际意思来看,murder 是谋杀而 homicide 是凶杀,但本文为了统一表述,统一写为谋杀。

② Isaac Ehrlich, "The Deterrent Effect of Capital Punishment: A Question of Life and Death", *American Economic Review*, vol.65, 1975. p.400.

③ [英]罗吉·胡德、[英]卡洛琳·霍伊尔:《死刑的全球考察》,李占州译,第 240 页。

④ [英]罗吉·胡德、[英]卡洛琳·霍伊尔:《死刑的全球考察》,李占州译,第 246 页。

⑤ Isaac Ehrlich, *The Deterrent Effect of Capital Punishment: A Question of Life and Death*, p.414.

⑥ Isaac Ehrlich, "Capital Punishment and Deterrence: Some Further Thoughts and Additional Evidence", *Journal of Political Economy*, Vol.85, 1977, pp.741—788.

以额外阻止谋杀,并且计算结果每次执行都可以阻止20多次谋杀。但额外需要得到重视的是,包括接下来将要引述的数篇研究,其中所有结论为死刑有其特殊威慑力的研究里,关于其威慑力的大小的结论,差距甚远。考虑到这些研究均是以美国20世纪的数据做样本,变量的控制也差距不大。从非统计学家的普通人角度看,这些结论让人怀疑。

自厄里克教授的研究发表后,很多学者也试图使用他的数据进行研究,但有些研究的结果是没有结果的,即没有发现死刑的威慑力。比如威廉和格伦1975年的《艾萨克·厄里克关于死刑威慑研究的错觉》①。甚至此篇研究发现死刑的执行在某些时间段促进了谋杀。这也推出了另一个关于死刑的存在使得社会残暴化的讨论。持这些观点的人们认为死刑的存在使得民众潜意识中倾向将夺取他人性命作为一种可以选择的行为选项,而那些没有死刑的地区,民众会倾向认为在任何情况下夺取他人性命都是错误的。但残暴化理论一般都存在于那些对于死刑威慑力存在作为假设,但得出相悖结果的研究的结语中,几乎没有研究专门以死刑残暴化作为假设进行专门研究。

无论如何,厄里克教授的研究遭到了大量的批评。埃默里大学的谢菲尔德教授评估以厄里克教授研究为代表的一系列早期关于死刑威慑力的多元回归分析研究。认为其都犯了一个非常严重的失误,叫作聚合偏见②。美国是个很特殊的国家,每个州有不同的宪法,每个州关于死刑的立法、执行均有自己界定的权力,实际上也各不相同。而早期研究引用的数据往往没有将各个州的数据分开,尤其是州边界的情况。因为无论物理距离多近,由逻辑推理可知:如果身处一个没有死刑的州,隔壁州再高的死刑判决率和执行率都不应该会对其造成影响。

这个失误可以解释许多问题。比如那些没有得出结果的研究,可能是不同的州结果相抵消了。反过来也存在可能性。所以这一系列使用时间序列数据的早期研究的结论就失去了可信度。

---

① W.L.Bowers, G.L.Pierce, "The Illusion of Deterrence in Isaac Ehrlich's Research on Capital Punishment", *Yale Law Journal*, 1977(85), pp.197—198.

② Shepherd JM, "Deterrence versus Brutalization: Capital Punishment's Differing Impacts Among States", *Michigan Law Review*, Vol.104, 2005, p.212.

另外一些使用横断面数据的研究，也被谢菲尔德教授认为是有问题的。因为同一时间的数据无法控制一些很基本但不可计量的变量。比如某些州的暴力文化问题。同样，横断面数据也无法考虑关于犯罪、执法、司法过程中的任何问题。

正因为如此，21 世纪开始，更多的犯罪经济学学者使用了更全面的面板数据来进行探索，虽然面板数据也有因为较为新颖严格导致数据量较少的问题。

（三）本世纪以来的研究进程及争论

自从谢菲尔德教授撰文提出早期引入计量经济学模型讨论死刑威慑力问题数据采用的不严谨后，本世纪初更严谨的研究开始大量发表，他们的结论也更为统一：死刑存在威慑力。

1. 德日贝西克教授、保罗教授以及谢菲尔德教授 2003 年的论文《死刑有独特的威慑力吗？来自面板数据的新证据》使用了 1977—1996 年美国 3 054 个县的县级面板数据，得出结论：死刑的判决和执行均能减少谋杀率①。

2. 谢菲尔德教授 2004 年的研究，使用了 1977—1999 年州级每月的面板数据。结论表示死刑的执行能阻止所有类型谋杀，包括亲属谋杀、激情犯罪谋杀等；且加快死刑判决后的死刑执行也能够阻止谋杀，平均每加快 2.75 年能阻止一起谋杀②。

3. 罗特和兰德斯 2000 年的研究，使用了 1977—1995 年的州级面板数据，结果表明提升 1%的死刑执行率，会降低 7%的谋杀率③。

4. 经济学家保罗・齐默尔曼做了两篇研究。第一篇主要研究死刑执行率与谋杀率之间的关系，第二篇则是死刑执行方式与谋杀率之间的关系。得出的结论是死刑执行的增加会减少谋杀，以及电刑拥有很大的威慑力④。

---

① Dezhbakhsh H, Paul H. Rubin and Joanna M. Shepherd, “Does Capital Punishment Have a Deterrent Effect? New Evidence from Postmoratorium Panel Data”, *American Law and Economics Review*, Vol.5, 2003, pp.344—376.

② Shepherd JM, “Murders of Passion, Execution Delays, and the Deterrence of Capital Punishment”, *The Journal of Legal Studies*, Vol.33, 2004, pp.283—321.

③ Shepherd JM, *Deterrence versus Brutalization: Capital Punishment's Differing Impacts Among States*, p.216.

④ Shepherd JM, *Deterrence versus Brutalization: Capital Punishment's Differing Impacts Among States*, p.216.

5. 摩卡奴与吉延丝使用1977—1997年的州级面板数据的论文的结论，一方面说明死刑的执行减少了谋杀，另一方面通过假设证实了减少死刑的执行，如改判或赦免都会促进谋杀①。

6. 谢菲尔德教授的论文，2005年发表的名为《威慑和残酷：死刑在不同州的不同影响》中，主要以1977—1996年实际执行了死刑的州进行研究。结果发现，只有6个州死刑的执行阻止了谋杀。13个州死刑促进了谋杀。另外8个州没有影响②。

在进一步的统计学分析后，他得出了一个解释：实际上死刑的执行发生时，同时对社会造成了两种影响，分别是威慑化和残酷化影响，这两种是分别作用的，但结果实际上是互相抵消。经过计算，他发现了在1977—1996年期间执行超过9起死刑的州，死刑将体现出其威慑力③。

在论文结尾的政策建议中，谢菲尔德教授表示，通过自己的结论，那些年均死刑执行数量不足的州，如果不愿意增加死刑执行数量，应当考虑放弃死刑。他也提及，实际上至今仍无法得出一个关于死刑威慑力明确的结论，需要进一步的工作④。

上述论文在发表之后其实也饱受批评，多诺霍与沃尔夫斯2006年的论文《死刑的争论：使用和滥用经验数据》⑤就对谢菲尔德和摩卡奴的论文分别进行了检查。发现他们的结论非常容易变动，稍微进行一个干扰将变得面目全非。实际上这种问题在几乎所有相关文章中都有出现，按照文中作者原话：不幸的是，我们的研究表现了往往这些"烟火"发出的是热而不是光⑥。

上述研究被同行认为要么没有考虑到不受影响的州的情况，要么把复杂的

---

① Mocan HN and Gittings RK, "Getting off Death Row: Commuted Sentences and the Deterrent Effect of Capital Punishment", *Journal of Law and Economics*, Vol.46, 2003, pp.453—478.

② Shepherd JM, *Deterrence versus Brutalization: Capital Punishment's Differing Impacts Among States*, p.205.

③ Shepherd JM, *Deterrence versus Brutalization: Capital Punishment's Differing Impacts Among States*, p.241.

④ Shepherd JM, *Deterrence versus Brutalization: Capital Punishment's Differing Impacts Among States*, p.248.

⑤ 此文章首先发表在美国国家经济研究局的网站上，之后以另一个题目在期刊上发表。

⑥ Donohue J and Wolfers JJ, *The Death Penalty: No Evidence For Deterrence*, The Economists' Voice, 2006(3).

模型以不恰当的模型应用,要么是结果经不起一点小小的扰动。

这使得关于死刑威慑力的研究在 2006 年又回到了起点。实际上在最近一次汇总性研究中,关于死刑威慑力的研究再一次回到了起点。

2012 年,美国国家科学研究委员会关于死刑威慑力问题进行了一次回顾,出版了名为《威慑与死刑》的报告①。报告的开头这样描写:

过去几十年,大量研究试图确定死刑之于谋杀率是否存在威慑力。研究得出了各种各样的结果,甚至是互相矛盾的。一些研究得出结论,表示死刑阻止了谋杀,从而拯救了大量的生命;而另外一些研究则认为死刑促进了谋杀;还有一些研究表示死刑的执行率和谋杀率没有关系。关于这些发现的科学、有效应的评论,来自研究者、拥护者、政策决定者之间,势同水火。

在此背景下,国家科学研究委员会评估了已有证据是否科学地回答了死刑与谋杀率之间关系的问题。来自司法委员会的研究表明,迄今为止的研究,并不能表明死刑到底是减少、增加还是没有影响谋杀率。关键的问题在于,死刑相较于替代刑,是否拥有更多或更少的威慑力,比如不可假释的终身监禁②。然而已经完成的研究并没有说明关于非死刑(死刑替代刑)对于谋杀率的影响。报告建议从新的途径去更广泛洞察死刑与替代刑之间的威慑效果。

随着此报告的出版,关于死刑的特殊威慑力有无的研究,又回到了最开始的阶段。而且很可能再也无法得出结论。因为近几十年所有关于死刑威慑力的研究,除去下文将提及的台湾版本,均以美国为研究样本。虽然主要是因为研究经费的问题,但实际上也是因为其他有完整统计数据的地区要么已经废除死刑多年,要么没有完整统计数据。随着内布拉斯加州 2015 年 5 月 27 日废除死刑,美国已经有 19 个州废除死刑,并且死刑执行人数也逐年下降,2014 年仅 35 例,并且保留死刑的州执行数量差别相当大。绝大部分死刑执行都集中在得克萨斯州、俄赫拉河马州、密西西比州和亚利桑那州四个州。从附录表 2③ 中可以看出,在上述研究统计的时间段内,得克萨斯州的死刑执行占总执行人数将近

---

① Nagin DS, Pepper JV, *Deterrence and the Death Penalty*, Washington: National Academies Press, 2012.

② 需要解释的是,在美国,死刑的判决率很低。所以有人提出影响了谋杀率的是否是相比较更大概率的终身监禁不可假释,可惜至今为止笔者并未发现有相关研究发表。

③ Shepherd JM, *Deterrence versus Brutalization: Capital Punishment's Differing Impacts Among States*, p.221.

30%,并且各个州执行数量相差巨大,得克萨斯州最高为107例,第二高的州却只有38例,甚至有些州在调查期间仅宣判了死刑却都未执行,符合联合国标准的"事实上废除了死刑"。所有这些使得相关的数据不可避免地减少和存有偏见,使得统计工作更难进行,难以得出准确的结论。

(四)关于台湾地区1994年出版的行政管理机构调查

由于大赦国际的多次来函敦促以及群众呼声。台湾地区的行政管理机构于1992年委托许春金教授进行"死刑存废之探讨"专题研究,并于1993年进行专家讨论,最后于1994年将讨论和研究记录汇集出版,名为《死刑存废之探讨》①。此报告前五章系统地介绍了死刑的情况、国际上废除死刑的事态并综述了关于死刑威慑力的相关研究。第六章汇总了1961—1990年的数据、唯一一份关于死刑威慑力的中文研究、唯一一篇近几十年来样本地区不在美国的研究。

在附录中的表格为书中所综述的总计27篇关于死刑和犯罪率相关的研究论文。其中17篇结论为死刑与谋杀率没有关系。另外5篇支持了死刑残酷化理论,只有剩下5篇支持死刑威慑力。但值得注意的是,在使用了多变量法分析的9篇论文中有4篇支持了死刑的威慑力。不过正如上一节所介绍的,这9篇论文的结论实际上均没有太大的可信度。

在报告的第五章第七节,专家组也说明了使用多元回归分析数据来试图得出死刑威慑力有无的研究,其可行性和有效性是存疑的。

首先,杀人犯多有心理问题,或者教育低下,比如在此份台湾地区行政管理机构报告的统计中,死刑犯中高中以上学历的只占21.6%②,并且谋杀案的情况往往非常极端,以及谋杀本身就是一个失控行为,此调查中初犯占55.4%③,即被判死刑之前完全没有任何前科。计量经济学模型的假设是理性经济人,在这种情况下是否能够继续适用是不确定的。

其次,台湾的死刑执行数也已经非常小了,如此执行数会使得一个失误就会

---

① 许春金:《死刑存废之探讨》,"行政院"考核发展委员会1994年6月版。
② 许春金:《死刑存废之探讨》,"行政院"考核发展委员会1994年6月版,第145页。
③ 许春金:《死刑存废之探讨》,"行政院"考核发展委员会1994年6月版,第146页。

让结果迥然不同，这样计算的结果的可信度也是要存疑的。

最后，科学研究为了达到准确的结果，要求实验者控制一些变量进行研究，这在社会调查中实际上很难做到，在死刑方面就是完全无法做到。在这种情形下，其中之一的问题就会导致因果的不确定。比如研究暴力节目对观众行为的影响，如果只是以调查问卷形式，就无法知道是不是本身偏爱暴力行为的人爱看暴力节目，还是爱看暴力节目的人受影响更加暴力。

在以上这些不确定性的基础上，专家组将台湾被执行死刑人数、刑事案件破案率、失业率、离婚率、15—29 岁人口比例、国民平均所得、司法经费以及警察所占人口比例作为自变量，透过 30 年来的官方统计，进行分析。

结果显示：对于杀人罪和掳人勒索罪而被执行死刑的人数与杀人罪和掳人勒索罪的案件数无关。对于抢夺罪，因为虽负相关但未到统计学意义，所以结果有待观察。对于抢劫罪，可能有短期的威慑效应，但并不显著。报告的结论是建议将绝对死刑罪名增加无期徒刑，并且建立死刑缓行制度来逐步废除死刑①。

这份报告对中国大陆来说很有借鉴意义，台湾地区的文化与人员构成以及司法系统与大陆更加接近。遗憾的是，大陆学者似乎都忽略了此报告，基本上所有关于死刑威慑的探讨论文，都仅参照厄里克教授的论文，而与厄里克使用了相同的模型②，且逻辑上讲样本更接近大陆的此份研究却未见人提及。

（五）美国因弗曼案废除死刑情况

如前所述，关于死刑威慑力的研究，很难去人为操纵变量。尤其是死刑的存在与否。从理想实验的角度，最佳的威慑力研究，就是在存在大量死刑执行的地区，其他变量不变的情况下废除死刑，然后再恢复死刑，进行三个阶段的数据研究。当然这种做法是严重不人道的。

但恰巧存在这样一个历史机遇，美国最高法院在 1972 年弗曼诉佐治亚州案

---

① 许春金：《死刑存废之探讨》，“行政院”考核发展委员会 1994 年 6 月版，第 156 页。
② 许春金：《死刑存废之探讨》，“行政院”考核发展委员会 1994 年 6 月版，第 105 页。

件中,以“州法律授权陪审团对于具体犯罪在监禁和死刑之间选择而没有任何明确的引导是不符合宪法的,因为残酷和异常的刑罚违反了宪法第八修正案”为理由将当时美国所有死刑法律废止,并交由州立法组织去重新设定符合宪法的法律①。正是由于这个历史事件,各个州的死刑立法推迟了4—30年。谢菲尔德和他的同事专门就这种死刑废除的特殊情况进行了统计②:

首先,他们展现了死刑的暂定前后的比较,特别的是,他们比较了每个州在暂停和恢复前后的即时犯罪率的变化。这些前后的比较是有效的,因为许多可以影响犯罪的因素例如法制强制力、公正性、人口学和经济的变量在一个很短的时期内仅仅发生了很轻微的变化。另外,死刑的暂停、开始和结束在不同的州年份不同。考虑到不同州的开始和结束年份,暂停的时间各州差异很大,从4—30年不等。观察到犯罪率方面在相同的法律变化下产生了类似的变化,这些变化产生于不同的年份和不同的州,所以在关于死刑的(立即)暂停对谋杀率影响的证明方面提供了强有力的证据。这个前后的比较显示出大约91%的州经历了谋杀率的增长,大约70%的州在死刑被恢复后谋杀率降低了。

因为此比较研究并非研究死刑执行数量和谋杀率之间的关系,而是死刑废除和恢复之间的关系。虽然弗曼诉佐治亚州案的背景乃是美国民权运动的兴起导致的死刑反对狂潮,但相比较其他废除死刑国家的进程,以及同时期其他影响死刑变量的变化,这个事件可以说是十分迅速的,并且是历史罕见的。通过对1972年之前、1972年到恢复死刑法律、再到废除死刑法律之后这三个阶段的对比。我们完全有理由相信,如果在短时间内全面废除死刑,很可能导致谋杀率的上升。这并非证明死刑存在其独特的威慑力,而是说明政策的快速变动对社会造成的影响。

从逻辑方面看这种现象也容易得到解释。相比较其他国家缓慢的进程,在死刑执行仍大量存在的时间段,政府忽然宣布废除死刑,很容易被理解为谋杀行为的犯罪成本降低,也使得在罪刑梯度没有进行改动的情况下,不足以判决死刑

---

① 蔡武进:《宪政视域下死刑问题“不确定”之“确定”——基于弗曼诉佐治亚州案的再反思》,载《刑法论丛》2011年第3期。

② Dezhbakhsh H & Shepherd JM, “The Deterrent Effect of Capital Punishment: Evidence from a ‘Judicial Experiment’”, *Economic Inquiry*, Vol.44, 2006, pp.512—535.

罪名的罪犯加大了犯罪的恶意程度。这说明了如同逮捕率、判决率和定罪率一样，关于死刑的政策快速变动也会对谋杀率造成影响。

(六) 不能忽视的替代刑和文化差异问题

在第三节结尾的描述中，死刑相较于替代刑更优的证据仍没有被发现。但这样的结论并不能直接适用于我国。因为两国自由刑的严厉程度是不同的。美国最严厉的自由刑为不可假释的终身监禁(LWOP)①，实际上被判决后，终身将在监狱改造。虽然这也不符合犯罪人可以改造理论，也不尊重生命权、不符合人道主义，但毕竟被设定为死刑之下的刑罚，美国科学研究委员会也建议学者们对比终身监禁不可假释和死刑之间的威慑力。我国并不存在不可假释的终身监禁，没有必然要服刑一生的自由刑设置，这就使得我国和美国自由刑的设置出现了不可忽视的差异。这个差异直接导致的问题就是即使有学者遵从美国科学研究委员会的建议，作出了关于不可假释的终身监禁和死刑威慑力的比较，这结果也无法适用于我国。并且这种不能使用不仅仅是我国同样设定了不可假释的终身监禁就能够解决的问题。

从上文可以看出，像谋杀率这种社会现象，是与非常多的因素相关联的。想要最严谨地探讨某一因素与其关系，就必须使用穷举法排除掉所有变量。这是不现实的。所以即使在近几年相关研究中已经控制变量已达近百，仍然还有其他没能控制的变量。而谁也无法保证的就是，关于这些没有控制的变量，美国和中国相同。相反的，我们很容易得出这些都是不同的推论。短暂的历史、大量的多元文化冲突、有色人种问题、枪支问题等很多情况，都是美国所特有的，也不是光靠几个估量值就能够排除的，因为显而易见的它们直接构成了美国的文化。这也是为什么本文最重要的资料引用乃是台湾地区的调查。

尽管如此，台湾地区的调查到底能在大陆适用多少也是未知的问题。正如联合国聘请牛津大学罗德教授于 2008 年出版的那份《死刑全球考察(第四版)》

---

① 李立丰:《青少年刑罚的科学建构:以美国青少年终身监禁不得假释实践为视角》，载《青少年犯罪问题》2012 年第 4 期。

中提及的那样,没有人能保证死刑威慑力研究拥有跨地区和跨文化的效力。

另外在我国,减刑的工作主体由监狱完成,要求较低,所以存在罪犯在服完最低刑期后就被释放的情况。根据刑法八十七条,我国无期徒刑的最低刑期仅13年,死缓27年。死缓的年份较为合理,虽相较美国的不可假释终身监禁仍有较大差距,但已与台湾地区相近①。参照台湾地区关于死刑的报告结论,以死缓实际替代死刑是可以预见的。《刑法修正案(八)》关于死缓减为无期徒刑后刑期的修改,实际上大大拉开了死缓和无期徒刑严厉程度的差距,可以看作是为以后死缓彻底替代死刑奠定了一个基础。当然实际上死缓和无期的实际平均刑期都会大于上述的数字,毕竟不考虑权力寻租的因素,完成这么大的减刑幅度十分困难。进行符合罪刑相适应梯度的服刑期,在改造后仍有重返社会生活的机会,这是十分合理的司法制度。

四、启示及政策建议

笔者想要表达的观点,并非单纯一味地保留死刑。而是不应该在极短期限内立即废除死刑。这个极短期限很难界定,所以可以理解为为我国当前政策进行辩护。无论从一个普通民众视角还是一个假想中的政策决定者视角。存在如此风险的决策都是不愿意接受的。虽然在引入人权思想后,这个观点是会接受抨击的,但并不意味着它是错误的。理性的讨论者会正常看待死刑特殊威慑力问题,然后与包括其在误判、蔑视生命权、判决任意性、不符合罪犯改造理论等方面的弊端进行权衡,最知名的便是邱兴隆教授在《比较刑法第一卷》中进行的探讨。但我国实际上存在大量不理性的死刑讨论。比如某北大知名法学教授支持死刑的核心观点是其拥有威慑力,可其论证死刑有威慑力的论点乃是报应主义。这体现了国内外关于死刑问题的探讨深度的差距越来越大。

我国因为各种原因,没有公布具体的各项犯罪率,也没有公布过死刑执行人

① 王秀梅、曾赛刚:《我国台湾地区死刑控制及其对大陆死刑改革的启示》,载《法学杂志》2012年第2期。

数。媒体报道的数字一般为国际组织的估算结果，但各类估算差距相当大。比如2006年，有学者估算中国死刑执行人数高达8 000，而大赦国际估算为至少1 010人[①]。具体的谋杀率、谋杀案被判决死刑率这些关键数据也无从知晓。这就使得犯罪经济学学者无法通过分析数据来给予政策建议。

当前我国的基础司法统计情况也并不乐观，主要依靠法院来完成，形式则是表格为少文字为主，非常不便于搜集和整理[②]。这不仅阻碍了学者们进行研究，也是对公民基本知情权的侵犯。

综上所述，笔者论述并且承认了死刑的废除是可能带来风险的，即为谋杀率的上升。但上升情况以及如何避免上升在缺失本土研究的情况下是不可能得出的。所以为了指导我国死刑废除的进程，以及规避可能会因废除死刑带来的风险，我国有必要立即完善全国的司法统计工作，并且开放或至少向犯罪经济学学者开放详细的司法统计数据，包括全国各地真实的犯罪率、破案率、判决率以及死刑执行情况等，以便于做出一份有指导性的报告来指导死刑的废除工作，并且这些数据经过分析后也能指导我国方方面面的政策，真正科学地关注社会福祉，促进公平正义。

附录

表2　　1977—1996年美国各州死刑判决和执行统计

州　　名	死刑定罪人数	死刑执行人数	州　　名	死刑定罪人数	死刑执行人数
阿拉巴马州	294	13	特拉华州	22	8
亚利桑那州	207	6	弗洛里达州	713	38
阿肯色州	90	12	佐治亚州	226	22
加利福尼亚州	560	4	爱达荷州	34	1
科罗拉多州	12	0	伊利诺斯州	262	8
康乃迪克州	6	0	印第安纳州	82	4

① 相关报告甚多但真实性无从辨别，详见https://www.amnesty.org/en/。

② 查金枝：《我国刑事司法统计数据分析——以刑事政策为背景》，硕士学位论文，中国青年政治学院，2009年5月。

(续 表)

州　名	死刑定罪人数	死刑执行人数	州　名	死刑定罪人数	死刑执行人数
肯塔基州	60	0	俄亥俄州	249	0
路易斯安那州	128	23	俄克拉荷马州	238	8
马里兰州	47	1	俄勒冈州	52	1
密西西比州	133	4	宾夕法尼亚州	283	2
密苏里州	142	23	南卡罗来纳州	129	11
蒙大拿州	10	1	南达科他州	2	0
内布拉斯加州	19	2	田纳西州	142	0
内华达州	119	6	得克萨斯州	668	107
新泽西州	48	0	犹他州	17	5
新墨西哥州	13	0	弗吉尼亚州	104	37
纽约州	1	0	华盛顿州	28	2
北卡罗来纳州	308	8	怀俄明州	5	1

表3　台湾地区的行政管理机构发布的《死刑存废之探讨》中对于死刑威慑力研究的引用

犯罪趋向分析	比较研究法	短期效应研究	多元回归分析
1. Potas 和 walker 对澳大利亚废除死刑研究发现，死刑废除对杀人犯罪趋向无影响(1987)	1. Sellin 选择社经人口组成相似的3个州共5个组，比较死刑废除州和存置州的杀人犯罪率。发现自1940—1955年的平均杀人犯罪率与死刑存废无关(1955)	1. Phillips 研究1858—1921年伦敦报纸上登载的22个死刑执行，发现两个星期内杀人犯罪降低，但之后反而上升(1980)	1. Ehrlich 分析研究美国(1935—1969)时间序列资料，发现死刑执行与杀人犯罪负相关，每多执行一起死刑平均降低(7—8)起杀人案件(1975)
2. 国际特赦组织的研究发现牙买加在1976—1982年停止执行死刑期间，杀人犯罪率并无变化(1984)	2. Sellin 比较死刑存置州的警察或嫌犯被杀害可能性是否较低。结果发现恰好相反，且监狱中的杀人犯罪在死刑存置州亦较高(1959)	2. Phillips 和 Hensley 研究1973—1979年死刑情况，被害者为拜仁的刑事宣判，发现4天之内杀人犯罪降低。而无期徒刑的威慑效应并不低于死刑(1984)	2. Ehrlich 利用1940年和1950年的横断面资料，分析结果发现支持威慑力理论。同时，认为死刑执行对抢劫犯罪亦有抑制效果。多执行一名死刑可以减少(20—24)起杀人案件(1977)

（续 表）

犯罪趋向分析	比较研究法	短期效应研究	多元回归分析
3. 加拿大政府发现，废除死刑之后 7 年，即 1986 年的杀人犯罪较前 15 年均为低(1987)	3. Acker 分析发现，16 个死刑废除州中杀人犯罪与死刑存置州无异(1985)	3. Mc Farland 分析 1977 年的首 4 个死刑执行，发现仅有 Gilmore 的死刑执行使杀人犯罪降低。但考虑暴风雪所横扫州的杀人犯罪率效应消失(1983)	3. Wolpin 分析研究 1929—1968 年英格兰和威尔士的死刑执行与杀人犯罪关系，发现每多执行一名死刑，可降低 4.08 起杀人案件(1978)
4. 英国政府发现，在废除死刑后 20 年，从 1966—1980 年的杀人犯罪较 1949—1965 年上升 60%，但其他暴力犯罪亦上升至少 60%	4. Bailey 分析发现从 1961—1971 年及 1973—1984 年，死刑存置州的警察被杀率并不比死刑废除州低(1987，1982)	4. Bowers 利用 Phillips 资料，将期间延长为 10 个星期，并控制季节性因素，结果发现死刑具有“残忍效应”。每一起死刑执行会增加 2.4 件杀人案件	4. Layson 重复 Ehrlich 的研究使用 Vital Statistics 和 FBT 的统计分析 1939—1977 年及 1934—1984 年两个时间序列的死刑执行与杀人犯罪率的关系。结果发现逮捕率、定罪率以及死刑执行率均与杀人犯罪率有关。但死刑执行率影响最小(1985，1986)
5. Archer 和 Gartnera 检视 12 个废除死刑的国家，发现相对于其他类型的暴力犯罪，杀人犯罪的长期趋向更有可能下降(1984)	5. Lempert 用相关分析重新检验 Selin 的资料，亦发现死刑执行与杀人犯罪率之间并无直接关系(1983)	5. Bowers 分析纽约州 1906—1963 年每月杀人犯罪与死刑执行之间关系，发现死刑执行后一个月使杀人犯罪提升两件(1984)	5. Bowers 和 Pierce 分析 1935—1964 的死刑执行与杀人率之间关系，发现两者无关或微弱正相关(1975)
6. Hood 研究发现美国的杀人犯罪从 1960—1977 年一直上升。而 1977 年是停止死刑执行 10 年后的第一年恢复死刑。但杀人犯罪仍继续上升至 1980 年才开始下降。分析发现死刑存置州的下降幅度并不大于死刑废除州(1990)		6. Bailey 研究美国全国 1996—1987 年每月杀人犯罪率与死刑执行的电视报道的关系。结果发现，杀人犯罪率与死刑执行的报道程度并无关系(1990)	6. Passell、Black 和 Orasagh 分析 1950 年和 1960 年的横断面资料发现，死刑执行与杀人犯罪率无关(1978)

(续　表)

犯罪趋向分析	比较研究法	短期效应研究	多元回归分析
7. Adeyemi在阿尔及利亚研究发现,杀人犯罪或抢劫抢夺犯罪率有时随着死刑执行而上升,有时却下降(1987)			7. Bailey分析39个州1910—1962年间28个横断面资料,发现社会人口及监禁长短的变量,比死刑执行与杀人犯罪率更具影响力(1980)
			8. Forst综合实践序列和横断面法,分析32个州1960—1970年死刑执行与杀人犯罪的关系,结果发现停止执行死刑的州,其暴力犯罪上升并不大于死刑废除州。但刑罚的确定性,而非严重性对其有最大的威慑力(1977)
			9. Dacker和Kohfeld以1930—1980年的时间序列资料,分析死刑执行最多的5个州死刑执行与杀人犯罪率的关系,发现死刑的存在、执行或执行的程度与杀人犯罪率均无关系(1990)

(作者系上海政法学院法学2011级本科毕业生)

毒品问题

澳大利亚毒品法庭述评

宋铃珍

摘要：毒品滥用问题在澳大利亚日趋严峻，长期以来，传统刑事司法制度对于解决与吸毒相关犯罪问题的效果并不显著，单纯采取监禁等刑罚措施并不能遏制毒品滥用与再犯问题的频繁发生，而仅仅由医疗机构提供治疗手段也无法解决吸毒成瘾的隐患。故研究人员将目光转移到两者的联系上，尝试将惩罚性措施与毒品治疗相结合，由此，司法转处和毒品法庭顺势而生，将符合资格的违法者从正式的法庭程序和监禁转移到治疗方案中，由法官、案件主管、临床顾问、警察和法律援助辩护律师组成一个多学科、跨专业的协作小组，对吸毒成瘾者进行毒品康复治疗并加强监督，最大程度解决药物依赖问题，促使罪犯重返社会，对减少再犯罪的社会和经济成本方面产生切实的影响。本文从毒品法庭背景与目的着手，循其理论依据，探究其运行机制及发展现状。

关键词：澳大利亚；毒品；毒品法庭；司法转处

一、澳大利亚毒品法庭背景目的

当今，犯罪率的迅速上升引起人们普遍关注，特别是财产犯罪、暴力犯罪和非法药物使用，以及毒品依赖与犯罪的关联方面。从犯罪和刑事司法的角度来看，吸毒与犯罪活动密切相关。例如澳大利亚犯罪学研究所的澳大利亚毒品使用监测报告显示,在澳大利亚城市被警方拘留的罪犯中,不管是何种类型的犯罪,多达2/3的人大麻检测呈阳性,1/3的鸦片检测呈阳性。在最近的财产犯罪中,高达80%的被拘留者在犯罪前曾使用鸦片。而在调查期间,澳大利亚地区的犯罪率又有所增加①。

但是传统刑事司法制度对于解决与吸毒相关犯罪问题的效果并不显著,故引进问题解决型法庭处理那些因某些特定问题(如吸毒、精神问题及家庭暴力等)而犯罪的罪犯就显得十分重要。这些法庭以治疗模式的法庭判例为基础,在其运行过程中将被告个体置于适宜的治疗项目中来解决潜在问题,并通过进一步延伸减少再犯罪的可能性。

毒品法庭是问题解决型法庭的一种,旨在对产生毒品依赖的罪犯进行定罪量刑、尿液检测和司法监督,并为罪犯提供适合的治疗方案和社区支持,培养罪犯生存技能,最大程度减少毒品依赖性或使其彻底戒毒,最终使毒品法庭参与者重新融入社会,减轻对个人、家庭、社会的危害,从而保护社会。和传统刑事司法制度中监禁刑一类的惩罚性制裁相比,毒品法庭不仅可以缓解案件负担,降低相关监禁成本,又能防止监狱内罪犯的交叉感染,降低再犯罪率。

第一个毒品法庭于1989年在美国佛罗里达州戴德郡成立,之后这种模式被引入其他国家,如加拿大、爱尔兰、苏格兰、英国及澳大利亚等。在澳大利亚,新南威尔士州于1998年成立第一个建立毒品法庭,随后其他州也纷纷效仿②。

二、澳大利亚毒品法庭理论依据

(一)医疗模式司法理念③

毒品法庭是医疗模式司法理念在实际应用中的一个例子。从广义上讲,医

① Paul Williams,"Illicit Drug Use in Regional Australia", *Trends & issues in crime and criminal Justice*, No.192, 2001.

② Freeman, "Evaluating Australia's first drug court: Research challenges", *NSW Bureau of Crime Statistics And Research*, http://www.lawlink.nsw.gov.au/bocsar, 2003.

③ 医疗模式司法理念("TJ")是研究法律制度如何影响人们的情绪、行为和心理健康。它是一个相对较新的多学科领域,其名称来自法理学、法学研究、治疗或治愈的力量。它审查了法律和颁布这些法律的人对人们的心理健康有帮助或有害的可能性,以及可能存在的替代方法,包括在专门法庭中处理特定问题。

疗模式司法理念是“法律作为治疗机构的研究”，探究如何将负面影响降至最低，从而减轻因法律产生的对心理健康治疗的抵触，并利用法律权威来使其积极配合治疗。

Makkai①强调了治疗机构与传统法庭程序之间的紧张关系，前者只关心如何减轻毒品依赖，后者则仅关注怎样减少再犯罪，而毒品法庭却将这两者结合。简言之，法院通过将符合条件的违法者从正式的法庭程序以及监禁中转移到治疗方案里，来解决毒品依赖问题。各个法庭的程序、方案和参数可能会有所不同，但一般针对的都是与毒品犯罪相关的重刑犯。

犯罪行为可能是由一系列社会、经济、身体和心理因素造成，基于刑事司法制度可以并且应当在罪犯康复方面发挥积极作用的观念，毒品法庭将刑事司法制度的作用从对抗转向问题解决，使个人参与到适合的治疗方案中，以此来解决导致其犯罪的深层问题。毒品法庭是与医疗模式司法理念联系最为密切的毒品转介计划，利用法律和法律程序的权威，根据罪行的严重性，适当地以“治疗”的方法来处理罪犯，改变诉讼当事人的吸毒行为，提供持续的监督和检测，从而解决复杂的诉讼问题和社区问题，降低对社区的伤害风险②。此外，还有一个更强调跨部门的团队合作方法，通过法庭代理人之间、法庭与外部治疗提供者之间的合作，为个人提供适当的案件管理和咨询服务等帮助。由此可见，毒品法庭发挥着双重作用：一是通过定罪量刑惩罚犯罪行为；二是协助改造罪犯，建立高水平的跨机构合作，提供治疗护理以及定期审查监督。

（二）危害最小化

《2016—2025年国家毒品战略》中描述了危害最小化方法③，即减少供应、减少需求、减少危害。这意味着罪犯并不需要做到完全不使用药物，而是要尽量减少药物对自己、对他人的健康以及对社会产生的不良影响。澳大利亚长期以危

---

① Makkai, “Drugs courts: issues and prospects.” *Trends & issues in crime and criminal justice*. no.95. 1998.

② University of Western Australia, “WA Diversion Program (POP/STIR/IDP)-Final Report”, *University of Western Australia Crime Research Centre*, *2007*, 128, 131.

③ “Compulsory Drug Treatment Correctional Centre”, *New South Wales Government*, 2007.

害最小化方法处理酒精、烟草和其他药物问题,以减少或防止由此产生的有害影响,而毒品法庭则是减少危害策略中的一项重要内容。

传统刑事司法制度一般按照逮捕、起诉、定罪、量刑、服刑的顺序对罪犯进行处置,而毒品法庭则是将罪犯从传统刑事司法体系中转移出来,通过参加治疗或教育计划而免于起诉。一方面,参加毒品法庭可以避免传统刑事司法体制的弊端,如罪犯被贴上负面的标签;另一方面,有利于减少传统刑事司法体制的压力,缓解案件负担,降低相关监禁费用等。更为重要的是,毒品法庭为需要特殊个人服务的罪犯提供适当的治疗方案,以便更好地解决他们的问题。①

(三)司法转处

专门将毒品犯罪分子从刑事司法体系中转移处置的举措并不新鲜。例如,早在1984年南澳大利亚州就提出了毒品转介评估和援助小组,以便对简单持有或使用大麻的罪犯提供庭前评估和治疗,并允许罪犯现场缴付罚款来避免起诉。同样的,从1989年开始,澳大利亚首都地区的法官有权利将出现毒品问题的罪犯提交给一个小组进行评估治疗,而在西澳,1988年成立的法院转移处已经在为确定存在毒品问题的人提供治疗,并将其作为法庭保释的条件之一。

目前司法转移处置可以分为:以警方为基础的转移处置、以检方为基础的转移处置、以法院为基础的转移处置。毒品法庭以法院为基础,主要依靠国家的资助在各司法管辖区内独立运作。随着理论与实践的发展,即使没有澳大利亚政府的行政指导,大多数州也逐渐为成年人设立了某种形式的毒品法庭,有些州也为少年犯提供了类似的方案。

三、澳大利亚毒品法庭运行机制

毒品法庭在新南威尔士、昆士兰、南澳、维多利亚、西澳等地区均有设立,其

① 本文中的“药物”是指人类使用烟草、酒精、药物和非法药物之后对人产生精神影响的物质。

形式会因为司法管辖的差异而有所不同，但主要目的都是对吸食毒品的人员进行转移处置，将其从传统的监禁中转移至各种戒毒治疗方案里。运行机制主要有以下方面：

（一）审查评估资格

对于目前正在运行的澳大利亚毒品法庭，违法者首先须符合以下资格标准：①吸毒成瘾或所犯罪行与吸毒成瘾有关；②对指控的罪行认罪；③生活在特定地区，一般指在法院的管辖范围内；④同意参加毒品法庭，并有意愿解决他们的毒品依赖问题；⑤适合治疗。而有下列情形的罪犯则排除参与资格：①有超过 12 个月的监禁史或正在服监禁刑；②是性犯罪或暴力性犯罪；③参与贩毒或其他严重的毒品犯罪；④有严重的犯罪史。

满足上述标准后还要对罪犯进行初步评估，评估内容包括家庭和社会关系、教育和就业状况、申请人是否愿意并且适合治疗、毒品使用情况和是否有精神障碍，以及哪种治疗方式最能满足申请人的需求等。每完成一项评估后都需编制一份报告，作为法官正式确定罪犯资格时的参考。初步评估具有双重作用，第一，确定毒品法庭成员资格并从中获取参与者信息，用于他们将来的案件管理；第二，初步评估阶段也是罪犯深入了解毒品法庭程序的时期。在这个阶段，他们被告知毒品法庭方案的各种要求，做好心理准备，最大限度地降低罪犯吸毒和犯罪的潜在威胁。

（二）提供治疗计划

每个州根据本州的经济能力、社会环境，以及毒品法庭参与者复杂多样的需求来制订具有针对性的治疗计划。但根据联合国管理毒品依赖罪犯的若干原则，主要做法如下：①和传统刑事司法制度中将吸毒治疗处于边缘位置的做法不同，联合国将其置于干预的中心位置；②对参与者群体进行干预，维持家庭联系和社会联系纽带，参与者可以参加就业、接受教育和技能培训；③分配责任，确保符合刑事司法制度的干预措施（如尿液测试），保证法官有权迅速对违规行为作出反应;④密切监督参与者,并采取一定的积极措施奖励遵守者(如避免再次监禁等),以及承担不遵守的不利后果(通过一系列不断升级的制裁如监禁)。

方案通常分阶段进行,完成前一阶段目标后方可进入下一阶段。第一阶段重点在于戒毒治疗;第二阶段巩固并学习一些生活技能;第三阶段旨在重返社会并帮助参与者就业。完成这三个阶段通常需要12个月,若参与者未能遵守方案的要求而导致方案终止,则案件将退回传统司法程序进行审判或执行原判刑罚;若参与者成功完成方案,可以做到即使没有法院的强制和监督,也能继续保持不涉及毒品等相关犯罪行为,则可以避免监禁。

(三)加强多方协作

为使毒品法庭预期目标能更好地完成,还需加强多方合作。除了毒品法庭法官有责任对方案的参与者进行监督以外,另外还要有一个由案件主管、临床顾问、警察和法律援助律师组成的多学科小组,共同达成治疗目标。案件主管是社区矫正服务部门的工作人员,就罪犯管理、犯罪行为、遵守指令、药物使用等事宜向毒品法庭提供参考意见,并协助参与者进行毒品康复治疗的日常管理。由具有药物治疗背景的治安法庭员工担任临床顾问,提供专家意见并制订治疗计划以解决药物使用和相关问题①。而法律援助律师有义务向参与者提供与其方案有关的任何法律方面的咨询服务。

除此之外,还需改进刑事司法机构,加强药物治疗提供者与其他社区卫生机构的协调合作,为罪犯提供适当的转介或治疗。同时,与关键治疗提供者(如全科医生、心理健康护士、精神科医师、药剂师等)建立正式的合作关系。最后,设立社区联络员来协助促进罪犯参与社区活动,并将毒品法庭与其他社区服务机构和团体(如教堂、当地俱乐部)联系起来。

(四)强化监督机制

正式的监督机制主要可分为三个领域:一是尿液检测——检测罪犯是否吸

---

① KPMG, Drug Court Information Sheet.

食毒品;二是刑事犯罪监督——确保不会产生新的犯罪;三是方案参与——监督每个方案的参与程度和参与效果。

其中尿液检测是毒品法庭程序的重要组成部分,根据《2000 年毒品康复(法院转移)法》,参与者需定期向毒品法庭报告尿检结果。一般第一阶段每周 2—3 次,第二阶段每周一次,第三阶段每两周一次。此外罪犯还需定期参加毒品法庭会议,报告方案进度,法庭的强制性有利于参与者在治疗的初始阶段坚定其戒毒意志,并且有助于法官了解每个参与者的情况,从而与其他参与者进行比较分析,决定给予制裁或奖励。

四、澳大利亚毒品法庭发展现状

(一) 维多利亚

维多利亚州的毒品法庭(DCV)于 2002 年在丹德农地区开始运行,但即使在丹德农地区以外的罪犯也可提交至毒品法庭进行毒品干预和治疗评估。它旨在保护社区,减少吸毒率,提高罪犯戒毒成功率,降低参与者犯罪的严重性和频率,最终目的是稳定毒品法院参与者混乱的生活方式,并使其重新融入社区。

根据《1991 年判刑法》,进入毒品法庭方案的罪犯将判处两年的毒品治疗令(DTO),其中包括治疗监督和监禁。

表 1　　DTO 组成部分①

组　成	内　容
治疗监督	• 根据 1991 年判刑法,至多运行两年 • 法院对参与者进行监督评估,如定期毒品测试、定期出庭、定期毒品咨询等
监　禁	• 刑期不超过两年,可暂缓执行,优先考虑治疗 • 可以在任何阶段开始治疗,一旦违反规定,需继续执行监禁刑

① KPMG, Sentencing at the Drug Court.

DTO的目标是：①通过司法监督、化学综合疗法和监督制度来帮助罪犯康复；②降低与毒瘾有关的犯罪活动水平；③降低罪犯与毒瘾相关的健康风险。

DTO资格标准：①吸毒成瘾；②因吸毒成瘾而犯罪；③可能被判处两年以下监禁刑；④不是被控告性犯罪或涉及人身伤害的暴力性犯罪；⑤对指控的罪行认罪；⑥以书面形式同意。

DTO分为三个阶段[①]。阶段一：稳定(3—6个月)；阶段二：巩固(3—6个月)；阶段三：重返社会(3—6个月)。运行时间最少12个月，最多两年。从一个阶段到另一个阶段，参与者需要达到特定的目标。第一阶段旨在促进罪犯减少吸毒频率，稳定身心健康，停止犯罪活动，开始解决工作技能问题。要求罪犯每周参加一次法院审查听证会和毒品心理辅导，每周至少提交3次尿检结果(周一、周三和周五)。罪犯需要提供自己降低了吸毒频率和停止犯罪的证据，并在按时提交报告后进入第二阶段。第二阶段主要是巩固第一阶段的成果，督促罪犯保持一段时间不吸毒，继续避免犯罪活动，保持积极的参与态度，并开始解决潜在的精神医疗问题，确定工作技能需求来进行教育培训。这一阶段要求罪犯两周参加一次法院审查听证会和毒品心理辅导，每周提交两次尿检结果(周一和周五)。最后一个阶段是帮助罪犯重返社会，鼓励参与者寻求教育和就业机会，协调家庭关系，使其有稳定的收入和住宿条件，避免吸毒和犯罪。这一阶段，罪犯仍需每周提交一次尿检结果，但出席法庭审查听证会和毒品心理辅导的频率减少为每月一次。

多学科小组与毒品法庭法官合作，协助参与者进行医学、心理或精神病学评估，进行戒毒治疗、康复训练、尿液检测，并提供就职、教育机会或就业方案等来达到毒品法庭的治疗目标。如果参与者违反DTO，则继续执行原判刑罚尚未届满部分，或者根据个人情况考虑案件进度以及奖惩措施重新判刑。

(二) 新南威尔士州

新南威尔士州为了减轻毒品依赖性，帮助毒品问题严重的成年罪犯打破毒

① Drug Court of Victoria, Drug Court Participant Manual.

品依赖、犯罪活动和监禁的恶性循环，减少这些成瘾者诉诸犯罪活动来支持其毒品依赖的需求，减少因毒品成瘾造成的犯罪活动，帮助罪犯重新融入社会，成立了毒品法庭。制定了最长24个月的管制项目，为吸毒的非暴力被告人提供案件管理、生存技能培训等服务和支持。

根据《1999年新南威尔士州毒品法庭令》，罪犯需要满足以下标准才能申请进入毒品法庭方案：①已满18岁；②被指控与滥用毒品相关的罪行，情节严重；③未被指控暴力犯罪或性犯罪；④没有违反《1985年毒品滥用和交易法案》；⑤认罪；⑥面临监禁；⑦没有影响治疗的精神疾病；⑧同意参加戒毒计划。

如果法院裁定申请人符合条件，参与者将在监狱里进行戒毒治疗并接受评估。在羁押期间，进一步向参与者解释毒品法庭的相关要求，并提供一份详细说明运行程序、规范条文的承诺书。初步评估包括由司法部进行卫生和一般心理健康的评估，最多需要2周。需要注意的是，评估之后，罪犯仍有可能被排除在计划之外。

毒品法庭小组（包括法官、律师、警察、检察官、临床顾问、法律援助律师、社区矫正协调员）每天审查治疗提供者提交的报告，再由法官向每位参与者讲述其方案进展情况。对于遵守程序的罪犯可以给予适当奖励，如允许寻求工作和就业的特权，减少药物检测次数等，不遵守计划的罪犯则给予制裁，最常见的有增加心理辅导或其他治疗的次数，改变社会服务的性质或频率，在惩戒中心监禁等。

在为期至少12个月的程序执行中，若出现以下三种情况：法院评判参与者基本上已遵守该计划、参与者基本无法在方案中取得进步或参与者自行申请终止，法院均可终止该程序。

在决定最后判决时，法院要将对罪犯已经实施的制裁和在方案中所花费的时间考虑在内。无论执行情况如何，最后的刑罚均不能重于最初刑。

新南威尔士州还有一个强制性戒毒治疗惩戒中心，专门为长期吸毒或与毒品相关的罪犯以及多次被监禁的罪犯提供戒毒和康复治疗①。治疗分为三个阶段：第一阶段——全封闭监禁；第二阶段——半开放监禁；第三阶段——社区监

① New South Wales. Government 2007.

视。在第一阶段,参与者经历了稳定的初始阶段,开始实行强化治疗方案。接下来的两个阶段,罪犯逐渐重新融入社会,继续教育和重新就业,收入稳定,并提供可长达12个月的后续计划支持,其中包括辅导援助等。

(三) 南澳大利亚

南澳大利亚毒品法庭试点项目于2000年5月1日在阿德莱德地区的治安法庭开始实施,同其他地区的法庭一样,毒品法庭是用来解决日趋增长的与传统刑事司法体系相矛盾的毒品问题的法庭。参与者必须居住在阿德莱德的城市区域,年满18周岁,面临至少12个月的监禁,对毒品存在依赖性,并对最严重的罪行进行认罪答辩。参与者不一定要求是因为毒品犯罪受到起诉,但他们的违法行为必须是由吸毒成瘾所导致的。

参与者方案包括对居家监禁的保释者进行电子监控、毒品咨询、定期尿检、职业培训等,参与者需要定期返回法庭进行报告。其他治疗方案可根据需要来提供,如愤怒管理、药物治疗、复发预防和住院戒毒。

如果参与者成功完成治疗计划,量刑时该项条件将会被考虑在内,其刑罚会得到酌情减轻,而没有完成方案的人员则按照传统刑事司法程序判处刑罚。

(四) 昆士兰州

毒品法庭于2000年6月在宾利、绍斯波特和伊普斯威奇法院成立,2002年11月在汤斯维尔和凯恩斯试点,并于2006年正式成立。毒品法庭是对某些毒品相关犯罪的被告的量刑法庭,作为监禁的替代方法并为其提供戒毒治疗的机会。符合资格的参与者必须能够证明毒品影响了他们被起诉的罪行。

罪犯评估是北昆士兰毒品法庭方案的一个组成部分。第一次评估从转诊时开始,申请转介的地方法官必须考虑罪犯的"法律资格"。其法律资格指:①毒瘾与犯罪行为有关;②可能被判处监禁;③已认罪;④没有未处理的暴力犯罪或性犯罪。

评估的第二阶段发生在转诊后方案实施前。与毒品法庭小组成员和参与者的定性访谈表明，需要更频繁地应用心理健康评估以及更好的手段来评估罪犯的参与动机和参与意愿。继续投资和改进评估方法将有助于减少程序终止，改善毒品法庭的长期结果。

毒品法院可以命令参与者参加包括愤怒管理、复发预防和生活技能在内的各项计划，或者将罪犯安置于康复中心进行戒毒治疗。该计划提供了12—18个月的强化康复治疗和频繁的药物检测。对于已经顺利完成计划的参与者，最终刑罚可能会低于原判决；而没有完成方案的人将被重新判刑，并且在参加方案的过程中受到的任何奖励和制裁都将被考虑在内。

(五) 西澳大利亚

珀斯毒品法庭作为一个试点计划于2000年在珀斯治安法院开始运行，它针对一系列罪犯，不管是轻罪犯还是重罪犯。有两个方案来处理转介到法院的罪犯：毒品法庭制度(DCR)和判刑前命令(PSO)。毒品法庭制度原来是一个干预措施，为毒品依赖程度更深的罪犯提供监督治疗，但目前也针对短期监禁或其他非监禁制裁的罪犯。判刑前命令主要针对犯罪和吸毒历史更为广泛的顽固犯。根据个人需要制定监督治疗方案，包括定期尿检、治疗、康复和咨询会议、教育和职业培训、毒品审查和定期向法院报告。不遵守方案的参与者将被退回法院面对传统的判刑，而成功完成方案者的最终刑罚将会低于原判决。西澳大利亚还有一个青少年毒品法庭，其运行方式与成人毒品法庭大致相同，仅针对吸毒成瘾并且毒瘾直接影响犯罪行为的12—18岁之间的青少年。

在西澳大利亚地区的另一个举措是杰拉尔顿替代量刑制度(GASR)，最初是为了处理违法滥用药物问题的罪犯，但随后也扩大到酒精滥用等问题。该制度为符合资格标准的罪犯提供两种量刑选择，一种是简易干预制度(BIR)，在判决前对大麻使用者保释三个月并进行毒品治疗和教育。另一种是法院监督制度(CSR)，保释期延长至六个月，由一个法庭管理团队对参与者进行监督。家庭和社区安全是罪犯能否被保释的首要考虑因素，并且在保释后，参与者还需要接受相关的康复治疗计划。在简易干预制度和法院监督制度下，参与者需签署一份合同，其中概述了在该计划中必须完成的预期目标。成功完成后参与者将获得比原先已经实施的更低的刑罚,而未完成计划的罪犯将被退回法庭重新审理并进行宣判。

(六) 塔斯马尼亚

塔斯马尼亚没有设立毒品法庭,但有一个法院强制转移处(CMD)试点计划于2007年在政府资助下成立。罪犯必须同意接受资格评估,如果认罪或被判定是非暴力罪行并且有滥用毒品的情况,则可以参加该试点计划。转移申请可由治安法官、青年工作人员和缓刑官员提出并转交法院强制转移处,其他法庭人员或罪犯也可以向法官建议转入该方案,并通过保释令、社区令或毒品治疗令这三种途径转入治疗。

虽然每个方案的运作方式在每个司法管辖区有所不同,但仍有一些潜在的相似之处:①针对其犯罪行为与吸毒成瘾有关的罪犯;②可能面临监禁(或者在新南威尔士州、维多利亚州和昆士兰州已经实施监禁,并将其作为进入方案的前提条件);③罪犯需强制戒毒,并提供一系列服务如教育、就业、住房、毒品咨询等;④至少运行12个月(西澳毒品法庭是例外,仅运行6个月);⑤提供强有力的司法监督,罪犯需定期出庭,在法官面前接受审查;⑥有一个跨学科的专家团队协助法院,人员包括临床心理学家和案件管理人员,其职责范围包括初步评估、个性化治疗方案的制定、监督方案进度并定期向法院报告;⑦将司法人员、检察官和律师之间的关系从对抗转向协调合作;⑧建立毕业奖励和制裁制度;⑨要求参与者进行频繁和随机的毒品使用尿液检测,并定期反馈给法官;⑩建立司法程序与治疗机构之间的合作关系。

各方案之间也存在一些关键的区别,例如:①新南威尔士州的毒品法庭作为审判量刑后的程序运行,而南澳则在判决前启动程序以便被告在参与时能被保释,还有一些州如西澳大利亚的毒品法庭制度则将两者结合,提供了判刑前干预和判刑后干预;②如新南威尔士州和维多利亚州有立法支持,而其他依靠行政指导;③有些州特别是新南威尔士州要求被告彻底戒毒,才算顺利完成方案,而在其他州如南澳大利亚州,只要参加治疗长达12个月,即使在该期间仍在使用毒品,也认定为已完成方案。

五、澳大利亚毒品法庭结果分析

毒品法庭提供了一种减少再犯罪、毒品相关犯罪、毒品使用和使罪犯康复的有效方法。他们为参与者提供解决毒品滥用问题的机会,并通过咨询和社区支持来提供处理其他问题的技能。鉴于各州毒品法庭方案投资数额的巨大以及澳大利亚减少毒品犯罪的紧迫性,至关重要的是要知道这些计划是否实现其预期目标。最全面的评估是新南威尔士州成年法庭的评估报告,对法院、毒品使用频率的影响、参与者的健康、重新犯罪率和成本效益都进行了严格的评估①。其他州的毒品法庭的评估还包括对再犯的一些衡量标准,而维多利亚毒品法庭的研究则试图对毒品使用、健康方面的影响进行调查。维多利亚州和西澳大利亚毒品法庭也提供成本效益分析,但只有西澳毒品法庭的研究曾尝试对方案结束后不同判决结果的案件进行成本效益比较分析。

(一)对吸毒的影响

新南威尔士州毒品法庭的评估发现,在方案开始后的12个月内,参与者自我报告中的每周平均支出大幅下降,而合法收入水平在此期间保持不变。研究人员由此得出结论,认为这是参与者减少非法药物开支的缘故并暗示参与者毒品使用的减少。同时对小样本的尿液检测结果的分析也支持了这一结论,尿检结果显示,大多数参与者在参与毒品法庭方案之前每日都要使用海洛因,而在参加后的四个月内,超过1/3的尿检结果呈阴性,即近期并没有吸食海洛因。

维多利亚毒品法庭的评估也显示,项目启动之后的6个月内海洛因使用量显著下降,使用频率降低。相比之下,安非他明和其他鸦片剂的使用在一段时间内保持稳定。但报告中还显示参与者使用大麻的数量有所增加,评估人员倾向

① Freeman,"Evaluating Australia's first drug court: Research challenges".

于这是由于使用者认为使用大麻的社会可接受性更高,危害性更小,故将大麻作为替代品来减少其他更严重毒品的使用。

(二)对犯罪行为的影响

在毒品法庭方案的影响评估中,新南威尔士针对毒品法庭如何影响犯罪行为的报告,最具有方法学意义,它使用一个随机实验设计,使结果具有高度的可靠性。总的来说,该研究发现,毒品法庭治疗组与通过传统刑事司法制度处理的随机对照组之间的重新犯罪差异较小。然而,当治疗组被分为仍然在方案中和被终止的治疗组时,研究发现,在第一次重新犯罪的时间和频率方面,仍然在方案中的参与者表现要远远好于终止组和对照组,并且研究人员发现,对照组的再犯罪频率通常低于终止组。

维多利亚和南澳的评估报告表明,完成方案后的犯罪率通常低于方案开始前。昆兰士毒品法庭研究报告进一步比较了其他组(拒绝毒品法庭组、终止组、监禁组)前后的犯罪记录,虽然这些群体在方案后期的平均犯罪率都低于方案前,但是相比其他三组,成功完成治疗方案的参与者的差距更为明显。西澳大利亚毒品法庭的第二次研究同样表明,相比两个对照组(刑满释放人员和已经完成社区令的罪犯),那些接受方案的罪犯完成方案后重新犯罪率普遍较低。这表明,参与毒品法庭方案对于减轻与毒品有关的再犯罪程度有积极的作用①。

(三)对健康的影响

新南威尔士州毒品法庭的评估结果显示,参与者刚开始进入方案时的健康状况和社会交际能力普遍较差,但在方案开始后的12个月内均有显著提升,而这种改善与毒品注射使用量明显下降相关联②。维多利亚州毒品法庭的评估也

---

① Western Australia. Attorney General's Department, 2006.

② Passey, "Evaluation of the Lismore MERIT Pilot Program: final report", Sydney Attorney General's Dept, http://www.ncahs.nsw.gov.au/tmp/final_report_MERIT_evaluation.pdf, 2003.

发现社会功能的提高，以及随着时间的推移衡量身体健康和心理健康的总结评分有轻微的改善。此外，参与者的全日制就业率翻了一番，治疗方案参与者的人数也有所增加①。西澳大利亚的评估结果同样统计出这一情况，参与者的心理健康和身体功能从初步转诊到整体方案完成后均有重大的改善②。

（四）对法院的影响

没有一个公开的评估报告专门评估对法院处理结果或监狱数量的影响，这与其他国家如美国的毒品法庭进行的评估相反，在澳大利亚建立毒品法庭的政治动力，更多的是对毒品的关注，而不是对逮捕或对法院的影响。

犯罪研究中心将其作为珀斯毒品法庭成本效益评估的一部分进行分析比较，虽然样本相对有限，但它发现方案完成者的原判决和实际判决之间存在明显差异。在完成该方案的 62 人中，原判监禁刑的 28 人中只有一人在参与毒品法庭之后仍被监禁。这表明，至少在接受该计划的人中，毒品法庭在短期内减少了吸毒和成瘾罪犯的监禁人数③。

（五）成本效益

新南威尔士州评估报告产生了三项成本效益估计。一个完全是基于方案完成者的减刑所产生的直接效益，而另外两个则包括由于重新犯罪和住院治疗的减少所产生的效益，保守估计每年净利润为 16 622 美元④。

此外，由于建立了一个随机对照组，对新南威尔士州成人毒品法庭的评估得到了更为严密的分析结果⑤。本项研究发现，在实际产生的成本费用方面，毒品

① Alberti et al.，"Health and well-being study：Victoria Drug Court：final report"，*Court diversion program evaluation*，*No.3*，Melbourne.

② Crime Research Centre，2007.

③ Crime Research Centre，2003.

④ Passey，"Evaluation of the Lismore MERIT Pilot Program：final report"，Sydney Attorney General's Dep，2003.

⑤ Lindet，"New South Wales Drug Court evaluation：cost-effectiveness"，Sydney：BOCSAR. 2002.

法庭似乎更为昂贵。然而,与传统的制裁相比,毒品法庭降低了控制参与者犯罪所花费的时间成本,且与减少重新犯罪所产生的社会经济利益相平衡。此外,该研究还指出,参与后未能完成该方案的罪犯所花费的成本相对较高。由此得出结论,毒品法庭可以通过尽快确定在早期阶段没有取得足够进展的参与者并终止其程序,以此来提升成本效益。

维多利亚毒品法庭评估得出类似结论,评估表明,维多利亚毒品法庭稳定运行的成本(不包含建立机构的成本)高于原判监禁刑罚所产生的费用。然而,如果考虑到治疗组与对照组之间产生的再犯率差异,该项研究发现,每防止一项额外的罪行,毒品法庭最多将额外花费 732 美元,最多可以节省 146 美元,这表明毒品法庭可能比监禁更具有成本效益。

西澳州对毒品法庭的评估采用了不同的方法,其结果更为积极。在实际费用方面,毒品法庭比社区令更高,但是比监禁的成本低得多。如果将毒品法庭参与者的实际治疗费用与不参与该方案的判决费用进行比较,估计每个毒品法庭参与者可以节省 6.7 万美元。若考虑到毒品法庭参与者的重新犯罪率较低,该研究估计,针对每一新的犯罪事件,毒品法庭产生的费用为 3.6 万美元,社区机构 4.3 万美元,监狱机构 4.7 万美元。从以上数据可以看到,相比于其他方案,毒品法庭更具成本效益。

(六) 总结

整体来看,评估结果大致是积极的。然而,如前所述,鉴于大多数评估方法的局限性,其结果不足以令人信服。但这并不是说方案没有取得一些积极的成果,只是参与程序以外的因素同样可能或至少部分地解释该积极成果。在这方面,新南威尔斯州毒品法庭的重新犯罪和成本效益分析以相对健全的方法为基础,分析各种影响因素,所产生的积极结果尤其令人鼓舞。然而,由于该方案的结构与其他毒品法庭截然不同,所以这些调查结果不一定可以推广到其他州的毒品法庭。

另一点要注意的是,由于这些评价大多数集中在项目成立初期阶段,所以对于目前的程序运作了解甚少。随着时间的推移,程序也会随之发生改变,初步的磨合问题已经慢慢消失,对参与者的需求得到更充分的理解,毒品法庭的效益也在不断提高。

六、澳大利亚毒品法庭问题研究

广泛的研究和评估为毒品法庭帮助罪犯减少吸毒、降低再犯率建立了强有力的证据基础,传统的刑事司法干预措施,在面对需求复杂的罪犯时改造效果有限。尽管如此,目前毒品法庭也提出了一些理论上和实际上的挑战,特别是在资金、设计和转介方面。例如:

第一,毒品法庭是资源密集型法庭,需要大量资金、专业服务和工作人员,以及传统司法系统无法提供的健康和社会服务。通常毒品法庭还需要法官、律师花费大量的时间去接触参与者,而实际上他们的时间是稀缺且昂贵的。传统刑事司法法院普遍认为,如果资源水平相同,他们可以取得相类似的成果①。

第二,目前参与毒品法庭的机会并不平等。尽管毒品法庭日益普及,但仍有大多数被告因为不符合资格(如地理位置、涉嫌的犯罪性质等)而无法参与这些方案②。

第三,就毒品法庭而言,成功改造罪犯依赖于准确诊断吸毒成瘾问题的根本原因,而该原因可能由各种其他的心理、个人或医疗问题引起,这远远超出了毒品使用问题本身。

第四,基于医疗模式司法理念的法庭是家长式的方法,严格的指令限制了罪犯参与决策。这可能潜在地剥夺参与者的权利,减少自主权并导致抗治疗心理③。

第五,医疗模式司法理念的严密监测和深层干预可能导致比传统刑罚更为繁重的制裁,甚至与其罪行不相当④。

---

①②③ Bartels, "Challenges in Mainstreaming Speciality Courts", *Trends & Issues in Crime and Criminal Justice*, No.383, 2009.

④ Freiberg, "Soecialised Courts and Sentencing", 2002.

这些挑战并不是毒品法院独有的,而是反映了医疗模式司法理念对传统对抗法律制度所构成的理论困难。这些挑战并不能阻止毒品法院的行动,而是必须认真评估寻求解决方法,以获得法律面前的平等。

(作者系上海政法学院刑事司法学院2017届本科毕业生)

外国合法吸毒场所评述

原　睿

摘要：毒品使用导致的发病率和死亡率的问题，对全世界人民产生了很大影响，甚至成了欧洲公共健康的主要问题。每年欧洲报道的大部分（超过 8 000 例）急性毒品致死的新闻都是由于注射海洛因，并且这个数字还在上升。近年来，在公共场所使用毒品，特别是注射毒品导致的严重的公共卫生和公共秩序问题，促使一些国家建立了合法吸毒场所。本文的重点是通过汇总各国对合法吸毒场所的调查，对其历史发展、运作模式和期望与风险进行描述性分析，以此作为更深入讨论合法吸毒场所相关问题的基础。本文可以得出结论，合法吸毒场所有能力接触其目标人群，并对维持公共健康和卫生、公共秩序和安全产生积极影响。

关键词：合法吸毒场所；公共卫生；公共秩序

一、合法吸毒场所的概念

（一）吸毒、戒毒

所谓吸毒就是指明知是毒品仍然自愿吸入的行为。吸毒的方式主要有吸食和注射两种。吸食包括直接用口、鼻或者通过器具呼吸、食用毒品烟雾，或者直接吞服咀嚼的行为。注射包括将毒品通过针剂注入体内的行为,或者用器械划破表皮将毒品浸入体内的行为。合法吸毒场所主要适用于注射吸毒的行为,但部分合法吸毒场所也适用传统吸食的行为。

强制戒毒是指对吸食、注射毒品成瘾人员,在一定时期内通过行政措施对其强制进行药物治疗、心理治疗和法制教育、道德教育,使其戒除毒瘾。目前主要有自愿戒毒、社区戒毒、强制隔离戒毒等戒毒措施。建立合法吸毒场所则是与戒毒措施目的不同的一种措施,总体来讲,其设立是为了减少吸毒带来的危害。

(二)合法吸毒场所

合法吸毒场所本质上是由官方支持设立并受专业监督的专业医疗机构,保证吸毒者在安全卫生的条件下吸毒,其主要目的是减少由于不卫生的注射吸毒带来的疾病传播的严重风险,减少吸毒过量的死亡,并为高危吸毒者提供成瘾治疗以及其他相关的社会健康服务。同时,合法吸毒场所力求减少公共场所的毒品使用、废弃注射针头的污染以及与开放式吸毒有关的其他公共秩序问题。但是,合法吸毒场所不同于毒品市场从毒品交易中牟利的非法“shooting galleries①”,其本身并不向吸毒者提供毒品,这一点也不同于处方药注射室。通常,合法吸毒场所会为吸毒者提供无菌注射设备、毒品注射前后的咨询服务、注射过量的应急护理、基本的医疗护理以及社会保健和戒毒治疗的转诊服务等。

关于合法吸毒场所的名称,不同国家也有所差异,这些名称往往也反映了不同地方关于合法吸毒场所的政策以及历史背景。比如,最初瑞士的合法吸毒场所被称为“fixerstübli”(字面意思是“注射吸毒者”客厅),强调在公共场所吸毒,后来使用“gassenzimmer”一词表明合法吸毒场所已经搬进室内;德国在设立第一个合法吸毒场所时使用了“gesundheitsraum”(健康),体现该场所以公共卫生和健康为主要目标,现在则更广泛地使用比较中性的术语“konsumraum”(消费);荷兰的合法吸毒场所称为“gebruikersruimten”(用户房间),强调该场所的社会作用;西班牙使用“dispositivo asistencial devenupunción(DAVE)”(辅助

① 美国俚语,毒品注射处。

注射设施）和"espaçio de venopunción hygiénica asistida（EVA）"（卫生辅助注射设施），反映该场所更重视其健康目标；还有欧洲大部分国家称为"Drug Consumption Rooms"（DCRs）即毒品消费室；澳大利亚称为"Medically supervised centre"（MSIC）即医疗监督注射中心，表明其在特定情况下可以提供紧急医疗服务；北美地区及德国称为"Safer Injecting Facilities（SIF）"（安全注射设施）；加拿大则称为"Supervised Injecting Site（SIS）"（监督注射点）等。

二、合法吸毒场所的产生及发展

（一）产生原因及过程

与吸毒特别是毒品注射相关的发病率和死亡率一直是困扰公共卫生的主要问题，聚集在公共场所或者公开吸毒的吸毒者是最容易患传染性疾病或因吸毒过量死亡的。这些吸毒者常被高度边缘化，缺乏获得社会和医疗服务的机会，同时他们也受到来自公众的敌意以及警方的高度关注。所有这些因素都提高了吸毒者对血源性感染的易感性，增加了注射行为可能引起的并发症以及吸毒过量的风险。并且，公开吸毒行为在一些地区引起了相当大的麻烦，造成公众秩序混乱，公共安全难以保障。

20 世纪 70 年代初，荷兰和瑞士提出了设立非官方或半官方的青少年毒品使用以及毒瘾咨询中心的倡议；20 世纪 60 年代末、70 年代初，英国也发出了类似的倡议。但是这些举措与合法吸毒场所有根本的不同，他们吸引了大量的吸毒者的同时也吸引了大量贩毒团伙，而且引起了公共秩序混乱等方面的问题。最终，这些试验性的举措在短时间内被机构自行终止，或者在警察干预下停止。20 世纪 80 年代中期，欧洲许多国家的毒品服务重点是住院戒毒，其次是免费的药物治疗，在一些国家（比如丹麦、西班牙、意大利、荷兰和英国）也提供门诊咨询和某种形式的替代治疗。

随着 20 世纪 80 年代毒品注射导致的 HIV/AIDS 的快速传播，欧洲国家采取了一系列旨在减少毒品注射以及具有其他高传染风险的吸毒方式的措施，比如艾滋病宣传教育、提供清洁的注射器具和阿片类药物替代治疗等。尽管在20世纪90年代欧洲开始更广泛地接受并扩大这些措施的使用,但是在当地设立合法吸毒场所让吸毒者在监管下吸毒仍然存在争议。

(二)合法吸毒场所发展现状

经过协商谈判,1986年6月在瑞士伯尔尼开设了第一个合法吸毒场所。后来,类似的设施在德国、荷兰、西班牙、挪威、卢森堡、丹麦、希腊逐步建立。2014年希腊唯一的合法吸毒场所关闭之后,截至2016年2月,共有6个EMCDDA(The European Monitoring Centre for Drugs and Drug Addiction)成员国共设立了74个官方合法吸毒场所。欧洲共有25个城市设有31个合法吸毒场所;德国的15个城市开设了24个;西班牙的3个城市开设了12个;挪威和卢森堡各有1个;丹麦的3个城市开设了5个;瑞士的8个城市开设了12个。2016年1月,法国颁布了一项律令结束了对合法吸毒场所进行了6年的评估及争论,10月在巴黎开放了第一个官方合法的吸毒场所。在斯洛文尼亚,刑法规定的变化也为合法吸毒场所的建立创造了有利环境,卫生部经过公开招标在首都卢布尔雅那选择了一个非政府组织实施第一个试点项目。欧洲以外,澳大利亚的悉尼设立了两个医疗监督注射中心,加拿大温哥华也设立了一个。

三、合法吸毒场所的运作

(一)目标人群

合法吸毒场所旨在接触到特定高危毒品使用人群,解决在公共场所注射毒品的吸毒者带来的一系列问题。其对象通常是注射吸毒者,并力求吸引难以接触的吸毒人群,特别是边缘群体和在公共场所以及不卫生的环境下注射毒品的人群。这个群体的特点是由于社会排斥、健康状况不佳以及无家可归导致其极端脆弱。目前越来越多的合法吸毒场所的对象也包括以传统的吸食方式吸毒的人群。具体国家地区关于目标群体的界定以及注册标准如表1、表2所示。

表1 目标对象

国家	目标人群
瑞士	"schwerstabhängige"(严重成瘾的人):长期注射毒品的使用者,不接受其他人提供的服务
荷兰	"Problematic street drug users":长期吸毒者,其特征是街头注射,行为混乱并且身体状况不佳① "Chronic hard drug users that are not motivated for treatment"② "Adult street drug users with a reputation for nuisance"③
德国	"Schwer erreichbare Betäubungsmittelabhängige"(难以接触的毒品成瘾者),特别是在开放场合注射毒品的吸毒者④
西班牙	社会排斥的注射吸毒者、高危险人群、无家可归的吸毒者⑤
澳大利亚	在公共场所或者独自注射的吸毒者;隐藏的静脉注射吸毒者,即那些不愿意接受服务的人;在国王十字区注射毒品的吸毒者⑥

表2 准入条件

国家	户籍限制	用户通行证、用户卡、注册系统
瑞士	大多数场所:有身份证件的限制	一些服务
荷兰	大多数场所:对特定地区的"慢性吸毒者"目标群体有限制;用户必须称为荷兰的合法居民(除了为非法移民预留的合法吸毒场所),并且向当地药物管理机构注册	官方注册包括警察检查;使用合同是密封的,并且发放了许可证(用户卡)。为了防止人数过多,对每一个合法吸毒场所发放的用户卡进行限制。如果用户几周没有使用合法吸毒场所,他们的用户卡会被撤销

① Schatz E & Wolf J. "User Rooms in the Netherlands—a Short Overview. Contribution to EMCDDA meeting, September 2002", 2002.

② Nationale Drug Monitor/Netherlands Focal Point, "The Netherlands Drug Situation 2002. Report to the EMCDDA by the Reitox National Focal Point", Utrecht: Trimbos Instituut, 2002.

③ Wolf J, Linssen L & de Graaf I, assisted by van Dam T. "Drug consumption facilities in the Netherlands", *Journal of Drug Issues*, 33, 649—661, 2003.

④ "Revision of German Narcotics Law with regard to consumption rooms", *BtMG-Änd G*, vom 28.03.2000(§10a BtMG).

⑤ Vara A, Antidrugs Agency of the Autonomous Government of Madrid, *personal communication*, September 2002.

⑥ Kimber J and van Beek I. "Consumption rooms—the Australian experience", *Akzeptanz*, 2, pp.54—58, 2002.

(续 表)

国 家	户籍限制	用户通行证、用户卡、注册系统
德 国	法兰克福和北莱茵—威斯特法伦州的一些场所:需要身份证件限制户籍	北莱茵—威斯法伦州的一些场所限制指定客户的使用数量以及用户卡的发行数量以确保多为本地居民服务。在距离毒品市场较远的合法吸毒场所,用户卡可以保证吸毒者不被以持有毒品的罪名被起诉
西班牙	无	客户注册系统类似于医疗卡:首次使用合法吸毒场所时分配给该吸毒者一个号码,以后也凭借此号码识别客户
澳大利亚	无	匿名注册账号登录客户端,后续凭借该账号使用合法吸毒场所

(二)目标

合法吸毒场所的目标基本包括改善公共卫生和维护公共秩序。公共卫生目标是指通过减少高风险环境中与吸毒相关的即时健康风险;给吸毒者提供一个更安全的场所让其更卫生地注射吸食毒品,降低其吸毒风险;通过提供减少风险的教育以及健康促进咨询,培训吸毒者更安全地注射毒品,减少其发病率和死亡率;并且通过药物和医疗方式来稳定和促进其目标吸毒者的健康。公共秩序目标是指通过为吸毒提供监督之下的专门场所,降低公共场所吸毒人数,减少公共吸毒现象引起的对公共安全的滋扰和威胁。

在所有的合法吸毒场所中,公共卫生和公共秩序目标都要发挥作用,但是不同的地区对其目标侧重不同,这两个目标的强调程度取决于该场所的主要推动者的身份。比如,荷兰目前大部分合法吸毒场所的推动者是警察以及当地居民,并受到地方当局的支持,其主要针对的目标是减少公共危害;还有一部分在社会团体或者毒品戒除服务倡议下建立的合法吸毒场所,关注更多的是与吸毒者的健康相关的问题。再比如在德国,其国家地区一级的法律(麻醉法等)强调与公共卫生及健康相关的目标;联邦法律则要求管理公共秩序的部门密切配合,明确将维护公共秩序定义为合法吸毒场所的一个目标。

(三) 运作模式

不管位于何处,大多数合法吸毒场所的运作都有一些常见的特征。例如,吸毒者必须成为注册用户才能使用合法吸毒场所。注册成为合法吸毒场所的服务用户必须满足某些条件,比如最低年龄限制及拥有本地居民身份。合法吸毒场所禁止毒品交易,并规定有基本的卫生要求和安全程序。合法吸毒场所不做广告,工作人员也不得帮助使用者注射毒品。在监管方面,荷兰和西班牙根据市政的规定对合法吸毒场所进行监管;德国颁布国家毒品法修正案,使联邦各州能够实行监管;在瑞士,根据法律评估支持的检察官来决定是否违反瑞士法律或者国际法。澳大利亚和加拿大的合法吸毒场所目前还属于科学试点。

法兰克福的一个专门合法吸毒场所,每周进行超过 1 900 次的监督注射。该场所位于火车站附近,在其附近还有一些其他的药物医疗机构,包括一个庇护所以及服务咨询、美沙酮维持治疗计划等一系列设施。该场所要遵循三步程序。首先,由前台工作人员确认申请者是否符合一般注册标准。申请者必须签署一份声明,声明其理解并接受合法吸毒场所的规则。其次,吸毒者自行注射。如果合法吸毒场所名额已满,他们需要匿名拿号在等候区等待。当有可使用的注射室时,他们在柜台拿到无菌设备进入注射室,通常注射过程大约 30 分钟。最后,吸毒者可以在场所内等待恢复,没有异常情况就可以离开。当工作人员观察到有吸毒者的吸毒方式存在危险,可以为他们提供卫生注射和注射技术的建议。为防止紧急情况发生,工作人员需要提供紧急护理。吸毒后,吸毒者自行清理并离开注射区。工作人员也提供注射信息和转介服务;合法吸毒场所在特定的时间也会在特定区域提供医疗服务。

总体而言,欧洲的合法吸毒场所有三种运行模式:综合型、专业型和移动型。综合型是最常见的模式,大多数该类型场所都有吸毒区以及提供其他服务的共用休息室。由于综合型合法吸毒场所提供各种其他服务,因此也可以接待不吸毒的人群,并且为不符合准入标准的吸毒者,提供了工作人员监督下其可进入的吸毒区,比如,荷兰大多数合法吸毒场所也接纳当地无家可归的人。专业型合法吸毒场所只提供与监督注射吸毒有直接关系的限定范围的服务,包括提供卫生注射材料、健康咨询和更安全的吸毒环境,并且在紧急状态下比如过量时进行干预,以及提供观察室对吸毒者注射毒品后进行观察。移动型合法吸毒场所目前存在于巴塞罗那和柏林,这类型的合法吸毒场所在地理位置上灵活部署,但是通常其服务一些特定的人,服务对象比固定的场所更为有限。还有一些国家存在警方默许的由吸毒者运营的非正式的合法吸毒场所,比如荷兰。这类型合法吸毒场所一般限制使用吸烟或鼻口吸入的方式。

最近公布的7个欧洲国家62个合法吸毒场所的概况显示,这些场所也提供广泛的辅助服务。除了提供清洁卫生的注射设备、健康建议以及转介治疗以外,60%—70%的场所有专业的医护人员提供初级医疗保健服务。对33名合法吸毒场所负责人的调查显示,平均而言,他们的场所提供7个监督注射点(1—13个隔断空间)和4个吸食毒品点,超过一半的场所平均每天8小时开放服务,日常访客人数在20—400人之间,这33个场所中有6个每天为超过200个客户提供服务。

四、合法吸毒场所评价

合法吸毒场所设立预期的好处是吸毒者的高危毒品使用量减少,吸毒者发病率和死亡率下降,社会健康程度提高,社会保健(包括药物治疗)增加,还有公共毒品使用及其对周围社区居民的滋扰减少。

合法吸毒场所设立可能的风险在于,其包容吸毒行为,为吸毒者提供了更方便舒适安全的吸毒环境,与戒毒和治疗的目标相冲突,更可能会扩大吸毒群体,并且可能会吸引其他地区的吸毒者和毒贩,从而提高合法吸毒场所所在地的犯罪率,增加公共秩序与安全问题。

(一)可行性

虽然在一系列当地利益相关者的支持下,瑞士、德国和荷兰首先以实验试点的形式设立了合法吸毒场所,而且当地合法吸毒场所负责人、公共卫生部门以及警方对该场所开放前后的各种情况进行了详细的监测对比并做了记录，但是监测对比结果直接报告给当地政府或者国家很少公布。但是，在悉尼和温哥华设立的监督注射场所作为试点，经过精心设计的大量评估研究得出了大量的证据。

合法吸毒场所发挥作用的首要条件就是接触到其对象人群。为了接触到尽可能多的目标人群，合法吸毒场所需要用其服务吸引目标人群的加入并培养长期客户；同时需要地方一级有足够的能力，可以提供足够的资源使得在适当的地点和时间实现目标人群的覆盖率。但是，接触到更多的目标人群也面临着风险，有可能会吸引除了预计的目标人群以外的吸毒者，甚至吸引本不吸毒的人群使用吸毒场所的服务，这样可能会使更边缘化或者更需要服务的吸毒者难以定期使用合法吸毒场所，不利于合法吸毒场所原本目标的实现。

1. 合法吸毒场所现有客户调查

根据对现有合法吸毒场所公布的调查数据显示，合法吸毒场所典型的使用者是超过 30 岁而且长期使用毒品达到十年或更长时间的人，且多数吸食海洛因及可卡因或两者兼有，近些年 40 多岁、50 多岁，甚至 60 多岁的吸毒者注册人数有所增加。1990 年、1995 年、2001 年对最早建立的伯尔尼合法吸毒场所的调查显示，客户的平均年龄从 1990 年的 26 岁到 1995 年的 30 岁，再到 2001 年的 33 岁。在 1990 年 50%的客户年龄在 25 岁或以下，但这个数据 2001 年下降到了不足 5%。除了比如鹿特丹和汉堡设立的那些专门为性工作者提供的合法吸毒场所，大多数使用合法吸毒场所的吸毒者为男性，占总人数的 70%—90%。

调查资料还显示，合法吸毒场所的使用者一般社会经济状况较差，无家可归或者居无定所，比如，马德里和巴塞罗那的合法吸毒场所中分别有 42%和 60%的吸毒者无家可归①。由于无家可归者是荷兰合法吸毒场所客户注册成功的主要标准之一，荷兰的客户中居无定所者比例通常很高，在鹿特丹调查的 67 名合法吸毒场所的客户中有 30 名没有固定地址。根据调查中收集到的合法吸毒场所使用者的居住地信息可以看出，使用者一般以本地人居多，当然也是与部分合

① Anoro M, Ilundain E & Santisteban O. “Barcelona’s safer infecting facility: a harm reduction program lacking official support”, *Journal of Drug Issues*, 33, 689—711, 2003b.

法吸毒场所注册标准对使用者的居住地有所限制。在德国的调查中显示,1995年,法兰克福的合法吸毒场所使用者有63%是本地人,20世纪90年代,许多德国和瑞士的合法吸毒场所的准入政策越来越排斥非本地人。研究人员发现在卢塞恩、日内瓦和汉诺威,80%的使用者常住本市或者周边地区。并且,日内瓦2002年3月成立了一支特殊的"drug task force"(毒品特遣队)加强了对非本地人使用当地合法吸毒场所的抵制。

高失业率和依赖社会福利金以及曾经被监禁也是合法吸毒场所的客户的普遍特征。据调查在法兰克福、汉堡、鹿特丹、日内瓦和悉尼的合法吸毒场所中只有1/4甚至更少的人有固定的工作收入。在伯尔尼的合法吸毒场所,20世纪90年代开始到2000年之间,有固定或者临时工作的使用者的比率在下降,依靠社会福利救济和退休金的使用者比例在增加。有许多合法吸毒场所的使用者进过监狱。比如,在瑞士有50%—75%的使用者被判入狱;西班牙的合法吸毒场所中这一比例在38%;悉尼的合法吸毒场所中登记的使用者有26%在之前12个月内被监禁过。

从以前的治疗经验与是否接受过其他服务来看,使用合法吸毒场所的客户大多数都接触过包括替代治疗在内的其他服务。在马德里的合法吸毒场所登记的使用者中有一半之前接受过治疗;在2002年采访的德国合法吸毒场所使用者中,有50%的人接受过免费药物治疗,43%的人接受过替代治疗(包括许多人两种治疗方式都经历过);在悉尼合法吸毒场所登记的使用者中有2/3的人至少已经接受过一次戒毒治疗,并且有1/4的人是在登记前一年接受过治疗(主要是美沙酮维持疗法)①。但是,也有一部分人没有接受过任何形式的毒瘾治疗,对于这些人来说,合法吸毒场所是进入毒品帮助系统的切入点。目前正在接受替代治疗的使用者的比例根据各地的准入政策而有所不同。德国大多数合法吸毒场所不允许正在接受替代治疗的人使用。一个在德国18个合法吸毒场所的调查中显示,168位使用者中有11%的人最近正在接受美沙酮治疗,同时在另一个没有准入限制的合法吸毒场所的调查中发现有40%的使用者在接受替代治疗。

---

① MSIC Evaluation Committee, "Final report of the evaluation of the Sydney Medically Supervised Injecting Centre", 2003, Table 2.6.

但瑞士的合法吸毒场所并不排斥正在进行替代治疗的使用者，在日内瓦和比尔的调查显示，正在接受替代治疗的使用者比例分别为72%和80%①。该调查还显示，低门槛合法吸毒场所的使用者使用替代疗法的比例会更高②。在悉尼也是这样，接受替代治疗的使用者更符合合法吸毒场所的目标人群③。

2. 合法吸毒场所的使用率

合法吸毒场所的使用率和覆盖面如何，取决于他们的毒品性质和当地政策，以及位置和自身承载能力，特别是开放时间和准入标准。一般来说，在大型非法毒品市场附近特别是开放时间长的大型合法吸毒场所使用水平较高；为了达到足够的覆盖面积，在较大的城市会设立多个合法吸毒场所。

目前应用于合法吸毒场所的毒品主要是海洛因和可卡因，除荷兰以外毒品的主要吸入方式是注射，荷兰的所有合法吸毒场所都将传统吸食毒品的使用者和注射毒品的使用者划分到不同的区域。近年来，为了应对当地不断变化的毒品使用模式，瑞士和德国也建立了吸食室作为与注射室相辅的附加设施，以推广更低风险的毒品吸食方式，减少注射吸毒带来的健康风险。但是除了在为性工作者提供的合法吸毒场所，注射吸毒仍是主要方式。

调查显示，每个合法吸毒场所每周使用次数大概在50—2 000人次。瑞士、德国特别是荷兰的调查显示，该地区定期频繁使用的客户较为常见。相比之下，西班牙和悉尼的调查报告显示其客户的流动性高得多，一部分是因为当地人口流动大，还有一部分是由于当地的政策。

合法吸毒场所的政策影响其使用率。例如，荷兰设立合法吸毒场所的主要目标是减少公众滋扰，因此许多设施只接受少数满足特定标准（比如无家可归等）的吸毒者，向他们提供大量的合法吸毒场所，并且没有时间限制（包括周末）。由于这项政策，荷兰的合法吸毒场所的使用率相对很高。再加上严格规定合法

---

① 在瑞士全国范围内海洛因使用者中采用替代治疗的估计在60%左右。

② 2003年夏季进行的对苏黎世6个低门槛合法吸毒场所的505个使用者的满意度调查中，70%受访者表示其正在接受替代治疗。（Vogt R & Blättler R, ADH Zürich, personal communication, October 2003）

③ Kimber J and van Beek I. "Consumption rooms—the Australian experience", *Akzeptanz*, 2, pp.54—58, 2002.

吸毒场所使用者负有禁止在公共场所吸食毒品的义务，通过当地居委会进行不滋扰登记，辅之以合法吸毒场所附近警察的监视，都有助于荷兰的合法吸毒场所高效率地正常使用。

合法吸毒场所的位置选定以及开放时间也对其使用率有较大影响。在对德国的168位使用者的调查中显示，除了为吸食毒品提供了安全卫生的条件以外，他们使用合法吸毒场所的主要原因之一是场所接近毒品市场。2003年，根据当地居民的要求，荷兰将合法吸毒场所的开放时间从一天8—9个小时延长至午夜，这一做法使在公共场合吸食毒品的行为大幅减少。晚上延长开放时间也可以吸引特定的目标人群，比如在汉堡的一项研究①发现，延长晚上开放时间，女性使用者以及非常频繁的注射吸毒的使用者的比例会增加，如果该设施位于性交易地点附近，会吸引更多的吸毒者使用合法吸毒场所。

综上，合法吸毒场所能够接触并且与高度边缘化的吸毒者保持有效联系，已经得到广泛的数据证明，包括无家可归的吸毒者以及从未接受过治疗的老年长期吸毒者。充分体现了合法吸毒场所在与目标人群的接触方面的可行性，也没有证据显示合法吸毒场所会吸引不吸毒的人吸毒。同时，许多使用合法吸毒场所的吸毒者也可以接触到其他低门槛的药物和帮助服务(比如提供庇护所、干净的注射器等)，这反映了合法吸毒场所可以与本难以接触的目标群体建立联系，并将其纳入更广泛的毒品服务网络。

(二)期望及风险

1. 公共卫生及健康

悉尼以及温哥华的生态研究证明在覆盖面足够的情况下，合法吸毒场所有助于降低当地吸毒导致的传染病发病率、吸食毒品过量或其他原因引起的死亡

① Baumgärtner T. "Welche Auswirkungen haben die geänderten Drob-Inn-GR-Öffnungszeiten auf das Nutzungsverhalten der BesucherInnen dieser und der dezentralen Einrichtungen? Statistische Auswertungen der Prä- und Post-Samstags-Schließungs-Befragungen unter GR-NutzerInnen in Hamburg", *Hamburg*: *Institut für Interdisziplinäre Sucht- und Drogenforschung*, Juli 2000.

率，提供咨询和转诊治疗服务帮助吸毒者保持健康以及减少毒品依赖。反对者认为，为吸毒者提供更舒适的吸毒环境可能会扩大吸毒人群或者鼓励更高风险的毒品使用，并且容许吸毒更可能提高注射引起的传染病发病率，抵销介入治疗的效果。

（1）给危险性更低、更卫生的毒品使用提供更安全的环境

在所有的合法吸毒场所中都制定并实施了严格的规定（例如禁酒、禁止共享注射器具等）和服务标准，以确保在安全卫生的条件下吸食毒品。合法吸毒场所通常免费提供吸毒设备，包括无菌注射器和针头、水、过滤器、拭子、铝箔和其他吸毒用具。工作人员需要确保使用过的器具得到安全处置并对可以重复利用的器具严格消毒。同时，场所内设有专门人员监督所有的毒品使用，防止不卫生注射和吸毒过量的发生。监督人员会提供安全建议，一般包括基本卫生规则、注射器和针型的选择、静脉选择等，同时也会教授注射技术，比如穿透角度、止血带的使用、注射剂量以及静脉护理等。但是，绝对不允许监督人员帮助使用者注射毒品。

吸毒者通常将有安全卫生的条件以及具备医疗监督和紧急护理的能力作为其乐于使用合法吸毒场所的重要原因①。例如，在对德国 168 名吸毒者的调查中，有 70%的人表示他们使用合法吸毒场所是由于害怕毒品注射带来的传染疾病等健康损害。尤其被问到他们最满意合法吸毒场所的哪些方面，大约一半（48%）的人提到了卫生条件，约 1/3（36%）的人提到医疗服务包括紧急救助，以及 31%的人认为得益于合法吸毒场所的建立使得他们可以不需要在公共场所吸食毒品。在不用担心警方或者其他吸毒者以及毒贩干扰的环境下吸毒，从而避免由于匆忙注射带来的风险，也是吸毒者选择合法吸毒场所的一个重要原因。

合法吸毒场所绝大多数紧急状况发生都与海洛因使用过量有关，特别是由于海洛因注射后会产生呼吸抑制的症状以及癫痫发作。由于可卡因引起的紧急状况发生率占全部紧急状况发生率的 15%。比如，悉尼 MSIC 经过 18 个月的试验记录显示有 4/5 以上的吸毒过量与海洛因相关，15%与可卡因相关②。德

① Minder Nejedly & Bürki，1999；Zurhold et al.，2001；Benninghoff & Dubois-Arber，2002；Poschadel et al. 2003；Reyes Fuentes，2003.

② MSIC Evaluation Committee，“Final report of the evaluation of the Sydney Medically Supervised Injecting Centre”，2003.

国法兰克福主要的合法吸毒场所发生的300多起紧急事件中,81%是由于海洛因过量发生了不同程度的呼吸抑制。

根据各国合法吸毒场所的报告综合来看,紧急状况发生的次数非常低,大概在每1 000次注射中有1—7次不等。合法吸毒场所通常位于开放的毒品市场附近,工作人员也会对在场所之外发生的紧急情况提供援助,比如马德里的合法吸毒场所附近的公共吸毒行为引发紧急状况的次数是场所内吸毒行为的五倍。对合法吸毒场所外发生的紧急状况深入分析(包括对受害者进行调查)发现,在公共场合吸毒发生的紧急状况有56%的需要叫救护车救助,其次数不仅更多,而且往往比在合法吸毒场所内的更严重,通常是因为吸毒者在吸毒同时也会饮酒等,CNS的抑郁作用加剧了紧急状况。

合法吸毒场所发生的大多数紧急状况都是由专业工作人员或者呼叫救护车现场处理。由于可以获得立即的干预治疗,合法吸毒场所的紧急状况很少有需要住院治疗的情况。西班牙和澳大利亚的合法吸毒场所中配备了设备齐全的急诊室,为处理紧急状况发挥着重要的作用,悉尼合法吸毒场所的工作人员在没有外部帮助的情况下处理了98%的紧急状况①。目前有一例由于过敏性休克的死亡案例发生在德国的合法吸毒场所,还没有吸毒过量致死的案例的报告。

大多数使用者反馈,他们开始使用合法吸毒场所后,其吸毒频次和方式在很大的程度上没有变化。毒品摄入量的变化可能是很多原因造成的,包括使用者生活中发生的其他事件或者毒品可用性的变化。比如,吸毒者接触毒品的难易程度。由于合法吸毒场所明确规定禁止提供毒品和毒品交易,吸毒者是否能得到毒品与合法吸毒场所的存在没有直接关系。总体来说,没有证据可以证明合法吸毒场所与吸毒水平的变化有必然的联系。

(2) 降低吸毒者的发病率和死亡率

根据合法吸毒场所使用者的自我报告,使用者了解了更安全的注射毒品的知识以及如何降低注射风险。工作人员经过观察也确认使用者的行为有朝向积极方面的改变,虽然改变需要一段时间。尽管存在一些方法上的限制,合法吸毒

---

① MSIC Evaluation Committee, "Final report of the evaluation of the Sydney Medically Supervised Injecting Centre", 2003.

场所给予使用者的安全教育也有助于降低注射毒品的风险，吸毒者使用合法吸毒场所的时间越长、频率越高，效果就越好，并且该变化也会影响到吸毒者在场所之外的行为。特别是基于对个体吸毒者的吸毒行为直接观察作出的专门个人教育，可以帮助吸毒者提高注射技术，减少注射的直接危害。

有关合法吸毒场所对使用者感染传染性疾病的影响的数据很少，因此很难确定合法吸毒场所本身与毒品注射引发传染病之间存在因果关系，比如在澳大利亚本身感染类似 HIV、HBV、HCV 等的感染性疾病的人口普遍偏低，这使得病例数量的变化不足以体现统计学承认的趋势。

对德国 4 个城市（萨尔布吕肯、法兰克福、汉诺威和汉堡）与毒品有关的死亡统计分析（见图 1）表明，合法吸毒场所可以有助于减少社区一级与毒品有关的死亡事件。在德国所有的合法吸毒场所中，每年至少发生 50 万人次的毒品注射，那些为无家可归者、频繁注射者以及年龄较大者提供的场所中，每年至少可以防止 10 起与毒品相关的死亡事件发生。

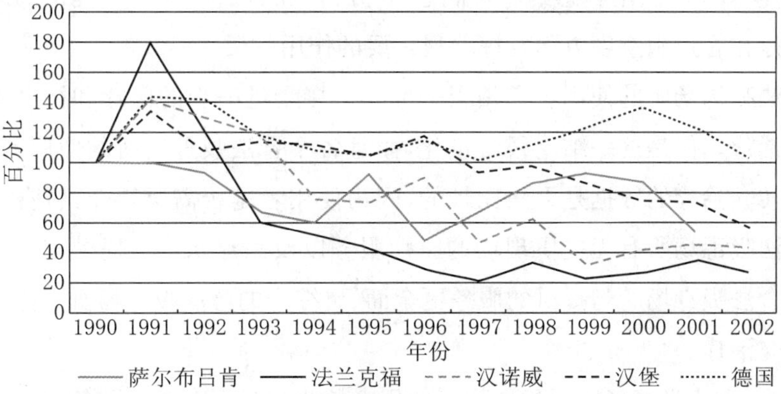

图 1　德国毒品死亡统计

可以得出结论，合法吸毒场所的健康教育使一些使用者的风险行为产生了持续的有益变化，并且有助于减少目标群体之间与吸毒有关的健康损害，可以提高吸毒者的风险意识，高风险的吸毒者可以通过安全教育改变其习惯。没有证据表明合法吸毒场所增加了吸毒者的发病率和死亡率，相反，这些场所已经对数百万的毒品使用者进行了监督，解决了数千种紧急情况，为毒品使用提供了更高的安全性。

(3) 稳定和促进吸毒者的身体健康

合法吸毒场所构建了强大的服务网络,为吸毒者或无家可归的人提供更广泛的服务,包括提供干净卫生的注射针头器具、合适的注射方案和医疗保健、咨询以及转诊服务,甚至提供就业培训。大多数使用者在使用注射服务的同时会使用一系列其他服务,包括医疗和心理咨询。只有少数使用者仅仅使用注射服务。比如在马德里 DAVE 注册的 5 086 名吸毒者,进行了 4 155 次医疗咨询,接受了 3 841 项基本医疗服务(例如伤口包扎、皮肤治疗等),并进行了 459 次直接观察治疗。德国的北莱茵—威斯特法伦州的合法吸毒场所特别强调为使用者提供医疗服务①。并且对瑞士的监测数据和使用者调查表明,合法吸毒场所增加了极度边缘化的吸毒者获得医疗和社会心理援助的机会,这些场所已经成为当地救济援助制度的重要组成部分,是瑞士毒品政策的"四大支柱"(预防、戒毒、减害、监督抑制)之一。使用者对合法吸毒场所的工作人员的能力和服务的满意度很高。德国调查发现,以 5 分制为标准,47%的使用者对工作人员的服务感到满意(4 分),48%的使用者感到非常满意(5 分)。在合法吸毒场所提供的服务中,基本医疗在客户满意度方面发挥着很重要的作用。

合法吸毒场所的使用者有相当一部分会接受进一步的医疗和社会援助,包括成瘾治疗。但是这一结论很难量化,而且各个合法吸毒场所的使用者进行下一步的转介治疗的数据是无法比较的,因为使用者是否需要转介其他机构取决于该合法吸毒场所有无提供现场的医疗服务以及医疗水平。提供较少、较单纯服务的合法吸毒场所与提供的服务更全面、更综合的合法吸毒场所相比,前者更依赖转介治疗。

因此,合法吸毒场所明显增加了使用者接收与吸毒有关的服务,比如健康维持以及社会保健的机会,并且促进了一群极度边缘化的问题吸毒者得到社会更多的包容。除了监督注射毒品之外,合法吸毒场所提供的与吸毒相关的其他服务,比如,低门槛的医疗保健和心理咨询服务有助于稳定和改善使用者的身体和心理健康。对于较频繁的使用者来说,合法吸毒场所促进他们与更广泛的医护

① Ministerio del Interior(2002) Drug Situation Spain 2001. Report to the EMCDDA by the Reitox National Focal Point "Delegación del Gobierno para el Plan Nacional Sobre Drogas." Madrid: Plan Nactional Sobre Drogas(PND).

系统的联系。

合法吸毒场所可能会使一部分的使用者产生依赖，尤其是在极度边缘化和问题严重的吸毒者之中比较常见。但是也几乎没有证据表明，合法吸毒场所使吸毒更安全舒适、提供更多服务就会让使用者接受或恢复戒毒治疗。合法吸毒场所是否与替代治疗目标相冲突，特别是应否允许口服美沙酮替代治疗的吸毒者使用注射室，在不同的地区有不同的处理方式。在一些国家，比如德国，大多数合法吸毒场所不接收美沙酮使用者；其他一些国家，比如瑞士，更务实的观点认为，美沙酮使用也需要安全卫生的条件，让使用者在合法吸毒场所的监督下使用更好。

综上所述，合法吸毒场所提供安全的环境，让使用者更安全地使用毒品，减少吸毒的危险性。许多使用者除了可以更卫生安全地吸毒之外，还获得了紧急的健康和救助服务，大多数紧急情况可以在合法吸毒场所处理，无需住院治疗。对于一些极度边缘化的吸毒者，合法吸毒场所很有可能是他们接触社会保障体系包括药物治疗的第一步。尽管目前还不清楚使用者本身采取多少有助于减少与吸毒相关的传染病发病率的行为，但是其风险行为的确有所减少。如果合法吸毒场所达到了足够的覆盖面，开放时间充足且适当，很有可能有助于减少城市因毒品引发的死亡事件。还有证据表明合法吸毒场所提供的"更安全的吸毒"教育，可以影响到使用者在合法吸毒场所之外的风险行为，甚至可能影响到更多的其他吸毒者。

当前数据不能证明合法吸毒场所提高了毒品使用数量或者鼓励了更高风险的毒品使用。而且，目前看来，合法吸毒场所也不会增加发病率和死亡率。很少有使用者仅仅将合法吸毒场所用于毒品使用，他们多数会使用其他服务，也几乎不会因为有更"舒适"的吸毒环境就拒绝或消极对待替代治疗。

2. 公共秩序及犯罪

在许多城市设立合法吸毒场所的一个主要阻碍来自当地一些居民和企业的抵制，他们认为合法吸毒场所的设立会导致该地公共秩序的混乱以及与毒品相关和财产类犯罪的增加。一些城市的合法吸毒场所有明确的规定，对极其危险的吸毒者加以管理，他们也是合法吸毒场所最核心的对象。合法吸毒场所针对公共秩序和犯罪主要要达到两个目标：减少毒品使用及相关滋扰、避免增加合法吸毒场所所在地以及其周围地区的犯罪。

(1) 公共秩序目标——减少公共毒品使用和相关滋扰

几个国家大量的调查报告发现,合法吸毒场所设立之后,在公共场合使用毒品的情况有所减少。比起在公共场合注射毒品,吸毒者更看好合法吸毒场所提供的安全卫生的环境。当然仍然存在一些吸毒者在公共场合使用毒品的情况,这很大程度上是由于合法吸毒场所的覆盖面和容纳人数不足,开放时间更长,容量更大,就可以接待更多的目标群体。

关于合法吸毒场所对被随意丢弃的注射器和针头的影响的证据很少,甚至不清楚丢弃的注射器数量是否可以作为计算公共场所注射数量的可靠指标,因为丢弃的注射器和针头数量的变化也可能是由于海洛因或者可卡因的使用量的变化。有一点可以保证的是,合法吸毒场所使用的注射针头器具都被妥善处理,不会对当地的安全产生风险。根据对当地居民和企业的走访调查,以及由警方提供的投诉记录,一般在建立了合法吸毒场所后,周边地区的公共秩序呈现出积极的变化,民众普遍感觉公众滋扰减少。警方也承认,合法吸毒场所的建立有助于尽量减少或者预防在公共场所吸毒的行为。

现有证据不足以证明,合法吸毒场所的设立是否会产生"拉动效应",吸引其他地区的吸毒者,从而恶化了已经建立的毒品市场的情况。并且,也没有证据证明合法吸毒场所吸引了新的吸毒者。

因此,合法吸毒场所可以作为一种有效的工具来对有问题的吸毒者进行管理,从而减少公共吸毒对公众的滋扰。当然,合法吸毒场所发挥作用的一个基本要求是安全卫生,也要求执法者和地方管理者之间进行良好的协商和密切合作。不过,公共吸毒行为通过合法吸毒场所从毒品市场迁移到分散的地点的数量也是有限的。

(2) 公共安全目标——防止使用者及其周边地区的犯罪增加

根据合法吸毒场所对财产类犯罪的影响的研究报告以及警方的数据,目前还不能证明合法吸毒场所的设立对当地盗窃、抢劫和入室盗窃等案件的数量会产生负面影响。有报告指出①,在合法吸毒场所附近发生了小型的毒品买卖,很

---

① e.g. Kimber J, Dolan K & Wodak A. International Survey of Supervised Injecting Centres (1999—2000), "Technical Report No.126, National Drug and Alcohol Research Centre", Sydney: University of New South Wales, 2001.

有可能吸引新的吸毒者。但是，由于一般来说合法吸毒场所设立的位置的标准之一是存在公共吸毒和毒品市场，不能确定这些小规模的毒品交易的出现是由于合法吸毒场所的建立，也无法确定这些小规模的毒品交易对合法吸毒场所是否产生了主要影响。

合法吸毒场所内规定禁止毒品交易，违反规定的使用者将会受到惩罚。工作人员也会对各个注射室进行全面监控，确保进入注射室的使用者携带的毒品仅供个人使用，禁止毒品共享。警方已经认可这项规则，但目前还没有人因此受过惩罚。合法吸毒场所提供的服务不需要扩大到公共吸毒场所和毒品市场，那里更大程度还是依靠警方采取行动阻止那些不受监督的吸毒者以及吸毒场所。

综上所述，合法吸毒场所的设立可以大大减少公共吸毒现象，这个目标的实现程度取决于合法吸毒场所的可及性、开放时间以及当地政策。合法吸毒场所的位置选定既要符合吸毒者需要，同时也要考虑到当地居民的期望和需求。合法吸毒场所通过减少公共吸毒现象来减少由公共吸毒引起的公共滋扰可以促进地区和谐，然而，设立在非法毒品市场周围的合法吸毒场所可能难以解决那些由于毒品市场的存在造成的公共滋扰问题。

警方进行打击毒品市场及其他街区的公共吸毒行为的行动有可能会增加公共秩序问题。这意味着，如果合法吸毒场所想要有助于减少公共危害而不是被谴责其产生负面影响，除了需要了解当地居民的意愿，还要和警方磋商，以确保警方进行打击毒品犯罪行动的同时，尽量不会阻止使用者继续使用合法吸毒场所的服务。当地管理者也必须承认合法吸毒场所在政治上扮演的角色，即他们也是一个全面的用来应对毒品问题的地方政策的一部分，承认其对保持公共卫生和个人健康以及维护社会秩序和安全产生的积极影响。

五、结　　语

合法吸毒场所的研究数据表明其确实实现了一些目标。合法吸毒场所有能力接触到极度边缘化或者存在各种健康和社会问题的吸毒人群并与他们保持稳定联系。他们为毒品使用提供卫生环境，至少为使用者减少了传染病感染风险，并提高了极度边缘化的吸毒者获得社会福利和药物治疗从而保持健康的机会。而且在发生紧急情况的时候提供紧急救助，为减少吸毒导致的死亡案件作出了贡献。在一些欧洲国家，监督毒品注射已经成为药物治疗系统中提供的低门槛综合服务的组成部分。虽然现有调查数据仍有其局限性，但是只要综合吸收各地建立和运行合法吸毒场所过程中积累的经验、遇到的困难以及得到的教训，合法吸毒场所会是减少吸毒危害的一项有效措施。

（作者系上海政法学院刑事司法学院2017届本科毕业生）

女 性 论 坛

大学生对校园性骚扰的认知状况调查

杨军红

摘要：为帮助大学生正确识别性骚扰行为，避免和减轻性骚扰对学生身心造成的伤害，我们以国内某所高校为样本，调查高校大学生对校园性骚扰的认知状况。本项调查发现，目前高校遭遇言语和非言语性骚扰的大学生已经不是少数，有部分学生遭到程度比较严重的言语和身体方面的性骚扰，甚至有遭遇胁迫的情况。许多大学生认为当前校园性骚扰情况很严重。在应对策略上，选择"逆来顺受"的人数最少。如果骚扰对象是教师时，为了顾全自己的学业和前途，多数学生一般采取"面子保全策略"，转移话题。大学生对防控校园性骚扰的意见和建议集中在青少年早期性教育、民众对性骚扰问题的保守看法、学校管理和举报途径、大学生自我保护，以及立法等几个方面。大学生们强烈建议加强高校预防性骚扰的安全教育，推进高校性骚扰处理的程序制度建设，增强监管和惩治。

关键词：校园性骚扰；性教育；性别歧视；防控措施

一、问 题 介 绍

《中国妇女报》2014 年 11 月 4 日的一则报道援引过这样一组数据：全国妇联一项针对北京、南京等城市 15 所高校大学生的调查发现，经历过不同形式性骚扰的女性比例达到 57%。《南方周末》2016 年 5 月 4 日刊登记者王剑等的调查文章《女大学生频繁遭遇性骚扰 高校里的"狼"早来了》。《中国青年报》官方微信2016年9月发表《这么多在校大学生遭遇性暴力/性骚扰,学校在干什么?》援引了中国计划生育协会发布的《大学生性与生殖健康调查报告》①。报告显示,超3成在校大学生曾遭性暴力或性骚扰。广州性别教育中心2017年发布的《中国大学在校生和毕业生遭遇性骚扰状况调查》报告显示,中国的大学在校生和毕业生中,有接近7成遭受过不同程度的性骚扰,其中女性遭遇性骚扰的比例为75%,9成性骚扰的实施者为男性。而每发生100起性骚扰事件,只有不到4起的当事人会报告学校或者警察。这份报告说:"经历性骚扰的人中,超过3成感到自尊心受到伤害,超过1成的人感觉严重影响其人际关系和交往。遭遇过性强迫的人出现更多的长期精神抑郁和自杀倾向情况,自杀倾向为5.9%②。"

媒体和调查报告披露的数据触目惊心,但是目前国内防范和惩戒校园性骚扰的法律法规还不完善。当前,中国正在推进平安中国的建设,平安校园建设是平安中国建设的重要组成部分,而预防和制止校园性骚扰应当成为平安校园建设的重要工作内容。国外许多大学都设置了学生纠纷调解办公室,专门受理性骚扰投诉,有完善的性骚扰防范政策与处理指南,对提出这类申诉的人员以及参与调查的人员予以保护,保证其不会因为相关行为受到打击报复。目前高校性骚扰状况如何,学生如何看待性骚扰问题,采取哪些措施应对,学界进行实证研究调查的还很少。本项研究目的是了解中国高校性骚扰的状况,并比较国外学校如何进行性骚扰防范政策与处理指南,为我国平安校园建设提供政策建议。

二、文献研究

(一)性骚扰的界定及危害

性骚扰(Sexual Harassment)是采取恐吓、欺凌或性胁迫,或不受欢迎,或

①② 《全国无一所高校有性骚扰专门处理部门或流程!性骚扰是中国校园的无解题吗?》,搜狐-女权之声栏目,http://www.sohu.com/a/133833903_599320。

以性服务回报做交换的不当承诺。性骚扰在许多国家是非法的,它包括性和心理上的虐待和欺凌,是一种就业歧视。工作场所中频繁和严重的性骚扰会形成一个充满敌意的工作环境,或产生不利的雇用决定(如受害人被解雇或降职,或受害者辞职)。美国平等就业机会委员会(EEOC)对性骚扰的定义是,“性骚扰是不受欢迎的性接近,要求性好处,和其他与性有关的言语和行为。当提交或排斥这种行为会显性或隐性影响一个人的就业,不合理地干扰一个人的工作表现或产生胁迫、敌意或攻击性的工作环境。”据调查,79%的性骚扰受害者是女性,21%是男性;51%是主管骚扰,12%的受害者反映如果不遵从上司的要求会受到终止工作的威胁。商业、贸易、金融、财政是性骚扰高发行业①。

在我国大陆范围内,所有的法律条文中目前都没有“性骚扰”这个词,有关两性之间性侵犯定罪的法律表述只有“流氓罪”“强奸罪”等。“工作场所中的性骚扰研究”课题组可以说是国内最有权威的“性骚扰”研究组。合作方包括:中国法学会“反家暴网络”,中国社会科学院法学研究所性别与法律研究中心,中国社会科学院社会科学研究所唐灿,《中国社会科学》杂志社黄觉,项目协作方有北京大学法学系“妇女法律研究与服务中心”,艾美玲主持的《家政工研究小组》等。课题采用了欧洲议会1990年《关于保护男女工作人员尊严的议会决议》中关于性骚扰的定义:“性骚扰是指不受欢迎的性行为或其他以性为目的的行为,它损害工作女性和男性的尊严。它包括不受欢迎的身体、语言或非言语行为②。”

2005年中国《妇女权益保障法》修订时,规定禁止对妇女实施性骚扰,受害妇女有权向单位和有关机构投诉。这是性骚扰一词首次出现在中国的法律条文中。国内学者对校园性骚扰的定义是:行为人或受害者至少有一方是学校成员的性骚扰,包括不受欢迎的肢体、言词或非言词及利用互联网或现代通讯工具传递的图像、声音、言词等令行为对象不愉快的行为。

---

① “Sexual Harassment. U.S. Equal Employment Opportunity Commission.” Dziech BW & Weiner L. *The Lecherous Professor: Sexual Harassment on Campus*.[page needed] Chicago Illinois: University of Illinois Press, 1990.

② “工作场所中的性骚扰研究”课题组、唐灿、陈明霞、薛宁兰、艾美玲:《工作场所中的性骚扰:多重权力和身份关系的不平等——对20个案例的调查和分析》,载《妇女研究论丛》2009年11月。

在香港,直至1995年才通过了一个《性别歧视条例》,把"性骚扰"纳入民事诉讼的范畴,该条例直到1996年"平等机会委员会"成立后才生效。根据《性别歧视条例》,"性骚扰"的定义为:一方向另一方作出不受欢迎、与性有关的言语或举动,包括不情愿的身体接触、性贿赂、提出与性相关的行为作为给予某种利益的条件;不涉及身体接触的言语、图文展示、眼神及姿势等。性骚扰亦指带有性别歧视的偏见和言论。例如,不断尝试约会对方,并作出猥亵姿势或不恰当的触摸①。

性骚扰的影响可能会有所不同。在欧盟基本人权研究机构进行的研究中,有17 335名女性受害者被要求说出自己从15岁以来所遭遇的最严重的性侵事件的感受。受访者说"愤怒、烦恼和尴尬是最常见的情绪反应",有45%的女性感到愤怒,41%的感到烦恼,36%的感到尴尬。此外,经历过性骚扰的女性中,有近三成(29%)人说她们感到恐惧;而有1/5(20%)的受害者说,性骚扰事件使她感到羞愧。性骚扰可能导致暂时或长期的压力或抑郁,这取决于受害者的心理应对能力和性骚扰的类型以及社会支持。心理学家和社会工作者报告说,严重或长期性骚扰可以产生与强奸或性侵犯一样的心理影响。受害者不举报也会体验各种形式的报复,包括隔离和欺凌。从社会和经济效益的整体考虑,性骚扰剥夺了妇女参与社会和经济活动的权利,造成巨额经济损失。如果性骚扰实施者是教师,那么不仅会使受骚扰学生学业受到影响,而且冲击学生的人生观、爱情观和价值观,降低学生的安全感。

(二)"大学校园性骚扰"频发的主要因素

我们梳理了目前学界有关"高校性骚扰"的研究。学者们认为:"大学校园性骚扰"频发的主要因素有以下几点:第一,中国性教育缺失致使许多学生没有任何基本的防性骚扰的知识和防备意识。在碰到性骚扰时,很多女生感到难受,但是束手无策。甚至有的受害者并不知道性骚扰是犯罪,反而觉得对于所发生的事情应该责怪自己。第二,学校对性骚扰现象的重视程度不够,防治措施不力。

① 根据香港大学在校学生唐媛提供资料。

多数学校并没有专门预防性骚扰的培训课程。如果学校缺少对师生的保障，就没法形成足够的威慑和约束力，在一定程度上造成高校内性骚扰频发，甚至性侵的发生。第三，中国传统文化中“家丑不可外扬”使受害者遭受性骚扰后不敢声张、不愿声张，把这样的遭遇“咽到肚子里”。受害者家长也采取遮丑的态度，不敢或不愿去揭发骚扰者的行为。有些学校在收到性骚扰举报后，顾虑大学声誉，采取息事宁人的做法，这通常都会使性骚扰案件被悄悄处理或者掩盖①，致使一些“披着羊皮的狼”能够在校园中长期肆意横行。还有很重要的一点是社会上对性骚扰的受害者的污名化使“责备受害者”的公众舆论顺理成章②，许多人认为没有女性的默许或迎合，性骚扰不可能发生。“苍蝇不叮无缝的蛋”“你被侵犯，你肯定有问题”。

三、研 究 方 法

本项目采用文献比和问卷访谈相结合的研究方法。一方面，调查相关文献资料和有效的防范机制以及相关的法律法规，进行比较与分析，另一方面，积极开发防范性骚扰的教育培训项目。

为帮助大学生正确识别性骚扰行为，避免和减轻性骚扰对学生身心造成的伤害，我们以国内某所高校为样本，设计问卷进行调查，让高校学生参与调查和访谈，了解高校学生对性骚扰的认知状况，应对策略。本项目分两个部分，第一部分是调查中国高校大学生对校园性骚扰问题的看法，了解目前在校大学生个人是否有遭遇性骚扰的经历，采取哪些措施应对，有哪些意见和建议？第二部分是进行国际比较，调查国外高校如何进行性骚扰防范与处理，有哪些预防机制和措施，同时借鉴一些国家和地区所开发的比较成熟的防范性骚扰的教育培训项目，探索一条适合中国高校的防控路径，为学校防止性骚扰的制度建设提供政策

---

① 英国《金融时报》，韩碧如 Luna Lin，http://www.ftchinese.com/story/001069345。

② “工作场所中的性骚扰研究”课题组、唐灿、陈明霞、薛宁兰、艾美玲：《工作场所中的性骚扰：多重权力和身份关系的不平等——对20个案例的调查和分析》，载《妇女研究论丛》2009年11月。

建议。本文是此项研究的第一部分。

(一)问卷编制和发放

本问卷由研究者参考国内有关性骚扰情况的论述并结合其他学者的研究内容进行编制,了解在校大学生对目前大学校园性骚扰问题的看法。问卷包括学生自评在校园或者其他场所中是否遇到过性骚扰;遭遇性骚扰时采取哪些策略;如何有效制止大学校园内的性骚扰现象。在问卷最后设计了一个开放式问题,征求学生对如何制止大学校园内的性骚扰现象的看法。

问卷设计好之后由研究者在问卷网上发布,并让学生在手机上作答,问卷网进行自动回收和数据整理。为保证应答者的信息安全,本问卷为匿名设置。

(二)调查对象

参与此次调查的学生为在校大学一年级和二年级的本科生和研究生共256人。学生的人口统计学数据如表1所示。

表1　　调查对象的人口统计学数据

性别分布:男性75人(29.3%);女性181人(70.7%)
年龄分布:18岁及以下17人(6.64%);19—22岁160人62.5%;23—25岁71人(28%);26岁以上8人(3%)
教育水平:本科160人(63%);研究生96人(37%)

四、调查结果与分析

研究者从问卷网回收256份有效问卷,抽取了原始数据进行整理和分析。

（一）学生自评遭遇性骚扰的经历。结果如表 2 所示。

表 2　调查对象自评遭遇性骚扰的状况

性骚扰情形	总样本的频率	偶尔人数	经常人数	非常频繁人数
教师或者同学对我讲黄色笑话	2.16	55	17	14
教师或者同学对我的身材或性征评头论足，发表性别歧视的议论	1.52	17	7	7
教师或者同学在我面前展示色情书刊、图片使我难堪	1.27	7	3	4
教师在我面前讨论自己的性生活	1.08	1	1	2
教师或者同学对我说下流话进行挑逗，询问性生活方面隐私	1.28	7	3	5
教师或者同学对我做出有性意味的身体碰触，如强行搭肩膀或手臂，做出违反我意愿的抚摸	1.23	5	2	4
教师或者同学对我提出不受欢迎的性要求以交换工作上的好处	1.11	3	1	3
教师或者同学对我进行性要挟或强迫我顺从其要求	1.07	2	0	3
教师或者同学通过邮件、短信、网络进行性骚扰	1.16	9	0	4
教师或者同学企图强暴我	1.04	1	0	2

96 份研究生样本中，有 72 位女研究生参与调查。19 位女研究生自填遭遇教师或者同学讲黄色笑话性骚扰，有 5 位在校女研究生自述经常和非常频繁地被老师和同学的黄色笑话骚扰；有 5 位女研究生自述经常和非常频繁地被老师和同学评价身材或性征，遭遇言语上的性别歧视；3 位在校女研究生自述遭遇“教师或者同学在我面前展示色情书刊、图片而感到难堪”；遭遇“教师或者同学通过邮件、短信、网络进行性骚扰”的有 4 位女研究生；遭遇言语方面中度骚扰如“教师在我面前讨论自己的性生活”骚扰的共有 2 位女研究生；遭遇“教师对我说下流话进行挑逗，询问性生活方面隐私”的有 5 位女研究生；有 2 位女研究生遭遇“教师或者同学对我做出有性意味的身体碰触，如强行搭肩膀或手臂，做出违反我意愿的抚摸”骚扰。

“工作场所中的性骚扰研究”课题组指出：“国际劳工组织在多个国家的统计证实，大部分性骚扰者处于比受害者更高的职位，工作中的性骚扰经常在地位和权力不平等的条件下发生。”这个组织把这种“以获得或保持某种工作好处为条件向某人提出性要求的行为”称为“交易性性骚扰”,也被称为“性敲诈”和“性勒索”①。从某种意义上说,老师(导师)掌握着学生的未来。能获得怎样的成绩,能不能顺利毕业,老师(导师)的评价很重要,某些老师(导师)利用自己的地位和权力,对学生进行性骚扰,甚至性侵,学生反抗起来就很难。在这项调查中,遭遇“教师或者同学对我提出不受欢迎的性要求以交换工作上的好处”骚扰的有 2 位女研究生;遭遇重度骚扰如“教师或者同学对我进行性要挟或强迫我顺从其要求”的有 3 位;遭遇“教师或者同学企图强暴我”的重度骚扰,已经超越了“性骚扰”的范围达到性侵程度的有 1 位女研究生。

(二) 遭到教师或者同学性骚扰时所采取的策略

从图 1 可看出学生们在遭到教师或者同学性骚扰时所采取的策略,选择“由于受制于他人或碍于情面,只好逆来顺受”的人数最少,只有 15 人次;而选择“愤而反击并不惜以被开除或遭报复为行动代价”的 20 人次;选择书面告诫的 26 人次;选择向有关部门举报的 120 人次;有 145 人次选择“打个哈哈,引开话题,保护自我”。特别是如果骚扰对象是教师时,为了顾全自己的学业和前途,学生一般采取“面子保全策略”;119 人选择告诉自己信任的人;值得注意的是,有 137 位学生选择“记录被骚扰的时间、地点和情节,以便举报时或者法律诉讼时拿出证据”这一条,说明学生具备较高的法律素养,在遭遇权利被侵犯时知道留取证据,保护自己。

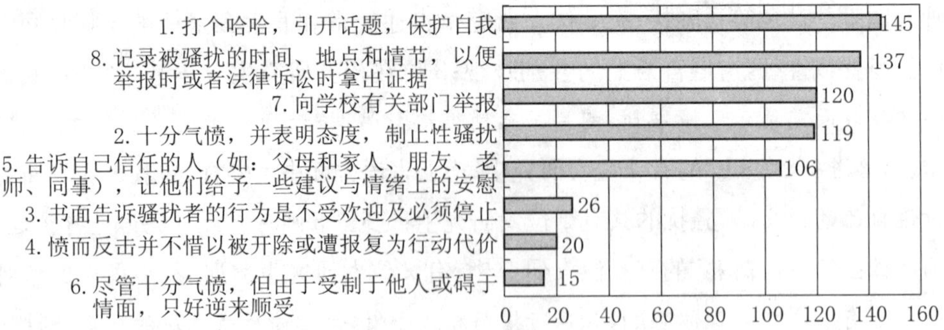

图 1 调查对象遭遇性骚扰时所采取的策略

① “工作场所中的性骚扰研究”课题组、唐灿、陈明霞、薛宁兰、艾美玲:《工作场所中的性骚扰:多重权力和身份关系的不平等——对 20 个案例的调查和分析》,载《妇女研究论丛》2009 年 11 月。

（三）学生评价目前大学校园性骚扰问题

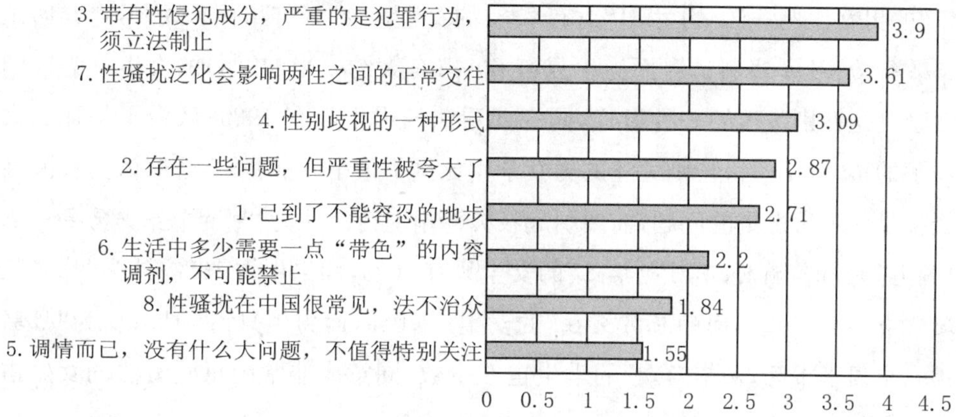

图 2　调查对象对目前大学校园性骚扰的评价

表 3　　调查对象对目前大学校园性骚扰的观点

序列	观　　点	女生 181(人)	男生 75(人)
1	已到了不能容忍的地步	48 26%	15 20%
2	存在一些问题,但严重性被夸大了	56 31%	23 31%
3	带有性侵犯成分,严重的是犯罪行为,须立法制止	131 72%	45 60%
4	性别歧视的一种形式	88 49%	14 19%
5	调情而已,没有什么大问题,不值得特别关注	8 4%	5 6%
6	生活中多少需要一点“带色”的内容调剂,不可能禁止	19 10%	12 16%
7	性骚扰泛化会影响两性之间的正常交往	126 70%	38 51%
8	性骚扰在中国很常见,法不治众	20 11%	6 8%

因为参与调查的男女生人数不等,所以采用百分之百的方式来反映不同性

别被调查学生对校园性骚扰的看法。从图中可以看出,在评价目前大学校园性骚扰问题上,男性和女性呈现明显的差异。有26%的女生认为校园性骚扰"已到了不能容忍的地步",男生只有20%;认为"存在一些问题,但严重性被夸大了"的男女比例一样,均为31%;有72%的女生认为"带有性侵犯成分,严重的是犯罪行为,须立法制止",而男生只有60%;有大约一半(49%)的女生认为校园性骚扰是性别歧视的一种形式,同意此看法的男生只有19%;认为不是什么大不了的事情,不值得特别关注的男女学生比例都很小,说明学生普遍认为校园性骚扰是一个很严重的问题,需要引起校方严肃对待。认为"生活中多少需要一点'带色'的内容调剂,不可能禁止"的女生只有10%,而男生占16%;认为"性骚扰泛化会影响两性之间的正常交往"的女生占70%,而男生只占51%;认为"性骚扰在中国很常见,法不治众"的学生也在少数,同意或非常同意此看法的女生占11%,男生占8%。

(四) 学生评价大学校园性骚扰猖獗的原因

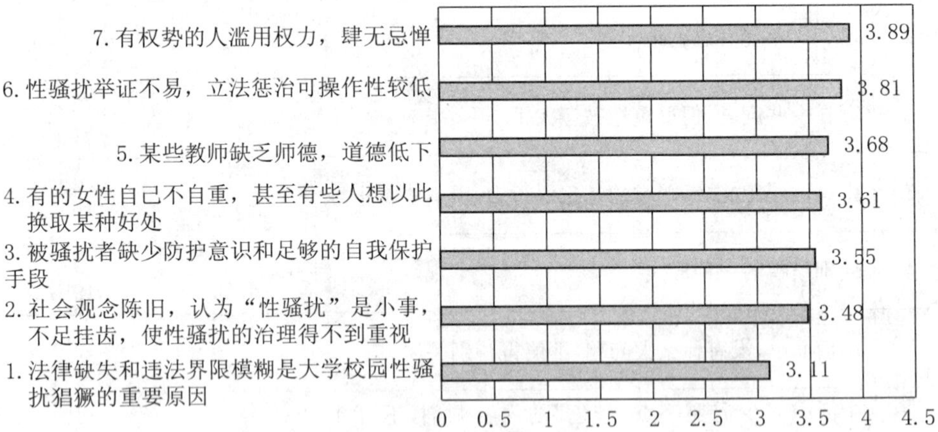

图3 调查对象对大学校园性骚扰的原因分析

(五) 如何有效遏制大学校园性骚扰现象

问卷的最后一项,是让学生对列举的有效遏制大学校园性骚扰现象的举措的评价，让学生从下列举措中选取其中三项，调查结果如下：

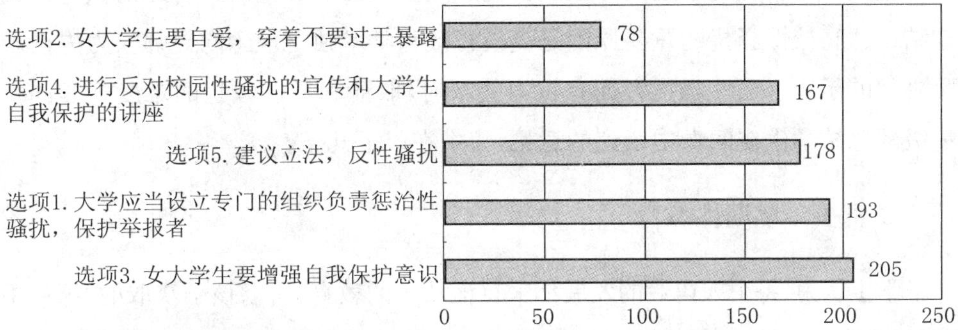

图 4　调查对象对遏制大学校园性骚扰的建议

赞同选项 3“女大学生要加强自我保护”这一条的人最多，有 205 人次选择这一条。第二条建议“设置专门的组织负责惩治性骚扰”，保护举报者得到大多数的同意。建议立法也得到过半数人的选择，一半以上学生同意进行反性骚扰宣传教育。同意“女大学生要自爱，穿着不要过于暴露”的观点的人不到 1/3。有学生指出：非常反感问卷中提到的“女大学生要自爱，穿着不要过于暴露”这样的话语，认为“正常的社会应该是女大学生是否穿着暴露都应该自由正常地生活！这是自己的权利！”

（六）对校园性骚扰现象的意见和建议

问卷的最后研究小组设计了一个开放式问题，让学生针对校园性骚扰现象提出自己的意见和建议。学生的意见和建议集中在青少年早期性教育，民众对性骚扰问题的保守看法，学校管理和举报途径，大学生自我保护以及立法等几个方面；问卷调查显示，在校大学生多数遭遇不同形式的性骚扰，有的是言语上的骚扰“讲黄色笑话”“对身材或者性征评头论足”，甚至有多位本科女生和女研究生自述经常和非常频繁地被老师和同学的黄色笑话骚扰。也有学生遭到程度比较严重的言语性骚扰，如“教师在我面前讨论自己的性生活”“对我说下流话进行挑逗，询问性生活方面隐私”，以及动作骚扰“做出有性意味的身体碰触，如强行搭肩膀或手臂，做出违反我意愿的抚摸”，在问卷中都有学生填写，程度最严重的胁迫型性骚扰甚至企图强暴的情况也有,但是较少。

这些在校研究生遭遇的性骚扰情况进一步印证了其他研究者此前做过的调查结论:"高校性骚扰的重要原因是高校行政与学术独立理念同导师权力失衡现实之间的矛盾。当性骚扰者拥有权力关系时,取证和反性骚扰的难度远非同一量级。"总结学生在问卷中谈到的意见,集中在以下几条:

1. 青少年早期性教育

学生认为,每个人以后的发展都来自他从小的教育,所以孩子获取的"第一手资料"很重要,要从根源上解决这类问题,应该从孩子的教育抓起,儿童时期良好的性教育比大学的讲座更有效,应该从小教育孩子要自我保护,不能到了大学才予以重视;应该加强青少年的性教育,树立起正确的性观念,不要把性看做是脏的、丢脸的、不能说出口的,因为这样只会让坏人更猖狂,受害者更胆小。也有学生认为,大学校园的性骚扰问题并非凭空出现。实际上在高校进行反对性骚扰的教育,很多学生都羞于启齿或者避而不谈,因为已经形成了"性"是很隐私的话题这种观念。

2. 学生自我保护

学生指出,在目前中国对高校性骚扰和性侵关注和管理力度不够的情况下,女生应该更加注意自我保护,保持对性骚扰的高度敏感和提防,提高自我防范意识,尽量不要独自外出,也不要去人少的地方,自尊自爱,结交正派的朋友。另外,要明白任何事情都需要自己争取,而不是用自己的身体来交换。要敢于举报性侵者,遇到这类事件一定要讲出来,并注意保存证据。

3. 学校管理和举报途径

学生认为,性骚扰现象在大学里屡见不鲜,一些老师仗势欺人,十分可恶。要通过一些活动,唤起整个学校乃至社会对性骚扰的重视,更好地保护大学生的健康生活。学校要站在受害学生一方,希望能采取有效措施保护举报者,不要总想着把事情压下去。学生呼吁建立反性骚扰的机构,采取具体措施,推进高校性侵事件处理的透明度,增强监管和惩治。对于为师不尊、道德低下、骚扰女学生的老师应该在调查属实后受到严惩。学生建议大学多开设自我保护技能相关课程和防止及应对性骚扰的讲座，设置专门的工作人员专门受理性骚扰指控，保护举报者，同时加强校园监控，解决取证难题。

4. 反性骚扰立法

学生认为，对于性骚扰界定模糊，用道德约束性骚扰，是很无力的。必须要进行反性骚扰立法，对性骚扰者进行严厉的制裁。可以参考别的国家和地区的立法并在我国建立完整的保护体系，增加举报的通道。尽管教育部出台了“红七条”，对高校性骚扰惩处作出了明确规定，但是仅仅依靠单一师德建设路径防范高校性骚扰仍有其局限。

5. 改变民众对性骚扰问题的看法

学生认为社会舆情普遍存在对性骚扰、性暴力受害者的污名化。有学生写道：现在很多女大学生被强奸，网上的男生都说只能怪她们自己穿得少，活该被强奸，我觉得随着国家经济快速发展，国民的素质并没有得到很大的提升。对于这个问题大多数中国人是比较保守的，尤其是女生在遇到这种情况时更多的是不了了之，解决这个问题既需要法律层面的保护，也需要加强对国民观念的宣传教育。改变传统的保守思想，改变“被骚扰者行为不检点”的谬误的舆论。还有学生提出，性骚扰是骚扰者的错，而不是被骚扰者的错，这是问题的关键。性骚扰的根源是性别歧视，只有彻底根除性别歧视才能有效防止性骚扰。

有学生认为问卷有偏向，将性骚扰、性暴力受害者固定为“女性”是片面的，因为“男生被性骚扰的情况也越来越多。女生被性骚扰还可以倾诉寻求保护，但男生只会被当作笑话，甚至被嘲笑”。“女性是弱势群体，但是我觉得男性在被性骚扰后的影响也是不容小觑的。”“不仅仅女生自己要提高自我保护意识，校园内也要多宣扬正常的三观，多举办这些讲座。”有学生写道：“由于性骚扰的边界很难被界定，过分强调性骚扰，可能会产生同学师长间交流隔阂的情况，所以我更加偏向对性安全无罪化意识的加强，要明确指出对方的行为让我联系到性、让我不舒服，因此我敢于提出来，我可以保护自己。这不仅仅是对被骚扰者的安全保护也是对骚扰者的抓捕惩处透明化，更重要的是同学们之后不会产生‘这个被骚扰者行为不检点’的谬误的舆论。要有对被骚扰者事前、事中、事后的三重保护。”

有学生在问卷中写道:“贪婪和色欲是人性的弱点,所以性骚扰和贪腐一样,是一个需要巨大决心深度治疗的社会问题。”大学校园“性骚扰”不同于一般的性骚扰——其施暴群体大多属于高级知识分子、弱者多是具有足够的两性观念和价值判断能力的成年大学生。加强教育宣传、完善法律、开设举报渠道,加上自媒体的监督会让有性骚扰倾向者不敢、不想、不能为之。不应该只有自下而上的反映问题,更应该有自上而下的管理。必须要正视问题,才能解决问题。

中国高校应当对性骚扰问题引起足够的重视。学校有必要开设关于认识性侵和如何自我保护的课程及宣传,开设防止性骚扰方面的工作坊或者主题研讨,指导学生如何识别和应对校园性骚扰。不畏权贵,不怕世俗流言蜚语,勇敢地站出来揭露罪恶的人,倡导一种正确的认识和价值观:受害者没有错,受害者不应该感到羞愧,其他人应该去支持和理解他们的举报,而不是带有异样的眼光来看待受害人。

附录

大学校园“性骚扰”问题调查

当前,大学校园“性骚扰”问题越来越受到大家的关注,为了解您对“性骚扰”和反性骚扰问题的看法,我们设计了这份调查问卷。我们的调查是匿名的,请您放心填写。请您在适当的选项上打“√”。谢谢合作!

上海政法学院　女性研究中心

1. 您的性别:(1)男　(2)女

2. 您的年龄:1. 18岁以下(包括18岁)　2. 19—22岁　3. 23—25岁　4. 26岁及以上

3. 您目前是:1. 在校本科生　2. 在校留学生　3. 在校研究生

4. 下列情况,您在校园或者其他场所中是否遇到过?请根据自己的情况做出选择：

1 从未 2 很少 3 偶尔 4 经常 5 非常频繁

序列	观点	频率				
1	教师或者同学对我讲黄色笑话	1	2	3	4	5
2	教师或者同学对我的身材或性征评头论足，发表性别歧视的议论	1	2	3	4	5
3	教师或者同学在我面前展示色情书刊、图片使我难堪	1	2	3	4	5
4	教师在我面前讨论自己的性生活	1	2	3	4	5
5	教师或者同学对我说下流话进行挑逗，询问性生活方面隐私	1	2	3	4	5
6	教师或者同学对我做出有性意味的身体碰触，如强行搭肩膀或手臂，做出违反我意愿的抚摸	1	2	3	4	5
7	教师或者同学对我提出不受欢迎的性要求以交换工作上的好处	1	2	3	4	5
8	教师或者同学对我进行性要挟或强迫我顺从其要求	1	2	3	4	5
9	教师或者同学通过邮件、短信、网络进行性骚扰	1	2	3	4	5
10	教师或者同学企图强暴我	1	2	3	4	5
11	其他，请说明	1	2	3	4	5

5. 当您遭到教师或者同学性骚扰时，您采取哪些策略？请根据自己的情况打钩，可以多选：

序列	观点	
1	打个哈哈，引开话题，保护自我	
2	十分气愤，并表明态度，制止性骚扰	
3	书面告诉骚扰者的行为是不受欢迎及必须停止	
4	愤而反击并不惜以被开除或遭报复为行动代价	
5	告诉自己信任的人（如：父母和家人、朋友、老师、同事），让他们给予一些建议与情绪上的安慰	
6	尽管十分气愤，但由于受制于他人或碍于情面，只好逆来顺受	
7	向学校有关部门实名举报	
8	记录被骚扰的时间、地点和情节，以便举报时或者法律诉讼时拿出证据	
9	其他	

6. 您觉得目前大学校园性骚扰问题：

1 完全不同意　2 不同意　3 一般　4 同意　5 完全同意

序列	观　　点	同意程度				
1	已到了不能容忍的地步	1	2	3	4	5
2	存在一些问题,但严重性被夸大了	1	2	3	4	5
3	带有性侵犯成分,严重的是犯罪行为,须立法制止	1	2	3	4	5
4	性别歧视的一种形式	1	2	3	4	5
5	调情而已,没有什么大问题,不值得特别关注	1	2	3	4	5
6	生活中多少需要一点“带色”的内容调剂,不可能禁止	1	2	3	4	5
7	性骚扰泛化会影响两性之间的正常交往	1	2	3	4	5
8	性骚扰在中国很常见,法不治众	1	2	3	4	5

7. 大学校园性骚扰猖獗的原因是什么？您对下面的一些看法同意程度如何？请根据您的同意程度打分：

1 完全不同意　2 不同意　3 一般　4 同意　5 完全同意

序列	观　　点	同意程度				
1	法律缺失和违法界限模糊是大学校园性骚扰猖獗的重要原因	1	2	3	4	5
2	社会观念陈旧,认为“性骚扰”是小事,不足挂齿,使性骚扰的治理得不到重视	1	2	3	4	5
3	被骚扰者缺少防护意识和足够的自我保护手段	1	2	3	4	5
4	有的女性自己不自重,甚至有些人想以此换取某种好处	1	2	3	4	5
5	某些教师缺乏师德,道德低下	1	2	3	4	5
6	性骚扰举证不易,立法惩治可操作性较低	1	2	3	4	5
7	有权势的人滥用权力,肆无忌惮	1	2	3	4	5

8. 您认为如何有效制止大学校园内的性骚扰现象？请选择您认为最有效的三条：

序列	观　　　点	请在您同意的栏目中打钩
1	大学应当设立专门的组织负责惩治性骚扰，保护举报者	
2	女大学生要自爱，穿着不要过于暴露	
3	女大学生要增强自我保护意识	
4	改变观念，提升文明礼貌、尊重妇女	
5	进行反对校园性骚扰的宣传和大学生自我保护的讲座	
6	建议立法，反性骚扰	

感谢合作！

（作者系上海政法学院外国语学院副教授）

“平安校园建设背景下大学校园性骚扰综合防控及治理措施国际比较”研讨会中英文观点摘要

越南妇幼女受性侵犯状况

[越南]陈玉英

一、从各级法院受理审判案件工作中看妇幼女受性侵犯问题的情况

可以说，近几年越南妇幼女受性侵犯状况发生的频率，已成为全国人民不可忽视的问题。2008 年 1 月 1 日至 2013 年 12 月 31 日，法院已经按一审程序受理 9 683 起案件中的 11 444 名被告，其中已经按照一审程序对 8 772 起案件中的 10 265 名被告进行审判。

法院审判结果表明：1 812 起女性受性侵犯案件中的 2 641 名被告被判“强奸”罪；3 276 起案件的 3 759 名被告被判“强奸幼女”罪，31 起案件的 61 名被告被判“奸污”罪，25 起案件的 30 名被告被判“奸污幼女”罪；2 749 起案件中的2 878 名被告被判“对幼女有性关系行为”罪，879 起案件中的 896 名被告被判“对幼女有淫秽行为”。由此可见，“强奸幼女”罪在女性受性侵犯案件中占很高比例(6 929 起案件有 7 563 名被告，分别占受理案件的 78.99%和占受审被告的 73.68%)。

通过分析各级法院受理和解决有关妇幼女受性侵犯案件数据的结果，可以看出：近几年来对妇幼女的强奸案发生比例不断上升，具体数据如下：2008 年的 1 494 起案件中有 1 789 名被告；2012 年的 1 736 起案件中有 2 039 名被告；2013 年的 2 050 起案件中有 2 330 名被告。

其中，年龄为 30 岁以下的性侵犯案件的被告 4 873 名，占初审受理 10 265 名被告的 47%（其中年龄 14—16 岁的被告 205 人，年龄 16—18 岁的被告 719 人）。同时，性侵犯案件被告的年龄越来越小。近几年，年龄在 30 岁以下的被告受审情况如下：2008 年 771 名被告，2009 年 714 名被告，2010 年 740 名被告，2011 年 773 名被告，2012 年 850 名被告。

妇幼女受性侵犯案件的性质和严重程度也日益加剧，有些案件发生带有特别严重的性质，表露出了当代社会道德严重腐败、轻视妇幼女的生命健康，很多情况让社会难以接受。强奸案受害者太小，性侵犯使受害者怀孕而产子，先奸后杀以躲避受害者的起诉、逃避法律的制裁等。

通过分析一些妇幼女受性侵犯的案件可以看出，导致罪犯上述行为的原因有以下几种：

首先，是对刑事法律教育、家庭婚姻法、反家暴法、性别平等法、儿童保护法等的宣传还有很多不足，致使一部分人对性别平等和妇女幼儿权利，特别是幼儿权利的意识还不够深刻。因此，不少男性因为缺乏知识而认为男人有权对女性进行暴力，其中包含对妇幼女性侵犯的权力。而受害的妇幼女因为没有全面地认识到自己的权利所以不敢斗争，甘愿承受暴力。

其次，某些人的人品道德败坏，也是引起强奸妇幼女的主要原因。经常有家暴和性暴行为者根本没有意识到自己对社会和别人的责任。有些人藐视法律、蔑视他人生命和健康，忽视他人的名誉，或是因为使用各种带有刺激性的物品，如酒、啤酒、海洛因、麻醉剂、毒品等，以及受电影上的暴力或性行为刺激、网络的性刺激图片等而导致对妇幼女进行性侵犯，造成犯罪行为。

再次，日常生活中家庭对女性不够关心也是很多性侵犯案件发生的原因之一；幼女因为缺乏生活经验，不懂怎么自我保护导致难以避开社会的陷阱，成为被性侵犯的对象。很多受害者因为害怕告发后被报仇而不敢揭露此违反法律行为，导致被侵犯者多次被性侵犯。也存在以下情况，虽然受害的幼女向家人倾诉自己被性侵犯,但由于家人的忽视或包庇亲人违法行为,而纵容了性侵犯犯罪人员的行为。

二、解决妇幼女受性侵犯案件的难点

考虑到妇幼女的名誉问题,在受理此类案件过程中存有一定的困难,具体如下:

首先,当发生性侵犯行为时,要有足够法律证据,如法医鉴定结论和相关的人证,才能起诉和追诉被告是什么罪名(根据刑事部律中第 111—116 条)。

实际上,有不少妇幼女受性侵犯案件就因为证据不足而不能将被告判任何罪名。也有时候,幼女被性侵犯,但是家庭发现之后就犹豫不知如何解决,因此事情过去很久才投诉,不知道如何收集物证并提供给相关执法部门,导致侵犯者有时间毁灭所有证据。

有时候受害者是怕影响自己和亲人的名誉,在受害很长时间以后才敢告发被告。因此,很难收集准确的证据(受害者被侵犯后有了伤疤,无法吸收精子等)。因此,很难证明受害者是否被侵犯,导致对于审查人和法院受理判决此案件的工作很难开展。

此外,在许多案件中,当法院进行一审和复审时,被告因为得到律师或者保护被告权利人的咨助或者某种原因,而否认以前承认过法医鉴定的报告结果,因此向陪审团提出重新进行法医鉴定的要求,这给法院受理该案件过程带来不少困扰。

可见,如果妇少女被性侵犯,没有及时进行法医鉴定或者迟久才发现,会导致缺乏重要证据,给法院审判工作带来困难。

其次,在许多案件中,虽然公安机关已经在档案中明确观点,并肯定被告对受害者的性侵犯行为。但是在等待开庭的过程中,被告家庭与受害者家庭已经协商达成共识或者其他原因(可能是被威胁或者某种承诺),在法院上受害者改变口供,否认之前的供词并保护被告,认为被告没有对他们进行性侵犯行为。有时候,事件发生后,受害者家庭跟被告家庭私下协商好有关赔款问题,若在赔款方面没有达成共识，受害者家庭才揭发被告的犯罪行为。由此可见，这样的情况也会给陪审团解决审判该案件时带来许多困难。

在性侵犯的案件中，受害者和受害者家庭都有犹豫、害怕的态度，担心影响家庭未来的生活和名誉，所以许多人不敢出声保护自己和亲人的权利。事情发生时，他们通常不会申报而是隐瞒或者放过，或者跟有犯罪行为者和被告家庭商量导致审判工作带来困难。

有些案件，因为受害者在长时间内跟多人发生性关系，所以当机构进行调查时就会因为证据不足而无法定罪。

此外，某些家庭暴力罪犯因为事情是在家庭内部发生的所以也很难被发现，原因主要是因为受害者对保护自己权利的认识还不够深刻，没有及时告发各种性侵犯行为。在这些情况下，受害者尤其是妇幼女一般都不敢跟地方政府揭发，让地方团体组织及时干涉而自己忍受，直到不能再忍受的时候才告状揭发性侵犯行为。当法院要求提供证据时就没法提供有效证据证明被性侵犯。

再次，宣传和普及法律是可以预防、阻止各种对妇幼女性侵犯行为的好办法。但是，性侵犯案件是敏感的案件（特别是受害者是幼女或者性侵犯的特殊性质，比如乱伦关系，或者家庭中有血缘关系的或者亲戚之间的性侵犯）这时受害者都很犹豫，怕影响到自己和亲人的名誉和人品。因此，各种性侵犯的案件很少公审（在 2008—2013 年只有 259 起案件在移动法庭进行公审）。但实际上有许多案件需要公审才能引起社会的关注，这样宣传工作才会得到效果。

最后，有些案件确定被告的年龄遇到困难，各级有关部门已经采取各种办法，但还是未能确定被害者的准确年龄，以确认其是不是幼少女。有些受害者没有原本出生证或者出生证的日期不准确；有的案件受害者父母记错受害者的生日（农历或者阳历），所以复审要取消一审的案件。

有时候无法确定受害者的年龄，有关部门已经进行各种手续以鉴定他们的年龄但各个有关部门的结果都不一样，甚至跟调查过程所收到的资料不一样，因此给法院的审核工作带来很大的困难。

三、各种措施以提高预防阻止性侵犯工作的效果

首先,对刑法、反家暴法、性别平等法、家庭和婚姻法及一些有关该问题的法规条例进行宣传,提高人民自我保护的意识。宣传工作要有具体的短期和长期计划,需要全社会都参与。尤其是学校,不仅对学生进行有关性问题的教育,还要对教师、对家长做好宣传工作。这样才会让全社会有准确的认识。此外,对于在家庭和社会中宣传保护幼女的问题也要重视。每个家庭都要多多关心孩子,给孩子培养良好的习惯,多跟孩子讲解性问题,让他们懂得怎么自我保护,尤其是女孩子。与其同时,需要加强推动建立文明家庭、文明社会。建立并更加完善保护妇幼女权利的各级组织和部门,严肃处理性侵犯罪犯,将性侵犯案件进行公审以促进宣传工作,让大家都认识到该问题的重要性和急迫性。

(作者系上海政法学院国际交流学院留学生)

防止校园性骚扰的措施——津巴布韦的经验

[津巴布韦]维奥拉　杨军红(译)

首先,要在学校中对女生进行教育,告诉她们什么是性骚扰。很多女孩是性骚扰的受害者主要是因为她们不能真正理解性骚扰是什么。因此,必须在学校开展宣传运动,告知和教育女孩什么是性骚扰。

此外,学生了解了有关性骚扰的知识之后,还要了解他们的权利和责任,主要是性虐待问题。大多数女孩都非常天真,在遭受性虐待之后会保持沉默,未能向主管当局报告此事。必须提醒的是,强奸女孩是一种罪恶,受害者应该勇敢举报,让强奸犯得到应有的惩罚。

许多女孩成为强奸的受害者是因为她们没有避免危险情况。如果女孩不相信、不接受有性虐待倾向的人给的东西,那么危险的情况是可以避免的。女孩子

在聚会和郊游时必须非常注意自己的饮食。许多女孩因为在聚会时饮用了被朋友投放了毒品的饮料而成为强奸受害者。

大多数女孩羞于表达自己的边界和界限。应该充分告知女孩,如果有人试图越过她们设置的界线,那就应该告诉那个试图越界的人停止。礼貌的方法会被忽视或误解。女孩必须知道,如果有人不尊重她们的意愿,她们就不必再礼貌相待。如果有误解,以后可以解释。女孩不能给对方侵犯她们的权利的机会。如果你让别人越过你的边界,那么就可能引起性骚扰。

女孩必须要自信,通常被动会被理解为默许。女孩必须知道,要对那些对她们实施性压力的人保持直接和坚定的态度。必须明确告诉异性自己真正想要什么和不愿做什么,不能半推半就,模棱两可。

女孩子必须学会相信自己的直觉。如果你觉得自己被强迫到不想要的性生活中,你必须尽可能迅速地跳出这种情况。你可能对那个人很熟悉,但是当你感到不舒服时,最好是原谅自己而不是后悔。谈到强奸问题,没有人值得信任。

必须阻止深夜学校宿舍访问,女孩必须避免深夜去拜访男生,也要阻止男生深夜拜访女生。大多数女孩都因为这种情况成为强奸的受害者。

如果有人不幸落入强奸的陷阱,她们必须学会如何应对、如何采用武力和暴力来让自己摆脱这个险境。必须教会女孩子知道在反抗和自卫的时候如何攻击施害者最薄弱的身体部位和器官。尖叫和呼喊求助也是有帮助的。

女孩子必须穿着得体。在强奸案中,着装通常会起到很大作用。如果周围多是异性,那么女生必须穿着得体。

必须让他们知道强奸犯必须遭到严惩和处罚条款。这将有助于警醒人们不要涉及强奸活动。可以考虑通过法律手段,比如无期徒刑来避免强奸案件高发。

津巴布韦已采取各种措施来防止强奸案的发生。现在我国开展了许多宣传活动,从基层开始教育女童有关强奸和艾滋病病毒传播方面的知识。在小学阶段,女教师负责教育女孩如何保护自己,遭遇强奸时如何处理,如何向警方寻求医疗照顾等。

卫生和儿童保健部推出了一个叫 PEP 项目,意思是暴露后预防。这一项目是为了帮助强奸受害者免于怀孕和感染艾滋病病毒。它的时效是 72 小时,这意味着强奸后你必须向警方报告你的情况,警察会在一个儿童友好诊所或者医院处理这个事件。

政府已完善法律,保护女童避免落入强奸陷阱。在我国强奸案要被判10—15年监禁;这项法律使许多想沉迷于这类犯罪的人感到害怕。今天遇到的问题是,不是所有遭到强奸的女生都会报案,原因是多方面的,有些恐惧可能来自家庭和社会对受害者污名化的影响。

(作者系上海政法学院国际交流学院留学生,译者系上海政法学院外国语学院副教授)

Measures to prevent sexual harassment on campus

Violah Gwena

First and foremost, girls on campus have to be educated on what it means to be sexually harassed. Many girls are usually victims of sexual harassment mainly because they cannot really comprehend what it is about. Firstly awareness campaigns must be held on schools mainly to inform and educate girls on what it is to be sexually abused.

Furthermore, after being informed, they must be taught on their rights and responsibilities mainly on the issue of sexual abuse. Most girls are so naïve such that after sexual abuse they will keep it to themselves and fail to report the matter to the responsible authorities. Girls must always be reminded that being raped it's a crime and they have to report the situation so that the rapists may suffer the consequences.

Many girls they usually become rape victims because they don't avoid hazardous situations. Hazardous situations can be avoided in such a way that girls must not trust consuming stuff given by the opposite sex in places more prone for sexual abuse. Girls must be very attentive to what they eat or drink during parties and outings. Many girls have become rape victims by being druged by friends mainly when drinking.

Most girls feel very ashamed to communicate their boundaries and limits. Girls must be well informed that if someone tries to cross the line which they have set for themselves they should tell the person attempting to his face to stop over bouncing. Polite approaches may be ignored or misunderstood. Girls must know that if the person does not respect their wishes, they must excuse themselves from the situation immediately. Miscommunications can be explained later. Girls must not give the opposite a chance to violate their rights. If you let someone cross your boundary it might greatly lead to unwanted sexual advances.

Girls must be assertive, often passivity can be interpreted as permission. Girls must always know to be direct and firm with someone who will be sexually pressuring them. Must be in a better position to tell the opposite sex what they really want and what they don't feel comfortable doing.

Girls must learn to trust their instincts. If one feels they are being pressurized into unwanted sex, you must jump out of the situation as immediate as possible. You might be familiar with the person; but when you feel uncomfortable its better just to excuse yourself from the situation than to regret. When it comes to rape issues no-one must be trusted.

During late hours, inter-dorm visits in schools must be discouraged. Girls must avoid visiting boys, and boys visiting girls in their hostels mostly at night. Most girls have become rape victims because of this situation.

If someone falls in a rape trap, they must learn to respond physically. Force and violence are essential to free themselves. Girls must be educated on the weakest parts and points of a man. Screaming and shouting for help can be also helpful.

Girls must try and wear decent cloths. Dress codes usually contribute a lot on the issue of rape cases. Girls must try and wear decently mostly around the opposite sex.

Rapists must be punished severely and the terms of their punishment must be made known to them. This will help people hesitate indulge in rape activities. Initiatives like life imprisonment must be taken into consideration by the law in order to avoid many cases of rape.

My country Zimbabwe has embarked on various ways to avoid many cases of rape. They have done a lot of awareness campaigns to educate the girl child on rape and the spread of HIV AIDS from grassroots levels. From primary school level it's the female teachers responsibility to educate girls on how to protect themselves on the issue of rape and how to handle to issue when it occurs for example going to the police and seek some medical attention.

The ministry of health and child care has introduced a process called PEP-meaning post exposure prophylaxis. This procedure is to help rape victims from falling pregnant and from getting diseases like HIV AIDS after rape. It works within 72 hours meaning just after rape you must report your case to the police and the police will make a statement for you to undergo pep at a child friendly clinic or hospital.

The government has reinforced laws to protect the girl child whenever they fall in a rape trap. A rape case is 10—15 years imprisonment in my country; this law has imparted fear in a lot of man not to indulge in this type of crime. The problem we are having today is not all girls' report their cases after rape, the reasons are many. Some might be discouragement from family in fear of the picture which will be portrayed against them by the society.

性骚扰防范措施

[阿根廷]姜月汐　杨军红(译)

利用这个机会我想讲四个要点：

第一，我们需要认识到世界范围针对女性的性别暴力(就像我从联合国的网站上得到的这个数据表所显示的)。我认为，如果我们想制止针对妇女的暴力行为，我们要认识到，作为女人，首先要捍卫自己的权利，要强调男女平等。

第二，预防要从家里开始，我们需要在一些机构，如学校中，教学生关于他们的身体哪些部位是不可以触摸的。另一个重要的方面是学校要进行性教育，我的国家就在学校里面开设专门针对女学生的性教育课程，让女学生了解我们的身体。

同时，我们要教育公众，增加妇女的领导权和参政权，无论在政治上还是商业政策上，采取措施保护妇女，因为平等是一种基本人权。妇女需要工作来获得“经济独立”。

第三，就像我上一次说的那样，我鼓励老师在学校建立一个妇女中心，开展心理咨询和志愿者服务，这样我们校园里的女性就可以得到鼓励。我认为应该建立一个平台，我们可以讨论一些涉及女性和性骚扰等方面的敏感话题，进行教育和预防，在有人遭受骚扰的时候帮助她们。大学里的教师和大学生不仅仅是一个好的职业，我们的责任也是帮助社会。

在阿根廷，我们有一个帮助遭受性骚扰和性侵妇女的中心，为遭受性暴力的妇女提供工作来改善自己的境遇。

我们团结起来！

第四，我认为，应该针对年轻女性开设一些有关反家庭暴力的课程，如“如果他打你，说明他不爱你”。因为，当年轻女子陷入爱河，如果男方处于嫉妒对她攻击甚至施加暴力时，她有时也不愿意离开他。因此无论如何，我们需要帮助她，否则这个施暴者会毁了她的生活。我们要教育年轻妇女爱的真正含义，如果他打了你，说明他不爱你，这是很简单的，爱就要互相尊重。

最后，我想我们应该鼓励一些男性来参与这个话题的讨论，因为我们为平等而斗争，我们不只是为我们自己而斗争，我们要争取一个更好的世界和未来，我们在为我们的子孙后代而奋斗。

（作者系上海政法学院国际交流学院留学生，译者系上海政法学院外国语学院副教授）

“PREVENTION”

Daniela Ayelen Krone

In this opportunity I would like to talk about four main points.

First, we need to be conscience about the gender violence over the world (like in the pictures taken from United Nations Women). So, I think if we want to stop the violence against women, we need to know, we are woman and we need to defend our rights, but we need to looking for the equality between the men and woman.

Second, the prevention starts at home after, in others institutions like Schools or Universities, we need to teach them about their bodies and anyone can touch them. For the other hand I think is important also incorporate Sexual Education at the schools, like in my country, we have classes just for women and we used to learn how our body works.

Therefore, we need to educate the society, increasing the women leadership and participation, whatsoever in politics doing some policies to protect the women or in business, because the equality is a basic human right. The women need to work and obtain the "economy-independence".

Third, like as the last time I already said, I encourage the teachers to build a woman center at the school, with psychologist, volunteering assistance, in this way the women inside of our campus can go and receive some encouraging. I think we need to build also a platform where we can discuss than kind of sensible topics. We must to promote that's kind of events, for prevention or in the case that someone suffered harassment help them. The teachers and the students are in the university not just to have a good career is our responsibility also to help our society.

In my country(Argentina) we have a center for help them, also some cities where they provide to the woman a place to work for improve herself.

Together we can!

Fourth, I consider, to have a different courses like "if he hits you doesn't love you" dedicated to the younger women because, Normally when they have a young relationship with someone they really falling in love and sometimes if the boy is jealous or aggressive even violent they cannot be realize about that. Whatsoever, we need to help them otherwise they are going to destroy their lives. Teach them the real meaning of the love, is simple if he hits you doesn't love you, the love is respect each other.

Finally, I think we can to encourage some men to participate also, because we fight for equality, and we are fighting not just for us, we are fighting for a better world and for the future that we want to build for the further generations.

性骚扰：识别、预防和应对

[俄罗斯]玛丽亚　杨军红（译）

我的研究是关于性骚扰的基本知识，即如何识别和避免性骚扰，通过分析俄罗斯的情况，给大家一些建议来解决这个问题。

这个问题非常突出和有害，因此，我首先谈一下性骚扰的诱因。

让我们看看如何识别骚扰的迹象：

- 非语言的：包括一些让你恶心的眼神。
- 口头上的：许多恭维话，对你来说是不愉快的，包括下流词汇、粗俗话、下流笑话。
- 身体：触摸，并试图突破界线和你密切接触，更严重的是可能直接接诱发性行为，甚至诉诸强奸。

如何进行自我保护：

- 首先要注意，要明白人们对你真正的态度，以及关注任何的变化；
- 行为和言语上不要模棱两可，不要使用带有双重含义的模糊语言；
- 要有自己的界线，当你和任何人第一次交流和沟通的时候一定要建立沟通的界限，这是非常重要的，要事先了解这些关系的目的；
- 勇气；
- 恐惧是最大的敌人，不要害怕；
- 不要沉默和保密。

俄罗斯性骚扰的状况，虽然没有统计，但是经常发生。

学校里常见的情形是,老师让自己喜欢的女学生到家里喝咖啡,如果学生拒绝,她可能会面临考试不及格的情况(俄罗斯的大学体系中,你经常要参加面试,所以很难证明老师的错误)。

学生面临两难的处境,要么获得很好的分数,但是失去尊严;要么考试不及格,甚至拿不到证书和文凭。

遇到这种情形,要注意以下几点(可能对中国学生也有帮助):

● 不要羞于向父母和朋友谈论你的问题(家长可以跟老师谈,解决这个问题);

● 无论多么老套,但最有效的方法是定期上课,做一个好学生,在这所大学的其他教师中获得可信度;

● 向学校汇报这个老师,更换对你过分关注并骚扰你的老师;

● 如果这些措施都不管用,老师继续骚扰你,记住,你有权拒绝,要试图记录他要挟你的邮件(如果你要向法院起诉,语音记录可以作为证据)。

关于法律:

俄罗斯法律没有性骚扰的定义和性骚扰的文章,只有刑法第133条“强迫性行为”。

在俄罗斯立法中,性骚扰并不是一种单独的犯罪或行政犯罪,但它有一个复杂的概念,这就是为什么虽然有人反复尝试,但却没有人能够成功地赢得一场官司。

关于校园性骚扰,可以借鉴的是:

1. 关于教育的法律:“禁止对学生使用身体和精神暴力”(第15条第6款)。

2.《劳动法》规定:“在下列情况下,雇主可终止劳动合同:……履行教育职能的雇员,如果有不道德的犯罪行为则不能继续工作。”

在一切情况下,不可否认的不道德行为必须通过不可否认的事实、证人或录音录像来证明。

如何防止大学性骚扰?

● 在大学框架内制定预防性骚扰指导和章程;

● 提高女性权利;

● 建立一个特殊的心理咨询中心。

(作者系上海政法学院国际交流学院留学生,译者系上海政法学院外国语学院副教授)

Sexual harassment: Identification, prevention and response.

Maria German

My small research is connected with the base knowledge about sexual harassment, how to identify it and try to avoid it, the analysis of situation in Russia, some advice for students and Universities how to solve this issue.

This problem from time to time a very prominent and detrimental to many people. So first, I'd like to speak about the main causes of sexual harassment.

Let's see how we can identify the signs of harassment:

● Nonverbal: wink, perverted glances;

● Verbal: numerous compliments, which are unpleasant for you, indecent remarks, vulgarity, indecent jokes;

● Physical: use to touch you, and try to adjust to the situation with close contact. More seriously minded person can directly induce a sexual act or even to resort to attempted rape.

How to prevent harassment by yourself:

● Attentiveness. You need to see real attitude of people towards you and note any change;

● Ambiguity in the behavior. Do not use slippery phrases with double meaning;

● Frames. It is very important when you meet with any person first time to establish the boundaries of communication. That is in advance to understand the purpose of these relationships;

● Grit;

● Fearfulness. Fear is the biggest enemy of each person;

● Secrecy. Do not hide.

Situation in Russian Universities：

NO statistics，BUT it's happened rather often.

Classic situation：teacher suggests to favorite student that she will face difficulties on the exam if she refuse to drink a cup of coffee at his home(In Russian university system rather often you take exam face to face，so it's difficult to prove teacher's wrong)

In this circumstance，student faces a dilemma：excellent mark and loss of honor OR unsatisfactory mark and "goodbye diploma with honors".

Some advice(according to Russian situation，but which can be useful in China)：

● Don't be shy to talk about your problems with parents and friends (Talk to your parents because the conversation of the parents with the teacher or their visit to University can contribute to solve problem)；

● No matter how trite，but the surest way is regularly and systematically attend classes，be a good student，get credibility from other teachers in this university；

● Take your claim to Teaches' Office and insist to change teacher，who pays to your too much attention and harass you；

● If it's not working and teacher continues to haunt you，remember that you have right to refuse and try to record his blackmail(Voice recording can be evidence of chicanery，if you're going to appeal to the court).

LAW：

In Russian law there is no definition and article for sexual harassment. There is only article 133 of the Criminal code "Coercion to sexual actions".

In Russian legislation sexual harassment is not shown as a separate crime or an administrative offense，but it has a complex concept，that's why nobody has managed to win a court case(although such attempts were repeatedly).

For the teacher it can be the:

1. The Law "On education": "the Use of physical and mental violence against students are not allowed"(Article 15, paragraph 6).

2. The Labour Code of RF: "Labor contract may be terminated by the employer in the following cases: [...] committed **by an employee performing educational functions, the immoral offence** incompatible with continuation of given work".

Under all conditions the commission of immoral misconduct must be proven by undeniable facts, witnesses or audio or video recordings.

How to prevent SH in university?

● To develop Instruction and Charter of sexual harassment prevention in the framework of University;

● To promote women rights between students;

● Establish a special psychologist center.

“平安校园建设背景下大学校园性骚扰综合防控及治理措施国际比较”女性论坛综述

杨军红

摘要:“校园性骚扰综合防控及社会治理国际比较论坛”从本国的经验出发,讨论校园性骚扰问题的现状、成因和应对措施。与会者认为,性骚扰是一个严重的社会问题,也是世界性问题,在社会上影响极其严重。从越南发生的性侵案例看,女性、幼女受害人占到95.3%,已成为越南不可忽视的社会问题,并引发司法部门的高度重视;从吉尔吉斯斯坦儿童受虐问题看,在对儿童暴力案件中施害者有80%以上是其家人所熟悉的人,男孩更容易遭受身体暴力,而女孩更容易遭受性暴力;从对上海某高校在校大学生性骚扰问题的知觉状况调查看,经历性骚扰的人中超过三成感到自尊心受到伤害,超过一成的人感到严重影响其人际关系和交往。与会者指出,校园性骚扰的原因,首先是中国性教育的缺失,女生社会阅历不足等因素,导致她们自我保护能力差。教师不注意师生交往的边界及防控机制缺失,致使受害学生举报无门。公众对遭受性骚扰的受害者存在偏见和歧视,受害者污名化倾向加剧了二次伤害。与会者建议宣传男女平等基本国策,营造积极向上的校园文化;开展性别平等教育,采用有效的防范性骚扰措施,成立校园性别平等委员会,设置受理性骚扰投诉的机构等;加强对法律、法制和妇女权益保障法的宣传力度,进一步唤起整个校园乃至社会对性骚扰的重视,更好地保护女性的健康生活,杜绝校园性骚扰的发生,保障教育公平和学校安全。

关键词:校园性骚扰;综合防控;社会治理;国际比较

2017年10月27日下午1:00,上海政法学院女性研究中心组织了“平安校园建设背景下大学校园性骚扰综合防控及治理措施国际比较女性论坛”。参加本次论坛的主要人员有上海市女性研究中心专家李汉琳女士,妇女报记者沈析宇女士,上海政法学院女性研究中心王晓宇博士、杨柳博士和杨军红博士,上海政法学院法律学院院长侯怀霞教授,上海政法学院外语学院党总支书记女工委员姚善英女士以及部分留学生和中国大学生。大家围绕校园性骚扰及儿童性侵问题展开论述,与会学者和留学生详细分析了性骚扰乃至性侵频发的原因,留学生们分享了各自国家性骚扰和儿童性侵的具体的防范措施和惩戒措施。

李汉琳女士认为性骚扰是一个复杂的问题,涉及多方面因素,不仅涉及自我保护问题、法律维护问题、二次伤害问题、性骚扰和性侵的界定问题,还有文化背景的问题。她强调,校园安全问题、大学生性骚扰防控问题、女性权益保护问题不仅在中国,在国际上也是敏感的社会问题,同时更是需要引起广泛关注的严重的社会问题。性骚扰不仅需要道德的约束,更需要法律层面的规范保护。

专门从事性社会学研究的杨柳博士指出,性骚扰的发生,不仅仅源于性别的等级次序,也不仅仅源于权力关系,我们还应反思性文化的问题,其实性骚扰和性压抑的文化是相伴而生的。在探讨性文化的成因时,我们常常会忽略文化因素。性压抑因素有激情,文化实际上生产和扩大了性骚扰。福柯讲到强奸和性侵犯的问题,其实主要是暴力问题,之所以我们对这样的行为有更严厉的惩罚,其实是源于我们的文化,我们的文化给身体的特殊部位赋予了不同的意义。合作发展处处长王晓宇博士和外语学院的杨军红博士是本次论坛的发起者和筹办者。杨军红选取上海某高校进行了在校大学生对性骚扰问题的知觉状况的实证调查。她指出:目前大学校园性骚扰频发的主要因素是中国性教育的缺失,致使学生不知道如何自我保护,有的教师不注意师生交往的边界,或者明知故犯;校园性骚扰的防控机制缺失,致使受害学生举报无门;性骚扰行为人和受害者之间不平等的权力关系造成学生对来自教师的性骚扰无力反抗;公众对遭受性骚扰的受害者存在偏见和歧视,受害者污名化倾向加剧了二次伤害。她说:经历性骚扰的人中,超过三成感到自尊心受到伤害,超过一成的人感觉严重影响其人际关系和交往。遭遇过性强迫的人出现更强的长期精神抑郁和自杀倾向。参与本次调查的学生认为性骚扰现象在大学里屡见不鲜,一些老师仗势欺人,十分可恶。

要通过一些活动,唤起整个学校乃至社会对性骚扰的重视,更好地保护大学生的健康生活,杜绝校园性骚扰的发生,保障教育公平和学校安全。

吉尔吉斯斯坦留学生古丽在发言中谈到吉尔吉斯斯坦虐待儿童问题日益严重,其中的一个关键问题仍然是针对儿童的暴力行为没有受到相应的惩罚。她说,研究小组将暴力行为的类别划分为"陌生人"和"家庭成员、亲属、家庭/孩子的熟人"两组,研究发现针对儿童的暴力案件中施害者有80%以上是儿童或其家人所熟悉的人。男孩更容易遭受身体暴力,而女孩更容易遭受性暴力。

越南留学生陈玉英指出:越南发生的性侵事件已成为不可忽视的问题。2011—2015年,越南发生了5 300起性侵案件,其中女性受害人占95.3%。近几年来对幼女的强奸案发生比例不断上升,幼女受性侵犯案件的性质和严重程度也日益加剧,有些案件性质特别严重,暴露出当代社会道德严重腐败、轻视幼女生命健康的社会弊端。

俄罗斯留学生玛丽亚指出:俄罗斯社会的性骚扰也非常频繁。她分析了高校性骚扰的类型和交往的边界。她说,要有界线,你和任何人第一次交流和沟通的时候一定要建立沟通的界限,这一点非常重要。遇到性骚扰的时候不要羞于向父母和朋友谈论你的问题;要做一个好学生,从大学的其他教师处获得可信度;恐惧是最大的敌人,不要害怕,不要沉默和保密,要勇敢地向学校检举揭发这个老师,要求更换对你过分关注并骚扰你的老师;如果这些措施都不管用,记住,你有权拒绝,要试图记录他要挟你的邮件(如果你要向法院起诉,语音记录可以作为证据)。

津巴布韦留学生维奥拉分享了本国在性骚扰防控方面的经验。她指出:女孩子必须学会相信自己的直觉。如果你觉得自己被强迫到不想要的性生活中,你必须尽可能迅速地跳出这种情况。你可能对那个人很熟悉。但是当你感到不舒服时,最好是原谅自己失礼(逃离)而不是事后后悔。谈到强奸问题,没有人值得信任。女孩必须知道,如果有人不尊重她们的意愿,女孩就不必再礼貌相待。女孩不能给对方侵犯她们权利的机会。如果你让别人越过你的边界,那么就可能引起性骚扰。女孩子在聚会和郊游时必须非常注意自己的饮食。许多女孩因为在聚会时饮用了朋友在饮料中投放的毒品而成为强奸受害者。她指出,津巴布韦开展了许多宣传活动,从基层开始教育女童有关强奸和艾滋病病毒传播方面的知识，采取各种措施来避免强奸案的发生。在小学阶段，女教师负责教育女孩如何保护自己，遭遇强奸时如何处理，如何向警方寻求医疗照顾等。卫生和儿童保健部还推出了PEP项目，帮助强奸受害者免于怀孕和感染艾滋病病毒。在津巴布韦强奸案要被判10—15年监禁；这项法律使许多想沉迷于这类犯罪的人感到害怕。

阿根廷留学生姜月汐指出：要想制止针对妇女的暴力行为，我们首先要捍卫自己的权利，要强调男女平等。预防要从家庭开始。同时要教育公众，增加妇女的领导权和参政权，因为平等是一种基本人权。妇女需要工作来获得“经济独立”。应该针对年轻女性开设恋爱课程，教育学生“如果他打你，说明他不爱你”。她说当年轻女子陷入爱河，如果男方处于嫉妒对她攻击甚至施加暴力时，她有时会不愿意离开他。因此无论如何我们需要帮助她，否则这个施暴者会毁了她的生活。我们要教育年轻女性懂得爱的真正含义，如果他打了你，说明她不爱，这是很简单的，爱就要互相尊重。

杨柳指出：校园性侵不仅严重侵犯了人的基本权利和尊严，对受害人以及家庭和社会都会造成持久的负面影响。如何防止校园性骚扰，在法律和政策层面有宪法、民法、妇女权益保障法；高校教育部在2014年发布了一个关于《建立健全高校师德建设的长效机制的意见》。从教育的内容和校园文化塑造方面可以采取一些措施，如开展性别平等教育、防范性骚扰的讲座等。还有一点是建议高校设置受理性骚扰投诉的机构。当一些事件拿到法律的层面来解决的时候，实际上伤害早就形成了。即使是有法律的惩罚，也无法使受害人的生活复原，你回不去了。等法律介入的时候早就晚了。要想从源头上解决这个问题，还是应该从文化的角度来回应这个问题。从教育内容上来看，仅仅有性别平等教育是不够的，还要有性教育，有人权教育，这个教育不仅针对学生，还应该包括学校里的每个成员。要教育大家学会尊重人的个体和人的尊严。

法律学院侯怀霞教授和王娜副教授做了总结和点评。

侯怀霞教授指出：我们这个论坛开得非常热烈。我们经常开一些学术会，但今天这个论坛别开生面。今天有来自我校刑法、人民调解、社会学、教育学等不同专业背景的学者和老师参与讨论，还有我校的留学生和中国学生，有本科生也有研究生，充分体现了这个研究论坛的国际性和多学科性质。我们两位女性研究中心的博士从宏观和微观角度分析我国高校性骚扰问题的现状和成因,各国留学生从本国的经验出发,讨论自己国家的情况。当然还有上海市妇女研究中心的领导学者和专家,她们从更高的角度对我们的问题进行研讨。作为大学老师,我们应当提醒我们的学生,尤其是女学生,因为性侵虽然有男的受害者,但是还是女同学受害者比例比较高。要提醒他们自己要有防范意识,防患于未然,总比性侵发生之后给学生造成很大的伤害要好。调查中隐忍不说的好像比例很低,但其实我们周围发生的这些事情,好多都是不说的,不是说现在意识提高了,学生思想前卫了,而是因为她(他)一旦说出了来,对他(她)是一种毁灭性的打击。

刑事司法学院刑法研究专家王娜副教授从刑法的角度进一步指出:性骚扰和性侵的问题不是一个单一的问题。性骚扰在中国其实是一个社会概念,不是法律概念,在法律上没有办法进行规制。今天探讨的主题特别有意义的地方在于,我们怎么考虑如何推动中国的法律慢慢地靠近,向对人的权利制度保障的完善方向靠近。这个问题不光是中国,其他的国家也存在。美国和欧洲国家都存在这样的问题,只不过他们在某些方面比我们更周密一些,法国已经把性骚扰纳入了刑法。在中国的儿童权利保障上已经开始尝试制定遏制性侵儿童(未成年人)的政策,要把犯罪嫌疑人的事件公开,要让公众知道。这个做法也要慢慢普及。

正如留学生姜月汐所说的:大学里的教师不仅仅是一个好的职业,作为学者和教师,我们有责任帮助社会。应该鼓励更多的女性来参与这个话题的讨论,因为我们不只是为我们自己而斗争,我们在为我们的子孙后代而奋斗,我们是为平等而斗争,我们要争取一个更好的世界和未来。

(作者系上海政法学院外国语学院副教授)

中 英 双 语

非婚同居财产关系法律问题研究

王凌晨

摘要：在我国现阶段发展时期，我国人民的思想观念伴随着经济进步变得更加开放包容。面对这一现象，各国的立法机构都做出了不同的应对。总的来说，世界各国都开始承认非婚同居这一新生现象并采取不同的手段给予这一现象一定的支持和保护。相较于世界各国的积极支持，我们国家对于非婚同居这一潮流现象还是处于漠视回避的态度，未能及时跟上世界非婚同居立法的步伐。就中国的现状而言，这种消极回避的态度不利于我国向社会主义法治国家迈进，反而会导致诸多社会问题，影响我国法治化建设进程。因此，为了完善我国法律制度，促进法治社会不断进步，我们国家的立法机构有必要在分析研究国外先进经验的基础上，提出立法规制手段有效解决非婚同居财产问题。本文正文主要分四个部分：

第一部分是提出了现存的迫切需要得到解决的几个非婚同居财产关系问题。

第二部分是对非婚同居的财产关系进行概念分析以及性质类型界定，以便进一步说明非婚同居各类财产关系，深入分析其性质，以便最后提出具体解决方法。

第三部分是通过介绍英美这两个非婚同居财产关系立法较为完善的国家的法律规定，从中寻找可以学习借鉴的地方。

第四部分是针对非婚同居财产关系现存的法律问题提出相对应的法律规制

手段,为我国非婚同居立法和社会主义法治国家建设贡献自己的微薄之力。

关键词:非婚同居;财产关系;立法缺失;法律规制

一、前　　言

改革开放以来我国女性的社会地位得到了极大的提升,越来越多的妇女出于实现人生自我价值、经济独立的目的开始走向工作岗位。女性地位的提高使得传统婚姻家庭生活方式发生转变。一方面,越来越多的妇女不甘心放弃自己的事业,另一方面,整个家庭的生活和经济压力全部由男性承担,使得男性在竞争越来越激烈的社会工作中负担越来越重。除此之外,也有一部分法律意识薄弱的人认为自己的非婚同居行为得不到婚姻法的保护,因而当自己的正当权益受到非法侵害时也不敢寻求法律保护。非婚同居现象的出现,使得我国婚姻家庭关系和社会秩序产生了深远的影响,我们国家现在迫切需要制定出一套完整的非婚同居财产关系法律制度。在中国,非婚同居问题大都由《中华人民共和国婚姻法》(以下简称《婚姻法》)进行规范调整,但是由于我国《婚姻法》中对于这一问题的规定尚不完备,且观点较之国外的法律来讲比较落后。本文就非婚同居财产关系问题进行深入分析,希望对非婚同居财产关系立法有所裨益。

二、我国非婚同居财产关系现存的法律问题

(一) 缺少完备系统的法律法规

非婚同居作为现代社会中的一种新型家庭关系得到了不少年轻人的追捧和喜爱,越来越多的年轻男女开始采取非婚同居这一家庭模式。由于立法和司法解释的缺失和非婚同居现象的逐渐增多,对非婚同居双方和社会都造成了重大损害,产生了许多法律和社会问题。总的来说,相关法律的缺失已经对我国推进依法治国进程造成严重阻碍,严重影响了我们国家的社会和谐,这一问题迫切需

要得到解决。

现在非婚同居现象已经不再罕见,但是有关非婚同居的定义仍然模糊,所以给予非婚同居一个明确具体的定义成为现阶段我国立法的重中之重。根据我国婚姻法规定,我国的非婚同居必须满足我国婚姻法的实质性要件,非婚同居双方必须符合年龄规定且必须有同居的合意,而且不能违反重婚的规定。如果无论什么情况的同居都依照非婚同居规定处理,那么会造成法律运用的混乱。由此看来,完善非婚同居法律法规,明确非婚同居定义是解决这一问题的必经之策。

(二)关于财产纠纷解决的规则模糊

基于共同生活的需要,非婚同居双方的财产界限将变得十分模糊,如何妥善处理这一问题是当前我国立法面临的难题之一。[①]就我国的司法实务来看,法院在受理非婚同居财产案件时主要还是依据《关于人民法院审理未办结婚登记而以夫妻名义同居生活案件的若干意见》(下称《意见》)中的第 10 条。[②]如果主要依据这一条文进行裁判案件的话,我们难免会有以下几点疑问:

首先,如果仅按《意见》第 10 条规定来裁判的话,可能会导致司法实践中裁判依据的相互冲突。《意见》第 10 条虽然对同居财产的归属作出了一个粗略的规定,但是忽略了同居双方"是否达成约定"这一前提,导致在司法实践中与民法先约定后法定的原则相冲突,没有全面考虑到可能出现的各种情况,最终可能导致同一案件不同判罚。所以我们在司法实践中不能只依据《意见》第 10 条,需要有新的法条加以补充说明或完善。

其次,第 10 条中的"共同所得"的意义指向不明。如果在本文中简单将其理解为"共同劳动所得",那么对于同居双方中对外劳动较少的女性一方较为不利。在我国某些偏远地区仍然维持着男性负责外面赚钱,女性负责操持家务的传统家庭模式,同居生活中的劳动收入绝大部分来自男性,这样规定会忽略女性的付出,损害女性的利益,使得司法公正难以得到彰显。而如果将"共同所得"理解为

① 蒋月:《婚姻家庭法前沿导论》,科学出版社 2007 年版,第 197 页。
② 王丽萍:《婚姻家庭继承法学》,北京大学出版社 2004 年版,第 198 页。

“共同生活期间的一切所得”,[①]这无法和“夫妻共同财产”明确区别开来,造成法律解释和实际情况不相符合,因为现代社会中人们选择非婚同居这一家庭模式的初衷就是想保持个人的经济独立。

(三) 当事人之间的遗产继承权利得不到保障

根据我国婚姻法理论,只有双方当事人存在身份关系时才会产生继承权,例如近亲属关系引发的继承权以及婚姻关系引发的夫妻双方的继承权。由于非婚同居的不合法性,由此产生的身份关系得不到婚姻法的保护,因此同居双方之间并不能产生相互继承权。但是,如果忽视了这一遗产继承权利,那么将有损于同居当事人的正当利益,不利于社会稳定。根据我国现有法律规定,同居双方可以相互继承彼此遗产的情形有两种:一是同居一方当事人在死亡之前已经立下合法有效的遗嘱,基于遗嘱产生的继承效力从而产生双方之间的继承关系。二是基于相互扶养的事实产生的遗产继承关系。在实际生活中,非婚同居中作为法定继承人之外的一方,两者虽然都规定了当事人可以取得遗产的情形,但在实际操作中都存在认定困难、遗嘱不合法等阻挠因素。

(四) 第三人利益保护不到位

非婚同居双方在进行同居生活时出于家庭生活开支的需要难免会跟第三人发生债权债务关系。在这里我们需要考虑一个问题,如果同居一方当事人因家庭生活支出与善意第三人发生债务关系,那么这个债务关系是否是由同居双方共同承担,或者仅由实施的一方承担?因为善意第三人无法清楚知道也没有义务清楚了解同居双方是否存在婚姻关系,所以当善意第三人出现损失时责任分配的问题也是当前无法明确的问题。[②]由于这一问题没有详细的规定,这也就导致了在实际判案中,法官自由裁量权过大致使裁判混乱,有的认为同居期间各项

---

① 聂金星:《非婚同居期间所得财产性质与归属的法律规制初探》,硕士学位论文,西南财经大学,2005 年,第 10—12 页。

② 沙永梅:《在事实与法律之间:论非婚同居的法律规制》,人民法院出版社 2003 年版,第 483 页。

债务认定复杂，各自偿还比较简单，有的认为基于公平原则必须共同偿还。在实际生活中，可能存在因为交易人遵循的生活习惯与《婚姻法》制度相抵触从而损害第三人合法权益的行为。

三、非婚同居财产关系的界定

（一）非婚同居界定

我国“非婚”现象主要有两种情形：一种是没有经过法定结婚程序但是男女双方符合结婚的实质要件的非法婚姻；另一种是同居男女双方既不满足婚姻的形式要件，也不满足实质要件，例如双方未达到法定结婚年龄或者有重婚现象等。①

对于“同居”，我们这样理解：当事人双方无婚姻关系，但共同居住在一起，按照夫妻模式一起生活。显然这里就明确说明了，当下那些合租的行为并不是我们这里所讲的“同居”。

（二）非婚同居财产关系性质

1. 与婚姻财产关系的区别

在婚姻法规定中，婚姻和非婚同居是存在明显性质差异的。在我国法律规定的正式的婚姻中，当事人双方都必须接受法定权利和义务的规制，这一原则在世界范围内都得到了普遍承认。婚姻关系中夫妻双方的权利和义务都在婚姻法上有明确的规定，选择正式婚姻作为同居状态的当事人在婚姻关系建立时就应当清楚地理解这些权利义务。相反的，普通的非婚同居关系则因受到婚姻法的制约，具有较高的自由度，非婚同居双方从同居关系产生直到同居关系消灭，如果没有产生财

① 江平、王家福：《民商法学大辞书》，南京大学出版社 1998 年版，第 189 页。

产纠纷或者损害国家及第三人的合法权益,我国法律就不会强行介入。①

非婚同居财产关系与婚姻财产关系的区别中第一点就是结合方式的不同所带来的财产关系的不同。符合我国婚姻法实质性要件的未婚男女在建立了正式的婚姻关系后,彼此间的财产就会变成共同财产。婚姻关系决定着其财产关系,而同居关系的产生或消灭则不会带来任何双方财产关系的变化。第二点则是法律对其规制的方式不同。在我国婚姻财产关系由婚姻法进行规定,而非婚同居财产关系法律还处于缺失阶段,一般只是比照婚姻财产关系或者合伙财产关系进行调整。

2. 与合伙财产关系的区别

合伙财产关系与非婚同居财产关系的区别主要在于共同财产的形成方式不同。非婚同居财产关系的形成即可以由当事人双方商议,进行口头或书面约定,也可以按照婚姻法进行规定,而合伙关系的形成必须是由合伙人达成合意才能形成。根据《中华人民共和国合伙企业法》规定,合伙财产关系必须依据合伙关系建立时的书面约定或合同来处理,而合同的签订必须出自当事人的主观意愿。非婚同居财产关系则存在差异,其共有财产既可以按照双方事前的合同协议规定形成,还可以根据《婚姻法》的规定,属于无效婚姻或被撤销的婚姻,那么双方当事人同居期间的财产,应当属于共同共有,有明确证据证明属于个人私有的除外。

(三) 非婚同居财产的类型界定

这一部分我们对非婚同居财产的类型进行进一步详细的对比区别与分析:

1. 有形财产和无形财产

财产如果从狭义上来讲的话就是存在实体的物体,但是在当今这个信息社会,著作权、出版权等非物质形态财产也越来越重要。有形财产就是指有一定实物形态的资产。由于有形财产的范围十分广泛,所以在这里笔者用"除外"的列

① 夏吟兰:《事实婚姻的承认与保护》,载《中国妇女报》2001年第1期,第41—45页。

举方式进行概括。除去自然资源即国家专有的有形物以及各种武器弹药爆炸物等违禁品以外的其他有形财产均可以作为非婚同居财产关系中的客体。[①]无形财产最主要的是指知识产权，但是那些可以给人们带来经济收入的权利，除去有形物之外都可以算作非婚同居中的无形财产。

2. 非婚同居前财产和同居后所得财产

如果按照时间顺序来区分的话，非婚同居财产可以分为同居前的财产和同居后的财产。在没有特殊约定的情况下，非婚同居前的财产应当认定为个人财产。在这里我们主要分析同居后所得财产的归属。非婚同居后当事人双方由于共同生活共同消费所以很难清楚地说明财产的归属问题。同居双方的约定具有最优先的效力，这种尊重当事人双方意思自治原则是现在各个国家处理非婚同居财产问题的首要原则。除此之外，如果非婚同居双方事前没有达成协议或约定，那么非婚同居财产应如何决定归属问题？首先，非婚同居前的财产应该归各自所有。其次，同居后的财产应该按照不同的情况具体问题具体分析。如果同居双方是为了共同生活的需要所购买的物品应该属于共同共有，其他个人的物品，如衣服等依旧属于个人。这种财产的处理方式类似于分别财产制。非婚同居之所以在现代社会这么流行，主要是因为它的自由空间比较大，可以最大程度地保留自己的个人财产。虽然分别财产制可能对于非婚同居中女性的一方产生不利影响，但是作为非婚同居的选择者，应当对自己的选择负责，法律不可能做到像保护法定婚姻关系一样保护非婚同居关系，对非婚同居中的弱势群体也是有区别有限度地保护，优先考虑和保护合法婚姻的权威。

四、欧美国家非婚同居财产关系的经验借鉴

（一）英国非婚同居财产关系的法律规定

在英国的法律历史上有资料显示，几个世纪以前英国就存在有子女的非婚

① 王歌雅：《中国现代婚姻家庭立法研究》，黑龙江人民出版社 2008 年版，第 409、411 页。

同居现象,由此可见,非婚同居在英国历史上由来已久。英国关于非婚同居财产关系的法律存在两个问题:第一,英国的制定法过于杂乱,单行条例层出不穷,缺乏系统性;第二,历史上的判例情况不同、判决不同,多种多样,缺乏统一,容易导致法官各行其是。①

英国现行法律主要包括以下几个方面:第一,非婚合同受到法律保护。非婚同居合同只要满足合同的有效要件,对非婚同居双方当事人均有法定约束力。英国法院不会因为非婚同居合同不符合婚姻法的规定而否认其效力。第二,非婚同居财产的归属问题中协议优先。在英国,非婚同居同样也得不到法律的保障,很多婚姻法上的财产法律在非婚同居案件中并不适用,例如继承权的直接形成。英国在解决非婚同居财产问题时,也是按照事前签订协议或合同的按照协议或合同进行,没有签订协议的,如果双方达成了合意,也可以作为财产分割的一个依据。第三,死亡时的财产继承权利。如果死亡一方生前立下遗嘱,将遗产遗留给生存的同居者,英国法律是不予干涉的,英国 1837 年的《遗嘱法》对这一问题有明确规定。但是如果没有遗嘱,那么英国法律就不会保护,但是也有例外情况,如果非婚同居双方之间形成了抚养关系,此时根据 1975 年的《继承法》一方死亡另一方可以进行申请合理的遗产分配。

(二) 美国非婚同居财产关系的法律规定

美国法律对待非婚同居问题时的法律各有不同,各个州的法律以及联邦法律的规定都存在差异,不过大部分法院大都采取以下三种理论处理相关问题。

第一,合伙理论。合伙理论是指非婚同居财产在法律上认定为共有财产,在同居关系解除时应当按照合伙理论的规定平均分配,以便体现法律公平。这种理论的运用在一定程度上可以限制那些意图通过不道德的性行为去获得他人个人财产的可能,还可以保护弱势一方的利益。但是,合伙理论也有一定的不足,在同居关系结束时一律按照平均分配的方式处理非婚同居财产,会造成对该共同财产贡献较大的一方受到损失,最终产生不公平的裁判后果。

① Baker M. *In Other Words*: *A Coursebook on Translation*[M]. London: Routledge, 1992.

第二，普通法婚姻理论。普通法婚姻理论中的婚姻其性质类似于我国事实婚姻，是指同居双方虽然达成合意但是并没有经过法定程序就开始同居生活，并且同居状态是公开稳定持久的。普通法婚姻的成立要符合以下几个条件：一是当事人双方的同居状态是稳定的、公开的；二是在同居期间对外公示的身份是合法夫妻；三是双方达成了结婚的合意，并签订了书面协议。①英国法律承认普通法婚姻具有和正式婚姻一样的效力，没有经过法定结婚程序并不影响其效力，双方当事人都需要和合法夫妻一样承担权利和履行义务。普通法婚姻理论可以有效保护一些有结婚意向但手续不合法的非婚同居，但其运用空间十分有限。大部分非婚同居者都是不愿意接受婚姻法的束缚才选择了非婚同居，如果将非婚同居一律单纯地按照婚姻法进行调整，这不符合当事人的意愿，因为绝大多数非婚同居者的目的就是为了避免结婚。所以，普通法婚姻理论已经不能适应现在的非婚同居现象了。

第三，合同理论。合同理论就是根据非婚同居双方之间的合同契约处理非婚同居财产。合同理论的优势在于它以合同的形式来规定非婚同居关系，能最大可能地尊重当事人双方的意思表示，它既能在双方之间确立起一种相互照顾共同生活的权利义务，又可以避免正式婚姻的束缚。非婚同居合同还可以更加详细、明确、具体地规定双方的权利义务，以及同居关系结束时的财产分割问题，避免发生财产纠纷，做到防患于未然。

尽管合同理论在解决非婚同居财产问题上有其优点，但是其中的证明合同效力等问题也仍待解决。在通常情况下，非婚同居双方所达成的协议或合同仅仅限于口头或默示合意，因此证明同居合同是否真实存在且符合双方的意愿就变得十分困难。大量的案例事实也表明绝大部分的非婚同居男女在同居期间都不会签订一份详尽的、有法律效力的合同，即便双方事前做出了口头约定，但这样的约定也无法作为法律依据，这样的非婚同居合同在执行时也会有很大的阻碍。其次，合同理论的效力也是有限的，并不是全方位的保护，而且仅限于非婚同居双方当事人，不能对第三人进行约束。最后，在合同解释方面也会遇到很多麻烦。例如对于合同对价的约定问题就值得商榷，双方对于婚姻家庭的贡献价值也缺少一个法定的衡量标准，这样的非婚同居合同在实际操作中就很难执行。

---

① 张民安：《非婚同居在同居配偶间的法律效力》，载《中山大学学报》1999 年第 2 期，第 94 页。

因此美国法院普遍重视法官的自由裁量权以便做到公正客观判案。

(三) 英美立法规定对我国的启示

从上述英国和美国对待非婚同居财产关系的处理方法来看,虽然欧美法系不同,但是都采取了多样化的规定来处理非婚同居财产关系问题,都有值得借鉴的地方。两个国家都是采取了具体问题具体分析的方法,都灵活运用了多种方法根据现实案例的需要灵活处理非婚同居财产问题,尽可能地在保证非婚同居当事人的权利情况下体现法律的公平公正。

五、非婚同居财产关系问题建议

(一) 设立完备系统的法律法规

在此,本文提出以制定有关非婚同居的单行法为主,以相关司法解释为辅,设立相关完备的法律法规。关于制定有关的单行法,在这方面我们可以借鉴英美国家相对成熟的非婚同居法律制度,在借鉴英美先进经验的基础上,结合我国的实际国情制定出一个专门针对非婚同居法律关系的单行法。[①]

另外,关于《婚姻法》的新的司法解释也是不可缺少的重要部分。因为司法解释不同于单行法,它具有成文法所不具有的灵活性,可以就社会矛盾的集中点优先进行规定,为后续的法律法规提供理论基础。因此,司法解释也是其中不可或缺的一环。

(二) 设立非婚财产制度

首先,如果双方在不违背法律规定的情况下已经就非婚同居财产问题达成

---

① 杨镇华:《构建我国的非婚同居制度》,硕士学位论文,中国政法大学,2009 年,第 20 页。

了合意，做出了书面约定，那么首先按照双方的约定决定财产归属分配。其次，在没有事前约定的情况下优先按照分别财产制。分别财产制就是指无论是同居前的个人财产还是同居后的个人所得及孳息都归各自所有，对方有贡献的除外。这里的分别财产制虽然严格规定了个人财产的归属，但也允许了共同财产的存在。由于我国现行法律还未有明确规定，所以此时如何能够明确区分个人财产和共同财产就成为当前需要解决的重大问题。

在这里我们可以参照《婚姻法》的有关规定来界定个人财产和共同财产的范围。首先，同居双方的劳动报酬属于共同财产；其次，也包括双方共同接受赠与和继承的财产；再次，还有由以上财产所产生的孳息。归属明确的个人财产主要包括同居前归各自所有的财产以及接受赠与或继承时明确规定归同居当事人一方的财产，还有同居当事人中的一方因为身体伤害所得到的补助、医疗费用等。最后，像剃须刀、衣服等同居当事人专用的生活用品也属于当事人一方的个人财产。此外，对于非婚同居期间约定不明存在争议的财产，也应当推定为共同财产。

最后，我们还要设立相应的保护补偿制度。由于家庭劳动的价值在家庭财产中无法具体体现，所以女性在进行同居财产认定或分割时常常处于不利地位。我们在解决非婚同居财产问题时，要综合考虑到非直接经济因素，要全面地了解真实同居情况，对操持家务、抚养子女出力较多的女性一方或者确有经济困难的一方给予适当补偿。

(三) 保障同居当事人的合法权利

民法教授杨立新认为，如果非婚同居双方没有法定婚姻关系，那么彼此之间就不能进行相互继承。①笔者认为这种观点过于绝对，对于弱势群体不太公平。具体包括以下几点：第一，如果一方死亡，另一方可以依据死者生前的合法遗嘱取得其财产所有权。第二，如果死者生前没有立下合法遗嘱，但是同居另一方生前对其尽到了抚养的义务，此时可以享有一部分的继承权。第三，如果死者既没有立下合法遗嘱，也没有法定的继承人，那么同居者可以取得死者财产的所有权。

---

① 杨立新：《论准婚姻关系》，载《中州学刊》2005 年第 6 期，第 76 页。

笔者认为非婚同居双方之间应当享有一定限度的抚养请求权。婚姻关系中夫妻存在抚养关系是基于夫妻双方的法定权利义务产生的,而非婚同居关系不必受其约束,但是从公序良俗原则来讲,如果同居中一方没有能力维持基本生活,而另一方条件允许的话,有义务给予其一定帮助,有一定限度是为了防止有些人好吃懒做恶意索取。

(四)明确第三人的保护机制

非婚同居期间,如果一方当事人在超出约定范围的情况下擅自处分两人同居期间共同使用的财务,这种情况应当定性为无权处分。这种情况下,另一方当事人没有进行追认或对其处分行为表示同意的,该行为是无效的。如果参与无权处分行为的第三人事前不知情,也没有与无权处分人进行串通,那么根据善意取得制度,善意第三人对于同居财产的所有权受到法律保护。相反的,如果第三人事前知情或者存在串通行为,那么权利人可以要求返还财产并追究其责任。在没有事前约定的情况下,由于个人行为产生的债务由个人负责偿还,因共同生活开支产生的债务以共同财产偿还,共同财产不足以偿还的同居双方需承担无限连带责任。这样可以有效保护善意第三人,维持交易市场的稳定。

结　　论

我国非婚同居现象虽然出现较晚,但发展迅速,已经成为当代社会无法忽视的问题。就中国的现状而言,消极回避的态度不利于我国向社会主义法治国家迈进,反而会导致诸多社会问题,影响我国法治化建设进程。现阶段我们要从加强立法入手,采取多种措施有效解决非婚同居财产关系问题。为了完善我国法律制度,促进法治社会不断进步,我们国家的立法机构有必要在分析研究国外先进经验的基础上,提出立法规制手段有效解决非婚同居财产问题。本文对这个问题的研究尚浅,在未来希望能有更多的饱学之士对这个问题深入研究。

(作者系上海政法学院刑事司法学院2017级法律硕士)

Legal Research on Property Relations of Non-marital Cohabitation

Wang Lingchen

ABSTRACT: With the development of reforming and opening up, the Chinese people's ideas gradually become more inclusive. In China, the phenomenon of non marital cohabitation is becoming more and more common, which has been accepted by most of the public. Faced with this phenomenon, the legislative bodies of various countries have made different responses. Generally speaking, all the countries in the world have begun to accept the new phenomenon of unmarried cohabitation and take different measures to support and protect the phenomenon. Compared with the active support of all countries in the world, our country is still in the attitude to ignoring and avoiding the phenomenon of non marital cohabitation. For china, this negative evasive attitude to improve the vertical China characteristics of China's socialist legal system has no meaning, but lead to China's non marital cohabitation brings a series of social problems have become increasingly serious, especially a series of problems concerning the cohabitation of property relations become more and more obvious. Therefore, in order to promote the steady development of a harmonious society in China, it is necessary for our country to learn from foreign country about advanced legislative technology and rich experience. This paper attempts to put forward some suggestions of the legislation of non marital cohabitation, which is helpful to the establishment and improvement of the system of non marital cohabitation in china. This paper is divided into four parts:

Part 1: It shows some non marital cohabitation problems that our country needs to solve, including the lack of specific laws and regulations complete system, property ownership is not clear, the property dispute settlement rules of fuzzy, unmarried cohabitation between the two parties the inheritance rights without avoidance, third party protection is not in place.

Part 2: The definition of the property relations of non marital cohabitation in order to further understand the relationship between non marital cohabitation, in-depth analysis of its nature. The author mainly analyzes it from the concept of non marital cohabitation definition, unmarried cohabitation property between the definition of the nature and the cohabitation property type, in order to have a clear understanding of the relationship between the property of non marital cohabitation.

Part 3: It shows the law of non marital in United Kingdom and the United States on behalf of the European and American.

Part 4: The fourth part puts forward the corresponding suggestions for the existing legal issues of China's non marital cohabitation property relations, and contributes to our country's legislation of non marital cohabitation and improving the socialist legal system with Chinese characteristics.

Key words: non-marital cohabitation; property relationship; lack of legislation; legal regulation

1. Introduction

In China, the phenomenon of non-marital cohabitation is becoming more and more common, which has been accepted by most of the public. Faced with this phenomenon, the legislative bodies of various countries have made different responses. Compared with the active support of all countries in the world, our country is still in the attitude to ignoring and avoiding the phenomenon of non-marital cohabitation. Women's social statuses have greatly improved with rapid development of economy and society, and women started their careers to upgrade themselves and achieve economic independence. Social division of labor brings about marital and domestic division, which on the one hand more women are reluctant to give up their own career to devote themselves to their family, and on the other hand men has burdened more family pressure of life and economy under the increasingly high competition. As the pace of life in the city speeds up, divorce rate in the city is going up year by year in China. Bases on the above reasons, nowadays youngsters are prone to non-marital cohabitation. In addition, some people are influenced by the idea that non-marital cohabitation is illegal so that they will not turn to legal protection if their rights are harassed. Now that non-marital cohabitation has become a common phenomenon all around the world and has great impact on society, family and marriage, a legal system is urgently needed to effectively manage the marital relationship. In china, any legal matters involved in marital and domestic relationship are adjusted by Marriage Law of the People's Republic of China. But when it comes to the matter of property relations of non-marital cohabitation, there are not thorough provisions to solve this kind of matter, and the concept of marriage law still lags behind foreign countries. Under this circumstance, how to handle the matter of property relations of non-marital cohabitation has been the main object in the field of law in China. This article mainly discusses the legal matter of property relations of non-marital cohabitation and draw lessons from foreign experience to make constructive suggestion to the whole legal system.

2. Problems of Property Relations of Non-marital Cohabitation

The first problem of our country is lacking of complete system. As a new social phenomenon, unmarried cohabitation has met the needs of modern young people for the new marriage and family relationship, which has been widely recognized and accepted by the young people. However, there are few laws about non-marital cohabitation in China. In China, due to the respect and protection of traditional marriage, there is still an ambiguous and evasive attitude to the legislation of non-marital cohabitation and property relations. Due to the lack of legislation and judicial interpretation and the increase of the phenomenon of non-marital cohabitation, both of them have caused significant damage to both the two sides and the society. In general, the lack of a complete system of laws and regulations has been a major obstacle to China's judicial process, affecting the social harmony of our country, this problem is urgently needed to be resolved.

Second, the law of our country does not expressly define the definition of unmarried cohabitation. At this stage, with the increasing phenomenon of unmarried cohabitation in our country, we need to give the unmarried cohabitation a specific definition, but our country's current laws have no specific provisions of non-marital cohabitation. Unmarried cohabitation is a branch of cohabitation, it is necessary to meet certain conditions of non-marital cohabitation is what we speak of the law of non-marital cohabitation. We identified the national marriage law in non-marital cohabitation is essential to meet the current marriage law of our country marriage cohabitation. Therefore, it is necessary for us to make a clear and specific provision for the definition of non-marital cohabitation.

Third, the rules of property disputes are vague. Because of living together, the unmarried must be connected on property and our country must take actions to solve this problem. At the present stage, our country's law only stipulates that the court must accept the case of property division in the process of non-marital cohabitation, but there is no clear provision on how to judge the case or the rules based on the case. On the judicial practice of our country, the court in the case of non-marital cohabitation property is mainly based on the law of marriage. So we need a clear rule for the settlement of property disputes.

Fourth, the right of parties' inheritance is not guaranteed. According to the theory of marriage law in our country, only if the two parties have formal and legal relationship, such as kinship, they would have inheritance rights. Due to the status of non-marital cohabitation is not recognized by the law, so they do not have the right to inherit each other. However, if we ignore the inheritance rights, the interests of both parties can not be effectively protected, and it will also have a negative impact on social harmony. At the present stage of our country, we only have two ways to obtain the inheritance. The one is based on dying words; the other one is based on the inheritance of inheritance. If one member of the non-marital cohabitation has done his duty, he could get some heritage after the other one die. Although the two parties have stipulated that the parties can get the heritage, but in practice there are many obstacles.

At last, we have do more to protect the third parties. Because of the family expenses, people who live together will have a debt and debt relationship with another people. It creates a problem, whether the two sides should jointly live together for one of the family living expenses and the goodwill of the third party debt obligations? The other people can not know marital relationship exist or not. From this phenomenon, we can also know that the problem of non-marital cohabitation is not conducive to the security of certain transactions in real life.

3. Some Definitions of Non-marital Cohabitation

3.1 Non-marital Cohabitation

In accordance with our *Marriage Law*, we can divide non-marital into different points: one is not meet the form of marriage; the other is not in line with the real terms of marriage, such as the two sides or one party did not reach the legal age of marriage or marriage is not true and we are classified as Non-marriage. For Cohabitation, we explain it as this: the parties have no marriage relationship, but living together in accordance with the couple model live together. Through the above mentioned Non-marital Cohabitation dismantling, we can make non-marital cohabitation divided into generalized non-marital cohabitation and narrow non-marital cohabitation. Generalized non-marital cohabitation refers to the kind of cohabitation between the opposite sex that does not have the effective registration and public living and living in the relevant department, which may include non-marital cohabitation, invalid marriage, factual marriage and illegal cohabitation in reality. Narrowly non-marital cohabitation refers to the single men and women voluntarily, open, long-term living together in a heterosexual cohabitation form. In this article, non-marital cohabitation mainly refers to the narrow sense of non-marital cohabitation.

3.2 Property Relations of Non-marital Cohabitation

The nature of the non-marital cohabitation relationship can not be equated with the nature of the matrimonial property relationship. The nature of the legal relationship should be recognized as the relationship between men and women who have no marital relationship or marriage is invalid. If you want to study the relationship between non-marital cohabitation properties, then you must know the property rights, inheritance rights, damages, mutual custody, etc. In dealing with the relationship between non-marital cohabitation property, we can not copy the provisions of marriage relationship, this will appear unfair. Here we will compare non-marital cohabitation property relations with marriage property relations and partnership property relations in order to find something special.

We should pay attention to it that marriage and non-marital cohabitation have a clear line in the provisions of the Marriage Law. Although non-marital cohabitation and marriage's main task are to form a stable life community, but in essence there are significant differences with them. In the formal marriage stipulated by our law, the parties must accept legal rights and obligations, and this principle is universally recognized in the world. The people who choose formal marriage as cohabitation are very clearly understanding of these rights and obligations.

About the relationship between cohabitation property and marriage property, firstly, the impact of such sexual combination makes the two sides have different changes in personal relationship, and then produced different property relations. After fulfilling the statutory marriage registration, single man and woman will form a new relationship and the formation of the relationship between husband and wife will bring changes in property relations, resulting in a common property. The second point is that the way of law regulates is different. Marriage property relations have a detailed and complete marriage law to adjust their provisions, and non-marital cohabitation property relationship have no clear laws and regulations to adjust it, or in accordance with the adjustment of marriage property relations or partnership property relations to adjust the way.

The relationship between partnership property relationship and non-marital cohabitation property: The subjective will of the formation of common property is different. The formation of non-marital cohabitation property relationship is based on cohabitation between non-marital cohabitation, there is also a legal component for the formation of common property of cohabitants, and the formation of partnership is entirely.

The second point: The scope of parties' property is different. The partnership property contains only the funds invested by the partnership in the formation of the partnership, and the other property of the partner is not associated with the partnership property.

3.3 Types of Non-marital Cohabitation

Firstly, we distinguish from the perspective of whether the non-marital cohabitation property is a physical form and we can divide the non-marital cohabitation property into tangible and intangible property.

China's famous civil jurist Mr. Wang Zejian property will be defined as: by the value of money with the composition of the composition. From the narrow sense, the property is the existence of the entity, but in the economic and technological development of modern society, the existence of non-material form of property like copyright, intellectual property also occupies an important position. It can be seen, the tangible property and intangible property is one of the essential classification in non-marital cohabitation property. From the point of property law's view, tangible property is a certain physical form of assets. As the scope of tangible property is very broad, so the author here chooses to take the "exclusion" of the enumeration of non-marital cohabitation tangible property to summarize the scope. Except the contraband such as land, mineral resources, water, forest, grassland, wasteland, fishery and other natural resources, such as state-specific tangibles and various weapons, other tangible property can be used as an object of non-marital cohabitation. Intangible property generally refers to intellectual property. The scope of the intangible property contained in the non-marital cohabitation property is very broad. As long as it can give people some economic benefits, except for tangible objects, can be counted as non-marital cohabitation in the intangible property. The ownership of intangible property should be discussed in two ways: one is the intangible property right before being married. This type of intangible property should belong to all individuals. One is non-marital cohabitation process to obtain the intangible property rights, which will be divided into two categories to discuss. One is the need for cohabitation to give life and spiritual support to complete it such as the proceeds of intellectual property. Such intangible property should belong to the common property, which is not the work of the party who invented the results of intellectual property alone. This result should also include non-technical factors such as the day-to-day care of the inventor and the support of spiritual life. Although intellectual property rights are personal rights and it should be inseparable from all, the possession of such intellectual property can be said to have been or will have to obtain a certain amount of property. These properties are separable. One is the type of securities and other types of income derived from personal investment. The proceeds at this time should be owned by the individual.

According to the relationship between property and personal relationship, it can be divided into personal relationship property and non-personal relationship property. Personal property refers to the property owner is based on a specific identity and obtained, the law can not be separated and transferred. Non-personal property is a property that is not available to a person.

About this question firstly we have to discuss whether the behavior of non-marital cohabitation has produced a new personal relationship. The establishment of a marital relationship will lead to the formation of a new personal relationship between the parties. The establishment of a relationship between husband and wife will bring about a series of changes in the relationship between the properties, so the parties' property turns independence into the common property system. The relationship between husband and wife pay more attention to common property system. Our country encourages the protection of the establishment of marital relations, and also gives great attention and adequate protection to common property system. There are many similarities between the property relations during the period of non-marital cohabitation and the property relations stipulated in the Marriage Law of our country, because most of the parties are same like normal couple that are living together, working and raising children. Non-marital cohabitation parties both works together to earn labor remuneration, to share the labor income and the cohabitation of the property should be treated as the common property. In addition to the relationship with the common property of marriage has great similarity, the focus of non-marital cohabitation property is still with the independence of the property, it also emphasizes the personal property system. Non-marital cohabitation does not have a legal marriage, so the legal relationship between its properties will not change. According to the current Marriage Law, this provision is only a mandatory provision of law for the distribution of non-marital cohabitation. The purpose of it is to take care of the weak side in non-marital cohabitation and offer a basis for the parties that were declared invalid or revoked marriage. This is shows the non-marital cohabitation in the law can not produce changes in the relationship between identity, but let the parties hold some common property during the common life and it's nature is similar to the partnership. Even if the relationship between non-marital cohabitation can not be recognized by the marriage law, the property of non-marital cohabiting children and legitimate marriage in the legitimate children's property are equal in the legal status. As non-marital cohabitation behavior does not cause legal changes in the identity, in addition to the parent and child inheritance problems, the issue of property will not produce a new personal property relationship. In other words, in the non-marital cohabitation property relationship, for the cohabitation between the two sides can be involved in property disputes, except the part related to their children, are non-personal property disputes.

4. British and American Study on the Legal Issues

4.1 British Study on the Legal Issues

Britain, as representative of Anglo-American law, is a typical country based on case law. The information shows that in the history of the British law, a few centuries ago, there are children of non-marital cohabitation phenomenon in the United Kingdom. Like other Anglo-American countries, the United Kingdom is mainly based on the previous laws of the formation of specific laws to adjust. The lack of uniformity in case law is the main problem existing in English law, and it is urgent to solve the problem.

Britain's current non-marital cohabitation of the law mainly includes the following aspects: First, non-marital cohabitation contract binding. As long as Non-married cohabitation contract meet the effective, not an invalid contract, non-marital cohabitation parties are legally binding. The English court will not deny its validity just because the non-marital cohabitation contract does not comply with the provisions of the Marriage Law. When a non-marital relationship is relieved or a property dispute arises, the court will give priority to the contract to deal with non-marital cohabitation property. Non-marital cohabitation contract in the British Marriage Law is not clearly defined, so only in accordance with the civil law contract to identify. The property relations referred to in the contract shall be deemed to be valid contracts if they do not violate the law, infringe the interests of the State and the third party. The terms of the contract generally include the attribution of property before the non-marital cohabitation and the ownership of the property after cohabitation, as well as the attribution of non-marital custody.

Second, we don't know the attribution of non-marital cohabitation property. In the UK, non-marital cohabitation does not have the effect of legal recognition, and many marital law property laws do not apply in non-marital cohabitation cases, such as the direct formation of inheritance rights. When Britain deals with non-marital cohabitation issues, they also choose to sign an agreement or contract in advance. If there is no agreement, the cohabiting parties have evidence to show that the two sides have reached a desirable contract, it can also be used as a basis for the division of property.

Third, protect the people's property. In the case of one party's death, the other party has no legal inheritance. If the death party made a will in his lifetime, leaving the estate to the survivors of the cohabitation, the law would not interfere it, the British will(1989) on this issue are clearly defined. In the absence of a will, the living cohabite wants to inherit the property of another cohabitant, and the law is not supported. But there are exceptions, if non-married cohabitation formed a relationship between each other, at this time under the Inheritance Law(1975), the other party can apply for a reasonable distribution of the estate.

Fourth, economic support. In the United Kingdom between husband and wife have the obligation to support each other and the right to ask each other to support, but non-married cohabitation is neither such a right nor the existence of such obligations. According to the Children Act(1989), we can know that illegitimate children have the same legal status as those of legitimate children. After the termination of the cohabitation relationship, the party raising the child may require the other party to give some support and it can also ask for more cohabitation property.

4.2 American Study on the Legal Issues

In the history of the law of the United States, the previous law does not guarantee the relationship between non-marital cohabitation, and even some states are legally distinctly discriminated against non-marital cohabitation. Now the United States courts in dealing with non-marital cohabitation issues mainly take the partnership theory, common law marriage theory and contract theory to deal with related issues.

First, partnership theory. Partnership theory refers to the non-marital cohabitation in dealing with non-marital cohabitation property in accordance with the provisions of the partnership property. Specifically, the non-marital cohabitation parties have a common right on the common labor acquired by the property. When the non-marital relationship is lifted, the parties could distribute the common property according to the law of the partnership. This theory can limit those who intend to pass immoral sexual behavior to obtain the personal property of others and it also can protect the interests of both parties, especially the disadvantaged. However, the partnership theory also has some shortcomings. At the end of the cohabitation relationship, the non-marital cohabitation property will be treated in an evenly distributed manner, which would cause a greater contribution to the property and cause unfair consequences.

Second, common law marriage theory. The so-called common law marriage theory refers to the cohabitation between the two sides reached a consensus but did not pass the statutory registration or hold any wedding ceremony. This is similar to the factual marriage in our marriage law. Common law Marriage composition to meet the following conditions: (1) the two have lived together for a certain period; (2) during the cohabitation period the two people show the husband and wife relationship to the public publicity; (3) A written or verbal agreement indicates that both parties are married. British law recognizes that common law marriages have the same effect as formal marriage, the difference is only not to fulfill the wedding ceremony and other related procedures and the parties need to bear the same rights and obligations as the lawful couple. Common law Marriage theory can effectively protect some of the marriage intention but the law is not legal non-marriage cohabitation, but its use of space is very limited. Most of the non-marital cohabitation are unwilling to accept the shackles of real marriage before choosing a non-marital cohabitation, if the non-marriage cohabitation is simply in accordance with the marriage law to adjust, it does not meet the wishes of the parties. Therefore, the common law marriage theory can not adapt to the current non-marital cohabitation phenomenon.

Third, the contract theory. Contract theory is the most common treatment of non-marital cohabitation in the United States. Contract theory was originally put forward from "Malvern non-marital cohabitation property division" and it's in accordance with the principle of general contract law to deal with non-marital cohabitation relationship. The advantage of contract theory is that it provides non-marital cohabitation relationship by the form of contract and it fully embodies the meaning of the parties' autonomy. It protects the freedom of the parties, it also can establishes a mutual rights and obligations between the two sides to take care of the common life, but to avoid the shackles of formal marriage. Non-marital cohabitation contract can also clear the rights and obligations of both parties, including the two sides living income and expenditure, cohabitation at the end of the property division and the relationship between the two sides. This provides a clear basis for the settlement of the problem of non-marital cohabitation.

Although contract theory has great advantages in dealing with the issue of non-marital cohabitation, there are also many problems., the first is to prove whether the contract is true and effective. Under normal circumstances, the agreement or contract reached by both parties is only limited to verbal or implied, so it is very difficult to prove whether the contract is true and consistent with the wishes of both parties. The facts have also proved that most of the non-marital cohabitation would not sign a detailed and specific cohabitation contract and there was no definite agreement on the division of property when the cohabitation was relieved. Such non-marital cohabitation contracts in the implementation will also have a great hindrance. Second, the law according to the contract theory for non-marital cohabitation protection is limited, not a full range of protection, and is limited to non-marital cohabitation parties, can not be bound on a third person. Finally, there are great obstacles in the use of the contract. For example, the contract price agreement is questionable and whether the contract is fair or not a statutory measure. Such an unmarried cohabitation contract in the actual operation is difficult to implement.

Therefore, the United States generally strengthened the judge's discretion, and its purpose is to maintain justice when judges deal with non-marital cohabitation property disputes. So that in the event of fraudulent nature of non-marital cohabitation judges can make timely and objective judgments.

4.3 Some Enlightenments of Legislation

From the above two most representative European and American countries for non-marital cohabitation adjustment point of view, although the European and American laws have their own characteristics, but on China's non-marital cohabitation property laws are worthy of reference. Their attitude towards non-marital cohabitation is from the initial recognition is not recognized to the subsequent recognition and protection, and with the continuous development of non-marital cohabitation continue to update the relevant laws. In dealing with the issue of non-marital cohabitation property, they are flexible use of a variety of methods to treat non-marital cohabitation property issues.

Today, marriage is not the only family model and non-marital cohabitation has become a parallel with the traditional family model accepted by the people. Legislation can only be improved to effectively adjust this social phenomenon.

5. Some Suggestions on Legal Regulation

5.1 Establishing a Complete Legal System

Law is the embodiment of public will and it regulates people's behavior. As a new type of social phenomenon, non-marital cohabitation's existence is reasonable, but also led to many social problems, so it needs the law to regulate. In view of this, the establishment of a system of complete non-marital cohabitation property legal system is the current demand for social development trend. Our national legislation system can develop non-marital cohabitation single law and make a new judicial interpretation of the Marriage Law to establish China's non-marital cohabitation legal system.

About the development of the relevant single law, we can learn from the British and American countries relatively mature non-marital cohabitation legal system and develop a specifically for non-marital cohabitation legal relationship combined with China's actual situation. From the whole legal system point of view, we can put the single law and marriage law in parallel to build a complete system of marriage and family law.

In addition, the new judicial interpretation of the Marriage Law is an indispensable part of the legal system of non-marital cohabitation. The judicial interpretation is different from the one-line law and it has the flexibility that the written law does not have. It can stipulate the concentration point of the social contradiction and provide the theoretical basis for the follow-up laws and regulations. Therefore, judicial interpretation is also an indispensable part of it.

5.2 Determining the Attribution of Property

It should be noted that this non-marital cohabitation can not violate the essence of marriage law in China and it does not include illegal cohabitation, adultery stand and so on. So we have to clear the definition of non-marital cohabitation and constituent elements in the legal provisions. Here we can define non-marital cohabitation as follow: although Unmarried men and women that meet the provisions of the Marriage Law don't fulfill the statutory marriage registration procedures, but they are also willing to live together for long time. Constitute the elements of the words have been introduced, here is no longer repeated.

To solve the problem of non-marital cohabitation property ownership, we must set up a clear non-marital property system. Based on China's national conditions, I suggest that the convention is generally prior, but under other circumstances, separate property system shall be applied.

First of all, if the parties have reached a satisfactory on non-marital cohabitation property before their relationship break down, then parties shall in accordance with the agreement to determine the distribution of property attribution. Secondly, if there is no agreement between the parties, we should choose separate property system. Separate property system is that the property of the individual is owned by himself, except for contributions made by the other party.

Finally, we have to set up a system of protection and compensation. As the value of family labor in the family property can not be embodied, so women are always in a disadvantageous state.

5.3 Confirming the Right of Raising Request

Professor Yang believes that non-marital cohabitation between the two sides does not exist the legal relationship should not inherit each other. I believe that this view is too absolute and is not conducive to the protection of cohabitation among the disadvantaged groups in the legitimate rights and interests of women, so I suggest that In order to protect the legitimate interests of cohabiting parties, we should affirm the inheritance right of them. Specifically include the following: First, if one party die, the other party can get the death of the property based on the true meaning of death. Second, if the died party did not make a will, then we consider the other side if the death of a party in his lifetime to make the main support obligations, then the survivor can enjoy the property of the deceased a certain right of inheritance. Third, one of the cohabiting parties dies and he(she) has no legal heirs based on kinship, then the other side of the cohabitation can also obtain the right to inherit the property of the deceased. The above provisions are relatively more objective and fair, and more conducive to the protection of non-marital cohabitation of the legitimate rights and interests.

6. Conclusion

Although the emergence of non-marital cohabitation in China is much later than that of other European and American countries, the rapid development has already had a great impact on the traditional marriage and family. It is precisely because of the emergence of this social phenomenon, more property disputes followed. But the existing law has obvious lag and limitations, limiting the legal protection of the legitimate rights and interests of people. For this situation, we have to pay enough attention. Throughout the practice of foreign legislation, countries have been changed from the past to the present protection, has developed a relatively mature legal comprehensive adjustment of this social phenomenon. Therefore, it is constructive to establish the relevant legal system for perfecting non-marital cohabitation in our country. Therefore, I learn from foreign experience combined with their own national conditions, in the current law is not mature in the case of a few comments, in this hope only to establish a sound system to help. For the legal study of the relationship between non-marital cohabitation, this article is only a drop in the ocean, there are many problems left to further study in the future. As the author is still shallow knowledge, there are many flaws in the text, urge the seniors criticized the corrections predecessors.

简析《一个人的朝圣》中风景描写的作用

白　云

摘要:该论文分析了《一个人的朝圣》中的风景描写。正文包括三部分。第一部分介绍作者、《一个人的朝圣》的主要内容以及文献综述。第二部分是对小说中风景描写作用的分析:第一个作用是象征作用;第二个作用是推动情节发展;第三个作用是暗示人物情感变化。第三部分是结论。

通过分析小说中的风景描写,可以对此小说和其中的人物形象有一个全面透彻的认识。

关键词:一个人的朝圣;哈罗德·弗雷;风景描写;象征主义

一、介　　绍

(一)《一个人的朝圣》简介

《一个人的朝圣》是蕾秋·乔伊斯在 2012 年出版的一部小说。它是乔伊斯的第一部小说,是 2012 年布克奖的长篇决赛入围者(前 12 名)。乔伊斯凭这本书赢得了英国国家图书奖的年度作家称号。同时,它也是 2012 年英国由一位新小说家所写的最畅销的精装书。

蕾秋·乔伊斯,1962 年生于伦敦,是一名英国作家。她为英国广播公司第四频道撰写了二十多部原创的下午节目，并共同获得了2007年泰尼斯伍德奖的“最佳无线电播放奖”。她主要改编“经典系列”和“女士时间”，以及英国广播电台二号台的电视剧。

她与演员保罗·维诺列斯结婚，现在与丈夫和四个孩子一起住在格洛斯特郡。

这是一个关于最近刚刚退休的哈罗德·弗莱的故事。在某个早晨，哈罗德·弗莱出发给一位垂死的朋友送信。出乎意料的是，弗莱在一时冲动之下开始了一个旅程。这段旅程引领他离家并走出数百英里的路程，他邂逅了许多人，反思了许多过去的悲剧，从而改变了他的生活，也改变了他遇到的人的生活。

这个故事主要谈到一个大概60岁的男人哈罗德·弗莱的旅途。他和妻子过着普通的生活。有一天，他收到了他的老朋友奎妮的一封信。在信中，她告诉他，因为癌症，她很快就会死亡。哈罗德很伤心，所以他决定写一封回信。但是当他试图邮寄这封信时，他突然发现他应该走路去看奎妮，而不是在一张纸上写着“祝你好运”。令人惊讶的是，他立刻开始了旅程。

他没有带任何东西，只穿着一双旧鞋，就开始走遍整个英格兰的旅程。他甚至没有告诉他的妻子。起初他自信地走了，他告诉自己他可以做到。他的妻子每天都担心，她开始想到自己的婚姻已经不复存在了。一个星期之后，哈罗德发现自己的身体不能忍受长途跋涉的痛苦。他遇到很多人，有些人叫他放弃，有些人说他是一个感恩的人。他继续走路。在行走的过程中，他的妻子和他自己都在回忆他们的婚姻。那是一段艰难的时期。儿子死后，一切都变了。他们锁住了自己的心，拒绝分享彼此的感受。

哈罗德的行动很快就被大家知道了，他开始有了追随者。哈罗德感到有点尴尬。最后，那些追随者离开了他，提前一步去看奎妮。有趣的是，他们根本不认识奎妮，他们这样做是为了博取社会的关注。

哈罗德走得越多，他就越困惑。他想起了自己的一生，感到没有希望。他打电话给妻子并且告诉她，他想放弃。但他的妻子鼓励他继续下去。她告诉他，奎妮还活着，等待着他，就像他要求奎妮那样。虽然哈罗德已经失去了信心，但他仍然坚持走路。

经过87天的步行,走了627英里,哈罗德终于穿越了整个英格兰,来到了奎妮的身边。不幸的是,奎妮现在早已失去了作为人的基本能力,她所能做的只是倾听。哈罗德没有告诉她他这一路走得有多难。相反,他告诉她过去的事,就像拜访老朋友一样。最后,奎妮还是离开了世界。她死得很平静。哈罗德和他的妻子也终于释然。

他自己的想法改变了很多。在步行之前,他是一家啤酒公司的退休员工。他不认识多少人,经常呆在家里。此外,他与妻子的关系在儿子去世后被打破了。所以他觉得自己没有任何自由,而且他的妻子抱怨说他不爱他们的儿子。但是在这次旅途中,他和他的妻子都有足够的时间思考他们之间的事情。长途跋涉后,他们终于明白了彼此。

(二)文献综述

1. 英国人的性格

《一个人的朝圣》自2012年出版以来受到广泛赞誉,主人公坚定而执着的精神更是打动了无数读者。而其中所讲述的故事也让我们从另一面看到英国人与众不同的性格。

在大家的印象中,传统的英国人虽具有绅士风度,但似乎总给人一种冷漠的感觉。诚然,英国位于欧洲北海岸的北大西洋中,虽然只是岛国,但其曾"辉煌"地占有全世界四分之一的领土,并号称"日不落帝国",这一系列"丰功伟绩"使他们养成了孤傲、排外的性格。但在这部小说中所反映出的现代英国人性格虽与其相似却又不尽相同,现将其一一列举如下:

张楠在《从〈一个人的朝圣〉看英国人性格》中指出:"在人们的印象中,虽然传统英国人是典型的绅士,但他们总是给予人们冷漠的印象。"[①]他写道,"总而言之,随着时间的演变,传统英国人的性格也在略微发生着变化,他们没有曾经那样保守,固执,却越来越执着地坚持自己的信念;他们不像过去那样注重

① 张楠:《从〈一个人的朝圣〉看英国人性格》,载《青年文学家》2016年第27期。

隐私，却越来越崇尚自身的灵魂得到解放。”他分析了这本小说里三个英国人的性格。

执着。这点在小说中显而易见，主人公哈罗德的执着精神贯穿于全文始终。英国人执着的性格自古就有，在贵族阶层尤为显见，这其实是英国人一种执着的表现形式。文中鼓舞人心的句子太多太多，其目的都是在鼓励人们要执着地去追求自己认为正确的事情。此外，主人公也在小说中用自己的实际行动向我们证明了这一点：世间万物都可以改变，但执着的精神永远存在。

冷漠。我们都知道英国是一个相对保守的国家，它不同于美国人的热情大方，古板的传统礼仪使英国人看起来更冷漠一些。在这部小说中，哈罗德所遇到的形形色色的人第一面总是给人一种冷冰冰的感觉，沉默着喝下午茶，不苟言笑。但后来我们发现，双方一旦开口便如老友一般，也正是这些只匆匆见了一面的路人，在相当程度上鼓励着哈罗德，并支持他继续下去这个伟大的事业。由此我们得知，在英国人冷峻的外表下往往都有一颗热忱的心，他们愿意去倾听一个陌生人的故事，也愿意将自己的故事适当地同他人分享。

崇尚自由。英国人虽自古以来就有森严的等级制度，但这从未阻止他们追求自由的脚步，这种性格更多表现在他们好独立，渴望有自己的私人空间，即使在拥挤的火车上，英国人也会努力为自己营造出一个相对独立的空间。此种性格在主人公身上也有所体现，哈罗德一直以来都被工作、家庭所束缚，他是一个平凡得不能再平凡的人。但是，当他迈出步伐的那一刻起，表面上看是为了挽救奎妮的生命，实则也是对自己灵魂的解放。漫漫长路他想了很多，步履沉醉却身心自由。最后当他返回家中，与妻子莫琳打开了所有心结后，可以说这是其灵魂自由的升华。总之，时间飞逝，传统的英国人的性格并未发生很大的变化。他们变得不是那么保守和固执，但却越来越只专注于自己的信仰。这就是《一个人的朝圣》中的现代英国人的性格，这将会促进文化之间的交流。

2. 再成长的可能性

陈少华说：“为什么《一个人的朝圣》如此吸引人？悲伤的事件和沉闷的风格是可怕的，它永远不能被称为喜剧和快乐的小说。那么它的魅力是什么呢？在我看来，这是因为作者独特的观点。作者热情地关注老人成长过程中遇到的困难,并提出了解决问题的可能性。”①他指出三种处于困境中的探索的可能性。

出走:关于再成长的外部探索。乔伊斯把有关人物可能的救赎探索放在一种与外界能量交流的信念上,这鲜明地体现在她坚决摒弃一般的封闭自我的心理描写,她在哈罗德的旅程中所用的闪回往昔的处理与人物行进中得到的激励甚至启示息息相关。一方面,雷秋·乔伊斯试图探索人物对自然的关注与创伤修复的关系,并借生命个体对自然的感悟来表达个体自我意识的状态;另一方面,对自然界的描述有特定的对象。他们主要集中在植物和花卉,作为风景的审美属性具有治疗作用。哈罗德有许多痛苦的回忆,乔伊斯用大自然来治愈他。这是对伤口愈合的新探索。

父与子:核心问题谨慎的探索。在自我放逐中寻求从未降临抑或永远逃避的人生成长问题。从整个小说断断续续的闪回来看,我们可以将哈罗德的人生情节拼图如下:童年,他的母亲出走,抛弃了哈罗德与他的父亲,这个母亲并未做好为人母的准备;哈罗德的父亲,似乎认为正是儿子的出生使妻子出走,因此开始了他自己的堕落。虽然他做了所有父亲没有完成的事——找到工作、娶妻生子、赡养家庭、深爱他们,即使只是刚刚做到——但有时他发现早年的沉默其实一直跟着他,进了他们的房子,藏身在地毯下、窗帘后、墙纸内。历史就是历史,你无法逃离你的出身。哈罗德因为缺乏父母的关爱而停止了自己的成长。

女性的启示:探索第二次成长的可能性。在探索第二次成长的可能性时,小说极其鲜明地显示了女性的救助、召唤以及救赎的力量。首先,有关哈罗德再成长的发动,来自过去一位女同事临终的告别信——一位即将离开人世的女性。然后,女作家让哈罗德在延缓投递信件的路上经过加油站,让加油站女孩担负起指点迷津的天使角色,她告诉哈罗德,人要有信念,你要相信那个人能够好起来。其次,女性既是男性成长的毁灭性力量——如哈罗德的母亲以及妻子莫琳的所作所为,又是男性再成长中不可缺失的支撑性力量。女性之于男性成长的问题有相关的责任,也可以修补、承担起相关的责任,这种“成长”主要指的是男性独立、责任以及关于沟通的持续实践。无论成长的觉悟来得多晚,对于个体的价值与意义都令人感叹与感动!

---

① 陈少华:《〈一个人的朝圣〉:再成长的困境与可能》,载《文艺争鸣》2015年,第165页。

二、风景描写的作用

风景描述经常用于叙述,因为它可以传达多种意义。首先,可以向读者介绍主要故事的背景。其次,这将有助于作者塑造更全面的人物形象。再次,可以促进小说的发展和升华小说的主题。

(一) 象征意义

1. 塑料丝带

看完奎妮的信后,哈罗德仍然停留在椅子上,没有动作。他想,在过去的二十年里,为什么他没有找到奎妮。当他们都在一家啤酒公司工作时,奎妮为他掩盖了罪行。四十五年来,他努力工作,除了奎妮,没有任何朋友和敌人。"他在花园里看了一眼,看到一片塑料丝带挂在月桂树丛中,上下摆动,但从来没有自由。"[①]这个塑料丝带象征着哈罗德那时生活的无聊和孤独。退休后,他很少出去交朋友。对他来说,任何地方都是陌生的,甚至是在自己的房子里。他的妻子把床搬到别的房间里,没有和他说太多话。他每天唯一做的就是在小花园里修剪草坪。在某种程度上,他被限制在房子里,就像那个被灌木丛抓住的塑料丝带。他想要的只是真正的自由。

这个风景描述反映了哈罗德·弗莱的内心情感。他不喜欢这种情况,因为他深深地爱着妻子,也想让真正的自我回来。他感到如此孤独,因为他所爱的人都选择离开他,他把这一切都归咎于自己。同时,这个风景也解释了为什么哈罗德选择继续走向奎妮。在他的心里面,他想找到自己和自由,而不是在他的旧圈子里什么都不做。这可能是哈罗德走出挽救自己第一步的一个触发因素。

---

① [英]蕾秋·乔伊斯:《一个人的朝圣》,黄妙瑜译,北京联合出版公司 2013 年版。英文书目:Joyce R, *The Unlikely Pilgrimage of Harold Fry*[M], Doubleday, 2012, p.7.

2. 窗帘

早上,莫琳总是做一件事,就是去大卫的房间,大卫去世后她保持着他房间原有的样子。“她拉开了每天晚上都关上的蓝色的窗帘,检查了窗帘的下摆是否接触到窗台沿。”①这似乎是一件奇怪的事,因为她的儿子死了,永远也不会回到那个房间,但是她一直这样做。她相信大卫永远与她在一起,永远不会离开,所以她在等他。她帮助大卫清洁房间,有时候她会打电话给大卫,和他谈谈她得到的消息。在每一个电话中,她不禁老问他什么时候回来,并且告诉他,她爱他。

大卫房间里的窗帘的拉开和关闭指的是莫琳过去的艰难日子。当她打开窗帘时,她认为今天是大卫可能回来的新的一天。不过夜幕降临时,她拉上窗帘,感到非常沮丧。对于一个母亲来说,失去自己的孩子是最令人心碎的事情,她不接受。她指责哈罗德没有足够重视他们的儿子。她因儿子死去而受折磨,也折磨着哈罗德。

这个窗帘也让读者想起了莫琳自己的房间里挂着的同样的窗帘。

在离开一个星期之后,哈罗德打电话给莫琳告诉她自己的情况。他谈到他清晰地记得以往的事情。在这个电话之后,莫琳开始跟大卫说话。大卫死后,她做了很多事情。她想找点东西来分散她的注意力,但唯一没有洗过的东西就是她房间里的窗帘,但她不肯把它拆下来。这意味着她不能割舍过去,她拒绝外出拒绝前进。她相信大卫会回来,如果他回来,家里有人欢迎他总是好的。她和哈罗德不一样,她没有借口去外面,去试图拯救自己。然而,当她孤独的时候,她也开始思考过去,并逐渐放松自己。

莫琳看电视,知道了哈罗德现在是有名的朝圣者。她打电话告诉他这个消息,哈罗德似乎对这个消息无动于衷。莫琳觉得她不能留在家里,什么都不做,所以她请求雷克斯载她去看哈罗德。当她很远就看到哈罗德的时候,莫琳对哈罗德的变化感到震惊,好像这才是真正的哈罗德本人。她知道她所爱的丈夫是眼前的这个人。她有勇气说,她很想他,并希望他回来。哈罗德告诉她,他也想

---

① [英]蕾秋·乔伊斯:《一个人的朝圣》,黄妙瑜译,北京联合出版公司2013年版。

她，但他必须遵守他的诺言，因为他一生都没有做任何事情，这件事对他来说意义重大。莫琳回去的两天后，她在晴朗的一天醒来。天空充满了希望，叶子在风中摇摆。她决定取下那个旧的窗帘，拿去洗干净。窗帘干了之后，她把它带到一个慈善店。与窗帘一起，连过去都被她丢弃了，她选择了像哈罗德一样的新的开始。

3. 琥珀色的霓虹灯

"夜幕降临时，莫琳独自坐在一旁，而霓虹灯的光穿过山丘，并将琥珀色的水池流入夜里。"①当她知道哈罗德已经决定徒步去看奎妮时，莫琳觉得她的心都碎了。不管她和哈罗德一起在家时感到多么孤独，没有他的世界她却感到更加孤独。虽然她在家里总是假装对哈罗德漠不关心。晚上到来时，她一个人坐着，沐浴着穿越山丘而来的霓虹灯琥珀色的亮光。她不能相信哈罗德在不考虑她的情况下做出了这个决定。而现在，她被丈夫抛弃了。

4. 花园

莫琳发现大卫跟他聊天时并没有听她说话。哈罗德离开后，她认为她和儿子会更加亲密，但是并没有。当她问了一些关于他的事情时，儿子并没有回复她。那么她决定现在是该让他走的时候了。儿子的葬礼之后，她搬离了卧室，现在她又搬回去了。然后她看着花园，觉得自己应该在花园里做一些工作来恢复花园之前的活力和生机。雷克斯帮她在花园里种植了许多蔬菜和鲜花，并给了她一个礼物。那是英格兰的地图，而莫琳可以把哈罗德去过的地点标记下来，从而了解哈罗德的路线，并以这种方式支持他。在花园里，她把手放进土里，觉得在她内心生长出了一些新事物。"能够感觉到她的指头下面的土壤，这种感觉很好，并且长出了新的东西。"②新花园意味着，莫琳开始放手自己的过去而且找到自己的生活方式，对未来的美好生活充满了希望。

---

① [英]蕾秋·乔伊斯：《一个人的朝圣》，黄妙瑜译，北京联合出版公司 2013 年版，p.17。

② [英]蕾秋·乔伊斯：《一个人的朝圣》，黄妙瑜译，北京联合出版公司 2013 年版，p.93。

(二)推动情节发展

1. 天空和云朵

在哈罗德向奎妮发答复信之前,他对邻居雷克斯说,今天是愉快的一天。“他向上看了一眼。一朵朵云坐在纸巾似的天空上。”[①]这是天空和云层的第一次出现。这样好的天气给哈罗德之后的徒步带来了很多希望,并且充满了欢乐。风景也引起读者的兴趣去继续阅读。

哈罗德在送信的道路上感到疲惫不堪,他打电话询问奎妮的病情。在和护士谈话时,他决定走到临终关怀处,并留下信息让奎妮等着他。“云雾缭绕,在地上留下阴影。远处的山丘上光线烟雾弥漫,并非由于是黄昏,而是因为前方的路途。”[②]他头顶的云彩在大地上投下了阴影。在远处,黑暗的光线是烟雾弥漫的,并向他展示了他将要走过的未知土地。云的描述显示了哈罗德神秘的未来,并使读者对哈罗德之后要遇到的不熟悉的地方留下了深刻的印象。突然之间,他意识到步行是如此的简单,只要把一只脚放在另一只脚前,还有可能挽救奎妮的生命。他认为结果是光明和乐观的,所以他决定步行去看奎妮。

在他决定去看望奎妮的那一天,天空被沉重的灰色云所覆盖。“下午晚些时候,雨水突然停了下来,根本看不出下过雨的痕迹。在东部,云层撕裂,光线如同抛光银色的腰带透了出来。哈罗德站起来,看着大块的灰色一次又一次地分开,露出了新的颜色:蓝色、琥珀色、粉色、绿色和深红色。然后,云彩充满了粉红色,就好像那些鲜艳的色彩已经流遍了云彩,并在遇见的时候融合在一起。他挪不开步。他想见证每一次的变化。地上的光是金色的;他的皮肤也能感到很温暖。在他的脚边,地球吱吱作响,低声细语。空气中闻到绿色,充满了新的开始。柔软的薄雾像烟雾一样升起。”[③]这种风景暗示下一种新情况。当他看到奎妮时,他几乎认不出来她,因为她只是一个瘦小的身体,一个巨大的肿瘤在

---

① [英]蕾秋·乔伊斯:《一个人的朝圣》,黄妙瑜译,北京联合出版公司2013年版,p.8。
② [英]蕾秋·乔伊斯:《一个人的朝圣》,黄妙瑜译,北京联合出版公司2013年版,p.13。
③ [英]蕾秋·乔伊斯:《一个人的朝圣》,黄妙瑜译,北京联合出版公司2013年版,p.55。

她的脖子上，似乎把她拖死了。他很惊讶地看到她。他从窗外望出去，无法判断天空是充满了乌云还是光芒。这意味着他不知道生活会走向哪里，以及带给了他什么。

2. 太阳和月亮

当哈罗德在两排新房的街道上漫步，准备去寄信时，太阳洒在他身上，带给他温暖。他观察到他在徒步时遇到的那些东西，感觉一切都是陌生的。太阳表明，步行的开始是光明和伟大的，让读者想知道晚些时候会发生什么。

在达特穆尔，哈罗德看到天空上覆盖着玫瑰色的云朵，星星开始挂在夜空上。“太阳落在达特穆尔的边缘，玫瑰色的云彩充满了天空。星星开始刺破夜空，一个接一个地，使黑夜不断发抖。当他看着天空时，就能找到星星。”①他觉得一个冉冉升起的星星也在他的心里显露出来。他希望他的儿子和妻子可以看到他在做什么，并且理解他。黑暗的夜晚永远不会再黑了，因为他知道那颗明亮的星星在哪里，可以把他引导到自己的内心，星星暗示着他光明的未来，以及他的希望。他记得第一次见到莫琳时的样子。只一眼他就爱上了她，而且非常勇敢地跟她聊天。结婚后，莫琳成了他的整个世界，他享受着那种生活。不过如今她并没有表示支持他，这令他很失望。因此，他想向她证明，他可以拯救奎妮，挽救婚姻。

哈罗德对生活中发生的许多事情感到遗憾。在头顶上，他看到月亮挂在天空上，周围都是无尽的黑暗。月亮给了他很大的希望，并提醒他生活中的美好。一开始他认为生活是可怕的，但是和其他所有事情一样，它仍然有明亮的一面。大多数时候，好的事情是会发生的。离开金斯布里奇六天后，他再次感到疲惫不堪。太阳光很难透过树林，云层覆盖着天空。甚至天气也没有帮助他进一步走路。他口渴，疲惫，腿部疼痛，旧鞋也无法再支撑他。他决定在下一站去买一些真正的步行设备。风景描述告诉我们恶劣天气和哈罗德可怕的状况。同时，它唤起了读者对于进一步阅读的好奇心，因为他们想知道哈罗德如何处理这些事，而接下来又会发生什么。

---

① [英]蕾秋·乔伊斯：《一个人的朝圣》，黄妙瑜译，北京联合出版公司 2013 年版，p.31。

哈罗德是对埃克塞特感到很惊讶。他在空旷的天空和土地中得到了安慰，但是这个城市如此的小和局限，他害怕会发生意想不到的事情。这个描述说明，天空和土地都意味着哈罗德从另一方面的自由。因为埃克塞特对他来说是另一个未知的小地方，他很担心自己的未来。这也提醒了读者哈罗德是一个父亲，对他来说有很多令他害怕的事情，所有这些都是由于对他儿子的爱。在徒步时，他正在挑战着自己，锻炼自己去熟悉意想不到的事情，并学会自己做出选择，承担起责任。与此同时，他也不会被过去所束缚，他会学会继续前进。在以前生活中他忽视了许多重要的事情，现在是为过去和奎妮做一些事情的时候了。

离开埃克塞特，他看到阳光穿过树林，小叶子在柔和的微风中飘动。"阳光穿过树木，让初生的叶子在风中飘荡，像箔一样闪耀。在布瑞姆福特斯比克，屋顶变成了茅草，砖已经不再是火石的颜色，而是红色的暖色调。"①在指导书的帮助下，哈罗德可以分辨出各种植物，并且知道如何充分利用它们。太阳给了他希望向前走，也暗示旅途进行得还算顺利。哈罗德开始仔细观察这些鲜花，丰富了他对植物的了解，从而帮助他继续前进。

3. 大海和土地

"大海在后面延伸开来，海前面伸展着丘陵和达特穆尔的蓝色轮廓。在那之前是什么呢？布莱克斯特山、门迪卡斯、彭宁、约克郡山脉、切维奥特和特威德伯威克。"②在哈罗德的第一站，他看到海躺在他身后，海前伸展着连绵起伏的丘陵和达特穆尔的蓝色轮廓。他计算着到推特的下一站。大海预示关于徒步未知的未来，所有持续的山脉意味着他将面临的挑战和困难。他有点害怕进一步的走路和未知的旅程，并开始思考生活中应该放开的一切事物。他担心现在做任何事情都太晚了，而且这种无奈的感觉沉重地压在他身上，他感到很累。

哈罗德明确地保持着自己的方向，路过了许多田野，房屋，树木和无尽的交通。所有的土地给了他到达贝里克更多的希望。他开始做更多的准备，并打电话给妻子告知他的情况。他路过的风景使他回想起过去的记忆，因为他从来没

---

① [英]蕾秋·乔伊斯:《一个人的朝圣》，黄妙瑜译，北京联合出版公司 2013 年版，p.50。

② [英]蕾秋·乔伊斯:《一个人的朝圣》，黄妙瑜译，北京联合出版公司 2013 年版，p.12。

有注意过他身边的事情。他以为走路很简单。在走过许多这样的田野后,最终他一定会做到。这说明哈罗德的勇气和信心,并提醒读者未知的情节将会发生。

"像锡纸似的大海铺在身后,在他之前是通向贝里克的大片土地,那片土地之前也曾是大海。他开始了徒步,这样做时,他就已经看到了结局。"①在酒店,哈罗德被迫与客人谈谈他的路途,客人们相信他可以做到,他备受鼓舞。对他来说,客人们是否真的这样像已经不重要了。他再次看向身后的大海,想到了向贝里克前进的海面。暂停一段时间后,他开始继续旅途。大海预言了未知但有希望的未来。哈罗德不知道后来会发生什么,但对他而言,走路就像一条海接着另一条海,他相信自己可以到达最后一片大海。

(三)揭示人物情感变化

1. 天空和云朵

哈罗德得到了几片膏药。当他右腿移动时,他感到非常痛苦,就好像他踩到了一股电流。他觉得莫琳也许是对的,他不能徒步去看奎妮。天空是蓝色的,有几朵云彩,所有的植物都沐浴着温暖的金色光芒。"当他走在街道时,两旁都是新房,太阳在他的头和肩上散发着温暖的光芒。"②这是一个好天气。他把那些消极的想法赶出去,在酒店吃了个早餐。蓝天给人一种舒适的感觉,温暖的阳光意味着一个新的开始。

第二站是南布伦特。那一天是极好的春日,天空高而蓝。马铃薯芽已经穿过土壤。每个植物都变得生机健壮。这个风景向我们展示了一个关于春天的生动活泼的景象。与此同时,这意味着哈罗德已经恢复了自己的精力和热情。哈罗德已经在该酒店充好了电,因为所有的客人都给了他希望。然后他继续前进。

"令他感到惊讶的是,他觉得再次被淹没在天空之下,困在树木、那些厚重的蕨类植物和充满荆棘的地表之间。"③天空给了他自由和解放的感觉。他喜欢这

---

① [英]蕾秋·乔伊斯:《一个人的朝圣》,黄妙瑜译,北京联合出版公司 2013 年版,p.23。
② [英]蕾秋·乔伊斯:《一个人的朝圣》,黄妙瑜译,北京联合出版公司 2013 年版,p.9。
③ [英]蕾秋·乔伊斯:《一个人的朝圣》,黄妙瑜译,北京联合出版公司 2013 年版,p.36。

种感觉,因为这正是他选择拯救奎妮的原因之一。过去几年,他感到很无聊,在生活中找不到有意义的事情。在看到风景的雄伟和认识了其他人之后,他开始意识到自己的生活圈有多小。所有的新东西都开阔了他的眼界,丰富了他的旅程,特别是天空,总是给他一种自由的感觉。

在早上哈罗德离开了埃克塞特,因为这个城市阻断了他的想法。当他走回路上时,他再次觉得过去在他的脑海里像一部快速的电影一样播了出来。“窗外,天空是一片淡蓝色,几乎是一碰就会碎的,与云彩相媲美,树梢沐浴着温暖的金色光芒。树枝在微风中挥舞着,向前催促着他。”①二十年里他试图避开过去,但是现在他感到释然,因为他已经把过去深深地埋在脑海里了。他永远不会忘记过去,因为过去从现在起拯救了他。与以前不同,他让过去自由,只有这样做,他才能像天空一样感到舒适。所有这些东西都会被解放并散落在天空之下。风景显示了他的内心变化。他逃避这些事情,生活过得很紧张,但却无法真正解决他的问题。然而,过去必须找到办法去获得自由,天空和广阔的土地让过去解脱。他不再紧握过去,并以英里为单位测量距离,他开始用记忆为单位测量距离。然后他拿出了在埃克塞特买的设备,继续前进。

他在某天晚上第一次做梦,第二天起了个大早。“他站在窗前,盯着黑色的天空,想到了父亲在他母亲离开的那一天,瞪着前门,就好像只要他足够坚持,母亲便会回来。他在那里放了一把椅子和两个瓶子。他似乎坐了好几个小时。”②黑色的天空把他拉回了那天。他的母亲决定离开他和家人去追求她的梦想和自由,但父亲就像莫琳一样等了很久。每天喝多酒之后,父亲会带各种女性回家,借此忘记妻子。哈罗德的童年由于他母亲的离开而痛苦,给他留下了疤痕,所以他害怕自己的儿子。他担心大卫不稳定的未来,他也指责自己没有足够保护好大卫。不过,他并没有想到,大卫本人,而不是他和他的妻子,选择了死亡。

哈罗德小腿还是很痛,水泡也越来越严重。天空变成冷蓝色,云层压在地上。即使平坦的土地似乎也有一个向上的斜坡。“天空是一种冷的钴蓝,太阳低于地平线,所以蒸汽线像是一道发光的白色。”③风景使读者感到痛苦和忧郁。

---

① [英]蕾秋·乔伊斯:《一个人的朝圣》,黄妙瑜译,北京联合出版公司2013年版, p.19。

② [英]蕾秋·乔伊斯:《一个人的朝圣》,黄妙瑜译,北京联合出版公司2013年版, p.50。

③ [英]蕾秋·乔伊斯:《一个人的朝圣》,黄妙瑜译,北京联合出版公司2013年版, p.52。

那时，哈罗德认为他再也无法继续前进了。他的身体不能像以前一样行动，而且已经走了四站，他真的需要休息一下了。天气似乎也没有帮到他。他知道雨很快就会到来，他又想起了他的父母。父母的婚姻是失败的。母亲离开后，邻居安慰他的父亲说，琼是她自己，即使她有一个家庭，她也会不断地去寻找真正的自己，离开也许对双方都有好处。他的父亲每天坐在椅子上等琼回来。不过，作为一个孩子，哈罗德清楚地知道他的母亲永远不会再回来了。有时候，他会收到母亲的来信，送来她最好的问候。对于哈罗德来说，最糟糕的不是母亲离开，而是他的母亲竟然没有留下任何解释。

"一场风暴就要来了。云彩在上空升起来像一个帐篷，在布莱克黑丘上洒下一道惊人的光线。"①树干和树叶在强风中大量涌动。哈罗德没有找到庇护所，没有躲避的地方，雨打湿了他。他的右小腿又开始疼痛了。一个人停下来向他提供帮助，但哈罗德说他还好，他有承诺要去兑现，所以他拒绝了帮助。哈罗德站在雨中，心中向奎妮请求帮助。他想让奎妮给他一个接下来该怎么做的指示。走了一段时间后，雨水突然停了下来，仿佛没有下过大雨。然后，云开始分裂，光线洒了进来，他一步也没动，因为他不想错过天空的每一个变化。空气很新鲜，充满着活力。哈罗德虽然很累，但是他充满希望。了解到他有多渺小，而其他的事情有多大，他相信自己可以到达贝里克。

这些天，灰色的天空低沉，有时会有点光落在地上，哈罗德失去了勇气和希望，毫无目的地徘徊。天气不好，哈罗德感到很难过。风景反映了他的情感和感受。哈罗德决定停在斯特劳德南部，并打电话给奎妮。他想知道奎妮是否还在等他，并确保奎妮的状况是否良好。护士告诉他，奎妮正在睡觉，并且一直等待着他。他想了想他和奎妮之间的距离，还有很多天空、土地和田野。他确信这一次他不会让她失望，并告诉护士让她转达奎妮他会做到，当他到达那里时，她必须活着。他想所有的过去走过之后，就会知道为什么他是他自己。他重新修整自己，跟从内心作出决定，这便是他的独特之处，以及他徒步看望奎妮的原因。他又开始了。他放弃了从年轻医生那里得到的所有设备，只留下了最原本的自己。

这是一个完美的五月。每天天都是蓝的，花园里盛开了花朵。哈罗德觉得他

---

① [英]蕾秋·乔伊斯：《一个人的朝圣》，黄妙瑜译，北京联合出版公司 2013 年版，p.54。

找到了正确的方向,继续走路。他告诉陌生人自己的故事,并请求一些帮助。有时候,他会得到水,甚至是新的膏药。为了回报这些帮助,他也听了他们的故事。他感谢并记得这些人。有一次,一个人告诉他,哈罗德所做的是一个所谓的朝圣,并与他拍了合照。他充满活力,所看到的风景也让他安心,并且陪着他一同走路。

2. 太阳和月亮

在到达第二站之前,哈罗德感到太阳温暖了他的双手和头。"太阳像温暖的液体一样倾倒在哈罗德的头部和手。"①这意味着天气变得更暖和,并给他动力继续前进。他现在拥有良好的步行环境,那么他应该打起精神,充分利用天气。他唯一要做的就是每天尽可能地走路。这个描述向我们展示了哈罗德内心的情感变化,以便读者能够知道哈罗德在想什么。只要天气一直保持这样,哈罗德就想享受这个完美的天气,并没有试图揣测未知的事情。

离开南布伦特字之后的一个早晨,太阳通过达特穆尔喷射出了金色的光芒,但地面阴影中仍然有一层薄薄的霜冻。"早晨金色的阳光洒在达特穆尔最高峰上,但在阴影中,地面上仍然刷满了一层薄薄的霜冻。灯光如手电筒般洒在地上,标志着他前进的旅程。这将是另一个美好的一天。"②风景反映了哈罗德的感觉,这在行走中发生了很大变化。有时,他相信他可以做到,并取得成功。但有时,他也担心他会遇到的失败。它就像光和阴影,两者都存在于阳光下。他无法确定未来,但一旦他决定,他就会履行承诺并继续前进。

哈罗德感到疲惫不堪,跌倒在路上,之后有人帮助他,为他找了个医生。这名医生是个年轻女子,耐心照顾他,而且给了他一些医疗设备以防再次受伤。他们聊了聊天。当哈罗德告诉她,他走路是为了要去看望一位患了癌症的老朋友,而年轻医生并不认为他是疯狂的,这让他很有信心。这个年轻女子被她的伴侣遗弃,她的伴侣喜欢远足,但并没有告诉她他已经结婚了。在她家住了一夜之后,哈罗德清晨起床,又开始了走路。他发现这个年轻女子给了他所需要的所有远足设备,他很感谢她。夜空从东方消失,阳光开始散布在天空之中。他在这个

① [英]蕾秋·乔伊斯:《一个人的朝圣》,黄妙瑜译,北京联合出版公司2013年版,p.25。
② [英]蕾秋·乔伊斯:《一个人的朝圣》,黄妙瑜译,北京联合出版公司2013年版,p.36。

房间休息了一下，准备到下一站，然后他充满精神和希望地离开了。

哈罗德离开家已经很久了。莫琳与医生进行了交谈，因为她不明白哈罗德为何选择走路。她认为哈罗德有阿尔茨海默病，他实际上不知道他在做什么。不过，当地人认为有必要让警方参与。然后，莫琳就从房间里羞愧地跑了。除了大卫之外，没有人听她说话，哈罗德离开后的日子对她来说无比煎熬。她选择和她的邻居雷克斯说话。雷克斯很担忧哈罗德，莫琳对他撒谎说哈罗德病了。现在，莫琳不得不说出哈罗德走路的真相，雷克斯完全理解并且安慰了她。他们喝了一点点酒，走在田野上，都在想着他们的伴侣。莫琳想起她第一次见到哈罗德时的那个聚会，她记得哈罗德在耳边说了一些有趣的东西，他们笑得停不下来，但她忘了他到底说了什么。她看到太阳沉没在山后，在天空上留下了一条红色的路。这美丽的风景让她想起了哈罗德和她之间的美丽爱情。他们有自己的孩子之前的那段时光是非常快乐和开心的。她不知道为什么生活变得如此孤独，现在她只想让哈罗德回家。下了许多天雨后，太阳终于出来，带给所有植物能量。雨浇灌了这些植物，它们迅速长大。“雨的结束带来了一个新的增长期。树木和花朵的颜色和香味似乎要爆炸。栗子树颤抖的树枝协调着尖顶上新开的花。大片的白牛荷兰芹在路边越长越厚。玫瑰花攀爬着花园的墙壁绽放，第一朵深红色的牡丹开始像纸做的花一样绽放。苹果树上的花开始掉落，果实累累。风铃草像水穿过林地一样蔓延开来。蒲公英已经能看见绒毛了。”①哈罗德总是看着天空，观察它的变化。他觉得自己的伤势好转，痛苦已经不再那么严重，每天早上都会锻炼身体。这是他的一个新开始，因为他做好了准备。在他的脑海里，每个人都是一样但又是独一无二的，这对所有人来说都是一个困境。他们渴望面临挑战，但是又担心失败。但是，出发并不是从一开始就发生的。任何时候出发都不算太晚。他把走路当作是命运，好像他一生都在等待它。

哈罗德在巴斯呆了好几天。他在洗手间遇到了一位著名演员，他们聊了一下。演员认为哈罗德是他疯狂的粉丝之一，他认为哈罗德跟着他进了洗手间，以便告诉他他有一只以他命名的狗。但哈罗德对他没有任何兴趣。演员问哈罗德为什么来到这里，哈罗德告诉他关于行走的故事。然而，演员否认了行走的意

① [英]蕾秋·乔伊斯：《一个人的朝圣》，黄妙瑜译，北京联合出版公司 2013 年版，p.77。

义，这使得哈罗德感到很不舒服。哈罗德坚持认为他的诺言会奏效，并且愤怒地离开了演员。在房间外面，天空被一层云覆盖着向城市挤压，就像生活难以跳出来一样。他想知道为什么生活变得如此之快，他真的不知道他从别人那里获得的希望是否可以拯救他。“天空中充满了一层浓厚的白云，压在城市上，仿佛打算将生活挤出来。”[①]低压的云层显示了压向他的困难和别人不同的想法对他的影响。

当他在一家小茶馆喝茶时，哈罗德遇见了一位肿瘤学家。那人问他是否在度假。哈罗德告诉他行走的故事，但肿瘤学家问他是否可以告诉他的朋友患有什么癌症。哈罗德说不出来。那男人想看看奎妮写给哈罗德的信。看完信后，他告诉哈罗德，这封信可能是由一名护士代写的，而不是她自己写的。这引起了哈罗德的不满，当他再次阅读时，他也发现了奎妮可能病得太严重以致不能再写信了。肿瘤学家告诉哈罗德，癌症可能不会杀死人，但是其他感染却可能致死，甚至只是一次小感冒。哈罗德觉得他无力再急促走了，一整个下午，他只是在街上徘徊。他害怕所有的这一切都是不必要的，而奎妮在他到达之前就已经死了。他开始怀疑他的信仰。他需要有人跟他说话，分享他的信仰，但现在他走不下去了。他打电话给莫琳，想听听她的安慰。不幸的是，莫琳没有给他他想要的答案。天空上有一条红丝带，太阳开始下沉。突然间，所有的希望都消失了，他不知道该怎么办。与此同时，他认为过去就像是癌症，根本无法改变。现在，贝里克和他之间的距离又拉长了。

哈罗德走过A61。他可以感到有人在跟着他。然后他转过身去询问跟踪他的人是谁。男孩告诉他，他的名字叫威尔夫，他看到电视上的消息说哈罗德是一个朝圣者，所以他偷偷跟着哈罗德，并希望和他一起拯救奎妮。哈罗德没有制止他。黎明时分，他们不得不睡在外面。哈罗德整夜没有入睡，因为他得照顾这个男孩，他令哈罗德想起了自己的儿子。他想知道为什么大卫会做出那些选择，如果大卫现在还活着，自己又能否成为一个不同的父亲。月亮在天空照耀，在地上散发着黄色的光芒。“月亮高挂，在深水中投下了自己的颤抖的影子。”[②]月亮经

---

① [英]蕾秋·乔伊斯:《一个人的朝圣》,黄妙瑜译,北京联合出版公司2013年版，p.84。

② [英]蕾秋·乔伊斯:《一个人的朝圣》,黄妙瑜译,北京联合出版公司2013年版，p.157。

常让人想到不在身边的亲人。哈罗德想念他的儿子、妻子和那些幸福的日子，并责怪自己摧毁了这一切。在后来的日子里，他教威尔夫如何在外面生活和独立。他觉得他想教给威尔夫他没有教给大卫的所有东西，以及给威尔夫他没有给大卫的所有的爱。

3. 大海和土地

"树篱之外，这块土地向左右延展开。一小堆树木被风吹成了一卷"，"在河堤之间，土地上下滚动形成方格状的田野，排列着树篱和树木"。[①]这让他想起了自己的一生。他在奎妮和莫琳的陪伴下也遇到了很多起伏。那些记忆深深地伤害了他，因为现在只有他记得了。他不得不坚持自己的诺言，并用这些时间来拯救自己。风景有助于丰富哈罗德的生活，塑造他孤独的人物形象。

拜访奎妮之后，哈罗德坐在长椅上，看着海浪的波涛汹涌而过却没有留下任何痕迹。"波浪来到沙滩上，身上闪着白色的泡沫纹理，带来小石头和碎片，只留下了这些。"[②]"波浪来而走，走了来。"[③]他想生活就像海洋一样，因为开始和结束都无法看到。只有一种失落的感觉。当他决定行走时，他清楚地知道结局。最后奎妮的死亡是无法逆转的。他认为行走是无意义的，但是，莫琳告诉他，他确实有所作为，因为他们之间的问题已经解决了。莫琳对于误会他不爱儿子感到抱歉，并告诉他，她爱他。如果有未知的事情，我们应该心中怀有希望。莫琳问他在他们第一次遇见的那个聚会上说了什么让她笑的话。哈罗德回答说，不是他说的，而是莫琳自己说的话。莫琳想了起来，他们看着对方笑了。

三、结　　论

通过分析《一个人的朝圣》中的风景描述，我们可以看到风景描述在这部小说中起着重要的作用。第一，风景象征着很多东西。有时可能是主人公，以便从

---

① [英]蕾秋·乔伊斯：《一个人的朝圣》，黄妙瑜译，北京联合出版公司2013年版，p.24。
② [英]蕾秋·乔伊斯：《一个人的朝圣》，黄妙瑜译，北京联合出版公司2013年版，p.146。
③ [英]蕾秋·乔伊斯：《一个人的朝圣》，黄妙瑜译，北京联合出版公司2013年版，p.148。

另一个角度来呈现角色。第二,它可以促进情节发展。它告诉我们作者到了哪里和发生了什么事情。第三,它丰富了人物的形象。它反映了人物的情感变化和个人内心感受。

通过分析《一个人的朝圣》中的风景描述,我们可以全面彻底地了解这部小说和其中的人物。

(作者系上海政法学院刑事司法学院2017级法律硕士)

An Analysis of the Functions of Scenery Description in *The Unlikely Pilgrimage of Harold Fry*

Bai Yun

Abstract: This thesis is an analysis of the functions of scenery description in *The Unlikely Pilgrimage of Harold Fry*. There are three parts in this thesis. Part one is an introduction to the author, the novel and the literature review. Part two is an analysis of the functions of scenery description. The first function is the symbolic function; the second function is to promote the development of the plots; and the third function is to indicate the emotional changes of the characters. Part three is a conclusion.

By analyzing the scenery description in *The Unlikely Pilgrimage of Harold Fry*, we can have a comprehensive and thorough understanding of this novel and the characters in it.

Key words: *The Unlikely Pilgrimage of Harold Fry*, Harold fry, scenery description, symbolism

1 Introduction

1.1 Introduction to The Book

The Unlikely Pilgrimage of Harold Fry is a novel by Rachel Joyce, published in 2012. It is Joyce's first novel, and a long-list finalist (top 12) for the 2012 Man Booker Prize, and Joyce won the UK National Book Award for New Writer of the year for the book. It was also the best-selling hardback book in the UK from a new novelist in 2012.

Rachel Joyce, born in 1962 in London, is a British author. She has written over twenty original afternoon plays for BBC Radio Four, and jointly won the 2007 Tinniswood Award for the Best Radio Play, and major adaptations for the Classic Series and Woman's Hour, as well as a TV period drama for BBC2.

She married to actor Paul Venables, and lives in Gloucestershire with her husband and four children.

This is the story of recently-retired Harold Fry, who set out one morning to post a letter to a dying friend. Quite unexpectedly, in a moment of impulse, Fry found himself at the start of a journey, which would lead him to walk hundreds of miles from home, an route making chance encounters and reflecting on tragic events from his past which transformed his life and in turn altered the lives of the people he meets.

The story mainly talked about a man, Harold Fry, who was about 60 years old. He had a normal life with his wife. One day, he received a letter from his old friend, Queenie. In the letter, she told him she might die soon because of cancer. Harold was so sad so he decided to write a letter back. But when he tried to post the letter, he suddenly found that he should walk to

Queenie instead of only writing a piece of paper with "Wish you good luck". Surprisingly, he started his journey at once.

Without taking anything but only wearing a pair of old shoes, he started to walk across the whole England. He even didn't tell his wife about it. At first he walked with confidence, he told himself he could make it. His wife felt worry everyday, she started to think of their marriage would no longer be. After a week, Harold found his body couldn't bear the pain of long journey of walking. He met a lot of people, and some of them told him to give up, some of them said he is a grateful man. He continued walking. As he walked, both his wife and himself looked back to their marriage. It has been a hard time. After their son's death, everything changed. They locked their heart, and refused to share their feelings to each other.

Harold's action was soon known by everyone, he started to have followers. Harold felt a bit embarrassed. Finally, the followers left him and went to see Queenie first. The funny thing was, they don't even know Queenie, they did this for society's focus.

The more Harold walked, the more confused he was. He thought of his whole life and felt hopeless. He called his wife and told her that he wanted to give up. But his wife encouraged him to keep on. She told him that Queenie was still alive and waiting for her just like he asked her to. Although Harold has already lost his confidence, he still kept walking.

After 87 days of walking, covering a distance of 627 miles, Harold finally went across the whole England and came to Queenie. Unluckily, Queenie now has already lost her basic abilities as human, all she can do is listen. Harold didn't tell her about how hard has he been. Instead, he told her about the past and just like visiting a friend. After all, Queenie left the world. She died peacefully. And Harold and his wife became happy for ever.

His own thought often changed a lot. Before walking, he was a retired employee from a brewery company. He didn't know many people, and often stayed at home. Moreover, his relationship with his wife was broken after their son's death. Therefore, he felt that he didn't have any freedom, and his wife complained that he didn't love their son. But during this walking, both he and his wife had enough time to think about things between them. After walking, they finally understood each other.

1.2 Literature Review

1.2.1 The British Character

The Unlikely Pilgrimage of Harold Fry has been widely praised since its publication in 2012, countless readers are profoundly moved by the protagonist's firm and persistent spirit. But the story also let us see the British character from the other side.

In everyone's minds, although the traditional British are gentleman, it seems that they still give others feelings of indifference. Indeed, Britain is located in the North Atlantic in the north coast of Europe. Although only an island, it had widely occupies 1/4 of the world's territory, and known as "the Sun-Never-Set Empire". This record enables them to develop a kind of lonely and exclusive character. However, the modern British character in this novel is similar but not identical to the above one.

Zhang Nan in his *Viewing the English character from The Unlikely Pilgrimage of Harold Fry* pointed out that "In people's impression, although traditional British are typical gentlemen, they always give people an impression of stiffness and indifference."① He wrote, "All in all, as time goes by, the character of the traditional British has changed slightly. They become less conservative and stubborn than before, but more insistent on their own be-

① 张楠:《从〈一个人的朝圣〉看英国人性格》,载《青年文学家》2016 年第 27 期。

liefs. They pay less attention to private feelings than before, but more to the freedom of their soul." And he analyzed three British character in this novel.

Persistence. This is evident in the novel. The hero Harold's persistence runs through the whole text. From ancient times, the British have the persistent character, and it is particularly obvious in the nobility. This is actually a manifestation of the British's persistence. In this novel, there are too much inspiring sentences, in order to encourage people to dedicate to their beliefs. In addition, the protagonist in the novel also proves to us with his own practical action that everything can be changed, but the spirit of persistence lives forever.

Indifference. We all know Britain is a relatively conservative country, which is different from the American's warm and generous personality. Old-fashioned traditional etiquette makes British seem to be more indifferent. In this novel, people that Harold encounters will always give him a feeling of cold silent—drinking tea, and no smiles. But later we found that once they begin to talk, they are like old friends. Although they are just passerby, Harold wouldn't continue this great work without their support and encouragement. Thus we can know that under the British's solemn appearance often hides a passionate heart, they are willing to listen to a stranger's stories, and will share their own stories with others at the appropriate time.

The British advocates freedom. Although the hierarchical system exists since ancient times, but it has never stopped the pace of their pursuit for freedom. This character shows much more in their independence, and they eager to have their own private space, even in a crowded train. The British will try their best to create a relatively independent space for themselves. This character is also reflected on the protagonist. Harold has been bound by the work and the family, and he is an ordinary people. However, when he starts the walking, he seems to save Queenie's life, but also he tries to liberate his spirit. He thinks a lot of on the long road, and feels free. When he finally returns home, he solves all problems with his wife Maureen. It can be said the sublimation of the soul. All in all, as time goes by, the traditional British character is slightly changed. They become less conservative and stubborn, but more and more dedicate to their own beliefs. These are the modern British character in *The Unlikely Pilgrimage of Harold Fry*, which can promote the cross-cultural communication.

1.2.2 The Possibilities for a Second Growth

Chen Shaohua said, "Why The Unlikely Pilgrimage of Harold Fry is so attractive? The sad events and the depressing style are horrific, and it can never be called a comic and happy novel. So what is its charm? In my opinion, it is because the author's unique point of view. With enthusiasm, the author pays attention to the difficulties during the growth of an old man, and presents the possibilities in a form of a novel, as well as the relevant problems about growth."① He pointed out three explorations.

The run-away: On the external growth of exploration. Joyce aims at putting the possibilities of redemption and exploration on the communication with the outside. Clearly, she rejects the ordinary self-closed psychological description. She uses the writing skill that the past memory comes back to the hero now and then, and the hero gets encouragement from the outside to explore a new possibility in the out world. On the one hand, Joyce tries to explore the relationship between characters and nature's trauma repair, and by describing individual's feelings about the nature to express individual's consciousness. On the other hand, the description on the nature has specific objects. They mainly focused on the plants and flowers, as the aesthetic properties of the scenery have therapeutic functions. Harold has many painful memories, and Joyce uses the nature to heal him. This is a new exploration on

① 陈少华:《〈一个人的朝圣〉:再成长的困境与可能》,载《文艺争鸣》2015年,第165页。

wound healing.

Father and son: To explore the core problem carefully. Through the whole novel, Harold's memories flash back, and we can see Harold's life parts as follows: in his childhood, his mother abandoned home, and left Harold and his father. The mother did not do a good job. And the father of Harold seemed to think that it is his son's birth that caused his wife to leave home. The end of his childhood relieves him. Although he dose all the things that his father did not complete—to find a job, get married, have children, family, and love them. But sometimes he finds that the past silently followed him into his house, hiding under the carpet, curtains, and wallpaper. History is history, you cannot escape from your past. It should be considered that because of the lack of parental care so he stops their growth. Joyce considers to give him an outlet from the miserable life. To run away maybe is to find the ultimate meaning and value of the life, maybe is a self-punishment. But actually the author is give him a second growth.

The enlightenment from women: To explore the possibilities for a second growth. During the exploration on possibilities to a second growth, this novel clearly shows the female's power to help, summon and awake the redemption. Firstly, the cause for Harold to grow from the past is from a female colleague's last farewell letter—a dying woman. Then when Harold on his way to deliver the letter, he passed the gas station. The girl in gas station plays an role of Angel, and she told Harold that people have faith, and he has to believe Queenie can get better. Secondly, during the road to second growth, a series of female characters help Harold. Their image, temperament, connotation, and strength, not only transfer to Harold, but also pass to readers. Female's affinity, connotation and meticulous assistance, all help Harold's second growth. The female can be the destruction power of the male—such as the mother of Harold and his wife Maureen; and it can be the supporting power in the male's growth. This kind of "growth" mainly refers to the male's independence, responsibility and the continuing practice on communication. However late the growth comes, it is meaningful for the individual's self-value.

2 The Functions of Scenery Description

Scenery description is often used in narrations, because it can convey multiple meanings. Firstly, it can inform readers about the background of the main story. Secondly, it will help the author to shape a fuller image of characters. Thirdly, it promote plots to develop and to sublimate the novel's theme.

2.1 Symbolism

2.1.1 A Ribbon of Plastic

After reading the letter from Queenie, Harold stayed still on the chair without any moving. He thought that for the past twenty years why he didn't find Queenie, who had covered a crime for him when they were both employees in a brewery company. For forty-five years, he worked hard and made no friends and enemies except Queenie. "He glanced out at the garden and saw a ribbon of plastic caught in the laurel bush, flapping up and down but never pulling free."① This plastic ribbon symbolizes the boring and isolated life Harold had lived at that time. After he retired, he barely went out and made friends. Everywhere for him is strange, even at his own house. His wife moved her bed into another house and didn't talk with him too much. The on-

① Joyce R, *The Unlikely Pilgrimage of Harold Fry*[M], Doubleday, 2012, p.7.

ly thing he did every day was to mow the lawn in their small garden. To some extent, he was confined to the house as that plastic ribbon, which was caught by the bush. All he wanted is real freedom.

This scenery description reflects the inner emotion of Harold Fry. He didn't like this situation because he loved his wife deeply and also want his real self to come back. He felt so lonely because the people he loved all chose to leave him, and he blamed himself for all this. At the same time, this scenery also explained why Harold chose to keep walking to Queenie. Inside his heart, he wanted to find himself and be free, instead of doing nothing at his old circle. It could be a trigger for Harold to take the first step to save himself.

2.1.2 The Net Curtains

On the morning, Maureen always did one thing, that was, to go to David's room which she remained the same after David's death. "She pulled open his blue curtains that she closed every night, and checked there was no dust where the hem of the net drapes met the windowsill."① This seems as an strange thing because her son died and could never come back to that room, but she kept doing this. She believed that David was always be with her and never left, so she was waiting for him. She helped David clean his room, and sometimes she would call David and talked with him about the news she got. At every phone call, she couldn't help asking him when he will come back and told him that she loves him.

The opening and closing of that curtain at David's room refers to the past, every difficult day for Maureen. When she opened the curtain, she thought that today is a new day that David might come back. However, when the night came, she closed the curtain and felt frustrated. For a mother, los-

① Joyce R, *The Unlikely Pilgrimage of Harold Fry*[M], Doubleday, 2012, p.7.

ing her child is the most heartbreaking thing, and she didn't accept it. She blamed Harold on not putting enough attention on their son. While tortured by the lost of her son, she also tortured Harold.

This curtain also made readers think about the same net curtain at Maureen's own room.

After leaving for a week, Harold called Maureen to tell her the situation. He talked about how he remembered those past things. After this phone call, Maureen began to talk to David. She did this a lot after David died. She wanted to find something to distract her, but the only thing left unwashed was the net curtains at her room, but she couldn't bear to take them down. This means that she couldn't let the past go, and she refused to go outside and move on. She believed that David would come back, and if he came back, it was bad that no one was at home to welcome him. She, unlike Harold, didn't have an excuse to go outside and try to save herself. However, when she was left alone, she began to think the past too, and try to relieve herself gradually.

Maureen watched TV and knew that Harold was famous now for being a pilgrim. She called and told him these news, but Harold seemed to be indifferent about the news. Maureen couldn't stay at home and do nothing at all, so she asked Rex to ride her to see Harold. When she saw Harold far away, Maureen was shocked about the changes of Harold as if this one was the true Harold himself. She knew that the husband she loved was this man. She got the courage to say that she missed him and wanted him back. Harold told her that he missed her too, but he must keep his promise because all his life he didn't do anything and this was the thing that means a lot to him. Maureen came back, and two days later, she woke up at a bright day. The sky was full of hope and leaves waved in a breeze. She decided to take down that old net curtains and washed them. When they was dry, she took them to a charity store. The net curtains along with the past were all thrown away by her, and she chose to get a new beginning like Harold.

2.1.3 The Neon Light and Bled Pools of Amber

"Maureen sat alone as the dark fell, while neon lights came on across the hills and bled pools of amber into the night."① When she knew that Harold had decided to see Queenie on foot, Maureen felt a destruction in her heart. However lonely she felt with Harold, the world without him was even more desolate. Although she pretended to be indifferent to Harold at home, she still felt lonely and isolated after he left. She sat alone as the night came, and neon lights came on across the hills and bled pools amber into the night. She couldn't believe that Harold made this decision without thinking about her. And now, she was abandoned by her husband.

2.1.4 The Garden

Maureen found that David didn't really listen to her when she talked with him. She thought she would be much more intimate with her son after Harold left, but it did not. Her son wasn't replying to her when she asked something about him. Then she decided it was time to let him go. She moved her stuff to the bedroom, which she had left after her son's funeral. Then she looked at the garden, and though she should do some work at the garden to restore its energetic and lively look. Rex helped her plant many kinds of vegetables and flowers at the garden, and gave her a present. It was a map of England, and Maureen could pin on the place where Harold had got in order to know the route of Harold and support him in this way. Outside the garden, she put her hands into the soil and felt that something new was happening inside of her. "It was good to feel the soil under her nails, and nurture something new."② The new garden implied that Maureen began to let the past go

---

① Joyce R, *The Unlikely Pilgrimage of Harold Fry*[M], Doubleday, 2012, p.17.
② Joyce R, *The Unlikely Pilgrimage of Harold Fry*[M], Doubleday, 2012, p.93.

and find her own lifestyle, and gave her hope for the beautiful future life.

2.2 Promoting the Development of the Plots

2.2.1 The Sky and the Cloud

Before Harold delivered the reply letter to Queenie, he greeted his neighbor Rex by saying that today was a jolly nice day. "He threw a look upwards; puffs of cloud sat on a tissue-paper sky."① This was the first time the sky and cloud showed. Such a good weather gave Harold much hope about the later walking and filled him with joy. The scenery also arouses readers' interest to continue reading.

Whenhe felt tired and exhausted on the road to deliver the envelope, Harold called Queenie to see her condition. While talking with the nurse, he decided to walk to the Hospice and left a message for Queenie to wait for him. "Small clouds sent shadows scurrying across the land. The light was smoky over distant hills, not with the dusk but with the map of space that lay ahead."② The cloud beyond him gave shadow to the land. At a distance, the dark light was smoky and presented him the unknown land he would walk through. The description of cloud showed the mysterious future of Harold, and impressed readers by the unfamiliar places Harold would come across. Suddenly, he realized the simplicity of the walking, because it is just to put one foot in front of the other, and might save Queenie's life. The end he thought was bright and optimistic, so he decided to do the walking for Queenie.

The day he decided to visit Queenie, the sky was covered by the heavy and gray cloud. "Late in the afternoon, the rain stopped so abruptly it was

---

① Joyce R, *The Unlikely Pilgrimage of Harold Fry*[M], Doubleday, 2012, p.8.

② Joyce R, *The Unlikely Pilgrimage of Harold Fry*[M], Doubleday, 2012, p.13.

hard to credit there had been any at all. To the east, the cloud tore open and a low belt of polished silver light broke through. Harold stood and watched as the mass of grey split again and again, revealing new colors: blue, burnt umber, peach, green and crimson. Then the cloud became suffused with a dulled pink, as if those vibrant colors had bled through, merging as they met. He couldn't move. He wanted to witness every change. The light on the land was gold; even his skin was warm with it. As his feet the earth creaked and whispered. The air smelt green and full of beginnings. A soft mist rose, like wisps of smoke."① This scenery implied the next situation. When he saw her, he could barely recognized her, because she was left just a skinny body and a giant tumor was on her neck, which seemed to dragging her to the death. He was astonished to see her. Once he looked out of the window, he couldn't tell whether the sky was full of cloud or full of light. This means that he had no idea where the life would go, and what it brought to him.

2.2.2 The Sun and the Moon

While Harold strolled down the streets of the new housing to post the letter, the sun pressed warm on him. He observed those stuff he met during walking, and felt that everything is strange to him. The sun showed that the beginning of the walking is bright and great, and made readers wonder about what would happen later.

At the Dartmoor, Harold saw the sky was covered with russet cloud, and the stars began to hang on the night sky. "The sun slipped over the edge of Dartmoor, and filled the sky with russet cloud. The stars began to prick the night sky, one after another, so that the growing darkness trembled. Even as he looked he found them."② He felt a rising star also showed in his heart. He

① Joyce R, *The Unlikely Pilgrimage of Harold Fry*[M], Doubleday, 2012, p.55.
② Joyce R, *The Unlikely Pilgrimage of Harold Fry*[M], Doubleday, 2012, p.31.

wished his son and wife could see what he was doing and understood him. The dark night would never be dark again, because he knew where was the bright star and it could guide him to the inner himself, The star implied the bright future of him and the hope for him. He remembered the first time he met Maureen. He was falling in love with her at the first glance, and brave enough to talk with her. After their marriage, Maureen had become the whole world for him, and he enjoyed that kind of life. However, today, she didn't show her support for him, which let him down. Due to this, he wanted to prove to her that he could save Queenie and save their marriage too.

Harold regretted about many things that had happened in his life. Above his head, he saw the moon hanging on the sky, and all around it was endless darkness. The moon gave him much hope and reminded him about the good aspects in his life. At the beginning, he thought that life was terrifying, but like all the other things, it still had bright aspect. And most of the time, the good things happened. Six days after leaving Kingsbridge, he again felt exhausted. The sun merely shone through the trees, and the clouds had covered the sky. Even the weather didn't help him to further walking. He was thirsty and tired, with pain in his legs, and his yachting shoes couldn't support him either. He promised that at the next station he would buy some real walking equipment. The scenery description told us the bad weather and the terrible condition of Harold. At the same time, it aroused readers' curiosity to further reading, because they wanted to know how Harold get through this and what would happen next.

Exeter surprised Harold. He had a feeling of comfort under the open sky and land, but this city was so small and confined that he was afraid something unexpected would happen. The description also explained that the sky and the land both mean the freedom to Harold from another aspect. Because Exeter was another unknown tiny place for him, he feared about the future. This reminded readers of his being a father, and there were many fearful things for him, and all of these was out of love for his son. During the walking, he was challenging himself, enabling him to get familiar with the unexpected stuffs, and learning to make the choice on his own and taking the ensuing responsibility. Meanwhile, he would not be kept by the past and he would learn to move on. He neglected many important things in his life before, and now it was time to do something for the past and for Queenie.

Leaving Exeter, he saw the sunlight was piercing through the trees and the little leaves rippled in the soft breeze. "Sunlight broke through the trees so that the young leaves, rippling in the wind, shone like foil. At Brampford Speke, the roofs turned into thatch, and the brick was no longer the color of flint but a warmer shade of red."① With the help of the guide book, he could figure out the species of all kinds of plants and know how to make a full use of them. The sun gave him hope to walk forward and also implied that the walking was carrying on well. Harold began to observe these flowers carefully and enrich his knowledge about the plants, which helped his further walking.

2.2.3 The Sea and the Land

"The sea lay behind; before him stretched rolling hills and blue outline of Dartmoor. And beyond that? The Blackdown Hills, the Mendips, the Pennines, the Yorkshire Dales, the Cheviots, and Berwick-upon-Tweed."② At Harold's first station, he saw that the sea lay behind him and before him stretched rolling hills and the blue outline of Dartmoor. He counted the next stations toward Bewick-upon-Tweed. The sea gave him a feeling of unknown future about the walking. All the continuing mountains means the challenges and difficulties he would face after. He was a little afraid of the further walking and the unknown journey, and began to think of all the things in life he

---

① Joyce R, *The Unlikely Pilgrimage of Harold Fry*[M], Doubleday, 2012, p.50.

② Joyce R, *The Unlikely Pilgrimage of Harold Fry*[M], Doubleday, 2012, p.12.

should let go. He worried that if it was too late to do anything, and had a helpless feeling that pressed down on him so heavily that he felt tired.

Harold kept his direction clearly, and had passed a lots of fields, houses, trees, and endless traffic. All land gave him more hope to arrive at Berwick. He began to make more preparations and called his wife about the situation. The scenery he passed made him recall the past memories, because he had never pay attention to the things beside him. He thought the walking was so simple. After walking through many such fields then he could eventually make it. The description showed Harold's courage and confidence, and remind readers the unknown plots would happen.

"The pewter sea lay behind, while ahead of him was all the land that led to Berwick, where once again there would be sea. He had started; and in doing so Harold could already see the end."① At the hotel, Harold was forced to talk with guests about his walking, he was encouraged because guests believed that he could make it and it didn't matter to him whether if they truly meant it. He again saw the sea behind him, and thought of the sea lying ahead towards Berwick. He started the walking after pausing a while. The sea predicted the unknown and the promising future. Harold didn't know what would happen later, but for him the walking was just like a sea and another sea, and he believed he could arrive at the final sea.

2.3 Suggesting the Characters' Emotional Changes

2.3.1 The Sky and the Cloud

Harold got a few plasters. And when he moved his right leg, he felt the pain was too much as he had stepped on an electric current. He thought

① Joyce R, *The Unlikely Pilgrimage of Harold Fry*[M], Doubleday, 2012, p.23.

maybe Maureen was right about him that he couldn't walk to Queenie. The sky was blue with few clouds, and all plants were bathed in warm golden light. "The sun pressed warm on the back of his head and shoulders as he strolled down the avenues of new housing."① That was a good weather. He throw those negative ideas away, and had a breakfast at the hotel. The blue sky gave people a comfortable feeling and the warm sunlight implied that a new beginning came.

The second station was South Brent. That day was a perfect spring day, and the sky was high and intense blue. The potato shoots already became buds piercing through soil. Every plant became alive and robust. This scenery presented us a vivid and lively picture about the spring. At the meantime, it implied that Harold had regained his energy and enthusiasm. Harold had charged at that hotel, because all the guests gave him full hope. Then he continued his walking.

"It surprised him how relieved he felt to be under the sky again, and hedged between trees, and the earth banks that were thick with ferns and brambles."② The sky gave him a feeling of freedom and liberation. He liked this feeling, because one of the reasons why he chose to save Queenie on foot. The past few years, he was bored and couldn't find any meaningful things to do in his life. After coming out and seeing the greatness of the scenery and other people, he began to realize how small his life circle was before. All the new stuff broadened his view and enriched his journey, especially the sky, which always gave him a feeling of freedom.

Harold left Exeter early in the morning, because that city stopped his thoughts. And when he walked back to road, he again felt the past unleashed in his mind like a quick movie. "Beyond the window, the sky was a fragile

---

① Joyce R, *The Unlikely Pilgrimage of Harold Fry*[M], Doubleday, 2012, p.9.

② Joyce R, *The Unlikely Pilgrimage of Harold Fry*[M], Doubleday, 2012, p.36.

blue, almost breakable, flecked with wisps of cloud, and the treetops were bathed in warm golden light. Their branches swung in the breeze, beckoning him forward."① He tried to avoid the past for twenty years but now he was kind of relieved because he remembered it deeply in his mind. He would never forget the past, and the past saved him from now. Unlike before, he let the past free and in doing so, he felt comfort just like the sky. All those things would be liberated and scattered under the sky. The scenery showed his change in mind. He avoided these things and lived a stressful life, but that couldn't deal with his problems. However, the past must get a way to set free, and the sky and the open land gave this way to the past. He no longer held the past and measured the long distance in terms of miles, and he began to let memory be the distance. Then he brought the equipment he bought in Exeter and started walking.

He dreamed for the first time at one night and got up early. "He stood at the window, staring at the black scope of sky, and thought of his father glaring at the front door the day his mother left, as if persistence alone was enough to make it swing open and reveal her. He had set a chair there and two bottles. Hours he seemed to sit."② The black sky brought him back at that day. His mother decided to leave him and the family in order to pursue her dream and freedom, but his father, just like Maureen, waited for her for a long time. After drinking too much every day, his father began to bring many women to home in order to forget his wife. Harold's childhood was misery due to his mother's departure, which left him a scar, so he was afraid of his own son. He worried about the instable future for David, and he also blamed himself for not protecting David enough. However, he didn't figure out that the choice to death was made by David himself, not him and his wife.

---

① Joyce R, *The Unlikely Pilgrimage of Harold Fry*[M], Doubleday, 2012, p.19.

② Joyce R, *The Unlikely Pilgrimage of Harold Fry*[M], Doubleday, 2012, p.50.

The pain in Harold's lower leg was still there, and the blisters were getting worse. The sky turned into a cold blue and the cloud heavily pressed to the land. Even the flat land seemed to have an upward slope. "The sky was a cold cobalt blue, with the sun low over the horizon, so that vapour trails shone a luminous white."① The scenery gave readers a distressful and melancholy impression. At that time, Harold thought he couldn't afford the walking any more. His body didn't operate like before, and by walking four stations, he really needed a good rest. The weather also didn't seem to help him. He knew that the rain would come very soon, and he began to think of his parents again. His parents' marriage was a failure. After his mother left, the neighbors comforted his father by saying that Joan was herself and couldn't stop to find herself even she had a family, and maybe this was good for both of them. His father just sat at his chair everyday, waiting Joan to come back. However, as a kid, Harold clearly knew that his mother would never come back. Sometimes, he would receive letters from his mother to send her best regards. For Harold, the worst part wasn't his mother's leaving, but that his mother didn't even bother to give them an explanation.

"A storm was coming. Clouds drew up like a hood over the earth, and threw an eerie luminous light over the Blackdown Hills."② The trees and its leaves all swung heavily in the strong wind. Harold didn't find a shelter, and there was no hiding, then the rain beat him. His right calf began to pain. One man stopped and offered help, but Harold said he was okay and he had a promise to keep, so he refused the help. Standing in the rain, Harold asked Queenie for help. He wanted Queenie to give a sign about what he should do. After walking a while, the rain stopped suddenly as if there wasn't a heavy rain. Then the cloud began to split out to let the light came in. He didn't

---

① Joyce R, *The Unlikely Pilgrimage of Harold Fry*[M], Doubleday, 2012, p.52.

② Joyce R, *The Unlikely Pilgrimage of Harold Fry*[M], Doubleday, 2012, p.54.

move at all, because he wouldn't miss every change in the sky. The air was so fresh and full of starts. Although Harold was too tired to lift his feet, he was full of hope. Knowing how small he was and how big the other things are, he believed he could make it to Berwick.

Those days the sky was low and gray, and sometimes a little light would broke in. Harold had lost his courage and hope, and wandered without destination. The weather was not so good and that made Harold feel sad. The scenery reflected the emotion and feelings of him. Harold decided to stop at the south of Stroud, and called Queenie. He wanted to know whether Queenie was still waiting for him, and made sure that Queenie was well. The nurse told him that Queenie was sleeping and waiting for him. He pictured the distance between him and Queenie, the sky, the land, and fields. He was sure this time he would not let her down, and told the nurse to inform Queenie that he would make it and she must be alive when he got there. He thought all the past walking, and realized that this was why he was himself. He shaped himself and followed his own heart by making the decision, that was the unique part of him and the reason why he walked. He started again. He gave up all the equipment he got from the young doctor, and left just himself.

It was a perfect May. Every day the sky was crystal blue, and all the flowers blossomed at the garden. Harold believed he had found the right direction and kept walking. He told the story to strangers and asked for some help. Sometimes, he got a drink and some food, and even new plasters. In return to these help, he listened to their stories too. He thanked and remembered them all. Once, a man told him that what he did was a so-called pilgrimage, and took a picture with him. He was full of energy and the scenery he saw really comfort him, and company him through the walking.

2.3.2 The Sun and the Moon

Before reaching second station, Harold felt the sun warmed his hands and head."The sun poured like warm liquid on Harold's head and hands."① This implied that the weather become warmer enough and gave him motivation to move on. He now had the good environment for walking, then he should lift himself up and took a full advantage of the weather. The only thing for him to do is to walk as far as possible per day. This description portrayed us the emotional change inside Harold so that readers could know what Harold was thinking clearly. Harold wanted to enjoy this perfect weather while it lasts, and didn't try to know the things he didn't know.

Leaving South Brent, on the morning, the sun sprayed its gold light through the Dartmoor, but there was still a thin frost in the shadows of the ground. "Morning sun spilled gold over the highest peaks of Dartmoor, but in the shadows the ground was still brushed with a thin frost. Shafts of light struck the land ahead like torches, marking his journey forward. It would be another good day. "② The scenery reflected Harold's feelings, which changed a lot during the walking. Sometimes, he believed that he could do it and succeed. But sometimes, he also feared the failures he might meet. It's just like the light and the shadow, which both existed under the sunlight. He couldn't be sure about the future, but once he decided, he would keep his promise and move on.

Harold felt exhausted and fell down at the road, then someone helped him and found a doctor for him. This doctor was a young woman who patiently took care of him and gave some medical equipment to him for fear of injuries. They talked about each other. When Harold told her that he would see an old friend who got a cancer by walking, the young woman didn't think that he was insane and made him be confident. The young woman was abandoned by her partner, who liked hiking but didn't tell her that he was married. After staying at her house for a night, Harold got up early in the morn-

---

① Joyce R, *The Unlikely Pilgrimage of Harold Fry*[M], Doubleday, 2012, p.25.

② Joyce R, *The Unlikely Pilgrimage of Harold Fry*[M], Doubleday, 2012, p.36.

ing and began his walking again. And he found that the young woman had gave him all the hiking equipment he needed and he thanked her for this. The night disappeared from the east and the light began to spread all over the sky. He charged at this room and prepared to the next station, then he left with full energy and hope.

It's been a long time since Harold left. Maureen had a conversation with the doctor, because she didn't understand why Harold chose to the walk. She assumed that Harold got Alzheimer's and he actually didn't know what he was doing. However, the locum thought it was necessary to get the police involved. Then Maureen ran from the room with shame. She had no one to listen to her except David, and the days after Harold's leaving were unbearable pain for her. Then she chose to talk this with her neighbor, Rex. Rex showed his concern about Harold before, but Maureen lied about it by saying he was sick. Now Maureen had to tell the truth about Harold's walking, and Rex understood her totally and comforted her. They drank a little and walked at fields, both thinking about their partners. Maureen began to think about the party where she first met Harold, she remembered that Harold had said something funny near her ears and they burst into laughter and couldn't stop. But she couldn't figure out what the content was. She saw the sun sank behind the mountains and left a red path on the sky. This beautiful scenery reminded her of the beautiful love between Harold and her. The past time was so vivid and exciting before they had their own child. She couldn't tell why the life became so lonely, and now she just wanted Harold back home. After raining many days, the sun finally showed himself and brought all the plants energy. The rain watered those plants a lot and they grew rapidly. "The end of the rain brought a period of wild new growth. Trees and flowers seemed to explode with color and scent. The trembling branches of the horse chestnut balanced new candle spires of blossom. Umbrellas of white cow parsley grew thick at the roadside. Rambling roses shot up garden walls, and the first of the deep-red peonies opened like tissue-paper creations. The apple trees began to shake off their blossom, and bore beads of fruit; bluebells spread thick like water through the woodlands. The dandelions were already fluffheads of sees."① Harold always look at the sky and observed how it changed. He felt his injuries got better and the pain was no longer killing, and learned to exercise every morning to strengthen his body. This was a new beginning for him, because he began to be prepared. In his mind, everyone was the same but unique, and this was a dilemma for all people. They longed for challenges and feared failures. But the start was not just from the beginning, and it happened all the time. It's never too late to start again. He regarded the walking as a destiny as if all his life he was waiting for it.

Harold stayed at Bath for several days. He met a famous actor at a restroom and they talked a little. The actor thought Harold was one of his crazy fans who followed him into the restroom in order to tell him that he had a dog named after him. But Harold didn't show any interest for him. Then the actor asked why Harold came here, and Harold told him about the walking. However, the actor denied the meaning of the walking, which upset Harold a lot. Harold insisted that his promise would work and left the actor angrily. Outside the room, the sky was covered by a layer of cloud, which pressed toward the city as if life would be hard to jump out. He wondered why the life was changed so quickly, and he really didn't know whether the hope he got from others could save him. "The sky had filled with a dense layer of white cloud that pressed down on the city as if intending to squeeze the life out of it."② The lower cloud showed the difficulties pressing to him and the effects of others' different opinions on him.

When he had a tea at a small tea house, Harold met an oncologist who sat opposite him. The man asked whether he was on vacation. Harold told his

① Joyce R, *The Unlikely Pilgrimage of Harold Fry*[M], Doubleday, 2012, p.77.
② Joyce R, *The Unlikely Pilgrimage of Harold Fry*[M], Doubleday, 2012, p.84.

walking to him, but the oncologist asked whether he could tell what cancer his friend got. Harold couldn't tell it. The man wanted to see the letter Queenie wrote to Harold. After reading the letter, he told Harold that the letter might be written by a nurse but not Queenie herself. This struck Harold a lot, because when he read it again, he also found the truth that Queenie might be too sick to write letters. The oncologist told Harold that a cancer might not kill people, but another infection would kill her even a cold could do it. Harold felt he wouldn't lift his feet again to continue his walking, and all the afternoon, he just wandered at the streets. He was afraid that all this was unnecessary, and Queenie couldn't live until he arrived. He doubted his belief. He needed someone to talk with him and shared his faith, but now he didn't have the energy to walk. Then he called Maureen and wanted to hear the comfort words from her. Unfortunately, Maureen didn't give him the answer he wanted. The sky had a red ribbon on it and the sun began to sink. Suddenly, all the hope disappeared, and he didn't know what to do. At the same time, he thought the past would like the cancer, which couldn't be changed at all, and the distance to Berwick was too long for him now.

Harold walked along A61. He could feel that someone was following him. Then he turned back and asked who the follower was. The boy told him his name was Wilf and he saw the news on the TV that said Harold was a pilgrim, so he secretly followed Harold and wanted join him to save Queenie. Harold let him follow. At dawn, they had to sleep outside. Harold didn't fall asleep all night, because he should look after that boy, who reminded him of his own son. He wondered why David made those choices and whether he could be a different father if David was still alive now. The moon shone at the sky, spreading a yellow light on the land. "The moon shone high, and cast a trembling copy of itself over the deep water."① The moon often referred to the feeling of missing relatives. Harold missed his son, his wife and

---

① Joyce R, *The Unlikely Pilgrimage of Harold Fry*[M], Doubleday, 2012, p.157.

the happy days they had and blamed himself for destroying all this. On the later days, he taught Wilf how to live outside and to be independent. He felt that he wanted tell Wilf all the stuff that he didn't teach David, and gave all the love that he didn't show to David.

2.3.3 The Sea and the Land

"Beyond the hedgerows, the land fell away to his left and right. A small copse of trees had been shaped by the wind into a quiff." "Between gaps in the banks, the land rolled up and down, carved into chequered fields, and lined with ridges of hedging and trees."① This reminded him of his own life. He also encountered many ups and downs with Queenie and Maureen's company. Those memories hurt him deeply, because they all left him alone now. He had to stick on his promise and save himself using these time. The scenery helped to enrich the life of Harold, as well as shaped his lonely character.

After visiting Queenie, Harold sat on a bench and watched the waves of the sea coming and going, which left no impressions at all."Waves came at the beach and broke in white fringes of foam, flinging forward small stones and broken pieces of shell, and then leaving them behind. The tide was coming in."② "The waves fell over, and over, and over."③ He thought his life was like the sea, because the beginning and the end couldn't be seen. There was a feeling of disappointment. He knew clearly the end when he decided to walk. The end was that Queenie's death was irresistible. He thought the walking was meaningless, but Maureen told him that he did make a difference, because the problem between them was solved. Maureen said sorry for misunderstanding him about not loving their son, and told him that she loved him. If there were things we didn't know, we should hold hope in

---

① Joyce R, *The Unlikely Pilgrimage of Harold Fry*[M], Doubleday, 2012, p.24.

② Joyce R, *The Unlikely Pilgrimage of Harold Fry*[M], Doubleday, 2012, p.146.

③ Joyce R, *The Unlikely Pilgrimage of Harold Fry*[M], Doubleday, 2012, p.148.

our heart. Maureen asked him what he said at the party they first met that made her laugh. Harold answered that it wasn't him, it was what she said. Then Maureen remembered, and they looked at each other and laughed.

3 Conclusion

Through analyzing the scenery description in *The Unlikely Pilgrimage of Harold Fry*, we can see that the scenery description plays a significant role in this novel. First, the scenery symbols many things. It can be the heroin sometimes, in order to present the character from another perspective. Second, it can promote the development of plot. It tells us where the author arrived and what happened. Third, it enriches the image of characters. It reflects the emotion changes and personal feelings of the characters.

By analyzing the scenery description in *The Unlikely Pilgrimage of Harold Fry*, we can have a comprehensive and thorough understanding of this novel and the characters in it.

从女性主义的角度分析《无名的裘德》

郝娅汝

摘要:《无名的裘德》是托马斯·哈代最具争议的一篇长篇小说。它自出版以来,因批评社会传统而遭到了批评界的强烈非议。托马斯·哈代是维多利亚时代的一位批判现实主义作家。与其他男性作家相比,他对描写女性性格、心理、行为以及命运更感兴趣,这体现出了哈代对女性充满了深切的同情并给予了巨大的关怀。在这部小说中,裘德是个穷困的孤儿,他一直都尽他最大的努力去学习然后离开家乡成为一名主教。但是他与淑相爱了。淑是一名思想激进开放的女性,她的思想正体现出了维多利亚时期女性运动的萌芽。在维多利亚时期,这对情侣是不会被祝福的,尽管他们与世俗做了斗争最终还是被迫分开。但是这部小说中淑的悲剧又体现出了哈代深受父权思想影响,潜意识认为女性是不可能争取独立成功的。总之,这篇小说的成功之处主要来自托马斯·哈代在父权思想影响下的女性主义观。

结合历史背景,及对淑内心矛盾的分析,这篇文章的目的是从女性主义的角度分析淑对当时社会的反抗与妥协。

这篇文章可以分为三个部分。第一部分介绍《无名的裘德》这部小说。第二部分是主要部分,可以具体分为三个章节。第一个章节主要介绍了历史背景和维多利亚时代的女性地位;既然这篇文章主要从女性主义的视角出发,第二个章节便介绍了女性主义;第三个章节是最重要的一部分,主要揭示了淑的矛盾行为的具体体现;最后一部分是总结。

总之,淑是一个在复杂多变的时代里的新女性形象。通过描写淑对当时现实社会的反抗与失败,托马斯哈代揭露了维多利亚时期传统体系对人性的桎梏。

关键词:女性主义;反抗与妥协;矛盾;父权社会

托马斯·哈代被认为是英国最伟大的诗人和小说家之一,他以描写女性角色而闻名。他是跨过两个世纪的作家。在他早期和中年的创作生涯中,他主要创作小说,而在《无名的裘德》出版后,他开始转向写诗领域。《无名的裘德》是哈代十五本小说中的最后一本。这是一本"集中描写19世纪后期的中心问题:作为一名职业女性和一名独立女性所遇到的困难,在一个日益激烈的社会中,职业抱负的压力,对传统社会的宗教信仰的丧失。"①无名的裘德是哈代最复杂的小说,其独特之处在于维多利亚时代揭示了不合理的宗教机构和婚姻制度。

裘德是一个孤儿,渴望成为"克里斯滕斯特"的学者,但他被阿拉贝拉·唐恩(Arabella Donn)所诱惑,她是一个相当粗糙和肤浅的当地女孩,因为他错误地认为她怀孕了,所以裘德娶了她。他们的婚姻是失败的,他们通过相互协议分开,阿拉贝拉后来移民澳大利亚,在那里她进入了一个重婚的婚姻。在这个时候,裘德已经放弃了他的古典学习。在他们失败的婚姻之后,裘德搬到克里斯滕斯特,爱上了他的表妹淑。然而,根据社会的限制和偏见,他们不能在一起,所以淑选择与菲洛森先生结婚。但是,在不久之后她就后悔了,因为除了爱上了裘德,她对丈夫身体感到厌恶,而且很显然,对性也感到了厌恶。因此他选择了离开而去寻找裘德,并且和他有了孩子。由于世俗的道德,他们遭受了歧视。最终,他们的孩子自杀了,而淑则与菲尔洛森先生再婚。这个故事是一个悲剧性的结局,它也是所有哈代小说中最具争议性的,因为它挑战了所有的社会习俗。

毫无疑问,这部小说反映了维多利亚时代的各种社会问题,特别是与婚姻制度、教会和教育有关的社会问题。维多利亚时期是英国史上前所未有的发展时期,这个时代见证了英国经济的快速发展,以及从农业国家向工业化国家过渡的

① Kramer D. *Critical Approaches to the Fictions of Thomas Hardy*[M], 1979.

时代。在达尔文进化论中，他提出男性的地位高于女性。因此，维多利亚时代的女性很可能依靠男性。然而，这本小说中淑的性格一直是追求独立。从这一点来看，它清楚地显示了哈代对妇女的深切同情和关心。

一、社会背景与妇女地位

（一）《无名的裘德》的背景

维多利亚时期是英国史上前所未有的发展时期，这个时代见证了英国经济的快速发展，以及从农业国家向工业化国家过渡的时代。人们经常把这个时期称为工业革命。工业革命始于18世纪末，资本主义生产经历了车间手工业到机械工业的过渡阶段。在此期间，创造了许多发明，并在市场上使用了一系列技术发明。许多历史学家认为这个阶段是机器时代。在这个时期，经济发展很快，人们有开放的心态，中产阶级出现，而当时社会仍然认为男性的地位在女性以上。哈代在那个时期就强烈地反对这些观点，所以他创作了许多小说来强调女性的地位。《无名的裘德》是哈代十五部小说的最后一部小说，它主要讲述了女性寻求独立和追求事业作为父权观念的主导地位的困难和艰辛。作为哈代最复杂、最宏伟的小说，该书的一大亮点是作者对女主角淑深表同情，并给予了极大的关怀。它也揭示了中产阶级经历了悲剧结局的过程，他们在追求美好的爱情和纯洁的婚姻。淑追求爱情勇敢，无论世俗社会如何，她离开丈夫与裘德一起生活，所有这些行为都说明了淑对独立的期待。而最终，在父权社会的世俗和社会机制的压迫下，淑选择屈从于社会。

（二）维多利亚时代的女性地位

《无名的裘德》和作家的社会背景是维多利亚时代，妇女的地位比男人低。维多利亚女王是英国历史上在位时间最长的君主，在位64年。在她在位的时候，英国被称为“太阳从未落下的帝国”。事实上，当时的维多利亚女王有一个浪漫的故事。她爱上了俄国皇帝亚历山大二世。但由于政治的限制,他们不得不被迫分开,她选择和阿尔伯特亲王结婚。从这一点来看,我们可以清楚地看到女性的地位很低,尽管维多利亚是女王,她也没有权利去追求她的爱。造成这种情况的原因之一是达尔文主义的出现。达尔文主义为生物学的决定论提供了理论依据,因为它与女性的本质和作用有关。达尔文的进化论对维多利亚时代有重大影响,特别是与女性性格有关的理论。在维多利亚时代,社会评论家用一个概念来展现性别差异就是适者生存。妇女在社会中的地位被认为是发展过程的自然结果,而不像男人,他们可以随着社会发展而进步。妇女被认为是较弱的性别。因此,妇女很可能依靠男人,一点一点地失去了自己的独立性,然后接受了这一点。在维多利亚时代,"pater familias"的概念在英国文化中根深蒂固,这意味着丈夫是家庭的领袖,也是家庭的道德领袖。妻子的角色是爱、尊重和顺服丈夫,总而言之,丈夫就是他们的归属。在维多利亚时代,生育力占了他们生命的大部分时间,而她们的生产条件非常苛刻,这将大大增加死亡的风险。这是一项工资较低、需要单一劳动的工作,例如,对家庭外妇女的就业实际上仅限于"妇女工作",制衣、学校教学、酒吧管理或在家政服务工作。她们没有独立经济权利,面临着家庭暴力的威胁。理想妻子的代表在维多利亚文化中丰富,为女性提供了榜样。维多利亚时期,典型的妻子形象出现在"考文垂·帕特莫"(The Coventry Patmore)1854年出版的《天使之屋》中:

Man must be pleased; but him to please
Is woman's pleasure; down the gulf
Of his condoled necessities
She casts her best, she flings her breast[...]
She loves with love that cannot tire;
And when, ah woe, she loves alone,
Through passionate duty love springs higher,
As grass grows taller round a stone.

随着19世纪的继续,社会和法律改革家越来越重视家庭暴力。然而,苏丹第一个动物虐待立法于1824年通过。但是,直到1853年,由于妇女和儿童受到了更严厉的攻击,才使妇女得到法律上的保护。到1857年,婚姻法的第一次重大修改在英国得到了批准。根据法律,男人可以和妻子离婚。

二、维多利亚时代的女性主义

(一) 女性主义

既然本文从女权主义的角度分析女主人公,那么对女性主义的认识是必要的。在整个西方文明的发展过程中,我们会发现男性一直处于统治地位。然而,女权主义是一种运动和意识形态的集合,它们有共同的目标来定义、建立和实现妇女的平等的政治、经济、文化、个人和社会权利。女权主义起源于19世纪,人们逐渐认识到女性的不公平地位。简而言之,在维多利亚时代,女权主义运动为妇女的权利而奋斗,包括工作权利、公平工资、教育、在婚姻中享有平等权利。

约翰·斯图亚特·米洛在维多利亚时代奠定了女权主义的基础。在妇女的屈从中,米洛称:

> Women had always hitherto been kept, as far as regards spontaneous development, in so unnatural a state, that their nature cannot but have been greatly distorted and disguised ... the society not only tolerated but even insisted upon such invidious distinctions between the sexes that turned women into virtual slaves. (55)

近代西方女权运动的历史分为三个"浪潮"。每一浪潮都涉及相同的女权主义问题的不同方面。第一次浪潮包括19世纪和20世纪早期妇女选举权运动,促进妇女的投票权;第二次浪潮与20世纪60年代开始的妇女解放运动的思想和行动有关,主要为妇女争取法律和社会平等;第三次浪潮是20世纪90年代开始的第二波女权主义失败的延续,也是一种反映。

在女权主义运动中有很多领军者,包括艾米丽·戴维斯,苏菲·布莱恩特和艾米莉·谢里夫,他们很可能会关注女性的教育问题;Millicent Garrett Fawcett, Lydia Becker 和 Helen Blackburn 都致力于选举权运动。在这些女权主义者的帮助下,女权运动在19世纪晚期蓬勃发展。在19世纪,妇女的形象在家长式社会的文学中经常被描绘为天使或者诱惑者。妇女被描述为两极限的原因在于,男子的权利处于领先地位,他们希望在精神或物理上控制妇女。19世纪的许多男性作家经常根据道德价值取向来描述女性,因此,他们的作品不能揭示女性的真实价值及其品格。

然而,哈代并没有落入男性作家总是故意诋毁女性的传统模式,而且他对女性的描写超越了传统模式。在他的小说中,他详细描述了妇女和她们的痛苦,为她们感到不公平。因此,他的小说有女性主义的色彩。

(二)哈代对女性主义的看法

生活在女性意识清醒的时期,哈代不可避免地受到社会趋势的影响。约翰·斯图尔特·穆勒的作品对哈代有很强的影响力,对妇女的问题也有类似的看法。在穆勒小说《妇女的屈从地位》中,他描绘了妇女的权利受到压迫,妇女在19世纪受到歧视。因此,哈代非常关心妇女在社会中的地位。为了回应Fawcett Soiety对于女权主义运动的支持,哈代表达了对女权运动的关注和希望:

> I have for a long time been in favor of women suffrage. I fear I shall spoil the effect of this information (if it has any) in my next sentence by giving you my reasons. I am in favor of it because I think the tendency of the women's vote will be to break up the present pernicious convention in respect of manners, customs, religion, illegitimacy, the stereotyped household (that it must be the unit of society), the father of a woman's child (that it is anybody's business but the woman's own except in case of disease or insanity), ... & other matters which I got into hot water for touching in many years ago.(Letters 3:238—9)

哈代认为,婚姻至少是建立在基于性别平等的基础之上的。他认为妇女在工作或在家时经常处于不利地位。在他晚年,哈代在一篇文章中表达了他对于如何解决婚姻问题的看法。他认为婚姻应该主要是为了双方的幸福,而不是为了任何抽象的社会利益。至于现存的关于婚姻的法律，只能把它们看作是“野蛮时代”的产物。

三、主角的反抗与妥协

（一）淑对父权制的反抗与妥协

淑是一位知识分子，有着独特的个性和魅力。淑在过去的日子里有了新的女性精神，她渴望个人的性格解放，同时也打破了传统道德观念的束缚。她一直致力于展示女性的意识。淑有她自己独特的见解和思想，特别是在婚姻、爱与哲学方面。世俗的物质不是她的理想，而她总是追求灵魂的对应、情感的共鸣和精神的交流。她遇到了一直在学习的裘德并且爱上了他，但她只能和菲洛森先生结婚。结婚后，她仍然对裘德有感觉，然后发现他们的婚姻是一个错误。因此，她离开了菲洛森先生，果断地和裘德住在一起。但是，违反社会道德标准的组合使他们不能在现实生活中迈出一步。他们的孩子选择了自杀，这些悲剧大大伤害了淑。最终，基于爱情的淑和裘德之间的结合失败了，淑回到菲洛森先生身边。这个故事有一个悲伤的结局。然而，从故事中可以看出，虽然对爱情追求的道路失败了，但淑崭露出了新的女性角色，她认为婚姻不是一种手段，而是真爱的欲望。在19世纪，许多人认为婚姻只是一种契约，他们之间没有爱，而淑是不同的，她认为“合约婚姻”是令人讨厌和不可接受的。

尽管淑有勇气追逐爱情，但最终还是失败了。最后，她选择与父权制随波逐流，主要表现在三个方面。在婚姻方面，淑离开了丈夫菲洛森先生，开始和裘德一起生活，蔑视着婚姻制度，然而在这些悲伤事件发生后，她受到心理健康或物理学的伤害。在与残酷的现实斗争之后，淑选择了不是爱情的婚姻。另一方面，淑屈服于现实生活的表现就是她自己在精神上分裂。在父权制社会中，婚姻的独裁性使女性失去了独特的品格和特质，因此，女性在社会中可以扮演不同的角色。在淑和裘德或菲洛森的婚姻中，为了生存和保持独立，淑不得不屈服于表面。最后一个方面与性意识的压抑有关。在她的一生中，她与三个异性生活在一起,但她从来没有和这三个男人有过亲密的行为。她最强烈的性反应似乎是令人厌恶的,读者可能认为这是她高尚的表现。她和其他女性一样,喜欢每个人都喜欢她的感觉,但当她和男人有亲密的行为时,她往往会选择拒绝。她认为这些行为是不合理的。然而,淑的智慧光辉使当代读者怀疑她对性行为的无知,除此之外,淑是一个年轻女子,她对性的回应是维多利亚女性的典范。

(二)淑对社会风俗的反抗与妥协

维多利亚时代遵循着希伯来语,衡量事物几乎都是基于道德的。虽然淑是不同的,但她对希腊主义很感兴趣。希腊主义是反传统社会的典型哲学,它从不重视道德,因此,“希腊人没有任何道德问题,更不用说如何促进道德”。(Leon Simon, 1920:25)

起初,淑反对的社会规范是学校制度。她在给裘德的信中总是抱怨衣着,规则和监管者对教会学校的严肃性表示不同意见。此外,她不能接受学校老师的批评,即使她晚上违反规定偷偷地和裘德出去,她也公开与老师对抗,所以她最后被退学了。

在进入社会后,淑强烈反对婚姻制度,她经常批评婚姻是公开的契约。淑认为婚姻是“契约婚姻”,她质疑婚姻制度背后的逻辑。因此,她宁愿选择与裘德私奔,而不是和他结婚,从心底里,她认为婚姻太过病态。当然,她在维多利亚时代的想法很不正常,但这可以反映出她对婚姻的反抗得到了解决。最重要的是,淑是一个有自己想法的女性,她从不关心别人的想法。“她不关心任何风俗,更不用说记住它。”[①]淑总强调自己是不同的,因此许多研究人员很可能形容她是“维多利亚时代新女性”,并叫她“革命的女人”。然而,事实上,在某种程度上,她也是社会习俗的追随者。

淑和菲洛森的婚姻证明,尽管淑不喜欢婚姻,歧视婚姻,但在现实生活中,她永远无法摆脱婚姻的束缚。当淑告诉菲洛森先生为什么她选择和他结婚时,答案暴露了真实的原因,因为她认为她什么也做不了。有时,她也是她丈夫和情人

① [英]托马斯·哈代:《无名的裘德》,饶晓红编译,北方妇女儿童出版社2006年版。

的追随者。小说中的大部分情节，裘德总是想要得到她的心。在表面上，淑不尊重裘德，并没有把裘德看作是家庭的主人，然而事实上，淑总是服从裘德。

即使在菲洛森先生面前，淑也有一种对他的感觉。在她的心里，淑认为菲洛森先生就是她的丈夫，并且享有作为她丈夫的权利。她对丈夫有很深的负罪感，但负罪感不仅来自歉疚，还来自她丈夫可能会惩罚她的恐惧。总之，淑是一个独立的女人，或者是一个叛逆的女人，当然，她的反叛包含了社会的组成和恐惧。

（三）淑对宗教的反抗与妥协

一开始，淑相信希腊主义，正如希腊人赞同多神论一样。然而，在维多利亚时代，基督教信仰一神论，并要求信徒绝对关注，而反抗规则的人将受到严惩。因此，像淑这样的人就显现出来了。

尽管淑与基督徒一起工作，但她从不接受这种情况，而且有她想要工作的热情。相反，她喜欢异教徒的上帝。在她的工作中，她做了许多能坚持自己信仰的事，有一次，当她在回家的路上，被维纳斯和阿波罗的雕像吸引，为了保护这些雕像，她宁愿被解雇。和裘德一起生活，淑也反映了她讨厌基督教的行为。当她和裘德去博物馆的时候，她深深鄙视裘德崇拜圣母；当她和裘德聊天的时候，她只引用了雪莱和斯文伯恩的诗，因为他们都是无神论者。

不管她如何轻视基督教，在是否相信基督教的斗争中，她选择遵守社会的标准。从淑的角度来看，面对她的孩子们的死亡，她相信这是上帝对她的惩罚。悲剧发生后，她害怕并开始祈祷，因为她有罪。对上帝的挑战是淑对她晚年生活的信念，所以她选择回到菲尔洛斯顿。毫无疑问，这种转变最终反映了淑的变化。

（四）裘德对理想和信念的反抗与妥协

在维多利亚时代，经济发展迅速，传统的理想和现实的诱惑总是限制了哈代的生活。在此期间，社会拥有先进的技术，人们享受着科技带来的便利，各种欲望得到了扩大。传统的精神追求与现实习俗之间的矛盾逐渐加深。裘德是下层阶级的人，在追求梦想的过程中，他必须经历这些矛盾，并承受来自根深蒂固的传统阶层观念的压力。

裘德是一个天真单纯的男孩。当他面对生活时,他总是充满希望和积极,他对一切都表示同情。他对世界的爱是最重要的。在这部小说中,善良的裘德认为饥饿的小鸟应该吃东西,而且他总是不顾反对地喂鸟,即便他会受到雇主的惩罚。在阿拉贝拉造成的无情伤害之后,裘德依然以德报怨,并尽其所能帮助阿拉贝拉。这些现象都表明裘德有一颗善良的心。他有一种雄心壮志,即成为一名基督牧师,生活在一个纯洁、充满活力和智慧的生活中。而这种生活要求他压抑爱的欲望,专注于工作。

然而,现实中的许多欲望总是让他忽略并忘记理想。由于阿拉贝拉的诱惑,他完全失去了对女人的幻想,所以他选择放弃他的梦想。在这部小说中,许多细节都描写了裘德的感觉。他认为,爱女人比成为主教更重要。因此,阿拉贝拉使他忘记了他的梦想。

(五) 裘德对道德制度的反抗与妥协

在维多利亚时代,许多人有自己的思想,社会也有许多社会规范。从广义上讲,道德准则意味着个性应该遵循社会传统、风俗习惯和法律。事实上,许多旧的社会制度在当时已经无法适应社会的发展,并有一种制度发展滞后于社会经济发展的局面。所有这些困难都可能对个性的生活产生重大影响。在这部小说中,裘德渴望得到社会的接纳,而最后却因为下层阶级的人的身份被社会所抛弃。

裘德在结婚的时候想要另一个婚姻,这是毫无疑问的,这是不被社会所接受的。社会经济的发展要求人们释放自己的思想,表达自己的情感,而传统的禁欲主义却坚持压抑着爱与人性的自由。在这部小说中,裘德面对无爱的婚姻是一个巨大的挑战。裘德选择与阿拉贝拉结婚,因为她告诉裘德她怀孕了,根据传统,如果一对夫妇在婚前有性行为,男方必须与女方结婚。因此,裘德不情愿地接受了婚姻。裘德和阿拉贝拉的婚姻意味着裘德被交给了社会习俗和宗教。从这一点来看,裘德是社会的追随者。

然而,裘德爱淑的本能永远不会让他成为一个追随者。裘德和阿拉贝拉的离婚使他成为婚姻的叛徒。对裘德来说，社会法律和道德准则被他的本能所淹没。

总　结

《无名的裘德》是托马斯·哈代的最后一部小说，他花了8年的时间准备这本小说的出版。虽然这部小说在发行时受到了各种批评而不是赞扬，但它也可以被认为是托马斯·哈代最经典的作品。小说的主题是探索19世纪英国女性的生活环境。随着19世纪英国经济的不断发展，新思想也出现了。当时许多女性开始觉醒，她们渴望独立，想要摆脱家庭的约束。毫无疑问，淑是当时女性的一个缩影。

女权主义起源于19世纪，因为人们认识到女性的不公平地位。当然，托马斯·哈代深受社会背景的影响。他支持妇女的独立，他一直致力于帮助妇女。这部小说的女主人公淑，一直追求解放妇女和自由。但最终，受到社会习俗的束缚，她选择成为社会的追随者，开始了没有灵魂的生活。

事实上，通过故事的结尾我们可以看到，作者既是新女性的支持者，也受到父权制社会的影响。总而言之，托马斯·哈代是一个矛盾体，他是当时的社会背景的产物，他的小说充满了那个时代的特征。

（作者系上海政法学院刑事司法学院2017级法律硕士）

The Analysis of Jude the Obscure from the Aspects of Feminism

Hao Yaru

ABSTRACT: *Jude the Obscure* is Thomas Hardy's most controversial last long novel. Since its release, it has been always received disputes from critics, as the novel criticized social tradition. Thomas hardy is one of the greatest critical realistic writers of the Victorian age. He prefers to depict female character, psychological, behavior and destiny compares with other male writers, it reflects his deep sympathy and great care of women. In this novel, Jude is an orphan and poor boy; he tries his best to study and wants to leave his hometown to be a Christ minister. Then he falls in love with Sue. Sue is a girl who has open mind, and her thoughts could reflect the buds of the feminist movement. In Victoria age, this couple was not be blessed, though they have tried their best to struggle against the social traditions, in the end, they were forced to be separated. However, the tragic ending of the novel exposes Thomas Hardy is under the influence of the patriarchal ideology, and he thinks women cannot be successful in the movements. All in all, the success of the novel mainly lies in Hardy's feminism under the influence of patriarchal thought.

Combining historical background, analyzing inner contradictory heart of

Sue, this paper aims to expose Sue's revolt and compromise of patriarchal society from the aspects of feminism.

This paper can be divided into three parts. The first part is an introduction of Jude the Obscure. The second part is the main point, it has three chapters. The first chapter offers historical background and state of women in Victorian age. The second chapter is to introduce feminism as this paper wrote from the perspective of feminism. The third chapter is the most significant parts which depicts the contradictory behavior of Sue. The third part is the conclusion.

In conclusion, Sue is the new female image in the complicated and changeable era. By describing Sue's rebellion of real society and failure, Thomas Hardy reveals traditional systems in Victorian age restraint human nature.

Key words: feminism, revolt and compromise, contradictory, patriarchal society

Introduction

Thomas Hardy is regarded as one of the greatest British novelists and poets, a reputation based on his extraordinary characterization of women. He is a writer who crossing two centuries. In his early and middle creating career, he was mainly on producing novel, while after the publication of *Jude the Obscure*, he transformed to writing poets. *Jude the Obscure* is the last of Hardy's fifteen novels. It's a novel "in concentration on central questions of the late nineteenth century: the difficulties of being a working woman and of being an independent woman, the strain of professional ambition in an increasingly striated society, the loss of religious faith in a conventional society, the revision of class-based university ambitions" (Kramer 169). *Jude the Obscure* is the most complicated novel of Hardy, its remarkable for it reveals irrational religious institution and marriage system in

Victorian age.

Jude is an orphan who yearns to be a scholar at "Christminster", but he is seduced by Arabella Donn, a rather coarse and superficial local girl and, because she erroneously believes she is pregnant, he marries her. Their marriage is a failure, and they separate by mutual agreement, and Arabella later emigrates to Australia, where she enters into a bigamous marriage. By this time, Jude has abandoned his classical studies. After their failure marriage, Jude moves to Christminster and falls in love with his cousin Sue. However, based on social constraints, and prejudices, they cannot be together, so Sue chooses to marry with Mr. Phillotson. But, she soon regrets this, because in addition to being in love with Jude, she is physically disgusted by her husband, and, apparently, by sex in general. She soon leaves for Jude, and has children with Jude. Because of the secular morality, they have been experienced discrimination, in the end, their children kill themselves, and Sue remarries with Mr. Phillotson. The story is a tragic ending, and it's also the most controversial of all Hardy's novels, as it challenges all the social conventions.

There's no doubt, the novel reflects various social problems in Victorian era, especially those relating to the institutions of marriage, the Church, and education. The Victorian era is an unprecedented development period of British history; this age has witnessed the rapid development of the British economy as well as the transition from an agricultural country to industrial country. In Darwin's theory of evolution, he proposed that the status of the male is above the female. Therefore, women in Victorian age are likely to rely on men. Nevertheless, the character of Sue in this novel has always been in the pursuit of independence. From this point, it has clearly revealed Hardy's deep sympathy and great care of women.

1. Social Background and the Status of Women

1.1 Background in Jude the Obscure

The Victorian era is an unprecedented development period of British history; this age has witnessed the rapid development of the British economy as well as the transition from an agricultural country to industrial country. People often call this period as Industrial Revolution. Industrial Revolution begins at the end of the 18th century, and the capitalist production has experienced the transition stage from the workshop handicraft industry to machine big industry. During this period, many inventions were created, and a series of technology inventions were used in the market. Many historians regard this stage as the Age of Machines. In this period, the economy developed rapidly, people has open mind, and the middle class were bring out, while the society at that time still think the status of male is above female. As Hardy lived in that period, he was strongly against those views, so he created many novels to stress the status of female. Jude the obscure is the last novel of Hardy's fifteen novels, and it mainly tells the story that the difficulties and hardships of women seeking independence and pursuing career as the dominance of the patriarchal ideas. As the most complicated and majestic novel of Hardy's, the highlight of Jude the Obscure is that the writer is deeply sympathetic to the heroine Sue and offers great care. It also reveals the middle class has experienced the tragic ending on the course of that they are in the pursuit of beautiful love and pure marriage. Sue pursues love bravely, regardless of the secular society, and she leaves his husband to live with Jude, all those behaviors illustrate Sue looking forward to the independence, while, in the end, pressured by secular and social mechanism in the patriarchal society, Sue chooses to succumb to the society.

1.2 Women's Status in Victorian England

The social background of Jude the Obscure and the writer are in the Victorian age which women have lower status than men. Queen Alexandrina Victoria is the longest reigning monarch in British history, lasted for 64 years. At the time of her reigning, Britain was known as "the empire on which the sun never sets". In fact, the Queen Alexandrina Victoria has a romantic story at that time. She falls in love with Alexander II who was the Russian emperor. But as the result of the limit of politics, they have to be forced to separated, and she chooses to get married with Prince Albert. From this point, we can clearly see the status of female is very low, though Victoria is a queen, and she also doesn't has right to pursue her love. One of the causes of the situation is the appearance of Darwinism. Darwinism provided theoretical ground to biological determinism as it related to the female nature and role. Darwin's theory of evolution has a significant impact on the Victorian era, in particular to the theory related to the character of female. In the Victorian age, social critics used the concept to show sexual difference was that the survival of the fittest. Women's position in society was regarded as the natural result of process, and does not like men that they can make progress along with the development of time. Women were considered to be a weaker sex. Therefore, women were likely to rely on men, as well as they lost their independence little by little, and then they accepted it. By the Victorian era, the concept of "pater familias", meaning the husband as head of the household and moral leader of his family, was firmly entrenched in British culture. A wife's proper role was to love, honor and obey her husband, all in all, their husband was thought to be their goal. In the Victorian era, fertility accounted for most of their lives, while, their puerperal condition is very harsh, beyond all questions, this would greatly increase the risk of dying. Employment for women outside the home was effectively limited to "women's work", the work that was poorly paid and required single labor, for example, dressmaking, school teaching, bar keeping, or working in domestic service. They don't have independent economic rights, and they are faced with the threat of domestic violence. Representations of ideal wives were abundant in Victorian culture, providing women with their role models. The Victorian ideal of the tirelessly patient, sacrificing wife is depicted in The Angel in the House, a popular poem by Coventry Patmore, published in 1854:

> Man must be pleased; but him to please
> Is woman's pleasure; down the gulf
> Of his condoled necessities
> She casts her best, she flings her breast[...]
> She loves with love that cannot tire;
> And when, ah woe, she loves alone,
> Through passionate duty love springs higher,
> As grass grows taller round a stone.

Domestic violence towards wives was given increasing attention by social and legal reformers as the 19th century continued. The first animal-cruelty legislation in Sudan was passed in 1824, however, legal protection from domestic violence was not granted to women until 1853 with the Act for the Better Prevention and Punishment of Aggravated Assaults upon Women and Children. By 1857, the Matrimonial Causes Act, the first significant modification of marriage law was approved in England. Based on the law, men could divorce their wife with no trouble.

2. Feminism in Victorian Age

2.1 Feminism

Now that, this paper analyses the heroine from the perspective of feminism, it is necessary to know about the feminism. Throughout the development process of western civilization, we will find male has always been in the dominant status. However, feminism is a collection of movements and ideologies that share a common goal to define, establish, and achieve equal political, economic, cultural, personal, and social rights for women. Feminism originated in the 19th century as people increasingly came to realize the unfair status of women. In a nutshell, feminist movements in Victorian age have fought for the rights of women, including the right to work, to fair wages, to education, to have equal rights within marriage.

John Stuart Mil laid the foundation of Feminism in Victorian age. In the Subjection of Women, Mill states:

> Women had always hitherto been kept, as far as regards spontaneous development, in so unnatural a state, that their nature cannot but have been greatly distorted and disguised ... the society not only tolerated but even insisted upon such invidious distinctions between the sexes that turned women into virtual slaves. (55)

The history of the modern western feminist movements is divided into three "waves". Each wave dealt with different aspects of the same feminist issues. The first wave comprised women's suffrage movements of the nineteenth and early twentieth centuries, promoting women's right to vote. The second wave was associated with the ideas and actions of the women's liberation movement beginning in the 1960s. The second wave campaigned for legal and social equality for women. The third wave is a continuation of, and a reaction to, the perceived failures of second-wave feminism, beginning in the 1990s.

There are many leading figures of the feminism movements, including Emily Davies, Sophie Bryant and Emily Sherriff, and they are likely to pay attention to the educational problems of women; Millicent Garrett Fawcett, Lydia Becker and Helen Blackburn were committed to the suffrage campaign.

With the help of these feminists, feminism movement's campaign was booming in the late of the 19th century.

In the 19th century, the images of women were often depicted as angel or temptress in the literature of patriarchal society. The reason why women were described as the two extreme images was that the rights of men were in the leading status, and they want to control women in spirit or physics. Many male writers in the 19th century often describes women based on their moral value orientation, therefore, their work do not reveal the true value of women and their character.

However, Hardy did not fall into the conventional pattern that male writers always defame women on the purpose, and his portrait of women beyond the traditional model. In his novels, he describes the women and their pain in detail, and feels unfair for them. Therefore, his novels have the color of feminism.

2.2 Hardy's Concern with Feminism

Living in a period that female consciousness was awake, and Hardy was unavoidably affected by the social trends. The works of Mill have strong influence on Hardy, and they have similar opinions about the problem of women. In Mill's novel, *the Subjection of Women*, he depicts the rights of women were oppressed, and that women were discriminated in the 19th century. As a result, Hardy is very concern about the status of women in the society. Replying to Fawcett Soiety's request for his support of the feminism movements, Hardy expresses his concern and hope with feminism movements for it:

> I have for a long time been in favor of women suffrage. I fear I shall spoil the effect of this information (if it has any) in my next sentence by giving you my reasons. I am in favor of it because I think

> the tendency of the women's vote will be to break up the present pernicious convention in respect of manners, customs, religion, illegitimacy, the stereotyped household (that it must be the unit of society), the father of a woman's child (that it is anybody's business but the woman's own except in case of disease or insanity), ... & other matters which I got into hot water for touching in many years ago. (Letters 3: 238—9)

Hardy believed that marriage was built based on the gender equality at least. He thought women often occupy with the adverse status, either at work or at home. In his late years, Hardy wrote in an article which is *How Shall we Solve the Marriage Problem*. He thought marriage should be primarily for the happiness of the parties themselves rather than for any abstract notion of the good of the community. As for the existing laws governing marriage, he called them "the gratuitous cause of at least half the misery of the community", and could only regard them as the product of "a barbaric age" of "gross superstition" (Thomas Hardy 348).

3. Resistance and Comprise

3.1 Sue's Revolt and Comprise of Patriarchy

Sue is an intellectual woman with her unique individuality vigor and charm. Sue has new spirit of women while lived in the old days, and she desires for the individual character liberation, as well as she breaks the bondage of traditional moral concept. She has always been devoted herself to showing the female consciousness. Sue has her own unique insights and thoughts especially in the aspects of marriage, love and philosophy. Secular material is not her ideality, while, she has always pursue the correspondence of the soul, the resonance of the emotion and the communication of the spirit. She meets with Jude who has always been study and falls in love with him, but she gets married with Mr. Phillotson. After their marriage, she still has feeling with Jude, and then she found their marriage is a fault. Therefore, she left Mr. Phillotson and lived with Jude decisively. But their combination which violates the social moral standard make them cannot move a single step in the real life. Their children choose to kill themselves, and those tragedies hurt Sue greatly. In the end, the combination between Sue and Jude based on the love ended in failure, and Sue returned to find Mr Phillotson. The story has a sad ending. However, we can see from the story that although the pursuit of love path was failed, Sue reveals the new female character, and she believes marriage is not a kind of means, but the desire of true love. In the 19th century, many people think marriage just is a kind of contract, and they don't have love between them, while, Sue is different, and she thinks "contracted marriage" is nasty and unacceptable.

Though Sue has the brave to chase love, she failed in the end. Finally, she chooses to come to terms with patriarchy, it mainly displays in the three aspects. In the aspect of marriage, though Sue left her husband Mr. Phillotson, began to live with Jude, and looked down upon the marriage system, while after those sorrowful events happened, she got hurt from the mental health or physics. After the fight with the cruel reality, Sue chooses to return the marriage which is no love. On the other hand, the performance that Sue surrender to the real life was that herself splitting in the spirit. The authoritarian nature of marriage in the patriarchal society make female lost their unique character and trait, therefore, women in that society can play different role in various situations. In the marriage between Sue and Jude or Mr. Phillotson, in order to survive and remain independence, Sue has to give in on the surface. The final aspect is related to the oppression of sexual consciousness. Sue is superficially the least sexually responsive of all Hardy's works. During her life, she has lived with three opposite sexes, but she never has close behaviors with the three men. Her most intense sexual response appears to be disgust, which readers might have taken as a sign of her high-mindedness. She just likes other women, enjoys the feeling that everyone likes her, but when she has close behaviors with men, she often chooses to reject it. She thinks those behaviors is unjustifiable and unreasonable. However, Sue's intellectual brilliance makes contemporary readers doubt her nescience of sexual act, in addition, Sue is a young woman, and her response to sexuality is the model of Victorian women.

3.2 Sue's Revolt and Comprise of Social Customs

Victorian age follow the Hebrew, measuring things nearly all based on the morality. While, Sue is different, she has great interest in the Hellenism. Hellenism is a typical philosophy that rebels the traditional society, and it never pay attention to the morality, therefore "the Greek do not have any moral issues, not to speak of how to promote moral ascension" (Leon Simon, 1920:25).

At first, the social norms that Sue against is the school systems. In the letter she wrote to Jude, she always complains about clothing, rules and regulators to show her disagreement about the severity of the Church school. In addition, she cannot accept the critics from the school teacher. Though she against the rules and go out with Jude at night in secret, she also against those teachers in public, so she was dismissed in the end.

After entering the society, Sue is strongly opposed to the marriage system, and she often criticizes that marriage just is a contract in public. Sue concludes marriage as "contract marriage" Sue questioned the very logic behind this system of marriage. Therefore, she would prefer to choose the elopement with Jude, rather than get married with him, from the bottom of her heart, she thinks the marriage is too sick. Surely, her thoughts in Victorian age are very deviant, but it could reflect her rebellion of marriage is resolved.

Above all, Sue is a female that has her own thoughts, and she never care about other people's thinking. "She did not care about any customs, not to mention to remember it" (Thomas Hardy, 1966:176). Sue always stresses herself was different; so many researchers are likely to describe her as "new female in Victorian age", and call her revolutionary woman. While, as a matter fact, in some extent, she also is the follower of the social conventions.

The tow marriage between Sue and Mr.Philloston proves that though Sue dislikes marriage and discriminates it, in the reality, she never could escape the restraint of marriage. When Sue told Mr. Philloston why she chooses to get married with him, the answer exposed the true reason, as she thought she could do nothing else.

Sometimes, she also the follower of her husband and lover. Most of the scene in the novel, Jude always pleases Sue to achieve her heart. On the surface, Sue was not respect Jude and did not regard Jude as the owner of the family, however, in fact, Sue was always obedient to Jude, and impetrated him.

Even in the face of Mr.Philloston, Sue also has the feeling of resection toward him. In her heart, Sue is recognized that Mr Philloston has the rights as her husband. She has the deep feeling of guilt towards her husband, but the guilt sense not only come from the apology, but also come from the fear that her husband could punish her. Above all, Sue is a independent woman, or a rebellious woman, certainly, her rebellion contains the comprise and fear of the society.

3.3 Sue's Revolt and Comprise of Christianity

At first, Sue believes in Hellenism, as Hellenism agrees with Polytheism. While, the Christianity in Victorian age trust monotheism, and ask believers absolutely concerned, and people who rebel the rules would be severely punished. Therefore, people like Sue was bring out.

Although Sue worked with Christians, she never accepts the situation and has the enthusiasm that she wants to work. On the contrary, she loves the pagan's god. During her work, she has done many behaviors that could stick to her belief, on one occasion, when she was on the way to go home, she was attracted by the statue of Venus and Apollo, and to protect those statues, she prefer to be dismissed. Living with Jude, Sue also reflected the behavior that she hates Christianity. When she went to museum with Jude, she deeply despised that Jude admire the Virgin; when she chatted with Jude, she only cited the poem Shelly and Swinburne, as they are both atheist.

No matter how about Christianity she despised, in the struggle that whether to trust Christianity or not, she chooses to abide by the standard of the society. From the later perspective of Sue, in the face of her children's dead, she believes that is the punishment of God to her. After the tragedy, she was afraid and started praying as she has the guilty. Challenge to the God is useless is Sue's belief in her later life, so she chooses to go back to stay with Mr. Philloston. There is no doubt, this transformation reflect the change of Sue in the end.

3.4 Jude's Revolt and Comprise of the Faith and Ideal

In Victoria age, the economy developed rapidly, while the traditional ideals and the realistic temptation have always limited the life of Hardy. During this period, the society has advanced technology, and people enjoyed the convenience those technologies bring about, and various desires were expanded. The contradiction between traditional spiritual pursuit and realistic customs grows in depth gradually. Jude who as the lower class people, in the process of pursuing dreams he has to experience those contradictions and suffer the stress from the deeply rooted traditional hierarchical class concept.

Jude is a naïve and pure boy. He was always hopeful and positive when he in the face of life and he is sympathetic to everything. His love for the world is above all the utility. In this novel, kind Jude thinks the hungry bird should eat, and he always feed the bird without agreement, even he would be punished by the employer. After the ruthless damage caused by Arabella, Jude still returns good for evil and tries his best to help Arabella. Those entire phenomenons appear that Jude has a kind heart. He has a ambition that is to become a Christ minister, lived in a pure, energetic and wise life. While this kind of life require him to depress the desire of love and concentrate on work.

However, many desires in reality always make him ignore and forget ideals. He was completely lost in the fancy of woman as the temptation of Arabella so as to he chose to give up his dreams. In this novel, many details described the feeling of Jude. Loving woman is more important than to become a bishop, he thinks. Therefore, Arabella make him forget his dreams.

3.5 Jude's revolt and comprise of moral rule

In Victoria age, many people have their own thoughts, while the society also exist many social regulation. In a broad sense, the moral rule means the individuality should follow the social traditions, customs and the law. In fact, many old social systems have already unable to adapt to the development of society at that time, and it has a situation that the development of systems lagged behind the social economic development. All those difficulties could bring about significant impact on the life of a individuality. In this novel, Jude was eager to receive the admittance of the society, while in the end he was abandoned by the society as the result of the identity of lower class people.

Jude was bounded by a marriage while he wants to have another marriage, there is no doubt, this is not accepted by the society. The development of social economy ask people for releasing their thoughts, expressing their feelings, while traditional asceticism adhere to suppress the freedom of love and human nature. In this novel, it is a big challenge for Jude to face the loveless marriage. Jude chooses to get married with Arabella as she told Jude that she was pregnant, according to traditions, if a couple have sex behavior before marriage, the man has to get married with the woman. Therefore, Jude accepts the marriage reluctantly. The marriage between Jude and Arabella, it means Jude was submitted to social customs and religious. From this point, Jude is a follower of the society.

However, the instinct that Jude loves Sue would never allow he becomes a follower. The divorce between Jude and Arabella make him become a betrayer of the marriage. For Jude, social law and moral rule was overwhelmed by his courtship instinct.

Conclusion

Jude the obscure was Thomas Hardy's last novel, and he spent eight years to prepare the novel's publication. Although this novel has received all kind of criticisms instead of praises when it is released, it also can be regarded as Thomas Hardy's the most classical works. The theme of the novel is to explore women's living circumstances in the 19th century England. With the increasing development of economy in 19th century England, new thoughts have sprang out. Many female at that time began to awake, and they desire for independence and want to get ride of the restraint of family. There is no doubt, Sue is a microcosm of the time.

Feminism originated in the 19th century as people realize the unfair status of women. Of course, Thomas Hardy was greatly affected by the social background. He has supported the independence of women, and he has always committed to assisting women. From the heroine of this novel, Sue, she always pursues the liberation of women, and freedom. But in the end, constrained by the social conventions, she chooses to be the follower of the society and lives without soul.

In fact, we can see the end of the story at the beginning as the author was the supporter of new female, bur he also was affected by the patriarchy society. All in all, Thomas Hardy is a contradiction, and it's caused by the social background at that time, and his novels are full of the characteristic of time.

图书在版编目(CIP)数据

东方青年论坛.第1卷/王娜主编.—上海:上海社会科学院出版社,2017
ISBN 978-7-5520-2193-6

Ⅰ.①东… Ⅱ.①王… Ⅲ.①社会科学-文集 Ⅳ.①C53

中国版本图书馆CIP数据核字(2017)第301996号

东方青年论坛(第1卷)

主　　编:王　娜
责任编辑:董汉玲　温　欣
封面设计:裘幼华
出版发行:上海社会科学院出版社
　　　　　上海顺昌路622号　邮编200025
　　　　　电话总机021-63315900　销售热线021-53063735
　　　　　http://www.sassp.org.cn　E-mail:sassp@sass.org.cn
排　　版:南京理工出版信息技术有限公司
印　　刷:上海景条印刷有限公司
开　　本:710×1010毫米　1/16开
印　　张:26.25
插　　页:2
字　　数:412千字
版　　次:2017年12月第1版　2017年12月第1次印刷

ISBN 978-7-5520-2193-6/C·163　　定价:98.00元